先进轨道交通新兴领域“十四五”高等教育教材

列车运行智能控制

莫志松　主　编
张亚东　王小敏　副主编

中国铁道出版社有限公司

2024年·北　京

内容简介

本书为先进轨道交通新兴领域"十四五"高等教育教材之一。书中不仅介绍了我国应用成熟的CTCS-2级和CTCS-3级列控系统的相关理论知识，还对前沿列控技术进行了详细介绍，针对列车运行智能控制的基本概念、基本原理、关键技术，以及国际前沿的列车运行智能控制系统进行了全方位阐述。全书包括列车运行控制系统发展及趋势、列车动力学基础、列车运行智能控制关键技术、列车自动驾驶系统、列控联锁一体化系统、列车自主运行控制系统、基于虚拟编组的列车运行控制系统、智能列车调度指挥系统和列控系统智能运维技术等内容。

本书可作为高等学校轨道交通信号与控制、自动化等专业教材，也可供轨道交通信号控制相关专业设计、研发、维护人员参考学习。

图书在版编目(CIP)数据

列车运行智能控制 / 莫志松主编. -- 北京 : 中国铁道出版社有限公司, 2024. 12. --(先进轨道交通新兴领域"十四五"高等教育教材). -- ISBN 978-7-113-31802-4

Ⅰ. U284.48

中国国家版本馆CIP数据核字第2024LV4132号

书　　名： 列车运行智能控制
作　　者： 莫志松

策　　划： 崔忠文
责任编辑： 吕继函　　**编辑部电话：**(010)51873205　　**电子邮箱：**312705696@qq.com
封面设计： 刘　莎
责任校对： 安海燕
责任印制： 高春晓

出版发行： 中国铁道出版社有限公司(100054，北京市西城区右安门西街8号)
网　　址： https://www.tdpress.com
印　　刷： 河北燕山印务有限公司
版　　次： 2024年12月第1版　2024年12月第1次印刷
开　　本： 787 mm×1 092 mm 1/16　**印张：**18　**字数：**438千
书　　号： ISBN 978-7-113-31802-4
定　　价： 56.00元

前言

列车运行控制系统是轨道交通的核心技术装备之一，在保障列车安全、高效、节能、准点运行方面起到了关键作用，被称为轨道交通的“中枢神经”。随着5G通信、北斗定位、智能传感、大数据、人工智能等新一代信息技术的迅猛发展，以及与列车运行控制系统的逐步融合，列车运行控制技术将朝着智能化、自主化方向演进。

全书共分为9章。第一章介绍列车运行控制系统的定义、基本概念、发展历程及发展趋势；第二章介绍列车运动过程、牵引力、运行阻力、制动力及制动距离等列车动力学基础；第三章介绍虚拟/移动闭塞、自主测速定位、自主完整性检查、安全防护、智能控制、车地/车车通信、运行环境智能感知等列车运行控制关键技术；第四章介绍列车自动驾驶模型算法、CTCS2＋ATO列控系统、CTCS3＋ATO列控系统，以及城市轨道交通全自动运行系统等内容；第五章介绍列控联锁一体化系统的结构、功能和接口等内容；第六章介绍基于车车通信的列车自主运行控制系统的概念、架构、原理、功能、接口要求及典型运营场景；第七章介绍基于虚拟编组的列车运行控制系统的概念、架构、原理、关键技术及典型运营场景；第八章介绍智能列车调度指挥系统的结构功能、智能列车调度指挥理论方法及列车调度与运行控制一体化等内容；第九章介绍列车运行控制系统智能运维的概念、发展概况、关键技术及系统应用等内容。

本书由中国国家铁路集团有限公司莫志松任主编，西南交通大学张亚东、王小敏任副主编。其中，第一章由莫志松编写；第二章由西南交通大学刘利芳编写；第三章由张亚东、王小敏、西南交通大学华泽玺、闫飞、黄高勇编写；

第四章由王小敏、西南交通大学江磊编写；第五章由西南交通大学杨扬编写；第六章和第七章由张亚东编写；第八章由西南交通大学马亮、童音编写；第九章由中国铁道科学研究院集团有限公司梁志国编写。

本书在编写过程中得到了中国国家铁路集团有限公司工电部，中国铁道科学研究院集团有限公司张淼、孟军、应志鹏，北京全路通信信号研究设计院集团有限公司徐宗奇、于晓泉、陈志强，卡斯柯信号有限公司姜坚华、徐先良、费振豪、钱江等单位和专家的大力支持，中国铁道科学研究院集团有限公司的赵阳对全书提出了宝贵的修改意见，编写过程中西南交通大学的杨文韬、赵双月、朱彧、苏筠、何润泽、方文雄、白文莳等研究生协助统稿，在此一并表示感谢。

限于编者水平和掌握的资料有限，内容难免有疏漏和不足之处，希望读者予以指正。

编　者

2024年10月

目录

第一章　绪　　论

列车运行控制系统(简称列控系统)是保障轨道交通运行安全、提高运行效率的关键信号系统之一。本章简要阐述列控系统的定义与列控系统的基本概念,着重介绍我国列控系统从技术引进、吸收,到实现自主创新的伟大发展历程,并展望列控系统未来智能化发展趋势,介绍国内外典型列车运行智能控制系统及关键技术发展。

第一节　列车运行控制系统的定义

一、列车运行控制系统的含义

列控系统是对列车运行全部作业过程或部分作业实现自动控制的系统,可以根据列车在线路上运行的客观条件和实际情况,对列车的运行速度及制动方式等状态进行监督、控制和调整。其特征为:列车通过获取地面信息和命令,建立控车曲线,控制列车运行,并调整与前行列车之间必须保持的安全距离。

列控系统利用空间间隔控制与超速防护的技术方法保证列车安全、高效运行,是高速铁路的重要组成部分,是保障高速铁路运营安全、提高运营效率的核心技术装备之一。

一般列控系统包括地面设备、车载设备。地面设备提供线路信息、目标距离和进路状态等基本控制信息。车载设备生成目标—距离连续速度控制模式曲线并实现对列车运行的监控。还可以包括数据传输网络,实现地面设备间的数据信息交互。还可以包括车地信息传输设备,用于完成地面设备和车载设备的信息交互。

广义的列控系统可以定义为一切为实现列车运行控制服务的设备的总称。

二、列车运行控制系统的基本目标

列控系统的基本目标主要包括保障行车安全、保证运输效率。

(一)保障行车安全

危及行车安全的因素是多方面的,列控系统通过技术手段来识别、消除或减弱这些因素。当发现危及行车安全的因素时,列控系统立即向列车发出停车或降速命令,保证列车不驶入危险区段或运行速度低于该区段的允许速度。

(二)保证运输效率

列控系统根据列车的运行速度、制动性能等条件确定列车最小安全制动距离,控制同一线路上运行的列车以最小追踪间隔安全运行,最大限度提高线路通过能力。

三、列车运行控制系统的基本功能

为实现列控系统的基本目标,需要实现以下基本功能。

(一)线路空闲检测功能

当线路在空闲状态时,才能给出允许列车进入的信息。自发明了检测铁路线路上是否有车辆存在的技术轨道电路以后,信号控制与轨道电路的结合,才使信号显示能真实反映线路空闲状态,也就是说按信号显示行车能够防止列车冲突事故。目前,轨道电路和计轴仍是检测列车占用的重要手段。但随着车地通信传输技术的发展,列车自身进行位置的检测将脱离传统的轨道电路和计轴设备,轨道电路和计轴设备只是作为基于通信的列车运行控制系统的后备模式或过渡方案。

(二)危及行车安全因素的检测

危及行车安全的因素是多方面的,限于科学水平和经济条件,目前还不能用技术手段实现所有危及行车安全的因素检测并与信号控制相结合。但应积极地逐步以技术手段来识别、消除或减弱这些因素,尽可能在发现危险因素时,列控系统立即给出使列车停止运行或降速的信息(使信号处于关闭状态),保证列车不会驶入危险线路区段或运行速度低于该区段的允许速度。

(三)速度控制和间隔控制

轨道交通的发展趋势是"高速度、高密度",列控系统就是针对这两个目标进行安全设计的速度控制和间隔控制系统。速度控制是保证列车不管在什么状态下都不能超过规定的限制速度,在实际运行中,列车的速度受到若干因素的限制,如受线路状态(结构、曲线和坡度)、道岔曲线、列车前方障碍物及机车车辆的构造速度所限制,列控系统需要通过地—车信息传输系统向车载控制设备传送列车应有的各种限制速度指令,如果实际运行速度超过了限制速度,则会引起列车颠覆、冒进信号或撞车的危险。其次是间隔控制,列控系统必须保证列车间始终保持一个安全间距,保证后续列车不会与前行列车相撞,同时又必须尽量使该间距短,以便增加列车的密度,从而保证运输效率。

(四)自动驾驶 ATO(automatic train control)功能

随着现代通信技术、自动控制技术、大数据、人工智能技术等逐渐成熟应用,列车运行控制系统正在向列车运行自动控制系统发展,其中列车自动驾驶功能已经成为列控系统的基本功能。自动驾驶功能能够显著提升运行效率、提升列车正点率、提升旅客舒适度、提升停车精度,降低司机的劳动强度、降低牵引能耗指标。目前我国高铁自动驾驶系统已经具有车站自动发车、区间自动运行、到站自动停车、停车自动开门、车门与站台门联动控制等主要功能。

第二节 列车运行控制系统的基本概念

一、闭塞制式

在装备列控系统的情况下,由系统来保证列车按照空间间隔控制运行,信号显示演变为控制列车运行速度的模式曲线。运行列车间必须保持的空间间隔满足制动距离的需要,并考虑适当的安全余量和确认信号时间内的运行距离。

列控系统采取的不同控制模式曲线,导致列车间的追踪运行间隔存在差异,相应存在不同制式的系统自动闭塞。一般可分为三类:固定闭塞、准移动闭塞(含虚拟闭塞)和移动闭塞。伴随列车运行间隔的缩小及运行速度的提高,线路运输能力逐步发挥到极致。

(一)固定闭塞

列控系统采用分级速度控制模式时,采用固定闭塞方式。列车运行的空间间隔是固定的若干个闭塞分区,闭塞分区的长度依划分的速度等级而定,每个闭塞分区的长度应满足一个速度等级距离的要求。

闭塞分区一般采用轨道电路或计轴装备来划分,具有列车定位和轨道占用检查功能。采用固定闭塞的列控系统中,列车追踪目标点为前行列车所在闭塞分区的始端,后行列车从最高速度开始制动的计算点为要求开始减速的闭塞分区的始端,这两个点不因列车特性等因素而变化,因此列车间的空间间隔长度是固定的,所以称为固定闭塞。

(二)准移动闭塞

准移动闭塞方式的列控系统采取目标—距离控制模式(又称连续式一次速度控制)。目标—距离控制模式根据目标距离、目标速度及列车本身的性能确定列车制动曲线,不必设定每个闭塞分区速度等级,采用一次制动方式。

准移动闭塞的追踪目标点是前行列车所占用闭塞分区的始端,当然会留有一定的安全距离,而后行列车从最高速度开始制动的计算点是根据目标距离、目标速度及列车本身的性能计算决定的。目标点相对固定,在同一闭塞分区内不依前行列车的走行而变化,而制动的起始点是随线路参数和列车本身性能不同而变化的。空间间隔的长度是不固定的,由于要与移动闭塞相区别,所以称为准移动闭塞。对于制动性能较好的列车其追踪运行间隔要比固定闭塞小一些。一般情况下,闭塞分区也是用轨道电路或计轴装置来划分的,它具有列车定位和占用轨道的检查功能。

由于目标点是相对固定的,所以,当前行列车在同一闭塞分区内走行时,连续式一次速度控制曲线是相对稳定的;当前行列车出清该闭塞分区并完全进入下一闭塞分区时,目标点突然前移,目标距离突然改变,连续式一次速度控制曲线会发生跳变。

(三)移动闭塞

移动闭塞方式的列控系统也采取目标—距离控制模式。目标—距离控制模式根据目标距离、目标速度及列车本身的性能确定列车制动曲线,采用一次制动方式。移动闭塞的追踪目标点是前行列车的尾部,当然也会留有一定的安全距离,后行列车从最高速开始制动的计算点是根据目标距离、目标速度及列车本身的性能计算决定的。目标点是前行列车的尾部,与前行列车的走行和速度有关,是随时变化的,而制动的起始点是随线路参数和列车本身性能不同而变化的。空间间隔的长度是不固定的,所以称为移动闭塞。其追踪运行间隔要比准移动闭塞更小一些。移动闭塞一般采用无线通信和无线定位技术来实现。高一级的移动闭塞还要考虑前行列车的速度。

二、速度控制模式

(一)分级速度控制

分级速度控制以一个闭塞分区为单位,根据列车运行的速度分级,对列车运行进行速度控制。分级速度控制系统的列车追踪间隔主要与闭塞分区的划分、列车性能和速度有关，而闭塞分区的长度是以最坏性能的列车为依据并结合线路参数来确定的，所以不同速度列车混合运行的线路采用这种模式，运输能力会受到较大影响。分级速度控制又分为阶梯式和分段曲线式。

1. 阶梯式分级速度控制

阶梯式分级速度控制又分为超前式和滞后式。

一个闭塞分区的进入速度称为入口速度，驶离速度称为出口速度。

超前速度控制方式又称为出口速度控制方式，给出列车的出口速度值，控制列车不超过出口速度。日本 ATC 系统采取超前式速度控制方式，采用设备控制优先的方法。阶梯式实线为超前式速度控制线，粗虚线为列车实际减速运行线，从最高速至零速的列车实际减速运行线为分段曲线组成的一条不连贯曲线组合，如图 1-1 所示。因为列车驶出每一个闭塞分区前必须把速度降至超前式速度控制线以下，不然设备自动引发紧急制动，所以超前对出口速度进行了控制，不会冒出闭塞分区。

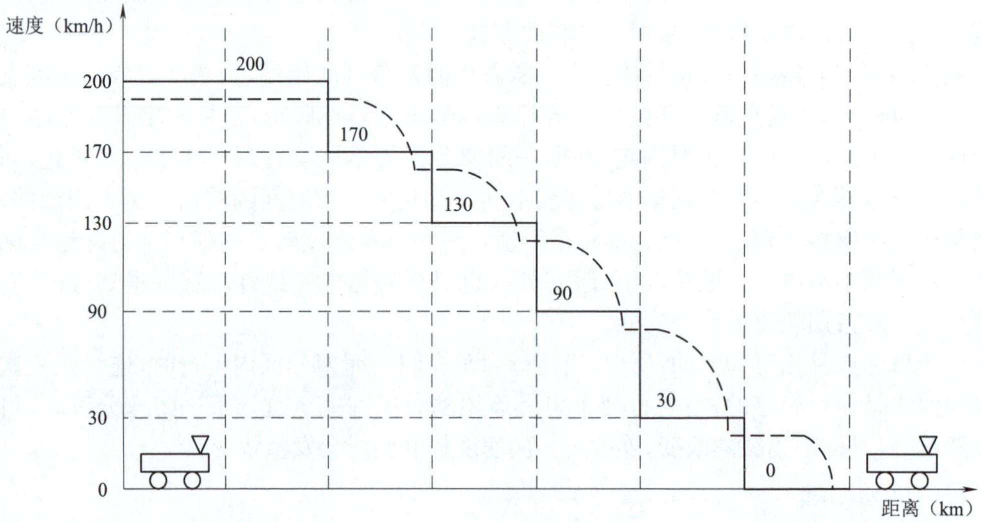

图 1-1　超前式阶梯分级速度控制曲线图

滞后速度控制方式又称为入口速度控制方式，给出列车的入口速度值，监控列车在本闭塞分区不超过给定的入口速度值，采取人控优先的方法，控制列车不超过下一闭塞分区入口速度值。法国 TVM300 列控系统采用人控优先的方法，进行滞后速度控制。因为在每一个闭塞分区列车速度只要不超过给定的入口速度值，就不会触及滞后式速度控制线，考虑万一列车失控，在本闭塞分区的出口即下一闭塞分区的入口处的速度超过了给定的入口速度值，碰撞了滞后式速度控制线，即所谓“撞墙”，此时触发设备自动引发紧急制动，此时列车必然会越过第一红灯进入下一闭塞分区，如此必须要增加一个闭塞分区作为安全防护区段，俗称双红灯防护。粗虚线为列车实际减速运行线，从最高速至零速的列车实际减速运行线为分段曲线组成的一条不连贯曲线组合；细虚线为撞墙后的紧急制动曲线，如图 1-2 所示。

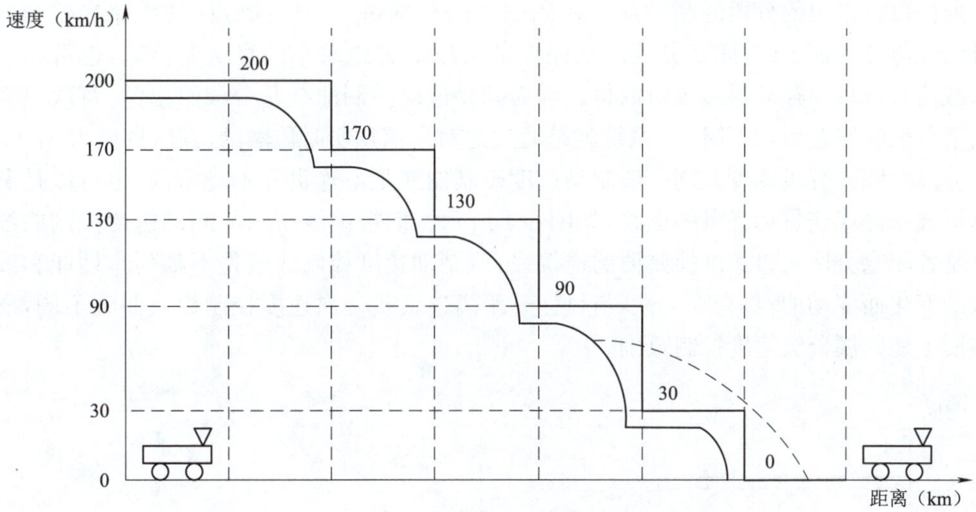

图 1-2 滞后式阶梯分级速度控制曲线图

从上述可知，阶梯式分级速度控制，只是对每一个闭塞分区的入口速度或出口速度进行控制，对列车速度的控制不是连续的，因此地对车所需要的信息量是较少的，如法国 TVM300 列控系统地对车实时传输 18 个信息，设备相应简单。

2. 曲线式分级速度控制

曲线式分级速度控制根据列车运行的速度分级，每一个闭塞分区给出一段速度控制曲线，对列车运行进行速度控制。法国 TVM430 列控系统采取曲线式分级速度控制方式。粗实线为曲线式分级速度控制线，从最高速至零速的列车控制减速线为分段曲线组成的一条不连贯曲线组合，如图 1-3 所示。列车实际减速运行线只要在控制线以下就可以了，万一超速碰撞了速度控制线，设备自动引发常用制动或紧急制动，因为速度控制是连续的，所以不会超速太多，紧急制动的停车点不会冒出闭塞分区，可以不需增加一个闭塞分区作为安全防护区段，设计时当然要考虑留有适当的安全距离。

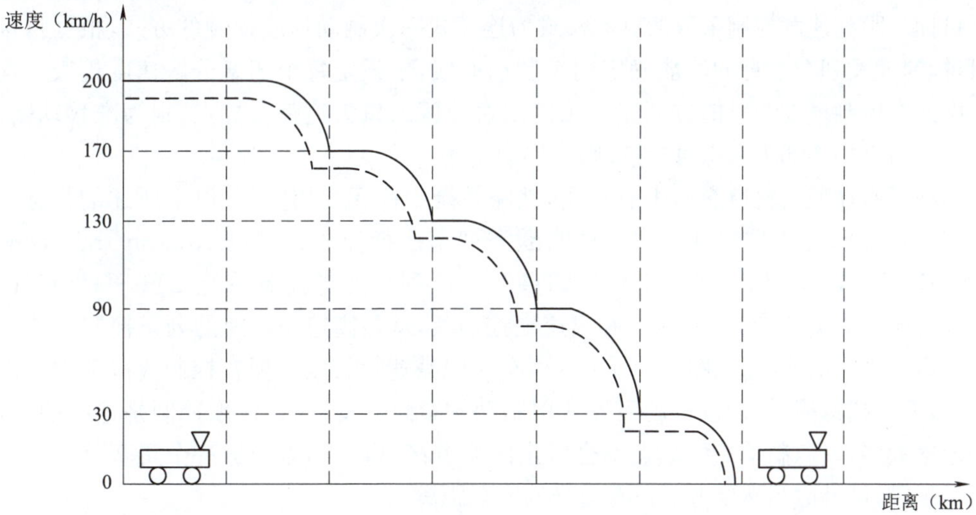

图 1-3 曲线式分级速度控制模式曲线图

列控设备给出的分段的制动速度控制曲线是根据每一个闭塞分区的线路参数和列车自身的性能计算而定的，闭塞分区的线路参数可以通过地对车信息实时传输，也可以事先在车载信号设备中存储通过核对取得。因为制动速度控制曲线是分段给出的，每次只需一个闭塞分区线路参数，TVM430 系统就是通过地对车信息实时传输的，其信息量为 27 bit。

分段曲线式分级速度控制一般制动速度控制曲线是不连贯和不光滑的，也可以是利用计算机技术做成连贯和光滑的虚线，如图 1-4 所示。但粗虚线所示的制动速度控制曲线实际上是各闭塞分区入口速度控制值的连接线，该制动速度控制曲线是不随列车性能和线路参数的变化而变动的，具有唯一性，与目标—距离连续式一次速度控制模式曲线不同，所以其本质上还归属分级速度控制范围。

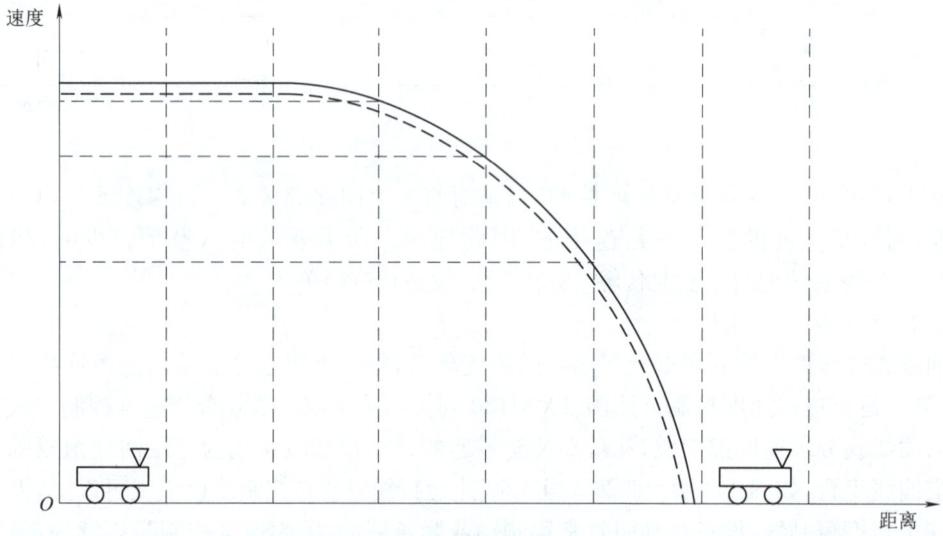

图 1-4　曲线式分级速度控制模式（光滑处理后）曲线图

（二）目标—距离速度控制

目标—距离速度控制采取的制动模式为连续式一次制动速度控制的方式，根据目标距离、目标速度及列车本身的性能确定列车制动曲线，不设定每个闭塞分区速度等级。连续式一次速度控制模式若以前方列车占用的闭塞分区入口为追踪目标点，则为准移动闭塞；若以前方列车的尾部为追踪目标点，则为移动闭塞。

移动闭塞在城市轨道交通中有运用，铁路系统中尚无运用实例，以下所述的目标—距离控制方式主要是指准移动闭塞，例如，欧洲列车运行控制系统（European train control system）ETCS-1～ETCS-2 级、日本 I-ATC 和中国列车运行控制系统 CTCS（China train control system）。粗实线为目标—距离速度控制线，从最高速至零速的列车控制减速线为一条连贯和光滑的曲线，如图 1-5 所示。列车实际减速运行线只要在控制线以下就可以保证安全，万一超速撞线，设备自动引发常用制动或紧急制动，因为速度控制是连续的，所以不会超速太多，紧急制动的停车点不会冒出闭塞分区，可以不需增加一个闭塞分区作为安全防护区段，设计时当然要考虑留有适当的安全距离。

列控设备给出的一次连续的制动速度控制曲线是根据目标距离、线路参数和列车自身的性能计算而定的，线路参数可以通过地对车信息实时传输，也可以事先在车载信号设备中存储通过核对取得。因为给出的制动速度控制曲线是一次连续的，需要一个制动距离内所有的线路参数，地对车信息传输的信息量相当大，可以通过无线通信、数字轨道电路、轨道电缆、应答器等地对车信息传输系统传输。目标—距离速度控制的列车制动的起始点是随线路参数和列车本身性能不同而变化的，空间间隔的长度是不固定的，比较适用于各种不同性能和速度列车的混合运行，其追踪运行间隔要比分级速度控制小，减速比较平稳，有利于提高旅客的舒适度。

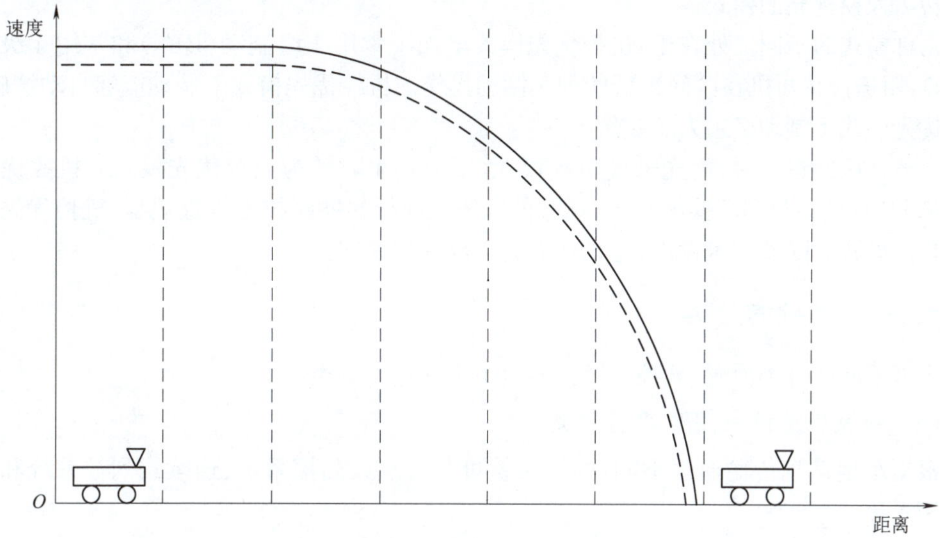

图 1-5　目标—距离速度控制曲线图

三、车地信息传输方式

(一)轨道电路

列控系统信息基于轨道电路传输是传统方式。U/T 系统、ATC(automatic train control)系统、CTCS-2 级列车运行控制系统(以下简称 CTCS-2 级列控系统)等均采用轨道电路传输。

(二)轨道电缆

德国 LZB 系统采用轨道电缆实现了双向信息传输。

(三)点式设备

点式设备包括点式应答器和点式环线两种。在 ETCS-2 级中主要提供列控系统的辅助信息，如里程标、线路数据、切换点等；在 ETCS-1 级中利用点式设备提供全部控车信息。CTCS-2 级列控系统采用点式应答器传输线路数据信息。

(四)无线传输

欧洲 ETCS-2 及 ETCS-3 级技术标准明确利用 GSM-R(global system for mobile communication-railway)无线系统进行列控信息车地双向传输。CTCS-3 级列车运行控制系统(以下简称 CTCS-3 级列控系统)采用 GSM-R 实现车地信息双向传输。

四、人控与机控优先模式

人控优先模式是司机按照模式曲线控制列车速度，设备不干涉司机正常驾驶，只有当列车超速时，设备采取有效的减速措施，确保列车运行安全。设备制动的缓解须设备允许和司机操作确认。

机控优先模式是设备能够按照模式曲线自动控制列车减速并保证列车运行安全。设备常用制动后一旦满足缓解条件将及时自动缓解。

人控优先模式与机控优先模式的相同点是：在保证列车运行安全的最大常用制动(B7N)和紧急制动的计算上是一致的。在站内接车运行时，目前机控优先模式的车载设备也是转为人控优先的模式。

两种模式的不同之处在于：机控优先模式增加了常用 1 级制动(B1N)和常用 4 级制动(B4N)，用于代替司机在区间运行的列车制动操作。机控优先模式下制动能够自动缓解，而人控优先模式下制动必须人工缓解。

一般在区间运行时，优先采用机控模式，站内接车时转为人控优先模式。机控优先模式是 ATP 直接参与列车操纵和运行的开端，按照现行的铁路技术管理规程，机控优先模式成为首选模式。随着技术发展，逐渐过渡为自动驾驶模式。

五、列控系统的分类

根据不同的分类原则，列控系统按照以下方式进行分类。

(一)根据车地信息传输通道分类

根据车地信息传输通道不同，列控系统可分为点式列控系统、连续式列控系统和点连式列控系统。

1. 点式列控系统

点式列控系统采用点式设备(如地面应答器)，在固定地点向列车传递控车信息，实现列车安全控制。

2. 连续式列控系统

连续式列控系统的地面控制中心可实时、连续地向车载设备传输控制信息。连续式列控系统地对车的信息传输手段包括轨道电路、轨道电缆(交叉环线)、波导管、漏泄电缆、无线通信等。

3. 点连式列控系统

点连式列控系统兼顾了点式和连续式列控系统的优点，是一种点式和连续式相结合的列控系统。CTCS-2 列控系统就是典型的点连式列控系统，车载设备从轨道电路提供实时的连续信息中得知前方轨道区段空闲数量、进出站信号开放状态等信息，再根据应答器信息提供的轨道区段长度、坡度和速度等线路数据，控制列车的运行。

(二)根据控制模式分类

根据控制模式，可分为速度码阶梯控制方式和速度—距离模式曲线控制方式。

1. 速度码阶梯控制方式

速度码阶梯控制方式，在一个闭塞分区内只控制一个速度等级，即在一个闭塞分区中只按照一种速度判断列车是否超速。阶梯控制方式又可分为出口检查方式和入口检查方式。

2. 速度—距离模式曲线控制方式

速度—距离模式曲线是根据目标速度、线路参数、列车参数、制动性能等确定的反映列车允许速度与目标距离间关系的曲线。速度—距离模式曲线反映了列车在各点允许的速度值。列控系统根据速度—距离模式曲线实时给出列车当前的允许速度，当列车超过当前允许速度时，设备自动实施常用制动或紧急制动，保证列车能在停车地点前停车。

根据制动曲线的形状，速度—距离模式曲线可分为分段速度控制和连续速度控制。

(1)分段速度控制

分段速度控制模式是将闭塞分区按照制动性能最差的列车安全制动距离的要求，以一定的速度等级将其划分。一旦这种划分完成，每一列车无论其制动性能如何，其与前行列车的最小追踪距离只与其运行速度、区段划分有关。

(2)连续速度控制

连续速度控制模式采用根据目标距离、目标速度的方式确定目标—距离连续速度控制模式曲线，该方式不设定每个闭塞分区速度等级，采用一次制动。以前方列车占用的闭塞分区或限速区段入口为目标点，向列车传送目标距离、目标速度等信息。

六、CTCS 等级

CTCS 是为了提高运输效率、保证运输安全而产生和发展的列控系统，它的核心任务是保证行车安全。由铁路信号构成的信息与控制系统、铁路固定设备(线路、桥、隧)和移动设备(机车、车辆)是铁路运输系统三个不可分割的技术基础，在铁路运输中占有非常重要的地位。随着列车运行速度不断提高，完全靠人瞭望、人工驾驶列车已不能保证行车安全。因此，当列车速度大于 160 km/h 时，必须装备列控系统，以实现对列车间隔和速度的自动控制，提高运输效率，保证行车安全。列控系统涉及很多关键技术，包括车地之间大容量、实时、可靠的信息传输，以及列车定位，列车精确安全控制等。应该说，以现代列车运行控制技术为核心的信号系统，可以称为现代铁路信号系统。现在已分级广泛运用在我国不同速度等级的铁路线上。

我国列控系统共划分为 CTCS-0 至 CTCS-4 五个等级。

(一)CTCS-0 级

CTCS-0 级由通用机车信号＋列车运行监控装置组成，其采用目标—距离控制模式、固定闭塞方式。在地面设备的基础上，把运行线路数据全部存储在车载设备中，结合列车本身的性能计算给出目标—距离制动曲线，其满足运行速度 160 km/h 及以下的区段运行要求，符合普速铁路运行要求。

(二)CTCS-1 级

CTCS-1 级由主体机车信号＋加强型运行监控装置组成，面向 160 km/h 及以下的区段，在既有设备基础上强化改造，达到机车信号主体化要求，增加点式设备，实现列车运行安全监控功能。利用轨道电路完成列车占用检测及完整检查，连续向列车传送控制信息。

(三)CTCS-2 级

CTCS-2 级是基于轨道电路和应答器传输信息的列控系统，其也是采用目标—距离控制模式，在闭塞方式上采用准移动闭塞，这种模式追踪目标点是前行列车所占用闭塞分区的始端，留有一定的安全距离，后行列车的制动曲线根据目标距离、目标速度及列车自身的性能综合计算得出。CTCS-2 级列控系统面向提速干线和高速线路。

(四)CTCS-3 级

CTCS-3 级是基于无线通信(如 GSM-R)的列控系统,其控制模式也采用目标—距离控制模式,闭塞方式采用准移动闭塞,但其实现了地车连续、双向、大容量的信息传输。CTCS-3 级列控系统面向提速干线、高速新线及特殊线路。

(五)CTCS-4 级

CTCS-4 级是完全基于无线通信(GSM-R)的列控系统,采取目标—距离控制模式,地面可取消轨道电路,由无线闭塞中心(RBC)和车载设备共同完成列车定位和完整性检查,实现虚拟闭塞或移动闭塞。CTCS-4 级面向高速新线或特殊线路。

(六)ATO

CTCS2+ATO 列控系统依据 CTCS-2 级列控系统标准,吸收地铁 ATC 系统功能,结合高密度、较短站间距、公交化灵活组织等特点,构建适用于 160 km/h 以上速度、3 min 追踪间隔、高自动化、智能化的先进城际铁路列控系统。

CTCS3+ATO 列控系统是在 CTCS-3 级列控系统基础上增加 ATO 功能,利用无线通信技术完成车地之间信息的传输,实现列车自动运行调整、列车自动驾驶、站台精确定位停车、列车车门与站台门防护及联动控制、自动折返、防淹门防护、站台紧急关闭防护的功能。地面设备配置兼容 CTCS-3 级列控系统,在车载设备不具备 ATO 功能使用条件时,可降级为人工驾驶。

CTCS 列控系统是为了保证列车安全运行,并以分级形式满足不同线路运输需求的列控系统。针对我国铁路运营里程长、轨道状况复杂的现实,对应不同线路及地面设备,列车需要运行在不同的 CTCS 线路级别上。为了适应在实际铁路运输中存在跨线路运行和主控制系统故障的降级运行情况,列控系统具备下线运行和降级运行能力,也就是列控系统的兼容性。

第三节　中国列车运行控制系统发展历程

伴随着我国铁路建设飞速发展,为满足日益增长的铁路运输的需求,参照 ETCS,结合我国国情、路情,制定了 CTCS 的技术规范和相应 CTCS 等级,以保证我国铁路运输安全,适应提速战略的实施,满足高铁建设需求和动车组长交路运营的互联互通需求。CTCS 采用了标准化、模块化、一体化、网络化和数字化的设计原则,向下可兼容、向上易扩展,是集成计算机、通信、网络等高新技术为一体的列控系统。

2004 年,我国正式开始实施 CTCS。这些年来,我国铁路电务系统的科技工作者、设计和施工建设者、运用维护者等付出了大量的心血和努力,成功构建了 CTCS 技术体系,打造了多个 CTCS 技术平台。

一、前期技术准备

20 世纪末期,我国开展了既有线提速工作,并以秦沈客专为标志开始了高速铁路的建设尝试,围绕京沪高铁建设开展了大量科学研究和论证工作,列控系统的概念应运而生,并逐渐成为保证列车安全运行的重要系统。事实证明,在列车高速运行的条件下,地面信号难以辨认，没有装备列控车载设备的信号方式难以适应缩小的行车间隔。以地面自动闭塞为基础、以列控车载信号为行车凭证的列控系统势在必行。适应既有线提速、高速铁路开工建设需要，深入研究欧洲 ETCS 标准，结合中国铁路现状，建立适合中国国情的 CTCS 技术体系，已成为必然。既有线提速、客运专线和高速铁路建设，对信号技术的发展既提出了新的挑战，也提供了难得的发展机遇。

在 CTCS 规划中，CTCS-2 级列控系统是一个具有承上启下作用的等级，受到普遍重视，得到了优先发展。CTCS-2 级列控系统的技术体系是在国内铁路信号科研人员数年技术研究积累基础上确立的，具有良好的技术和设备基础，是适应我国铁路运输需求、适应既有电务设备特点，同时又吸取了国际铁路同行的运用经验的列控系统。CTCS-2 级列控系统虽引进了部分先进技术，但技术体系、技术标准、技术设备完全自主可控。

(一)通用式机车信号

在传统的铁路运营中，由司机瞭望地面信号机显示，人工完成列车运行控制。地面信号机的显示，在线路上存在曲线、隧道等地形限制时，给司机瞭望带来一定的困难。特别是在雨雪、风沙、大雾迷茫等恶劣气候条件下，地面信号更是难以看清。随着列车速度的不断提高，特别是高速列车的出现，显示距离约 1 km 的信号机已很难使司机从容采取措施。比如司机发现红色停车信号，即使立即紧急制动，列车在巨大惯性的推动下，也会越过信号机。因此，再单纯依赖地面信号机显然是极其危险的。为了解决这个问题，人们研制出了机车信号机，它装在机车司机室内，能显示和地面信号机同样的信号，保证了行车安全，提高了运行效率，也改善了司机的工作条件。

我国铁路目前采用的机车信号分为接近连续式和连续式两种。接近连续式多用于非自动闭塞区段。在进站信号机外方制动距离附近的固定地点设置发送设备，并从固定地点到进站信号机之间加装一段轨道电路。从列车最前面的车轮轧在轨道电路上时起，发送装置就连续不断地向机车上传送地面信号的信息，使机车信号机连续复示进站信号机的显示。连续式机车信号没有距离限制，只要列车在轨道上行驶，被机车第一轮对短路的轨道信号电流就会在钢轨周围产生磁场。装在机车上的感应器接收到信号，经过解码使机车信号机不断地显示与前方地面信号机相同的信号。

2003 年通用式机车信号项目组在多年研究和多年经验积累的基础上，完成了 JT1-CZ2000 型机车信号系统的研制，并通过了铁道部技术审查。JT1-CZ2000 型机车信号系统是在 JT1-A/B 型通用式机车信号的成熟技术基础上，采用多项先进技术和系统化的安全设计方案，满足铁路信号故障—安全的原则。

(二)U/T 系统的引进和国产化

京广线郑州至武昌段电气化铁路，于 1992 年底全线建成并投入使用，该线是我国首次使用 UM71 无绝缘轨道电路和 TVM300 超速防护系统，推动了我国多信息速差式自动闭塞和列车超速防护的发展。随着在郑武、京郑、广深、哈大、武广、京山、沈山等繁忙干线上 UM71 系统的运用，以其轨道电路可做到一次调整、有断轨检查、抗干扰性强和工作稳定等显著优势，得到用户的广泛认可，逐步成为我国铁路自动闭塞制式的主流。

基于对 UM71 无绝缘轨道电路多年的消化吸收，对其进行改进提高，实现完全国产化成为必然。2001 年 6 月，北京全路通信信号研究设计院研制的 ZPW-2000A 轨道电路在京广线武胜关站投入试用，2001 年 9 月通过铁道部组织的技术审查，2001 年 11 月在武胜关进行扩大试验，2002 年 5 月通过铁道部技术鉴定。伴随 ZPW-2000A 轨道电路的工程推广运用，其良好性能得到全路的认可。

为提高中国铁路自动闭塞的装备水平，必须采用 ZPW-2000 系列设备统一中国铁路自动闭塞制式。同时，铁道部主持编制了多个 ZPW-2000 轨道电路的技术规范，并对技术方案、产品结构、工业标准、设计定型和器材通用等方面进行了明确。这些都为推进 ZPW-2000 自动闭塞制式大规模装备工程准备了条件。

(三)列车运行监控记录装置

列车运行监控记录装置是从机车信号、自动停车装置与司机操作记录装置相结合发展起来的。LKJ-93 型列车运行监控记录装置于 1995 年 5 月通过铁道部技术鉴定。该设备是在铁道部主导下，联合多家科研单位，吸取了各种类型速度监控装置技术之长，研制出的一种标准化、模块化、通用化的监控记录装置。列车运行监控装置以其特有的车载线路数据存储方式，受到应用上的肯定并迅速在全路推广，对防止既有普速铁路“两冒一超”、提升安全起到关键作用。

随着列车运行速度的不断提高，运行密度进一步加大，对客货运输行车安全装备要求进一步提高，多家单位共同研制了 LKJ2000 型列车运行监控记录装置，在 2 年内，试制产品经近百万公里的试运，其性能已满足技术条件要求，于 2000 年 12 月 29 日通过了铁道部组织的科技成果鉴定。

该设备采用主从热备双机模块级冗余工作方式，较大程度地提高了装置的可靠性，实现了较完善的软硬件安全设计，提高了系统的安全性。

(四)列车超速防护系统

列车超速防护系统称为 ATP 系统。自 20 世纪 80 年代开始，国内便开始研究由查询应答器构成的列车超速防护系统，并进行了相应的试验，取得了阶段性成果。超速防护系统即为初期的列控系统。为了进一步提高系统的可靠性，从 1992 年开始便对国外系统和设备进行调研。20 世纪 80 年代末期，郑武线引进了 U/T 系统，ATP 系统在中国开始装备使用，为中国 ATP 的发展开拓了思路，促进了国内 ATP 的研发工作。

1993 年我国使用 EBICAB-900 型列车超速防护系统，该系统利用地面设备提供的信息及线路数据，计算监控曲线，实现超速防护。在系统中，点式信息和连续信息相结合，应答器提供静态信息，机车信号提供连续的动态信息，从而构成点连式的列车超速防护系统。

1995 年，LSK 旅客列车速度分级控制系统(简称 LSK 系统)在广深线 160～200 km/h 的列车上投入运营，运用情况良好。LSK 系统作为我国自行研制的准高速旅客列车超速防护系统，在“人机联控，人控优先”的设计原则下，综合信号安全技术、机电控制技术、计算机和网络通信技术，以及可靠性与故障—安全理论，构成新型人机关系的信号安全防护系统，并首次以车载信号作为行车凭证，实现了我国超速防护系统历史性的突破。

LCF 列车超速防护系统是京九线带超速防护多信息移频自动闭塞系统的一个子系统，该系统采用速度—距离模式曲线控制方式，对于各种不同牵引重量的客、货车，在随机的坡度、弯道上，能够实现常用制动和紧急制动，可以有效防止列车冒进信号和超速运行事故。

该系统于1994年12月在津浦线天津西至沧州间进行了各种功能性试验，后在京九线安装，在商埠段试运行，于1996年通过了铁道部的技术鉴定。

(五)点连式列车运行控制系统

LSK-2000型列控系统在LSK系统基础上，通过查询应答器作为点式设备，极大地扩展了环线点式系统的功能，基本满足了车载系统对列车进站防护、区间防护和临时限速的要求，使得系统功能进一步加强。该系统于2000年初步经过环行道试验。

结合秦沈客运专线列控系统的需求，根据客运专线的特点，采用连续速度—距离模式曲线控制方式，地面站内为18信息有绝缘轨道电路、区间为18信息无绝缘轨道电路，向列控车载设备传送目标速度信息。采用点式查询应答器，向列控车载设备提供线路数据、站内绝对停车点信息。该系统参加了客运专线通信信号综合实验，并于2000年5月19日通过铁道部的技术审查。最终秦沈客专采用了引进的TVM430列控系统，并首次在自动闭塞区段取消区间通过信号机，实现了以车载设备显示为行车凭证；首次采用车站与区间一体化的轨道电路，消除了车站地车信息传输盲区的问题；首次采用了基于光纤的站间安全信息传输；首次应用了全电子的列控联锁一体化SEI设备，极大促进了我国的铁路电务技术发展。

机车信号、LKJ设备在我国普速铁路得到了良好应用，大面积推广，成为我国运用机车的标准配置，但上述超速防护系统、列控系统在我国铁路的实际运用并不广泛。通过相关列控系统的自主研发和现场试验验证，积累经验、吸取教训，我国铁路电务行业逐渐建立了列控系统的概念，培养了大量列控领域的专业人才，为构建符合国情、路情的CTCS技术体系进行了前期技术准备、开展了有益的尝试、奠定了坚实的基础。

二、CTCS发展历程

(一)确定CTCS技术路线

为规范中国列控系统的开发、引进和应用，满足铁路运输对列控系统的需求，借鉴欧洲铁路ETCS，中国确定发展CTCS技术路线。

中国铁路发展GSM-R/CTCS的总体原则：

(1)借鉴世界各国经验，结合中国国情路情，制定中国统一的GSM-R/CTCS系列技术标准和规范。

(2)实行跨专业合作，集中全路专家智慧，共同确定总体技术方案和总体规划。

(3)坚持技术先进、系统成熟、经济合理、等级配置的原则。

(4)坚持通信信号一体化的方向，新线建设优先发展基于无线的ATP。

(5)坚持新线建设与既有线改造并重，在总体规划的指导下，分步实施，有序发展。

(6)坚持机车信号主体化与发展GSM-R/CTCS相结合。

(二)颁布CTCS技术规范总则

2004年铁道部颁布《CTCS技术规范总则》与《CTCS-2级技术条件》总体技术规范。本规范明确了CTCS列控系统的总体规划，明确了CTCS列控系统等级划分，单独对CTCS-2级列控系统技术体系进一步细化，对于编制系统技术规范、地面设备技术规范、车载设备技术规范及接口协议，为设备研制提供指导。

（三）CTCS-2 级列控系统研发

CTCS-2 级列控系统可以分为既有线 CTCS-2 级列控系统和客运专线 CTCS-2 级列控系统，两者之间工作原理相同、设备配置有所不同。

1. 既有线 CTCS-2 级列控系统研发

2004 年开始，铁道部正式开展既有线 CTCS-2 级列控系统的研发工作，开始组织编制 CTCS-2 级列控系统总体技术规范，逐步构建技术体系。另一方面，ATP 车载设备采用了技术引进方式，CTCS-2 级地面设备车站列控中心采用了自主研发方式，应答器和轨旁电子单元 LEU 采用了技术引进方式。此次技术引进与原来的技术引进完全不同，大部分为国产化设备。2005 年 CTCS-2 级关键设备的研发正式启动。

2005 年铁道部发布《既有线 200 km/h 动车组列控系统车载和地面设备配置及运用暂行技术原则》，确定了 CTCS 系统总体方案、地面设计原则、车载设备主要技术条件等，这是系统规划 CTCS-2 级列控系统组成、结构、功能、运用需求等各方面的重要文件，对于 CTCS-2 级列控系统发展具有里程碑式的意义。2005 年开始，铁道部陆续出台了系列设备级、接口级产品技术条件和标准。2006 年，完成第六次既有线提速区段 CTCS-2 级列控工程建设和静态调试，进一步制定修改和逐步完善 CTCS-2 级列控系统技术、安装、维护标准。

2007 年，完成第六次提速区段 CTCS-2 级列控系统动态试验和试运行，以及提速至 250 km/h 的设备升级和各项试验。同时，进一步组织技术攻关，完善、优化系统设备和功能，建立联调联试机制，以及工程验收、安全评估机制。

2. 客运专线 CTCS-2 级列控系统研发

2006 年开始，铁道部开始研究客运专线 CTCS-2 级列控系统，为合宁、合武、石太客运专线等项目的列控系统建设做好技术准备。客运专线项目由于是全新建设，而非既有线的提速改造，为列控系统的提议优化、功能提升创造了条件。

2007 年《客运专线 CTCS-2 级列控系统配置及运用技术原则（暂行）》发布。这是规划客运专线 CTCS-2 级列控系统配置、功能和系统结构等方面的第一个纲领性文件，在 CTCS-2 级列控系统发展史上具有重要意义。客运专线 CTCS-2 级列控系统在既有线 CTCS-2 级列控系统基础上增加出站信号机应答器组、优化列控中心设备增加实现了信号机点灯控制、轨道电路低频信息编码、区间方向电路控制、基于光纤的站间安全信息传输等系列功能。同时优化 ATP（automatic train protection）车载设备软件，适应客运专线 CTCS-2 级列控系统并兼容既有线 CTCS-2 级列控系统以实现互联互通。

2008 年以来，相继建成合宁、合武、石太、东南沿海等客运专线，进一步充实和完善 CTCS-2 级列控系统技术、设备、运用标准，拥有完全自主知识产权的 CTCS-2 级列控系统为中国高速铁路快速发展提供了强有力的技术支撑。

3. 客运专线 CTCS-2 级列控系统功能优化

CTCS-2 级列控系统功能优化的最主要项目是全国高铁增加了区间轨道电路占用顺序逻辑检查功能，有效地防范列车区间占用丢失故障，加大了系统安全度。

（四）CTCS-3 级列控系统研发

为了满足京津城际的建设要求，采用了 ETCS-1 级列控系统叠加 CTCS-2 级列控系统，并命名为 CTCS-3D 级列控系统。CTCS-3D 级列控系统是基于点式的列控系统，但控制速度等级已经达到 300～350 km/h，与 CTCS-3 级列控系统控制速度等级相同。

1. CTCS-3 级列控系统标准体系建设

2007 年 4 月，第六次大面积铁路提速开始，CTCS-2 级列控系统正式投入应用，研发重点向 CTCS-3 级列控系统转移。

2007 年 8 月，CTCS-3 级列控系统技术攻关组正式成立，集合了国内铁路电务行业的产业、学校、研究机构等精英力量，勠力同心，从无到有，成功构建了 CTCS-3 级列控系统技术体系和多个技术平台。

CTCS-3 技术攻关组的主要任务之一是构建 CTCS-3 级列控系统的技术标准体系。按照我国 CTCS 技术总则，在 CTCS-3 级列控系统总体技术方案指导下，自主创新了符合中国国情、路情，全路统一、互联互通、国际领先的高速铁路列控技术体系，建立了涵盖系统规范、工程设计规范、制造工艺标准、施工验收规范、运用维护规则、安全评估办法六大方面的标准规范 CTCS-3 级列控系统技术创新工作。CTCS-3 级列控系统技术标准体系为适应中国特殊的国情路情需求，是在经过反复研究论证和大量实践检验的基础上建立起来的，为中国高速铁路列控系统技术发展奠定了基础，满足了高速铁路与提速、既有铁路间的跨线运行的需求，满足未来向 CTCS 更高等级发展的要求，有利于提高我国铁路的安全高效运营、节能降耗水平。编制了以《CTCS-3 级列车运行控制系统系统需求规范》《无线闭塞中心技术规范》《CTCS-3 级列控车载设备技术条件》为代表的 30 多项行业技术规范。

2. CTCS-3 级列控系统国产化工作

为了满足市场竞争需求、促进技术发展，依托不同的高铁项目，根据技术来源不同，我国 CTCS-3 级列控系统成功打造了武广、郑西和广深港 3 个平台，应用相同的技术标准，但基于不同的硬件架构、操作系统和应用，实现互联互通。平台的构建初期就设立了明确的国产化目标，国内团队也快速进入角色，出色地完成了平台国产化任务，完全具备了独立工程应用能力，为我国后续的大规模 300 km/h 及以上高速铁路建设提供了强力支撑。

CTCS-3 级列控系统在保障列车高速安全运营方面开展了大量工作。2009 年 12 月 26 日，我国首条装备 CTCS-3 级列控系统的武汉—广州客运专线开通运营，标志着我国 CTCS-3 级列控系统正式面世。2010 年 2 月 6 日，郑州到西安高速铁路开通运营，意味着我国打造的第二个 CTCS-3 级列控系统技术平台问世。2011 年，京沪高铁成功完成时速 380 km 的综合试验，CTCS-3 级列控系统满足高速列车以时速 380 km 持续运行的需求，京沪高铁于 2011 年 6 月 30 日以 300 km/h 运营速度开通。2011 年 12 月 26 日，广深港高铁以 300 km/h 速度开通运营，意味着我国打造的第三个 CTCS-3 级列控系统平台问世。2012 年开通第一条穿越高寒地区的长大高速铁路——哈大高铁，随后 CTCS-3 级列控系统在我国高速铁路快速大面积推广应用。

在武广和郑西客专开通初期，各平台只能独立运行，需要借助于 CTCS-2 级列控系统才能互联互通，这种运行方式一定程度上制约了我国高铁运营，也不利于 CTCS-3 级列控系统的应用与发展。为此，铁道部又组织了 CTCS-3 级列控系统互联互通工作，实现装载不同制式车载设备的列车可以在不同制式地面设备的控制下畅通无阻地运行。2010 年，实现不同厂家地面设备与车载设备之间的互联互通。2010 年发布列控系统 RBC 接口规范，统一了 RBC 接口技术条件，满足互联互通要求，并于 2011 年实现武广平台—郑西平台地面设备间的互联互通，2012 年实现武广平台—广深港平台地面设备间的互联互通。

国产化应用过程中，CTCS-3 级列控系统也在持续完善和功能优化，其中高铁线路地面增加区间占用逻辑顺序检查、CTCS-3 级车载设备实现 CTCS-3 行车许可和 CTCS-2 行车许可进行安全比较等取得了成功,为进一步提高高铁列控系统的安全性发挥了巨大作用。

3. CTCS-3 级列控系统自主化工作

经过多年的快速发展,CTCS-3 级列控系统已成功实现了高寒、酷热、戈壁风沙、海风高盐等不同的运营环境及高强度、大密度、多环境下的运营实践,成为我国时速 250 km 以上高速铁路的标准配置。通过十多年的技术攻关,已实现 CTCS-3 级列控核心技术自主化,包括系统平台及关键技术、核心软件及成套列控装备,能够对国外技术和装备进行全面替代。

2015 年中国铁路总公司专题研究具有自主知识产权的 CTCS-3 级列控系统全套核心设备,2016 年在大同—西安客专综合试验段完成时速 350 km 的现场测试,2018 年对系统增加时速 350 km 的智能驾驶功能,并在北京—沈阳客专综合试验段完成现场试验,实现了列控系统装备的自主化和产业化,成功打造了三个自主化 CTCS-3 级列控系统装备平台,能够满足国内铁路运用技术提升及高铁走向国际的需求。

与此同时,我国按照 ETCS 标准开发的列控系统陆续通过欧盟互联互通(TSI)认证,产品已经具备出口海外的条件,适用于采用欧洲 ETCS-2 级列控系统标准建设的高铁线路,能够有效支撑"走出去"和"一带一路"倡议的实施。

自 2009 年 12 月第一条配置国产化 CTCS-3 级列控系统的武广高铁开通,至 2018 年底第一条配置自主化 CTCS-3 级列控系统的京沈高铁辽宁段开通,十年磨一剑,我国高铁列控系统实现了从中外联合设计到完全自主创新的飞跃。

第四节　列车运行智能控制系统及技术发展趋势

智能化已成为全球铁路发展的重要方向,智能高铁将是新一轮世界高铁领域的竞争热点和难点。目前,全球范围内均已全面开启了智能铁路的相关研究。中国列车运行控制技术的深化研究也将通过与人工智能、北斗卫星导航、云计算、大数据、物联网、5G 移动通信等先进技术深度集成融合,逐步构建下一代具有自动驾驶功能、空天地一体化的列车运行智能控制系统,进一步发挥智能技术在运行安全保障、效率效益提升、运维成本降低、服务质量优化等方面的支撑作用,实现智能装备、智能运营技术水平等持续领跑世界高铁发展。

一、国际主要列车运行智能控制系统及关键技术研究及应用

国际上对列车运行智能控制技术的研究及应用主要集中在卫星定位、车车通信、IP 移动通信、移动闭塞、智能化列车运行管理、主动安全控车、简化系统结构、整合系统功能、减少信号电缆、丰富车载功能、标准化体系等方面,根据现场实际需求研究侧重点略有不同。

(一)NGTC 项目

2013 年欧洲铁路行业协会(UNIFE)在原有 ETCS 的体系上提出了为期三年的下一代列控系统(next generation train control,NGTC)研究计划,NGTC 项目主要研究移动闭塞技术、基于 IP 的无线通信技术、全球卫星定位技术。该项目旨在减少铁路干线列控系统与 CBTC 两者之间技术的差异,形成共同的功能需求规范,实现干线和城轨的互联互通,进一步提升干线铁路与城市轨道交通的运输能力及自动化水平,降低信号设备安装、维护成本,提高系统的可靠性。

（二）Shift2Rail 计划

欧盟在 2014 年提出了 Shift2Rail 计划，旨在推动轨道交通领域互联互通、降本增效和技术创新，主要围绕新一代铁路无线通信系统（FRMCS）、GoA2（grade of automatic 2）级 ATO 系统、列车自主定位及列车完整性检查系统（transportation management information system，TMIS）、列车虚拟编组、列车远程驾驶和调度指挥系统等进行了技术创新。Shift2Rail 计划之后，继续开展了“欧洲铁路合作伙伴计划”，推动技术持续创新，将构建数字化、智能化铁路作为明确目标，信号系统部分主要包含 GoA4 级的 ATO 系统、新型智能列控系统和先进交通管理系统等。

（三）未来混合 E3 系统

庞巴迪公司的欧洲低密度列车运行控制系统（ETCS Regional）是面向低密度铁路的 ETCS-3 级列控系统，取消了轨旁列车位置检测设备和信号机，无线闭塞中心 RBC（radio block center）集成联锁功能，车载设备完成列车定位及完整性检查，实现移动闭塞。在 ETCS Regional 基础上，欧洲铁路运输管理系统 ERTMS（European rail traffic management system）用户组织提出了混合 E3 系统概念，相关规范已纳入 ETCS 基线 3 版。纯粹的 E3 系统不设置轨旁列车占用检查设备，一旦 RBC 故障重启，所有列车位置和轨道占用条件将丢失，系统恢复对运输影响极大。混合 E3 系统维持了一部分轨旁的列车占用检查系统，满足具有列车自主完整性检查功能的 E3 系统列车和普通 E2 系统列车混合运输需求。实际应用中，混合 E3 系统采用移动闭塞缩短列车间隔，轨旁设备减少可降低建设和运维成本。

（四）ETCS＋ATO

德国数字铁路计划和英国高速铁路计划均包含了 ETCS＋ATO 功能。2018 年，西门子 ETCS＋ATO 系统在英国泰晤士联络线项目投入运营，截至 2020 年底已经装备 115 列动车组。2019 年 9 月，在瑞士联邦铁路洛桑至维伦纽夫区段试验了 ATO 功能。ATO 试验不调整地面设备，不增加应答器，GoA2 级 ATO 系统基本功能试验成功。西门子与瑞士联邦铁路也进行了货运列车 ATO 现场测试。目前，更高级等级的 GoA3、GoA4 级 ATO 系统正在研究阶段，主要研究内容集中在基于人工智能和多传感器融合的线路检测、障碍物检测和列车故障自诊断自处理的方案研究。

（五）欧洲列车卫星定位（ERSAT）

ERSAT 计划的目标是将卫星定位集成于铁路应用，特别是应用于 ETCS-3 级和混合 ETCS-3 级。用虚拟应答器替代物理应答器，配置灵活，既可降低运营成本，还可提高运输效率。虚拟应答器的应用方案限制在现行 ETCS 技术规则内，不改变现有技术规范。当卫星信号丢失无法检测到虚拟应答器时，ERSAT 可提供本地信号增强技术。个别企业的基于卫星定位的虚拟应答器技术方案已经通过了 SIL4 级认证，即将纳入新版 ETCS 规范。

（六）日本 ATACS 系统

高级列车管理和通信系统（ATACS）系统由东日本旅客铁路公司研发并于 2011 年投入商业应用，其理念与 ETCS-3 级、基于通信的列车运行控制系统 CBTC（communication based train control system）类似，主要目的是减少轨旁设备、减少运维工作量、降低成本，并且通过移动闭塞技术提高运输效率。2021 年，东日本旅客铁路公司部署了新一代轨道交通系统研究计划，将通过协调 ATACS、ATO 和自主分散运营控制系统(ATOS),以应对新发展阶段的运输能力、运输成本和节能环保给轨道交通带来的挑战。东日本铁路公司将继续致力于研发无人驾驶技术,并将于 2028 年和 2031 年开始在山手环线和京滨—东北—根岸线部署 ATACS 和高性能 ATO 系统。

二、中国列车运行智能控制系统及关键技术发展趋势

近些年来,智能控制技术和方法不断发展,智能控制的概念不断丰富,机器人、生产智造、智能交通等不同专业领域均取得飞速进步。对于铁路信号系统而言,积极应用了智能 CTC(centralized traffic control)系统、自主化列控系统、ATO 系统、信号安全数据网等大量新技术、新装备,与此同时,也仍然采用继电器、信号机、轨道电路等传统设备,高速铁路也是如此。这是信号系统安全理念的传承,体现了信号专业追求安全稳定的整体观念。技术进步是永恒的主题,当前不断涌现的新技术,既是挑战,也是推动我国电务技术进步的动力。传统设备电子化、电子设备数字化、数字设备智能化,铁路信号设备的技术发展非常明确。

2018 年,我国开展新型列控系统关键技术研究,包括:利用北斗导航实现多元融合列车自主定位;利用北斗导航和 IP 通信技术实现列车自主完整性检查;利用 IP 通信技术实现车地无线通信、移动闭塞和虚拟自动闭塞,以及自成体系的列控运维系统等。新型列控系统符合 CTCS 技术标准体系,符合 CTCS-4 级列控系统的定义特征,集成卫星、无线通信、车载安全计算机和地面控制中心等构成空天地一体的新一代列控系统,新型列控系统结构示意如图 1-6 所示。

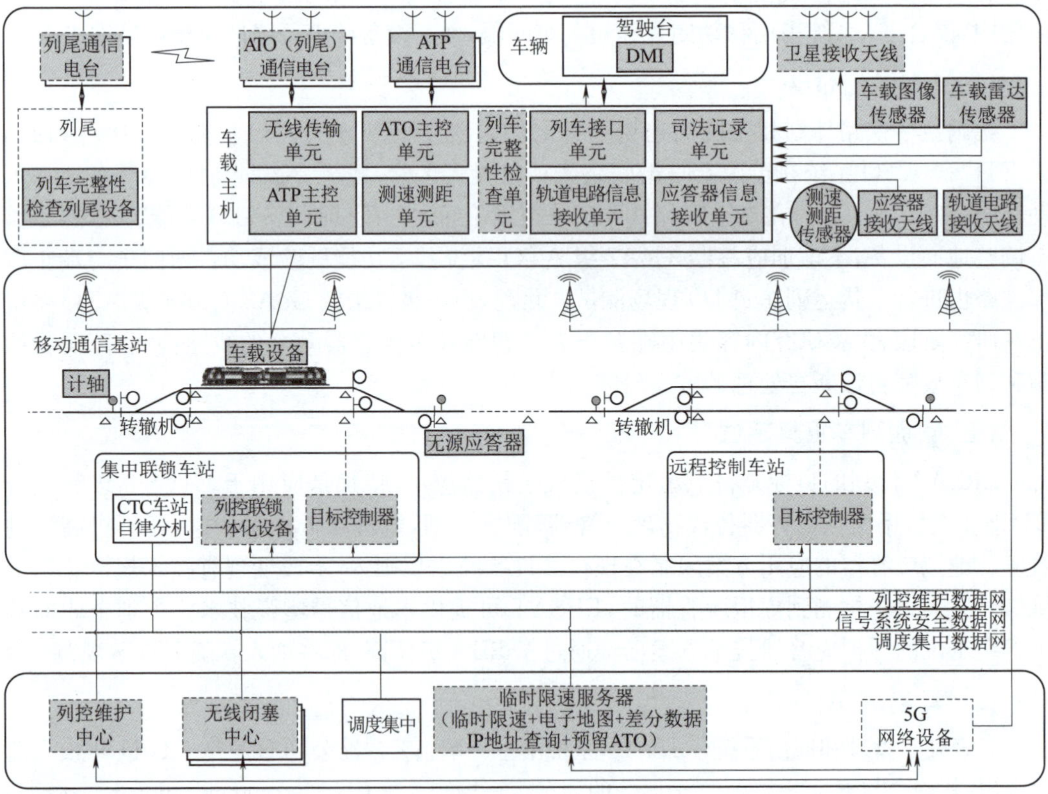

■表示属于列控设备;□表示不属于列控设备。

图 1-6 新型列控系统结构示意

(一)智能列控系统的内涵

智能列控系统的内涵主要体现在两个方面:一是列车运行自动化程度的提升,我国已经建成了完善的CTCS技术标准体系,拥有了多个具有自主知识产权的列控系统安全平台,在国际范围内率先实现了复兴号动车组时速350 km的GoA2级自动驾驶,未来要实现更高GoA等级的自动驾驶,最终实现列车自主运行控制;二是利用广义智能控制的方法提高列车运行效率,包括减少轨旁设备、提高系统可靠性、降低运营成本、实现调度与控制一体化技术、实现移动闭塞等。智能列控系统将基于新型列控系统继续进行深化研究,智能列控系统是未来高速铁路的发展方向。

(二)智能列控系统的设计目标

1. 安全性能更高

目前构成列控系统的关键设备如车载安全计算机、地面控制设备等,其安全完善度等级均达到SIL4级,但随着高铁运营里程、列车运行时间的快速增长,发生安全事件的概率逐渐增加,因此进一步提升列控系统安全性的需求非常迫切。总体解决思路是应用系统安全的理念,一方面通过多系统、多设备、多模块安全比较来提升系统安全性,另一方面应用先进的智能感知、智能决策、智能控制等技术以增强系统安全性。例如列车可通过卫星等方式实现多源融合自主定位,探索研究列车与列车间的直接通信,或者车地车通信,提升系统安全。

2. 运输效率更高

一个关键技术指标是采用移动闭塞替代传统的固定闭塞,在确保安全的前提下,进一步增加列车开行密度,通过ATO系统实现列车准点率和行车效率的提升,在自动驾驶控制过程中尽量减少列车运行冲击率,提升旅客舒适度;另一个关键技术指标是实现从自动驾驶到智能驾驶的转变,在现有自动驾驶功能基础上,实现列车环境自感知、安全态势自评估、设备故障自诊断、高铁列车运行更稳定正点的目标。

3. 鲁棒性更高

目前列控系统故障主要来自三个方面:一是复杂轨旁设备导致的地面红光带、有源应答器故障等;二是车地通信环节引发的信息传输过程故障;三是车载设备本身由于冗余措施不到位,而由元器件故障引发的车载设备可用性故障。智能列控系统应致力于提升系统鲁棒性。

4. 更节能环保

铁路网快速建设在宏观上讲有利于节能减排,但是高速铁路将成为第一用电大户,结合国家碳达峰碳中和战略目标,铁路领域节能环保需求也很迫切:一方面智能列控系统需持续优化节能控制算法,通过自动驾驶系统应用实现节能目标;另一方面,可利用动车组在减速时能够发电,并自动返回电网形成再生能源的技术特点,智能列控系统要应用系统协同控制技术,通过与调度指挥、动车组控制、牵引供电等系统结合,实现列车群的协调配合、联动控制,电能内部利用,进一步节能降耗。

(三)列车运行智能控制关键技术

智能高铁项目实施引领中国轨道交通领域迈入智能化发展新阶段。智能轨道交通领域广泛研究应用多层域状态智能感知、系统智能控制、安全态势评估、大数据融合与智能维护等技术。其中，智能列控系统的关键技术，其构成如图 1-7 所示。

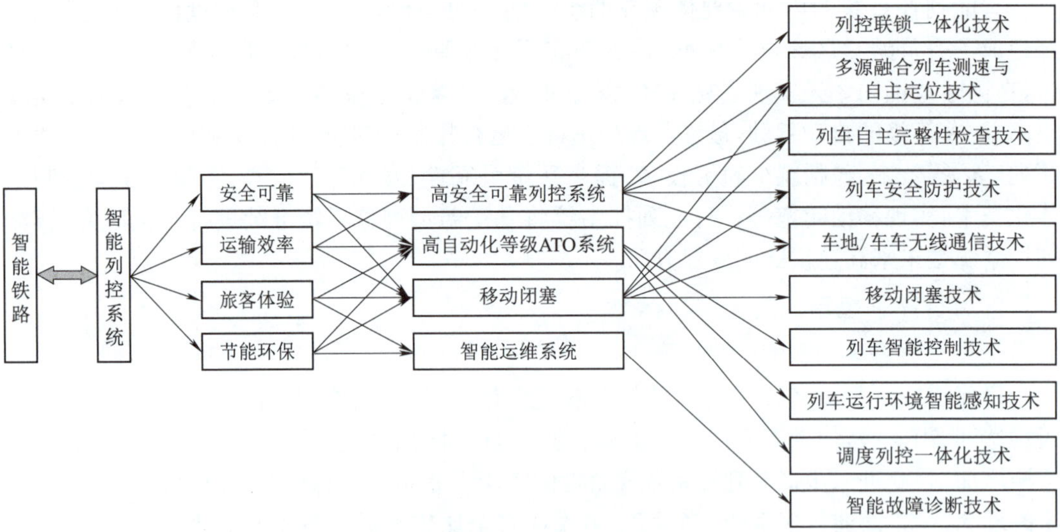

图 1-7　智能列控系统关键技术

1. 高安全可靠的列控系统

进一步提升列控系统安全性以满足高铁运营里程日益增长的安全运用需求，以及更高速度、更大密度的运营需求，主要有以下几个研究方向：

(1)通过减少轨旁设备提升系统鲁棒性。目前列控系统存在结构复杂、轨旁设备较多等问题，设备故障率和维修成本相对较高。智能列控系统要在优化系统结构、减少轨旁设备、提高车载设备冗余度、后备控制模式、进一步提高运能和降低全生命周期成本等方面进行研究：一是实现列控联锁一体化，采用全电子安全计算机平台，发展基于光纤传输的全冗余结构的目标控制器，实现轨旁设备的数字化和智能化控制；二是利用北斗卫星定位技术等实现列车自主定位和完整性检查，研究探索逐步取消轨道电路，提高系统可靠性的同时，减少轨旁设备。

(2)通过车车通信提升系统安全性。单独的 CTCS-2 级列控系统或 CTCS-3 级列控系统均属于 SIL4 级安全苛求系统，但为了确保系统安全，仍研究采取了 CTCS-3 与 CTCS-2 行车许可双曲线比较的方法来进一步提升系统安全性，降低 RBC 等地面控制设备的未知安全隐患。智能列控系统同样也应秉承相同的设计理念，研究如何既减少轨旁设备，又提升系统安全性。车车通信或车地车通信是解决矛盾的突破口。后车通过与前车通信，实时掌握前车位置和运行状态，再与接收到的行车许可进行安全比较，同样可以降低 RBC 等地面设备的未知风险。因此，车车通信的未来研究方向不仅是减少轨旁设备、减少调度与控制系统的通信环节，还有一个重要作用是提升系统安全。

(3)多源融合列车自主定位和列车完整性检查技术。提升列车智能化水平，实现列车及车载设备的自主定位及列车完整性检查是世界列控技术的发展趋势。传统铁路应用轨道电路、应答器、车载速度传感器等实现相关功能，智能列控系统可应用卫星定位技术、速度传感器、雷达等实现多源融合列车自主定位和列车完整性检查。

2. 更高等级的自动驾驶系统

高铁 ATO 系统需要研究引入基于人工智能的控制模型自适应调整算法。高速铁路 ATO 系统能够提高运输效率，提升旅客乘车体验、减轻司机劳动强度、降低牵引能耗，是高速铁路智能化的发展方向。高铁 ATO 系统面临的主要技术挑战：一是控制速度高，ATO 要实现动车组从最高运行速度到列车停稳停准的精确控制；二是高铁路网复杂，要实现不同列控等级、驾驶方式、车型、运用环境和场景等各种运行条件下的安全自动控制。研究应用 GoA3 级或者 GoA4 级的自动驾驶系统，实现列车智能自主运行控制，是国际技术发展的趋势。智能列控系统应以实现列车环境自感知、安全态势自决策、运行控制自适应为目标，主要有以下几个研究方向：

(1)列车运行环境智能感知技术。研究列车与环境的耦合关系是智能列控系统的关键，而信息自动采集和感知是智能控制系统的基础。例如，研究如何适应复杂多变的气候条件和山体滑坡、线路变形、接触网悬挂异物等非常情况。因此，基于多传感器信息融合的列车运行状态在线感知与预测技术研究是智能列控系统的基础。视频分析识别技术、数据挖掘列车运行环境的方法、列车运行环境感知与运行状态预测技术、障碍物检测技术、异物入侵检测技术、标准的传感器网络及接口构建等是重点研究内容，目的是实现智能识别和外部环境实时感知需求。

(2)列车智能控制技术。高速铁路列车运行需要考虑的因素较多，如长大坡道、电分相、恶劣天气、非正常行车等，不同场景需要不同的驾驶策略。研究如何处理节能控制与列车正点运行的关系、非正常情况下的自动驾驶策略和将机车乘务员的相关技术、操纵方法和驾驶策略转化为机器控制策略等列车智能决策技术，其关键是构建驾驶策略多目标优化决策模型和自动驾驶评价体系。不同的车型、不同的运行场景，均需要相对应的控制方式。因此，研究不同运行条件的智能驾驶自适应技术和自学习方法，确保不同场景下列车运行的舒适度和停车精度是研究重点。

(3)调度与控制系统的深度融合。单一的调度指挥系统今后要向调度控制一体化发展，采用基于大数据的列车运行智能调度方法，利用实时状态反馈、精细抗扰控制和列车智能分群调度的思想，深度融合调度指挥和运行控制，形成突发事件的基于数据驱动的高铁列车群协同控制与动态调度理论，以实现具有快速、智能、协同、稳定特色的调度与控制一体化，实现大规模复杂路网下的高速铁路突发事件下的指挥调度，全面提升及时应对突发事件的能力。

3. 移动闭塞

移动闭塞已经在地铁领域成熟运用，但在铁路运用较少。这主要是因为铁路列车速度较高、车型复杂、站场复杂，运输能力的限制条件往往不在区间而在站内。对于移动闭塞的应用，可以立足于我国铁路的高密度区段，例如京沪高铁徐州东—蚌埠南段，以及枢纽低速区段等。主要有以下几个研究方向：

(1)基于 5G 车地通信技术。移动闭塞技术依赖车地实时通信系统，5G-R 无线通信系统提供了良好的车地通信手段。5G-R 具有高速率、IP 通信、海量互联等技术特征，能够大幅提升车地信息传输的速率、灵活性和可靠性。智能列控系统通过 5G-R 通信可以研究实现无线通道冗余、车车通信、列车 5G 通导定位等。

(2)列车高密度追踪方法。列车自动防护 ATP 车载设备与 RBC 设备，以及车站联锁相互配合,可实现基于实时通信的列车高密度追踪,实现从“撞硬墙”到“撞软墙”的技术提升。

4. 智能运维系统

展望智能维护系统的下一步发展,主要体现在对信号系统复杂故障的精准定位、维护向导、预防性维修和综合维护等方面。信号系统的物理架构、组织规模和控制模式,使得在复杂故障发生时难以精准定位,浪费大量的人力、物力和维修时间,并且需要综合型有经验的资深技术专家处理。随着传感技术、大数据处理和云计算技术的不断成熟和实践,可以在对信号系统进行全面数字化、信息化和智能化的基础上,通过海量数据挖掘、机器自学习和数据关系建模等方法,提高监测监控系统的故障精准定位技术、故障处理向导技术,同时通过监测数据与生产维修调度指挥流程和业务的有机结合和联动,健全信号系统健康管理PHM(prognostics and health management)体系,在预防性维修和综合维护方面发挥更加积极有效的作用。主要研究方向包括监测数据的汇聚与融合、数据服务、设备健康管理与故障预测、智能诊断分析、作业流程智能化卡控等。

复习思考题

1. 什么是列车运行控制系统?
2. 简述列车运行控制系统的基本功能。
3. 简述列车运行控制系统的速度控制模式。
4. 中国列车运行控制系统经过了哪几个发展历程?
5. 列车运行智能控制系统的关键技术有哪些?

第二章　列车动力学基础

列车动力学主要研究列车的运动状态和运动过程中发生的各种力的关系，是列车运行控制系统的基础。本章主要研究列车运动过程中的受力分析、列车牵引力、运行阻力和制动力的原理和计算。

第一节　列车运动过程

列车在轨道上的运行情况比较复杂，受到多个因素的影响，包括线路条件、列车条件、供电参数、信号条件、计算方法等。以下是对列车运行过程的简要描述。

一、列车启动和运行

列车由静止开始启动，其所受阻力为 0，随着速度的增大，列车受到的阻力也越来越大(阻力与速度成正比)。从启动到 5～10 km/h 这一低速区，要求牵引力克服阻力以保持足够的加速度，直到列车达到额定功率。速率越来越大，阻力也继续增大，但动力却由于达到额定功率而不再增加，此时动力加速度就逐渐减小，使得列车做动力加速度逐渐减小的加速运动。列车阻力增大到与牵引力相等时，加速度变为 0，列车速度达到最大值，此后列车将匀速运行。

在列车运行过程中，要想研究列车的运行速度、运行距离和运行时间的关系，应该首先研究列车运行中产生的对列车运行有直接影响的各种外力，包括牵引力、运行阻力、制动力等。

(一)牵引力 *F*

牵引力指由动力传动装置产生的与列车运行方向相同的外力，这是司机可以控制的使列车发生运动或加速的力。它是由机车动力装置产生的驱动列车运行的内力，经传动装置传递，通过轮轨间的黏着而产生的由钢轨反作用于机车动轮周上的切线力。

(二)运行阻力 *W*

运行阻力是列车运行中由于各种原因自然发生的与列车运行方向相反的外力。它的大小是司机无法控制的，其作用是阻止列车发生运动或使列车自然减速。

(三)制动力 *B*

制动力是由制动装置引起的与列车运行方向相反的外力，是可由司机控制的人为阻力，其作用是使列车产生规定的减速度，以调节列车速度，或在长大下坡道上防止列车超速及控制列车停车，或防止列车在车站停车时由于坡度或大风而溜逸。

列车在轨道上稳定运行时有牵引运行、惰行及制动运行三种工况。其中惰行是指列车在没有牵引力和制动力情况下的滑行，这种方式可以节约能源。

当牵引力、运行阻力、制动力作用在列车上时，其组合情况将随线路状态和列车工况的变化而不同。若以 C 表示列车所受到的合力(以牵引力方向为正值)，则有如下公式。

1. 牵引运行

列车牵引力 F 和列车运行阻力 W 同时作用于列车，列车合力为

$$C=F-W=F-(W_0+W_j) \tag{2-1}$$

式中，W_0 为机车牵引运行时列车基本阻力；W_j 为加算附加阻力。

2. 惰行

列车只受到运行阻力 W 的作用，其合力即为运行阻力，即

$$C=-W=-(W_0+W_j) \tag{2-2}$$

式中，W_0 为列车惰行时列车基本阻力；W_j 为加算附加阻力。

3. 制动运行

列车制动力 B 和列车运行阻力 W 同时作用于列车，列车合力为

$$C=-(W+B)=-(W_0+W_j+B) \tag{2-3}$$

由于牵引力 F、列车运行阻力 W、列车制动力 B 都是随着列车运行速度而变化的，故其合力 C 也随速度而变化。列车的运行速度取决于合力的大小和方向。

(1)当合力 $C>0$ 时，即合力作用方向与列车运行方向相同，列车加速运行。

(2)当合力 $C<0$ 时，即合力作用方向与列车运行方向相反，列车减速运行。

(3)当合力 $C=0$ 时，列车匀速运行。

二、列车制动

列车制动的实质是通过制动装置将列车的动能转换成其他形式的能量，并移出列车的过程。列车制动借助于摩擦作用或其他方法使列车在运行中降低速度、停止运动或做匀速运动，或在停留中不致溜逸。制动方式主要分为摩擦制动和动力制动两种。

(一)摩擦制动

摩擦制动指的是将空气压力通过机械传动装置传到闸瓦或闸片上，利用闸瓦与车轮踏面或闸片与制动盘的摩擦而产生制动力，分为闸瓦制动和盘形制动两种。

1. 闸瓦制动

闸瓦制动又称踏面制动，是最常用的一种制动方式。以压缩空气为动力，通过空气制动机将闸瓦压紧车轮踏面，轮、瓦之间产生摩擦，列车动能大部分通过轮、瓦之间的摩擦变为热能，最终逸散到大气中。制动时若热能来不及转移，积聚在闸瓦与车轮踏面，会使它们的温度升高，严重时将导致闸瓦融化或车轮踏面产生裂纹，因此高速列车一般不采用这种制动方式。

2. 盘形制动

以压缩空气为动力，通过空气制动机将闸片压紧装在车轴或车轮上的制动盘产生摩擦，形成制动力，从而减轻车轮踏面的热负荷，延长车轮使用寿命，保证行车安全。这是高速列车普遍采用的制动方式。

(二)动力制动

利用某种能量转换装置，将运行列车的动能转换成其他形式的能量(热能或电能)，并予以消耗或利用的制动方式，称为动力制动。这种制动方式的特点是制动力与列车速度存在一定关系，列车速度越高，制动率越大，主要包括电阻制动和再生制动。

1. 电阻制动

电阻制动的核心是把列车动能转化的电能加于列车自带的电阻器中，使电能变为电阻的热能，并最终消散于大气中。它是在制动时将原来驱动轮对的自励牵引电机改变为他励发电机，然后由轮对带动发电，并将电流通往专门设置的电阻器。采用强迫通风，使电阻器产生的热量消散于大气而产生制动作用。

2. 再生制动

再生制动是指在制动时将列车的动能转变为电能并反馈给电网，供本列车的辅助系统或其他列车使用。这种制动方式既节约能源，又减少制动时对环境的污染，并且基本上无磨耗，因此是一种非常理想的动力制动方式。

第二节　列车牵引力

牵引计算的基础是列车的受力分析与模型。一般情况下，对于人工计算，由于计算能力的限制，对整列车采用单质点的刚性模型，这样的计算模型显然是精度不高的；对于计算机计算（简称为电算），采用多质点的刚性质点链模型，这样计算出来的结果，精度较单质点模型的计算结果要高。

只有在分析列车受力的基础上，才能正确认识列车运动学的客观规律，描绘出列车运动的各种曲线，把握列车运动的实质，为工程应用和科研提供理论基础。

一、牵引力的产生

牵引力是由动力传动装置产生的导致列车运行的外力，牵引力与列车运行方向相同并可由司机根据需要调节。

动力传动装置作用在动轮上的动力矩是内力矩，如果动轮不压在钢轨上，那么动轮只能自身旋转，而不能使列车运动。真正能使列车发生运动和加速的外力，目前只能来自钢轨，这个力的产生必须满足两个条件，一是动车的动轮上有动力传动装置传来的旋转力矩，二是动车的动轮与钢轨接触，并存在黏着作用。动力装置产生的机械能（热力牵引）或直接由接触网获得的电能（电力牵引），通过传动装置使动轮产生转动的扭矩（M），在动轮轮周形成切线力（F'），如图 2-1 所示，依靠轮轨间的黏着产生由钢轨作用于动轮轮周上的切向外力（F），从而使列车发生平移运动。

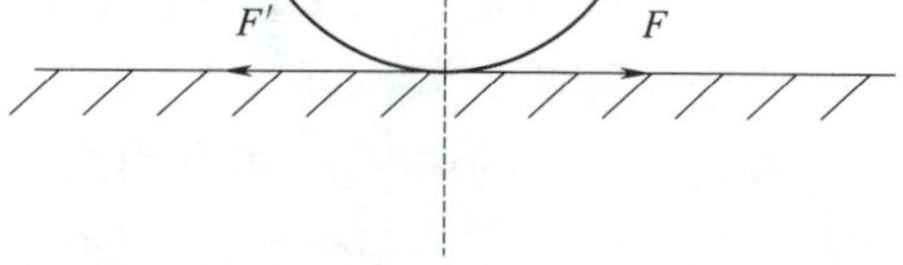

图 2-1　牵引力的产生

这种由钢轨作用于动轮轮周上的切向外力，即为牵引力。扭矩 M 与牵引力 F 的关系为

$$F=\frac{M}{R} \tag{2-4}$$

式中，R 为动轮的半径。

如果动轮的标称半径是 R_0，动轮磨损限制为 a，则动轮的计算半径为

$$R=R_0-a \tag{2-5}$$

从以上对牵引力产生原理的描述，可以知道，产生轮周牵引力的转动力矩可以由机车/动车的动力装置提供，但是最后真正使列车产生运动是要靠轮轨间的黏着关系来实现的。如果轮轨间的黏着关系被破坏了，那么列车动力装置产生再大的转动力矩也无法使列车运动起来。要保证列车的正常运行，必须满足列车的牵引力不大于黏着牵引力。

二、黏着牵引力与空转

当轮周上的切线力大于轮轨间的黏着力时，动轮就会发生空转。如果产生空转，即使轮轨间的黏着关系被破坏，那么轮轨间的运动关系就会从滚动状态变为滑动状态，也就是说，轮轨间由滚动摩擦变成滑动摩擦。在这种状态下，轮轨间会产生恶劣的破坏，严重时会危及行车安全。为此，必须满足牵引力不大于黏着牵引力。黏着牵引力是在不发生空转的前提下所能实现的最大轮周牵引力。

一般来说，黏着牵引力与黏着系数、机车/动车质量有关系，即

$$F_\mu=\mu_j P_\mu g \tag{2-6}$$

式中，F_μ 为黏着牵引力，kN；μ_j 为黏着系数；P_μ 为黏着质量，t；g 为重力加速度，m/s^2。

黏着系数与车型等很多因素有关系。计算时可以从《列车牵引计算　第 1 部分：机车牵引式列车》(TB/T 1407.1—2018)中查找到适合的黏着系数。

所以，要提高牵引力，除了要增加动车组的牵引功率，还要提高轮轨间的黏着力，即一方面要增大轮轨间纵向水平作用力可能具有的最大值，另一方面还要将这水平作用力通过轮轨黏着有效地转化为牵引力。根据公式(2-6)，要提高轮轨间的黏着力，可以从增加黏着系数入手，比如向钢轨上撒砂，也可以采取适当增加动力车轴重的方法。

三、牵引力的计算

通常，牵引力以轮周牵引力为计算标准，即以轮周牵引力来衡量和表示牵引力的大小。

在实际使用中，一般根据已知的牵引特性曲线，然后采用线性插值法或曲线拟合的方法，得到速度与牵引力的对应关系。

图 2-2 为某动车的牵引特性曲线。在 0～50 km/h 速度范围内，牵引力受启动电流的限制为一定值；在 50～200 km/h 速度范围内，动车组牵引力受牵引电机功率的限制，随着速度的升高而降低。

在已知速度的情况下，可利用线性差值法从牵引特性曲线上求出某点的牵引力。假设点(v_1，F_1)和(v_2，F_2)是牵引特性曲线上已知的两点，点(v_x，F_x)为两点间速度 v_x 已知的牵引力待求点。根据线性插值法，该点的牵引力为

$$F_x=F_1+\frac{(v_x-v_1)(F_2-F_1)}{v_2-v_1} \tag{2-7}$$

实际应用中，常用到单位重量牵引力 f_x 为

$$f_x=\frac{F_x\times 10^3}{Mg}=\frac{F_1+\dfrac{(v_x-v_1)(F_2-F_1)}{v_2-v_1}}{Mg}\times 10^3 \tag{2-8}$$

式中，F_x为所求点的动车组总牵引力，kN；f_x为所求点的单位牵引力，N/kN；v_x为所求点的速度，km/h；M为动车组的总质量，t；g为重力加速度，取 9.81，m/s^2。

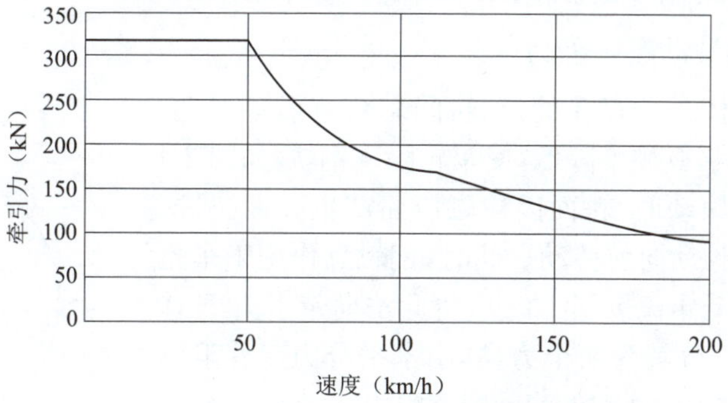

图 2-2　某动车的牵引特性曲线

除了线性插值法，还可以用曲线拟合法来求牵引特性曲线上任一点的牵引力。如果可以用一个函数 $y=f(x)$来表示牵引力和速度的关系，那么对于牵引特性曲线上的任意一点，当速度已知，即可用函数关系式求得该点的牵引力。

第三节　运行阻力

列车的运行阻力主要由两部分构成，基本阻力和附加阻力。基本阻力是列车在任何运行情况下都存在的阻力，包括列车零部件间的运动阻力、运行中的空气阻力，以及车轮与钢轨摩擦和冲击造成的阻力。附加阻力是列车在个别情况下遇到的阻力，包括坡道附加阻力、曲线附加阻力和隧道附加阻力。

一、基本阻力

基本阻力是牵引计算中常用的重要参数之一，主要包括：由轴承摩擦产生的运行阻力，车轮在钢轨上滚动产生的运行阻力，车轮与钢轨之间的滑动摩擦产生的运行阻力，冲击和振动产生的阻力及空气阻力。

（一）车轴轴承摩擦阻力

轮对滚动时，滚动轴承的滚动体和内、外圈之间发生相对运动，接触点处产生摩擦力，其值等于轴重与摩擦系数的乘积，如图 2-3 所示。

$$f_i=\frac{Q_i\phi r}{R} \tag{2-9}$$

式中，R为车轮半径；r为车轴半径；Q_i为轴重；ϕ为轴承摩擦系数。

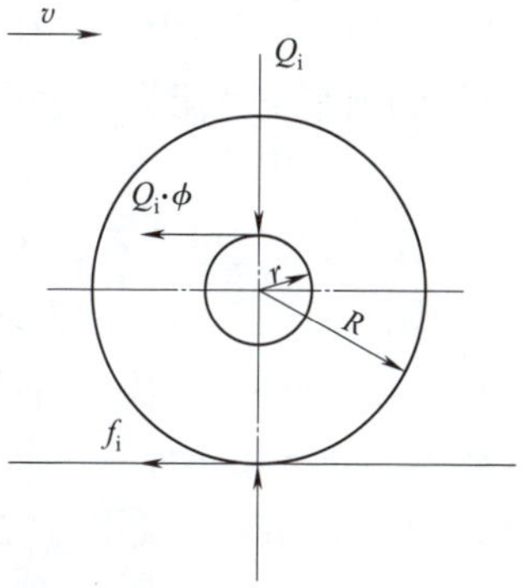

图 2-3　轴承阻力的产生

车轴轴承摩擦阻力与轴承类型、润滑情况和运行速度有关。一般来说，滚动轴承比滑动轴承的摩擦力要小得多，所以采用滚动轴承对于发展高速铁路是必要的；在低温时候，润滑油黏度升高，对减少轴承摩擦力是不利的，所以润滑油既要有足够的润滑，同时黏度不能太高；列车刚启动时，基本阻力较大，启动以后会显著减小，而随着速度的继续升高，车辆振动加剧，滚子与轴承的相对滑动加剧，基本阻力又会有所增加。

(二)轮轨间的滚动摩擦阻力

绝对刚性的物体是不存在的，轮轨间总会有形变发生，尤其当钢轨温度升高，其硬度降低，使车轮陷入钢轨，如图 2-4 所示。车轮在轨面滚动时，轨面因被碾压而产生弹性波，这种弹性波受车轮的推动向前移动。此时，钢轨反作用于车轮面的施力点向前移动距离 m 至 A 点，将此法向牵引力 F 移动到车轮中心 F'，并分解为两个力，其中水平分力起着阻碍列车运行的作用，称为轮轨间的滚动摩擦阻力。

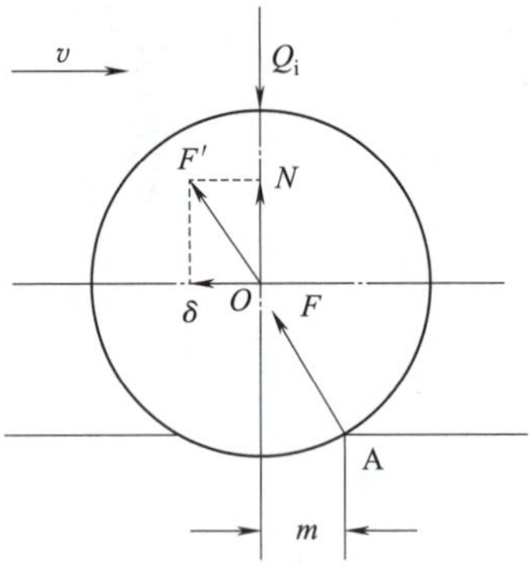

图 2-4　滚动摩擦阻力

(三)轮轨间的滑动摩擦力

车轮的圆锥形踏面、轮对组装不正、同一轮对的车轮直径不等，以及机车车辆的蛇行运动都会产生轮轨间的纵向滑动和横向滑动，从而引起轮轨间的滑动摩擦力。

(四)轮轨间冲击振动产生的阻力

列车运行时，由于钢轨接缝、轨道不平、车轮擦伤等原因，会引起轮轨间的冲击和车辆振动的加剧。这些冲击和振动会消耗列车的牵引功率，使列车的动能减少，此时形成的阻力称为冲击振动产生的阻力。

(五)空气阻力

列车在运行中，会出现列车头部的正压和尾部负压，从而形成压力差，也就是压差阻力。在压力差的作用下，会形成涡流，产生涡流损失，同时列车表面与空气摩擦，产生表面摩擦阻力。根据机车车辆的动力学试验，列车运行空气阻力的大小与列车的流线化程度、表面粗糙度、外露和突出部是否屏蔽整流，以及列车长度等因素有关，其计算公式为

$$W_a = C_x F \rho v^2 / 2 \tag{2-10}$$

式中，W_a为空气阻力，kN；C_x为空气阻力系数；F 为列车迎风面的截面积，m^2；ρ 为空气密度，kg/m^3；v 为列车相对风的速度，m/s。

其中，空气阻力系数 C_x又与首车的空气阻力系数、尾车的空气阻力系数、除了首车和尾车外的列车空气阻力系数有关。空气阻力系数 C_x的关系如下：

$$C_x = C_{x1} + C_{x2} + C_{x3} \tag{2-11}$$

式中，C_x为空气阻力系数；C_{x1}为首车空气阻力系数；C_{x2}为尾车空气阻力系数；C_{x3}为除了首车和尾车外列车空气阻力系数。

由式(2-10)可以看出，空气阻力是列车速度的平方的函数。当列车速度不高的时候(即 $v<200$ km/h)，空气阻力在基本阻力中占的比例很小；当列车高速运行的时候(即 $v>200$ km/h)，空气阻力就成为基本阻力的主要部分。但是，由于对空气阻力系数的计算缺乏具体的理论推导，一般都是根据具体的列车编组情况和线路条件，通过多次试验测得。

这里只是从牵引计算的角度考虑，把空气阻力看作是阻碍列车运行的基本阻力，也就是把

空气阻力看作与列车运行方向在一条直线上的力来分析。实际情况下，空气阻力与列车运行方向是有交叉角度的，由于这个角度的存在，使列车还要受到侧向空气阻力的作用。由于侧向空气阻力的存在，使列车产生了一个侧向颠覆的力矩。因此，对侧向空气阻力的研究对行车安全至关重要。可是受到理论水平的限制，一般情况下认为，对于 20 m/s 的风速条件下，直线上列车运行速度不超过 210 km/h，曲线上列车运行速度不超过 170 km/h；对于 15 m/s 的风速条件下，直线上列车运行速度不超过 260 km/h，曲线上列车运行速度不超过 212 km/h。

从以上的分析可以看出，构成列车基本阻力的因素很多，目前有的因素用定量的理论公式来计算还比较困难。所以，为了简化基本阻力的计算，一般都是通过大量的牵引试验，针对具体的车型和编组，找到能够近似的表征列车基本阻力的公式。

列车单位重量基本阻力的一般公式为

$$w_0 = a + bv + cv^2 \tag{2-12}$$

式中，w_0 为列车单位基本阻力，N/kN；v 为列车运行速度，km/h；a，b，c 为与车辆类型有关的经验常数。

二、附加阻力

附加阻力是由线路或隧道等原因形成的阻力，包括坡道附加阻力、曲线附加阻力和隧道附加阻力。

（一）坡道附加阻力

坡道附加阻力是列车在坡道上运行时，列车的重力沿轨道下坡方向的分力。

如图 2-5 所示。坡道附加阻力为

$$W_i = Mg\sin\theta \tag{2-13}$$

式中，W_i 为坡道附加阻力，kN；θ 为坡道夹角，(°)。

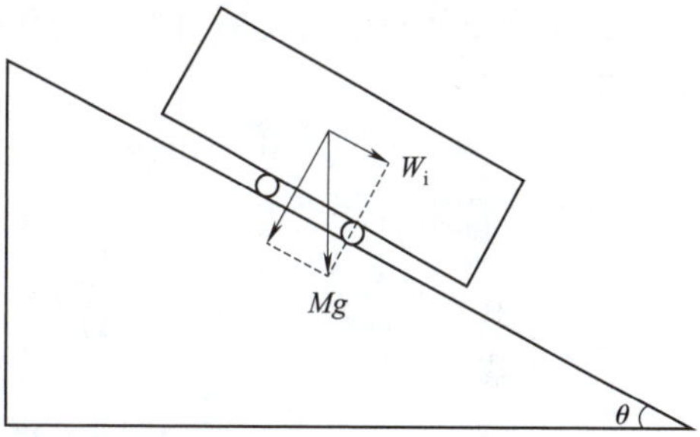

图 2-5　坡道附加阻力

在实际应用中，$\sin\theta$ 不容易得到，而 $\tan\theta$ 在工程设计中已经给出；在实际线路中，坡道夹角 θ 都比较小，超过 30‰的坡度不多见，所以可以用 $\tan\theta$ 近似的代替 $\sin\theta$。坡道的坡度 i 是坡道高度差与坡道水平长度的比值，用其千分数表示，规定取两位小数。

同样得，在牵引计算中，我们常用到单位重量坡道阻力 w_i，可以计算得到

$$w_i = \frac{W_i}{Mg} \times 1\,000 = 1\,000\sin\theta \approx 1\,000\tan\theta \approx i \tag{2-14}$$

式中，w_i 为单位重量坡道附加阻力，N/kN。

从式(2-14)中可以看出，单位重量坡道附加阻力在数值上约等于坡道的坡度千分数值。

（二）曲线附加阻力

列车在曲线运行时遇到的阻力大于在同样条件下直线运行时的阻力，其增大的部分叫曲线附加阻力，简称曲线阻力。引起曲线阻力的原因主要是列车在曲线上运行时，轮轨间的纵向和横向滑动、轮缘与钢轨内侧面的摩擦增加、转向架转向和侧向力的作用，上下心盘等部分摩擦加剧等。

由于曲线阻力的影响因素很多，难以用理论推导计算公式，所以在标准轨距的圆曲线

上运行的列车，其单位重量曲线附加阻力试验公式为

$$w_r=\frac{600}{R} \tag{2-15}$$

式中，w_r为单位重量曲线阻力，N/kN；R 为曲线半径，m；600 为综合反映影响曲线阻力许多因素的经验常数。

(三)隧道附加阻力

列车在隧道中运行时，空气阻力要比在空旷地带中大，空气阻力增加的部分称为隧道附加阻力，简称隧道阻力。隧道阻力与隧道长度、隧道截面积、列车截面积、列车外形等因素有关。通常采用经验公式或试验数据替代，一般计算单位重量隧道附加阻力的公式为式(2-16)，即

$$w_s=0.000\ 13L_s \tag{2-16}$$

式中，w_s为单位重量隧道附加阻力，N/kN；L_s为隧道长度，m。

综上所述，列车单位重量附加阻力的计算可以用式(2-17)来表示，即

$$w_j=w_i+w_r+w_s \tag{2-17}$$

式中，w_j为单位重量附加阻力。

三、运行阻力的计算

由于列车运行中所受的自然阻力包括基本阻力和附加阻力两部分，所以列车总阻力 W 的计算公式为

$$W=W_0+W_j=w_0Mg+i_jMg=(w_0+i_j)Mg \tag{2-18}$$

列车单位阻力 w 为

$$w=\frac{W}{Mg}=\frac{w_0Mg+i_jMg}{Mg}=w_0+i_j \tag{2-19}$$

第四节　制　动　力

列车制动力是由制动装置产生的阻碍列车运行的外力，制动力与列车运行方向相反并可由司机根据需要进行调节。

一、制动力的形成和分析

制动力的产生过程与牵引力类似，如图 2-6 所示。

由于轮轨间的黏着作用，轮对在制动装置产生的阻力矩 T 的作用下产生对钢轨的作用力 B'，同时钢轨对轮对产生的反作用力 B 即为轮对受到的制动力，其动力学方程如下：

$$T-BR=J\alpha \tag{2-20}$$

式中，J 为轮对的转动惯量；α 为轮对的角减速度。

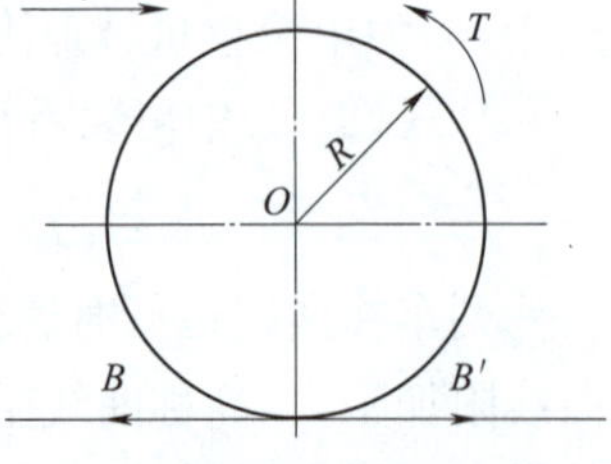

图 2-6　制动力的产生

二、制动力的计算

制动的核心是能量转换，即动能转换成其他形式的能量。根据产生制动力方法的不

同，可以分为的几种制动方式有：摩擦制动、动力制动、电磁制动。其中，摩擦制动中包括闸瓦制动、盘形制动；动力制动包括电阻制动、再生制动；电磁制动包括磁轨制动、轨道涡流制动、盘式涡流制动。由于现在高速列车通常采用电空联合制动的方式，这里只介绍再生制动和空气制动。

(一)再生制动方式的制动力计算

当列车处于制动工况时，轮对上的牵引电机变成发电机，消耗列车的动能，并转化为电能，将转换出来的电能直接反馈回牵引电网，这样的制动方式称为再生制动。

电制动力的计算一般参考列车电制动特性曲线，采用线性插值法进行取值，具体计算方法参考式(2-7)，只要将其中的牵引力换成对应的制动力即可。

由于电制动的特性与列车速度相关，制动效果随着速度的下降而降低，因此，在进站制动等列车速度较低的时候，需要空气制动来配合。

(二)空气制动方式的制动力计算

空气制动是以压缩空气为动力，通过空气制动机将闸瓦压紧车轮踏面由摩擦产生制动力，或通过压紧装在车轴或车轮上的制动盘产生摩擦形成制动力。前者一般用于普通列车，后者用于准高速或高速列车。这两种制动方式都属于空气制动。

空气制动是通过闸瓦与车轮踏面或闸片与制动盘之间产生摩擦，从而阻止车轮的转动，使车轮在轨道上产生滑动的趋势，造成轮轨间沿轨道方向产生相互作用力的制动方式。轨道对车轮的作用力(B_l)就是产生的制动力。

一般情况下，空气制动的制动力为

$$B_l = K\varphi_k \tag{2-21}$$

式中，B_l为空气制动力，kN；K为闸瓦压力，kN；φ_k为闸瓦与车轮踏面间的摩擦系数。

由式(2-21)可以看出，空气制动的制动力与闸瓦压力、闸瓦与车轮踏面间的摩擦系数有关，而闸瓦压力受到轮轨间最大静摩擦系数的制约，不可能无限增大，所以提高空气制动能力的关键就是提高闸瓦与车轮踏面间的摩擦系数。

在电空联合制动的方式下，电制动优先，空气制动只在电制动不足情况下进行补充。其计算方法可以按照有关方法计算，也可按照具体动车组中空气制动装置的说明进行计算。

三、制动距离的计算

列车制动过程一般分为两个阶段。第一个阶段为毫无制动力的空走过程，自司机实施制动到列车制动力产生有效作用的时间为制动空走时间，以t_k表示。列车在这一段时间内所走过的距离称为空走距离，以s_k表示。后一阶段为压力突增那一瞬间到列车停住的阶段，这一阶段是全列车闸片压力保持预定值的有效制动过程，这段时间为有效制动时间，以t_e表示，在这段时间内走过的距离称为有效制动距离，以s_e表示。因此，制动距离s_b计算公式为

$$s_b = s_k + s_e \tag{2-22}$$

(一)空走距离的计算

列车在平道、上坡道和坡度绝对值较小的下坡道运行时，速度逐渐降低，空走距离较短；而在较陡的下坡道，当坡道下滑力大于列车的基本阻力时，在空走时间内列车速度不但

不降,反而会逐渐上升,空走距离较长。为简化计算,通常假定在空走时间内列车速度不变,始终等于制动速度。至于线路坡道对列车速度和空走距离的影响,采用修正空走时间值的办法来解决。这样空走距离可以按下式计算:

$$s_k=\frac{v_0 t_k}{3.6}(\mathrm{m}) \tag{2-23}$$

式中,v_0为制动初速度,km/h;t_k为空走时间,s。

空走时间t_k可以通过试验获得,也可以通过理论推导获得。

(二)有效制动距离的计算

列车的有效制动过程是在空走过程结束以后,列车在瞬间突增到预定值的制动力和阻力联合作用下急剧减速,直至停车的过程。

由于车的单位制动力、单位基本阻力都是随速度变化的数值,则列车的单位合力也随速度变化,只有在小的速度间隔内才可以近似地看作不变,所以有效制动距离可用分段累计法计算。

将有效制动距离分成若干个速度间隔,分别求出各速度间隔的运行距离 ΔS,其总和即为有效制动距离S_e,即$S_e=\sum\Delta S$,有

$$S_e=\sum\frac{4.17(v_1^2-v_2^2)}{1\,000\varphi_h\vartheta_h\beta_c+w_0+i_j} \tag{2-24}$$

式中,v_1,v_2 为速度间隔的初速度和末速度,km/h;φ_h 为换算摩擦系数;ϑ_h 为列车换算制动率;β_c 为常用制动系数,紧急制动时 $\beta_c=1$;i_j 为制动地段的加算坡度千分数。

用式(2-24)计算有效制动距离时,要分成若干个速度间隔,通常每个速度间隔不超过10 km/h,换算摩擦系数 φ_h 和单位基本阻力 w_0 均按速度间隔的平均速度对应取值。

在针对具体编组的列车做制动计划时,ϑ_h 和 w_0 按具体列车编组计算;在不针对具体列车编组进行一般计算时,ϑ_h 取通用值或指定值,或只按车辆换算制动率计算;w_0 允许只按列车单位基本阻力计算。

复习思考题

1. 分析列车各种运动状态下的受力情况。
2. 简述列车牵引力形成原理。
3. 列车运行过程中所受的阻力有哪些?基本阻力是如何计算的?
4. 列车制动方式有哪些?
5. 列车制动距离是如何计算的?

第三章 列车运行智能控制关键技术

列车运行智能控制关键技术是研究列车运行智能控制系统的重要基础。本章将重点介绍列车运行智能控制关键技术的基本概念、技术方案和技术原理，主要包括虚拟/移动闭塞技术、多源融合列车测速与自主定位技术、列车自主完整性检查技术、列车安全防护技术、列车智能控制技术、车地/车车无线通信技术，以及列车运行环境智能感知技术。

第一节 闭塞技术

一、传统空间间隔闭塞技术

(一)固定闭塞

固定闭塞是指将区间作为一个或划分为多个固定区段的闭塞方式。按照是否允许多列车同时进入来划分，固定闭塞的实现方法可以分为站间闭塞和固定自动闭塞两大类。

其中，根据通过信号机显示制式的不同，固定自动闭塞主要包括：三显示自动闭塞、四显示自动闭塞。

1. 三显示自动闭塞

三显示自动闭塞中，通过信号机具有三种显示，能预告列车前方两个闭塞分区的状态，如图 3-1 所示。绿灯表示前方至少有两个闭塞分区空闲，列车可按规定速度运行；黄灯是警告信号，表示运行前方只有一个闭塞分区空闲，列车可以越过黄灯后再开始制动；红灯表示列车应在该信号机前停车。三显示自动闭塞具有如下特征：

(1)通过信号机具有三种显示。

(2)能预告列车前方两个闭塞分区状态。

(3)信号显示没有速度含义。

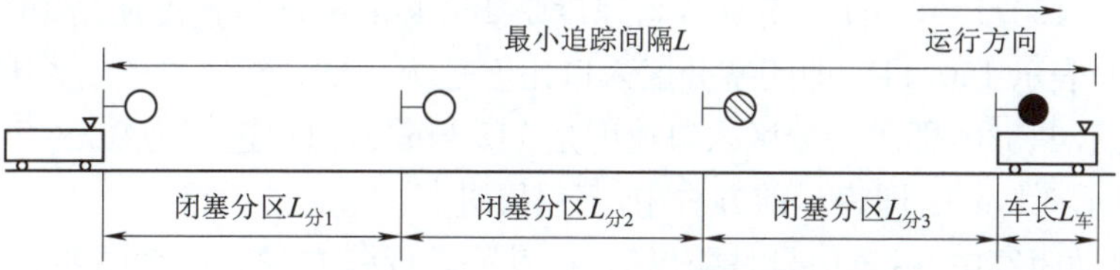

图 3-1 三显示自动闭塞

三显示自动闭塞的信号显示仅表示前方闭塞分区是否空闲及空闲状态，并没有对应的速度意义，称为进路式信号，即信号指示为该列车所设置的进路的状态，如空闲和占用状态，以及为列车设置的进路保护占几个闭塞分区等。三显示自动闭塞每个分区的长度必须大于列车从最高速度紧急制动停车的制动距离。

在三显示自动闭塞的区段，原则上应根据列车在绿灯信号下向绿灯信号运行的条件，按照前后两列车间隔三个闭塞分区计算追踪列车间隔。在不装备列控系统的条件下，三显示自动闭塞的最小追踪间隔 L 是由 3 个闭塞分区长度和前车车长组成，即

$$L=L_{分1}+L_{分2}+L_{分3}+L_{车} \tag{3-1}$$

式中，$L_{分1}$、$L_{分2}$、$L_{分3}$为连续 3 个闭塞分区长度，m；$L_{车}$为列车长度，m。

三显示自动闭塞列车最小追踪时间为

$$T=0.06\times(L_{分1}+L_{分2}+L_{分3}+L_{车})/v \tag{3-2}$$

式中，T 为列车最小追踪时间，min；v 为列车平均速度，km/h；0.06 为单位换算系数。

在三显示自动闭塞的设计中，一个闭塞分区的长度必须满足该条线路上运行的所有列车从规定最高速度到零的制动距离。由于闭塞分区长度是固定的，因此需要按照制动性能最差的列车来计算。也就是说，根据机车类型、牵引重量、线路坡道等，按最差的列车制动性能来计算制动距离，确定每一个闭塞分区的长度，还要考虑信号机显示距离、设置位置等因素。

2. 四显示自动闭塞

四显示自动闭塞是指通过信号机具有四种显示，能预告列车前方三个闭塞分区状态的自动闭塞，如图 3-2 所示，其特征为：

(1)通过信号机具有四种显示：红(停车)、黄(限速)、绿黄(警惕)、绿(通行)。

(2)能预告列车前方三个闭塞分区状态。

(3)信号分三个速度等级。

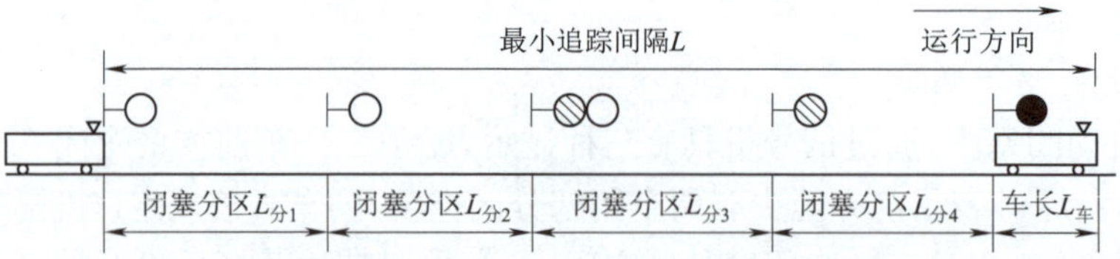

图 3-2　四显示自动闭塞

四显示自动闭塞不同的信号显示指示不同的允许速度。在我国最高时速 160 km 的干线铁路使用的四显示自动闭塞系统中，绿(L)、绿黄(LU)、黄(U)、红(H)四个信号显示对应的速度意义分别为：

绿(L)表示 160/160，即闭塞分区入口速度是 160 km/h，出口速度还是 160 km/h。

绿黄(LU)表示 160/115，即闭塞分区入口速度是 160 km/h，出口速度为 115 km/h。

黄(U)表示 115/0，即闭塞分区入口速度是 115 km/h，出口速度为 0 km/h。

红(H)表示 0 km/h，即表示前方占用，不得冒进。

四显示自动闭塞中，绿黄信号是警惕信号，表示运行前方只有两个闭塞分区空闲，两个闭塞分区的长度满足从规定速度到零的制动距离，可以越过绿黄灯后再开始减速；而黄灯是限速信号，列车越过黄灯时必须减速至规定的限速值，不然就难以保证在下一个红灯前可靠停车。

参照三显示自动闭塞追踪间隔的计算方法，在四显示自动闭塞中，列车最小追踪间隔为 4 个闭塞分区。四显示自动闭塞最小追踪间隔 L 由 4 个闭塞分区长度和前车车长组

成，即

$$L=L_{分1}+L_{分2}+L_{分3}+L_{分4}+L_{车} \tag{3-3}$$

式中，$L_{分1}$、$L_{分2}$、$L_{分3}$、$L_{分4}$为连续4个闭塞分区长度，m。

同理，四显示自动闭塞列车最小追踪时间间隔为

$$T=0.06\times(L_{分1}+L_{分2}+L_{分3}+L_{分4}+L_{车})/v \tag{3-4}$$

式中，T为列车最小追踪时间，min；v为列车平均速度，km/h；0.06为单位换算系数。

与三显示自动闭塞同理，四显示自动闭塞的列车最小追踪间隔也取决于闭塞分区的长度。四显示自动闭塞的设计遵循以下原则：

(1)两个闭塞分区的长度(即从LU开始)满足从规定最高速度到零的制动距离。

(2)每一个闭塞分区的长度要满足每一速度级差的制动距离。

(3)按制动性能最差的列车来计算。

(二)准移动闭塞

准移动闭塞以前行列车所占用闭塞分区的始端再加上一定的安全距离为目标点，按照目标—距离控制方式进行速度防护控制，后行列车从最高速度开始制动的计算点是根据目标距离、目标速度及列车本身的性能计算决定的。目标点相对固定，在同一闭塞分区内不依前行列车的走行而变化，而制动的起始点是随线路参数和列车本身性能不同而变化的。准移动闭塞不必设定每个闭塞分区速度等级，采用一次制动方式。准移动闭塞如图3-3所示。

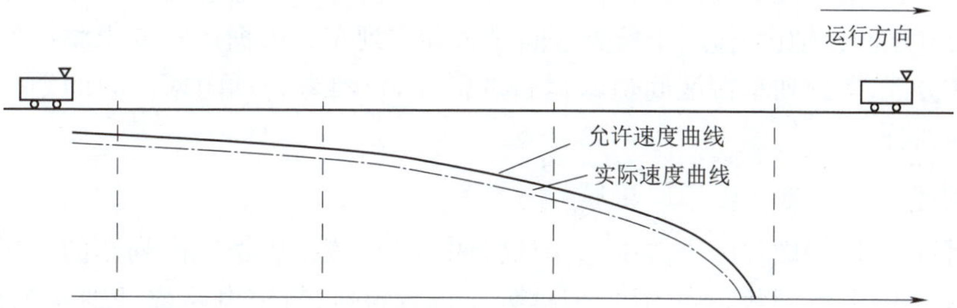

图3-3　准移动闭塞

准移动闭塞的追踪间隔如图3-4所示。

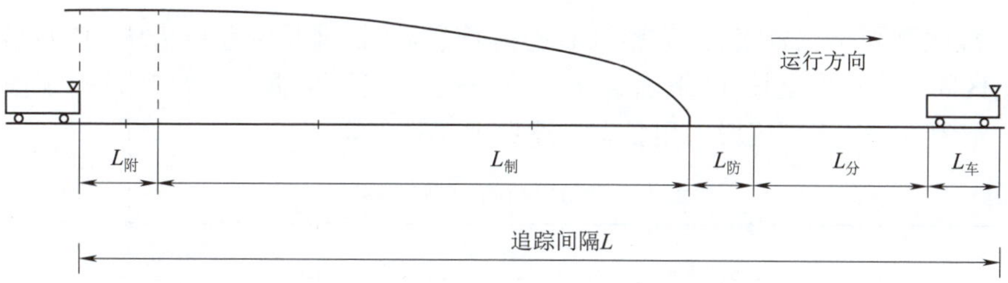

图3-4　准移动闭塞的追踪间隔

目标—距离控制模式下，准移动闭塞的追踪间隔L为

$$L=L_{附}+L_{制}+L_{防}+L_{分}+L_{车} \tag{3-5}$$

式中，L 为列车的追踪间隔，m；$L_{附}$ 为列控设备反应时间内走行距离，m；$L_{制}$ 为列车制动距离，m；$L_{防}$ 为列车过走防护距离，m；$L_{分}$ 为闭塞分区长度，m；$L_{车}$ 为前车车长，m。

准移动闭塞列车追踪时间间隔为

$$T=0.06\times(L_{制}+L_{防}+L_{分}+L_{车})/v+t_{附} \tag{3-6}$$

式中，T 为列车追踪时间，min；$t_{附}$ 为列车区间追踪运行附加时间，min。

二、虚拟闭塞

虚拟闭塞是以虚拟方式将区间划分为若干个“固定”闭塞分区，并设置虚拟信号进行防护的方式。虚拟闭塞制式是准移动闭塞制式的一种特殊形式，它不设轨道占用检查设备和轨旁信号机，采取无线定位方式来实现列车定位和占用轨道的检测功能，闭塞分区和轨旁信号机是以计算机技术虚拟设定的，仅在系统逻辑上存在有闭塞分区和信号机的概念。除了闭塞分区和轨旁信号机是虚拟的以外，从操作到运输管理等，都等效于准移动闭塞制式。

(一)虚拟区段的划分

安装轨旁设备(轨道电路、计轴等)实现列车占用检查的区段定义为实体区段。虚拟闭塞下，将区间线路和车站线路划分为软件逻辑定义的若干虚拟区段，虚拟区段覆盖全线的实体区段和非实体区段。

车站站内设有对列车占用进行检查的轨道电路或计轴等轨旁设备，这些设备对轨道的划分形成股道、道岔区段等实体区段。车站内虚拟区段划分与这些实体区段一致。

区间设有站间计轴设备，用于检查区间是否存在列车。根据运营要求将区间划分为多个虚拟闭塞分区，考虑列车在区间追踪运行的需要，可参考自动闭塞区间的划分原则进行虚拟区段的划分。

(二)列车占用检查与虚拟区段状态

列车运行中，区间虚拟区段占用/空闲状态由 RBC 依据管辖区内列车的位置报告进行计算。车站内占用/空闲状态由 RBC 依据列车位置报告、轨道电路或计轴状态综合计算。RBC 综合判断出虚拟区段的逻辑占用状态发送给列控联锁一体化系统 TIS(train control center and interlocking integrated system)和 CTC。

(三)虚拟区段占用状态

RBC 接收到列车位置报告、完整性状态等信息后，根据其位置报告中的“列车估计前端”“置信区间”“列车安全长度”来确定列车的“安全包络”，依据“安全包络”确定虚拟区段的“占用/空闲”状态，虚拟区段占用状态描述见表 3-1。

表 3-1　虚拟区段占用状态描述

状态	描　述
空闲	虚拟区段中无任何列车占用
正常占用	正常列车造成的虚拟区段占用
故障占用	列车失去完整性、车载设备故障、车地无线通信中断或轨旁占用检查设备(轨道电路、计轴设备等)等故障导致的区段占用

虚拟区段划分及占用状态示意如图 3-5 所示。

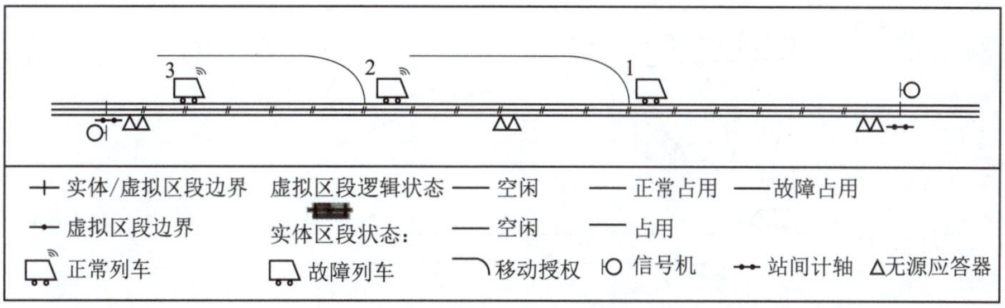

图 3-5 虚拟区段划分及占用状态示意

(四)行车许可计算

由于虚拟闭塞制式是准移动闭塞制式的一种特殊形式，所以虚拟闭塞制式下，行车许可终点为前方列车所占压区段的入口，区间以虚拟区段为基本单元计算行车许可，如图 3-6 所示。

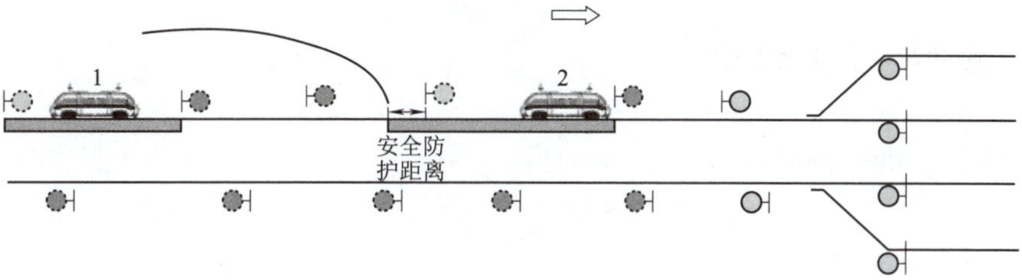

图 3-6 虚拟闭塞行车许可

三、移动闭塞

(一)移动闭塞概念与原理

移动闭塞是指后续列车移动授权随先行列车尾部位置移动而更新，列车运行间隔动态变化的闭塞制式。这种闭塞制式其列车间的间隔并不固定，列车不再受制于闭塞分区的划分，追踪列车可以根据当前列车的运行速度，安全地接近前行列车尾部最后一次被确认的位置，从而使行车密度大大提高。

移动闭塞的实现是建立在以计算机控制、列车主动定位和车地信息传输等技术为基础的列车运行控制之上，后车的移动授权终点随前车的移动而实时更新。在移动闭塞区段，列车占用检查不再依靠轨旁设备，而是依靠列车定位、车地信息交互共同完成的。移动闭塞可分为“静态”追踪移动闭塞和“动态”追踪移动闭塞。

“静态”追踪移动闭塞中，后车的移动授权计算只使用了前车位置条件，移动授权终点是前车后端，也称“撞硬墙”移动闭塞；“动态”追踪移动闭塞中，后车的移动授权计算不仅使用前车位置，还使用前车的速度和制动距离，移动授权终点可在前车后端的基础上向前延伸一个前车紧急制动距离，也称“撞软墙”移动闭塞。

“撞硬墙”方式下，是以两列车间的绝对制动距离为基础控制列车间隔的如图 3-7 所示。两列追踪运行的列车其最小间隔为

$$d = d_{\text{brake2}} + s \tag{3-7}$$

式中，d_{brake2}为列车 2 的制动距离；s 为安全防护距离。

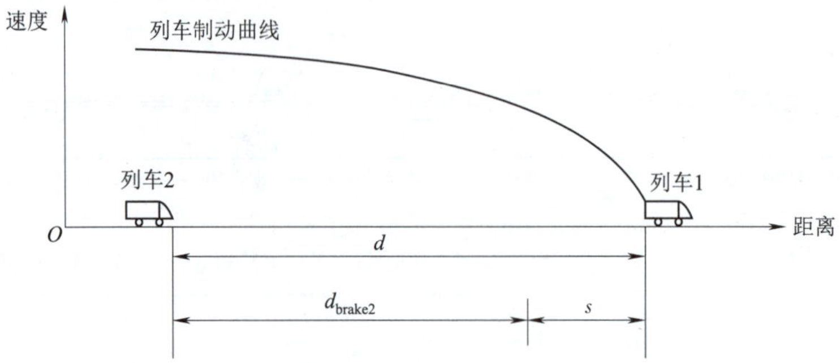

图 3-7 “撞硬墙”方式移动闭塞基本原理

“撞软墙”方式下，是以两列车间的相对制动距离为基础控制列车间隔的，如图 3-8 所示。两列追踪运行的列车其最小间隔为

$$d=d_{brake2}-d_{brake1}+s \tag{3-8}$$

式中，d_{brake1}为列车 1 的制动距离。

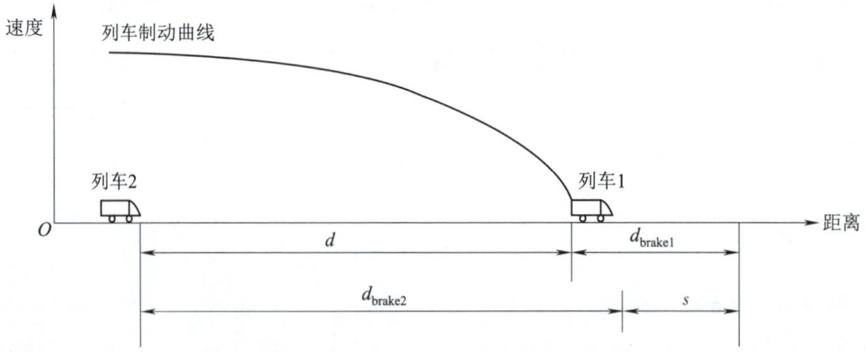

图 3-8 “撞软墙”方式移动闭塞基本原理

(二)移动闭塞功能实现

移动闭塞的功能实现是建立在虚拟闭塞的基础上，将区间线路划分为若干虚拟区段，区间虚拟区段占用/空闲状态由 RBC 依据管辖区内列车的位置报告进行计算。RBC 生成的行车许可在站内应以进路为基本单元，区间可通过数据配置选择采用移动闭塞制式或虚拟自动闭塞制式。在不影响列车在移动闭塞制式下追踪运行时，设置虚拟区段其目的主要在于：将车站与区间的区段划分统一；减少对行车调度、联锁和 RBC 等既有相关功能的影响；当列车在区间出现降级时(如车地通信中断或完整性丢失)，能够按虚拟区段进行相应防护，在保证安全的同时避免不必要的全区间封锁。

移动闭塞列车占用检查与虚拟区段状态检查的功能实现与虚拟闭塞一致，移动闭塞与虚拟闭塞的主要区别在于后车的行车许可是否随前车的移动而实时更新。移动闭塞制式下，当两列正常列车在区间同线同向追踪运行时，后车计算的行车许可终点是前车的确认末端位置再减去安全防护距离的位置点，即后车行车许可终点为前车最小安全后端附加一个安全防护距离的位置，如图 3-9 所示。列车的行车许可不再受限于虚拟闭塞分区的大小，可越过虚拟闭塞分区边界。当列车运行前方不存在列车运行时，列车将按照最大行车许可长度运行。

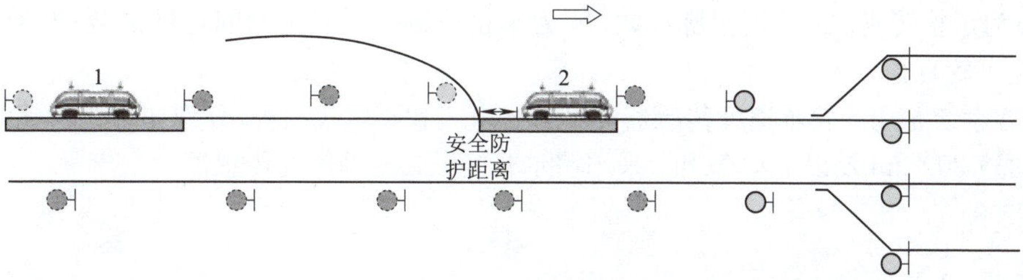

图 3-9 移动闭塞行车许可

当两列车运行于不同 RBC 管辖范围内时，追踪列车所在的 RBC1 将接收前行列车所在 RBC2 发送的列车位置及状态等相关信息。RBC1 根据接收到的信息，判断追踪列车的行车许可可否延伸至前行列车尾部。若前行列车位置及状态可用，则追踪列车的行车许将继续按照移动闭塞延伸至前车尾部。若前行列车出现故障情况，其所在的虚拟闭塞分区处于“故障占用”状态，则追踪列车的行车许可将缩短至“故障占用”区段边界位置。

第二节 多源融合列车测速与自主定位技术

一、列车测速定位技术概述

列车的速度和位置信息是列控系统实现超速防护和安全间隔控制的核心参数，能否准确、可靠地确定列车的速度和位置直接影响列车行车安全和运行效率。当前的列车测速定位方法按位置信息的参照可分为相对定位法和绝对定位法。基于列车初始位置和实时位移来推算列车相对位置的方法称为相对定位法，主要采用里程计、计数轨枕、多普勒雷达和惯性导航系统等设备。通过轨旁装置来获取列车绝对位置的方法称为绝对定位法，主要采用查询应答器和脉宽编码等技术。

随着信息融合、北斗导航、电子地图等技术的快速发展，基于多源信息融合的列车自主测速定位技术成了发展趋势。多传感器信息融合技术能够结合多种传感器的优点，通过信息冗余和优势互补，为列车提供更加精确、可靠的速度和位置信息，同时在系统设计方面，地面辅助设备得以进一步减少，从而降低建设和维护成本。

二、列车常用测速定位方法

(一)测速方法

列车测速是利用车载测速传感器来实时测定列车运行速度的，主要有轮轴速度传感器测速、多普勒雷达测速和加速度计测速等方法。

1. 轮轴速度传感器测速

轮轴速度传感器是轨道交通中应用最广泛的测速传感器，具有稳定可靠、性价比高等优点。轮轴速度传感器安装在列车轮轴上，车轮每旋转一周，传感器发出固定数量脉冲信号，根据单位时间内脉冲数计算车轮转速，再根据车轮直径计算出列车运行速度。测速公式为

$$v=\varphi\pi D=\frac{\Delta n}{NT}\pi D \tag{3-9}$$

式中，φ 为车轮转速；Δn 为测量脉冲数；N 为车轮旋转一周发出的固定脉冲数；T 为测量周期；D 为车轮直径。

列控系统常用的轮轴速度传感器类型有光电式和霍尔式两种，分别如图 3-10 和图 3-11 所示，时速 300 km 及以上动车组上采用霍尔非接触式轮轴速度传感器。

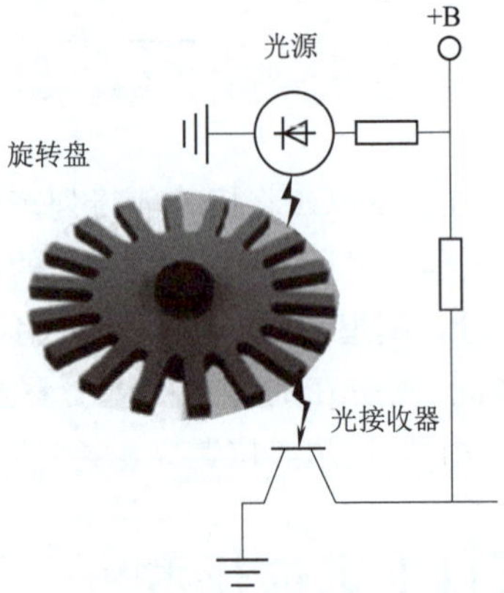

图 3-10　光电式轮轴速度传感器

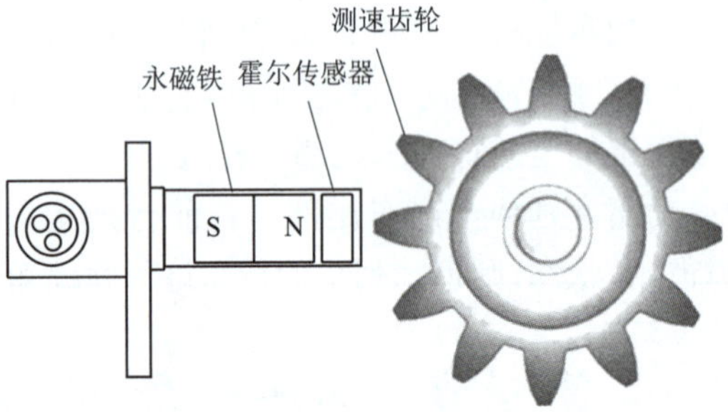

图 3-11　霍尔式轮轴速度传感器

光电式轮轴速度传感器原理为：在轮轴处安装速度传感器，传感器的光栅旋转盘通过转轴及万向联轴传动机构实现与列车车轴的紧密连接和同步转动，利用车轮的转动带动光栅旋转盘旋转，将列车轮对的转动（转速）转变为光栅光通量的变化，再通过光电转换元件将光通量的变化转换成电量变化，即将光脉冲转变成电脉冲。

霍尔式轮轴速度传感器原理为：传感器由永磁铁、霍尔传感器和测速齿轮组成，齿轮与列车车轴紧密连接，同步转动，当测速齿轮的齿尖与齿峰依次经过磁铁附近时会对磁铁外围的磁场产生影响，进而通过霍尔传感器采集到磁场的变化，即将磁场变化转变成电脉冲。

轮轴速度传感器依赖多路脉冲之间的先后关系形成的相位差来判断列车运行方向。以两路脉冲信号为例，采集到的两路脉冲信号波形如图 3-12 所示，如果通道 1(P1)先采集到信号的上升沿，通道 2(P2)再采集到信号的上升沿，并且两路信号的上升沿相位差为 90°，则判定列车运行方向为正向，反之运行方向为反向。

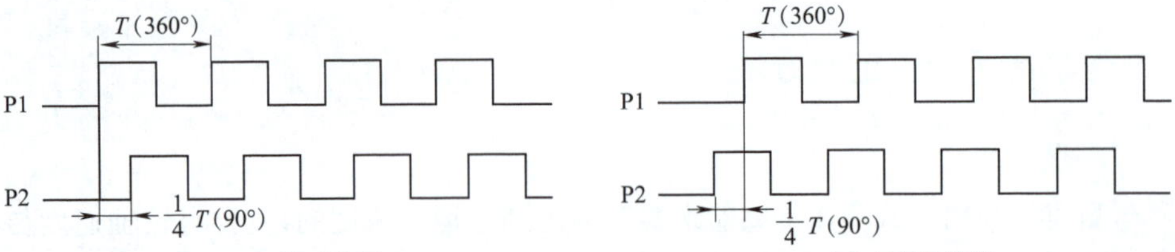

（a）正脉冲波形　（b）反脉冲波形

图 3-12　两路脉冲信号波形图

轮轴速度传感器的误差主要来自两个方面：计数误差和轮径磨损。其中，计数误差主要由车轮空转、打滑造成；轮径磨损是由于车轮磨耗而引起的轮径变化，影响速度计算。空转较多发生在列车启动时，列车启动时发动机供给车轮的角速度很大，当车轮与钢轨之间没有足够的摩擦力时，车轮就会空转，此时车轮与钢轨接触面上的点的切线速度比列车实际速度大得多。列车在运行中因轮轨摩擦力不足而打滑，其机理与启动时空转一致。

2. 多普勒雷达测速

多普勒雷达测速是以多普勒效应为理论基础、可侦测移动物体速度的设备，工作原理如图 3-13 所示。

多普勒雷达安装于列车底部，工作时向轨面方向发射电磁波，电磁波被轨面反射后重新被多普勒雷达接收。当列车以一定速度运行时，根据多普勒效应原理，发射波与接收波之间会产生多普勒频移，雷达测量多普勒频移数值并根据频移计算列车速度，再对列车速度进行积分，就可以得到列车的走行距离。多普勒雷达的速度计算公式为

图 3-13　多普勒雷达工作原理

$$v=\frac{cf_{\mathrm{d}}}{2F\cos\theta} \tag{3-10}$$

式中，c 为光速；f_{d} 为频移；F 为发射波频率；θ 为发射波与轨面的夹角。

多普勒雷达测速的优点在于测速精度不受空转、打滑现象影响，有较高的可靠性。但是多普勒雷达对应用环境比较敏感，在恶劣环境下抗干扰能力较差，其误差来源主要为：安装角度误差；列车纵向振动引起频移测量误差；受雨雪天气影响，轨面反射系数变化。其中，列车在纵向的高频小幅振动对测速精度影响较大。

3. 加速度计测速

加速度计是将加速度物理信息转变成便于测量电信号的测量仪器，由敏感芯体、质量块、电位器、弹簧、阻尼器和壳体组成。加速度计按工作原理可分为压电式、应变式和电容式。

加速度计的测速原理是通过对一段时间内测定的加速度曲线做积分运算，从而得到此时间段内列车在一维的轨道线路上运行的平均速度，进而得到运行距离。这种测速方式属于间接测量方式，优点是可以连续测速定位，不会受到车轮空转和打滑影响，抵抗外界干扰能力较强，缺点是测速误差会随着积分过程不断累积，误差相比于轮轴速度传感器较大。

(二)定位方法

1. 基于位置较准的列车定位

轮轴速度传感器和多普勒雷达测速测距计算出的列车运行距离是累加计算的，存在误差积累。为了消除距离的误差积累，需要利用地面的绝对点来进行校正，应答器就是一种提供地面绝对点位置的设备。应答器实物如图 3-14 所示。

安装在列车上的应答器天线不间断地向地面发射高频能量信号，当高速列车驶入地面应答器一定范围内时，地面应答器被高频能量信号激活并不停地向应答器天线传输报文数据，直到列车驶离地面应答器。车载应答器传输模块对应答器发送的报文数据进行校验解码，转为有效信息，并发至车载计算控制单元，从而获得准确的线路定位基准数据。

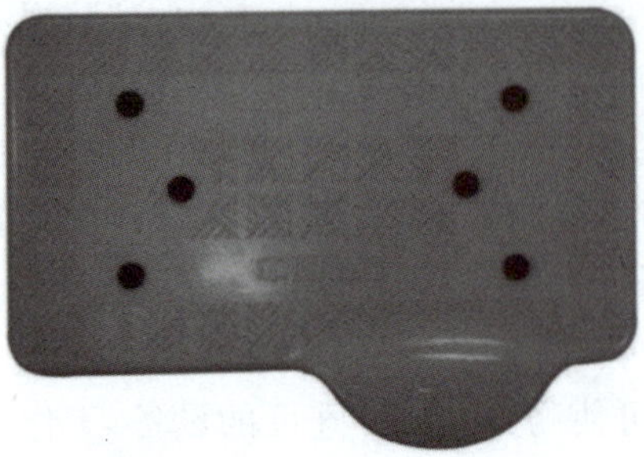

(a)

(b)

图 3-14 应答器

列控系统广泛使用的列车定位方式为轮轴速度传感器＋应答器组合或轮轴速度传感器＋多普勒雷达＋应答器组合方式。在这两种组合方式下，列车的初始位置及运行方向由两个以上应答器构成的应答器组确定，该应答器组称为最近相关应答器组（LRBG）。速度传感器测量列车运行速度，对速度积分后可测得列车的位移，即列车自上一个应答器后走行的距离进行累加，从而实现列车定位。

2. 基于卫星和电子地图的列车定位

全球导航卫星系统 GNSS（global navigation satellite system）能够在全球范围内为用户提供实时、连续、高精度的导航服务。民用 GNSS 主要有美国的全球定位系统 GPS、中国的北斗导航卫星系统 BDS、俄罗斯的 GLONASS 系统及欧洲的 Galileo 系统。四种 GNSS 的性能对比见表 3-2。

表 3-2 四种 GNSS 性能对比

性能指标	GPS	BDS	GLONASS	Galileo
公开用户精度	10～15 m	10 m	50 m	15 m
授权用户精度	1～2 m	1 m	16 m	4 m
组网卫星数	24 颗	55 颗	24 颗	30 颗
覆盖范围	全球	全球	全球	全球
能否进行通信	否	能	否	否

GNSS 接收机接收卫星播发的导航电文，获取卫星当前位置和信号传播时间，根据信号传播时间和光速计算出接收机与卫星之间的距离，由于卫星信号在传播过程中受到大气对流层、电离层影响，并且卫星时钟与接收机时钟之间存在钟差 Δt_r，所以计算出的距离并非实际距离，称这个距离为伪距。伪距 ρ 的表达式为

$$\rho=\sqrt{(X-X_j)^2+(Y-Y_j)^2+(Z-Z_j)^2}+c\Delta t_r \tag{3-11}$$

式中，X_j、Y_j、Z_j 为第 j 颗卫星在地球坐标系中直角坐标，它们可以利用卫星播发的导航电文计算得到，故可以看作已知量，而 X、Y、Z 为列车在同一坐标系下的位置，与接收机时钟差 Δt_r 同为待求量，共有 4 个未知数，因此只需对 4 颗卫星进行观测，即可解算出列车的三维位置。

电子地图是指通过高精度地理信息技术（如卫星定位技术、遥感技术、地质勘查技术等）构建的铁路轨道地理信息系统。电子地图数据库主要存储铁路线路的卫星导航经纬度、线路弯道半径、线路公里标等数据，也包括站内各股道、道岔定位和反位线路的经纬度、线路长度等数据，该数据是卫星定位信息转换成列车定位信息的基础和关键。

结合电子地图信息，将卫星定位的经纬度和高程三维坐标数据匹配到电子地图轨道上，进而获取列车在轨道线路上的位置，即将卫星三维坐标转化为列控系统传统的一维距离。地图匹配算法是一种用于将实时卫星数据与电子地图进行匹配的技术，它将来自卫星定位解算的位置信息与预先建立好的电子地图数据进行比对和匹配，以确定列车的精确位置。地图匹配的一般步骤是：获取位置点、确定待匹配路段集合、选出最佳匹配路段、确定位置点。主要列车测速定位技术分析见表 3-3。

表 3-3　主要列车测速定位技术分析

技术设备	是否连续	精度	主要优点	主要缺点
轮轴速度传感器	连续	较高	测速简便、信号易处理，受环境影响小	受计数误差和车轮磨损影响，定位误差积累
多普勒雷达	连续	较高	精度高，不受车轮空转、打滑和磨损影响	算法复杂，易受安装精度和应用环境影响
加速度计	连续	中等	全天候、高自主性	误差随时间积累，长期使用无法满足精度
卫星导航系统	准连续	较高	定位准确、连续、实时，性能稳定	在城市、峡谷、隧道内使用时易受干扰
电子地图	连续	较高	数字化程度高，不受外界干扰，发展前景好	成本高，测量精度依赖对线路细化的程度
应答器	点式	高	提供绝对位置信息	布设数量大，建设维护成本高

三、多源融合列车测速与自主定位

提升列车智能化水平，实现列车车载设备自主定位是列控技术的发展趋势，其主要技术方案是通过融合多种传感器来实现列车测速与自主定位。

（一）多源融合列车测速

高速列车普遍采用轮轴速度传感器和多普勒雷达相结合的方式测量列车速度。轮轴速度传感器和多普勒雷达具有良好的互补性，多普勒雷达测量速度不受车轮状态影响，可用于检测和校正轮轴速度传感器的空转和打滑误差；轮轴速度传感器测量速度不受轨面状况和列车振动影响，而且数据输出频率高，可弥补多普勒雷达的固有缺陷。

轮轴速度传感器和多普勒雷达综合测速系统结构如图 3-15 所示。测速测距单元(SDU)

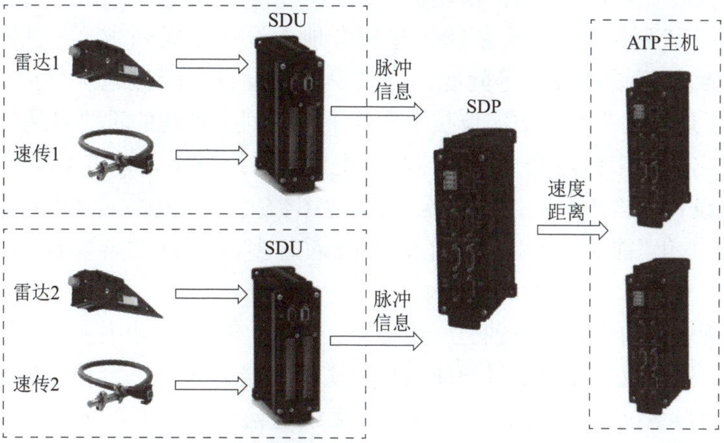

图 3-15　高速列车测速系统结构

为轮轴速度传感器和雷达提供电源，当列车运行时，SDU 接收轮轴速度传感器和雷达发出的脉冲信号，并将脉冲信号转换成数字数据通过多功能车辆总线（MVB）发送给速度距离处理模块（SDP）。SDP 单元接收从 SDU 传来的原始脉冲计数，经过运算处理得到当前列车运行的速度和距离数据，再通过通信总线发送给 ATP 主机控制单元。

（二）列车自主定位

基于 GNSS 的列车定位方法被普遍认为是列车自主定位技术的主要发展方向。将 GNSS 技术引入列车定位应用领域，能够在保证定位精度前提下大幅减少地面辅助定位设备，充分发挥卫星导航低成本与高自主性的技术优势。

由于 GNSS 在复杂运行环境下的局限性，实际应用中基于 GNSS 的列车定位系统一般需根据实际情况配置其他类型的辅助定位传感器，从而确保在山区、隧道、城市等不同环境条件下均能满足列车定位的精确性、连续性、可用性等指标要求。目前，主要有两种基于 GNSS 的列车组合定位方案。

（1）GNSS 与惯性导航系统。惯性导航系统由加速度计和陀螺仪组成，具有不易受外界环境干扰、导航信息全面、输出频率高等优点。惯性导航系统可以克服短时间内 GNSS 信号丢失无法准确定位的问题，同时也可以利用 GNSS 的高精度定位信息修正惯性导航系统的累积误差。如图 3-16 所示，综合利用两种传感器的互补特性构成组合定位系统，不仅能够保证列车定位精度，还能提高系统的可靠性。但是，系统最终输出的是经纬度和高程三维坐标信息，而不是列控系统传统的一维距离信息。

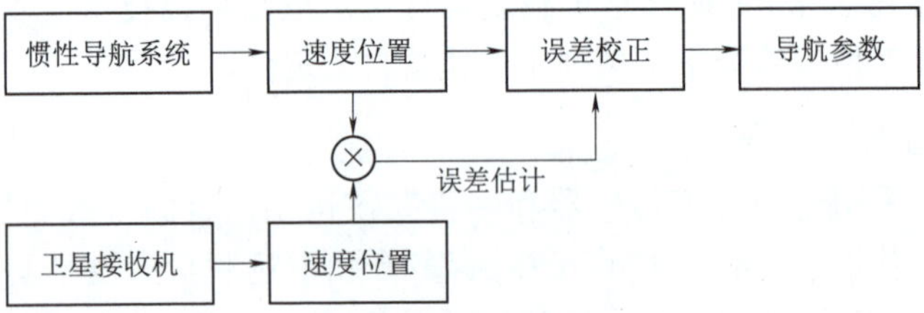

图 3-16　GNSS 与惯性导航系统的组合定位

（2）GNSS 与电子地图。电子地图存储列车运行区段的定位专用轨道数据信息，用于对卫星定位接收单元所得坐标位置向沿轨道一维纵向相对距离量的转换。目前，我国现有的 CTCS-2/CTCS-3 级列控系统需要依赖大量轨旁地面设备完成列车测速测距误差校正，存在系统结构复杂、轨旁设备较多等问题。为减少轨旁设备和降低施工维护成本，基于北斗导航卫星和电子地图的列车自主定位技术成为了新型列控系统的重要发展趋势。

图 3-17 给出一种多源融合列车测速与自主定位系统方案。该方案将北斗导航卫星系统 BDS 与车载设备所含测速定位传感器、轨道地图数据库等提供的多源信息进行融合，从而具备“车载自主化”能力，仅由列控车载设备通过多源信息融合实施测速定位与状态估计。

系统方案所采用的设备有轮轴速度传感器、多普勒雷达、北斗卫星接收机、电子地图和应答器。北斗卫星接收机接收卫星导航信号并实施信号处理与三维位置解算，若轨旁系统配置差分定位增强系统，则在解算中利用经由无线通信单元发送的差分校正信息，以提升定位精度及完好性水平。北斗定位数据结合电子地图进行地图匹配，计算列车一维走行距离。将电子地图导出走行距离与测速测距结果进行融合，得到最终的列车走行距离，从而实现列车自主精确定位。此外，为应对卫星信号的遮挡和丢失问题，可以考虑少量铺设应答器应对因卫星信号遮挡导致定位可用性缺失、性能劣化等情况以进行补偿。

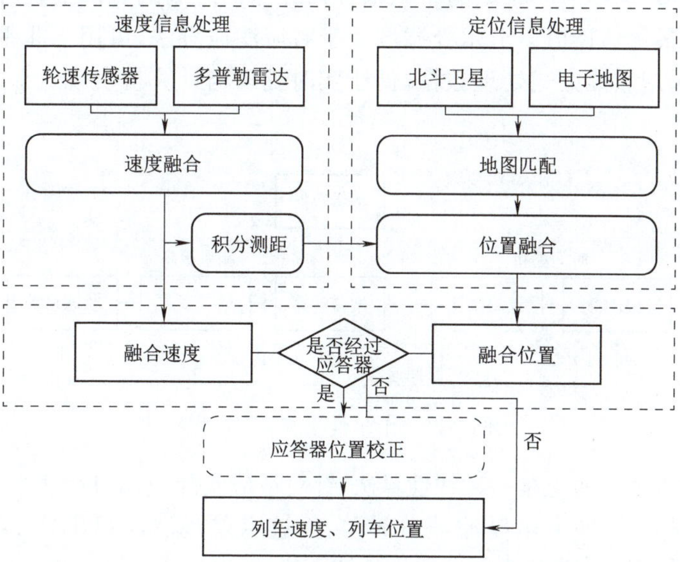

图 3-17　多源融合列车测速与自主定位系统方案

(三)信息融合技术

信息融合技术可对多种传感器信息进行有效组合，实现测速定位技术之间的协同与互补，提高列车自主定位系统的容错能力，有效提高列车定位的安全性和可靠性。

信息融合技术以各类传感器为基础，通过数学方法和技术工具对获取的多源信息进行关联、估计和融合，以实现目标系统的协调优化和综合处理。信息融合技术起源于 20 世纪 70 年代，随着雷达信息处理和军事指挥自动化系统的发展而逐渐成形。之后，信息融合作为一门独立学科迅速发展，逐渐辐射到工业自动化、智能交通、人工智能、航空飞行器等领域。

信息融合结构可以分为集中式和分布式两大类。在集中式融合中，所有传感器的测量信息不经过预处理，直接输送至融合中心采用融合算法对目标进行预测和评估；分布式融合结构中，来自每个传感器的数据在输送至融合中心前，均先由各自的数据处理器进行预处理和分类，再由融合中心实现信息融合。分布式结构相比于集中式结构，存在信息损失，所以精度有所下降，但是该结构的通信量小、融合中心处理代价低，既能布署复杂算法，又不至于损失太多时间，并且便于容错化改进。两种信息融合结构分别如图 3-18 和图 3-19 所示。

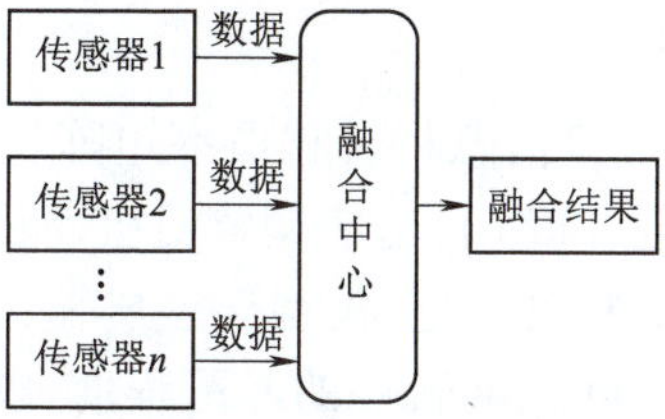

图 3-18　集中式信息融合结构

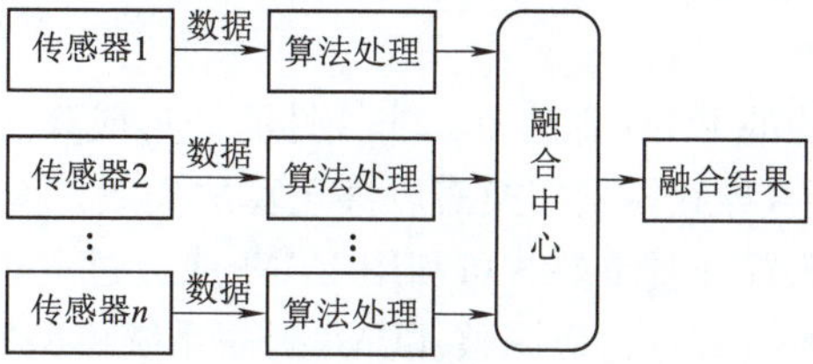

图 3-19　分布式信息融合结构

在多源融合的列车测速与定位研究中，具有代表性的信息融合方法主要有：卡尔曼滤波、交互式多模型、联邦卡尔曼滤波等。

(1)卡尔曼滤波(KF)方法。卡尔曼滤波以均方误差最小为最优估计准则，使用状态空间法建立系统模型，利用上一时刻的状态估计值和当前时刻的观测值，经滤波运算后得到当前时刻的状态最优估计值。卡尔曼滤波属于时域滤波方法，可用于非平稳、多维随机过程的估计，而且采用递推方式处理数据，便于实时处理与计算机实现。卡尔曼滤波工作过程如图 3-20 所示。

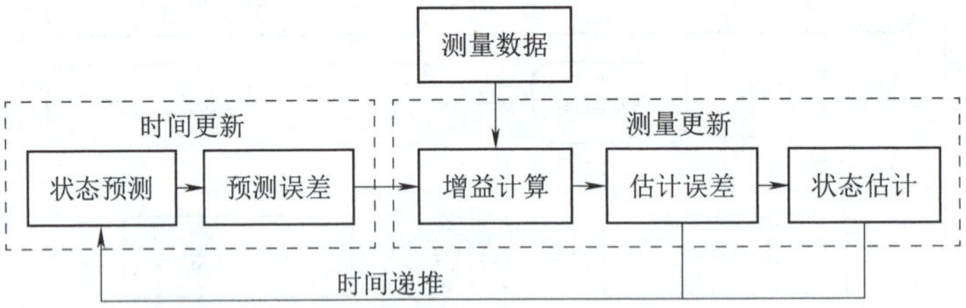

图 3-20 卡尔曼滤波工作过程

卡尔曼滤波算法本质上是一种线性算法，针对适应实际应用过程中广泛存在的非线性条件，相继发展出以扩展卡尔曼滤波(EKF)、无迹卡尔曼滤波(UKF)、容积卡尔曼滤波(CKF)、粒子滤波(PF)等为代表的非线性滤波算法，并得到了广泛应用。

(2)交互式多模型(IMM)方法。IMM 的基本思想是利用多个不同的运动模型匹配机动目标的不同运动模式，通过一定方式将各模型的结果按照一定比例融合，从而获得适应性更广的估计方法。IMM 是目前使用较广的多模型方法，首先需要设计一个含有多个模型的模型集来描述系统可能的模态，每个模型对应一个滤波器，经输入交互后所有滤波器并行工作，最后根据当前时刻各模型与目标运动轨迹匹配的概率，加权融合各滤波器的结果得到最终估计。交互式多模型工作过程如图 3-21 所示。

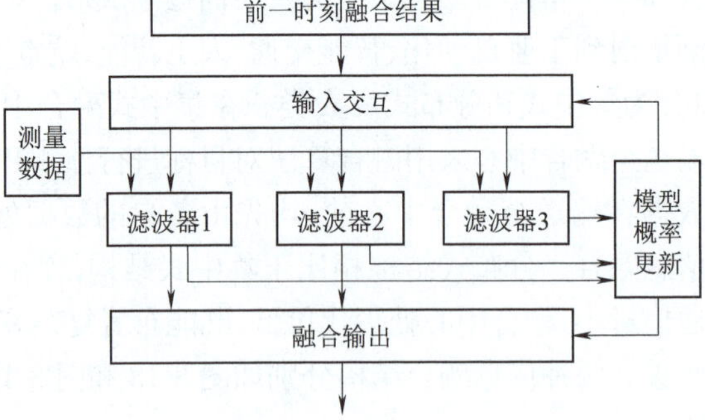

图 3-21 交互式多模型工作过程

传统的 IMM 算法及其非线性滤波集成算法，依赖先验信息将转移概率矩阵(TPM)设为固定值，导致模型切换滞后甚至算法失效。因此，实现 TPM 自适应调整对机动目标的准确稳定跟踪非常重要。可利用 IMM 滤波过程中的模型概率信息、模型误差压缩比或贝叶斯估计等方式自适应调整 TPM，提高系统模型和目标实际运动轨迹的匹配程度，以提高信息融合精度和稳定性。此外，还可以将支持向量回归(SVR)与 IMM 进行结合，通过 SVR

反馈网络实时监控预设的各个模型与目标实际运动的匹配程度，然后根据匹配度调整各个模型滤波器的滤波参数。

(3)联邦卡尔曼滤波(FKF)方法。联邦卡尔曼滤波是一种两级结构的分布式滤波，由多个子滤波器和一个主滤波器组成。各子滤波器对传感器数据进行卡尔曼滤波得到局部估计信息，主滤波器将各子滤波器的局部估计信息融合得到全局最优估计值，并按照信息分配原则将融合结果反馈给各子滤波器。联邦卡尔曼滤波工作过程如图 3-22 所示。相比于卡尔曼滤波，联邦卡尔曼滤波具有设计灵活、计算量小、容错性能好等优点，当传感器数量较多时，为保证系统实时性可考虑选用联邦卡尔曼滤波。

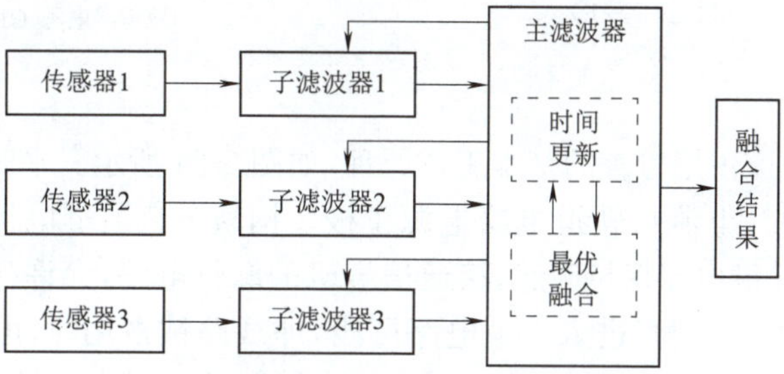

图 3-22　联邦卡尔曼滤波工作过程

非线性卡尔曼滤波算法同样适用于联邦滤波结构，只需将子滤波器的卡尔曼滤波替换为 EKF、UKF 等非线性方法，即可形成联邦 EKF、联邦 UKF 算法，以应用于非线性情况。此外，联邦卡尔曼滤波的分布式信息处理结构便于容错化改进。利用故障诊断方法(例如序贯概率比检测法、卡方检测法)，当一个或几个传感器发生故障时，将故障传感器隔离，并且将其余正常传感器重新组合起来(系统重构)，使系统能够继续工作，从而保证系统的可靠性。

第三节　列车完整性检查技术

列车完整性是指列车在行车过程中列车车厢整体连接的完整性。列车完整性检查，即是指列车在运行期间对列车整体连接的完整性进行的检查。列车在行驶过程中可能发生尾部一节或者多节车厢分离而遗留在线路上的情况，如果不能及时发现并采取措施，就会给后续车辆的运行带来重大安全风险。因此，安全有效地检查列车完整性是列车运行控制的重要技术之一，也是铁路运输安全保障的重要组成部分。

一、传统列车完整性检查技术

在传统的信号系统中，一般由地面设备通过轨道占用检测的方法实现列车完整性检查和防护。如果发生分离事故导致遗留车辆占压轨道，信号系统会锁闭该闭塞分区，防止后续列车进入该闭塞分区从而避免碰撞的发生。轨道占用检查的方法有轨道电路和计轴两种主流方式。

(一)轨道电路占用检查

轨道电路是利用一段铁路线路的钢轨为导体构成的电路，用于自动、连续检测这段线路是否被机车车辆占用。轨道电路由钢轨、钢轨绝缘、轨端接续线、引接线、送电设备和受电设备等主要部分组成,如图 3-23 所示。

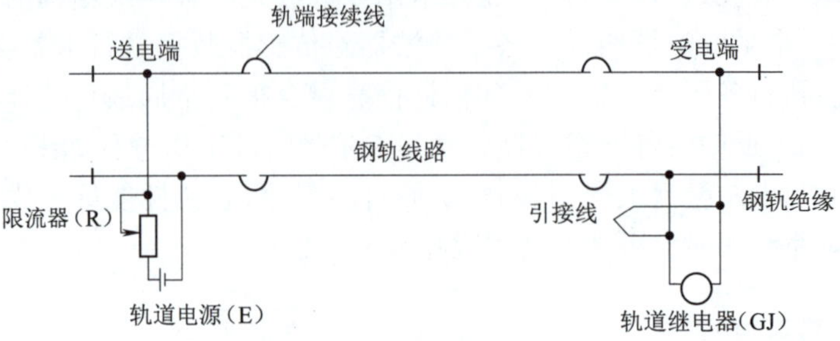

图 3-23 轨道电路组成

轨道电路实现轨道占用检查的基本工作原理,如图 3-24 所示。平时列车未进入轨道电路区段,即线路空闲时,电流从轨道电路电源正极—钢轨—轨道继电器—另一根钢轨—电源负极,GJ 中有电,使继电器保持吸起,接通信号机的绿灯电路,允许列车进入轨道电路区段,如图 3-24(a)所示。当列车进入轨道电路区段,即线路被占用时,电流同时流过机车车辆轮对和 GJ 线圈,由于轮对电阻比 GJ 线圈电阻小得多,使电源输出电流显著加大,限流器 R 上的压降也随之增大,送向两根钢轨间的电压降低,因而流经 GJ 线圈的电流减小到其释放值,使 GJ 衔铁释放,用继电器的后接点接通信号机的红灯电路,向后续列车发出停车信号,以保证列车在该轨道电路区段内运行的安全,如图 3-24(b)所示。

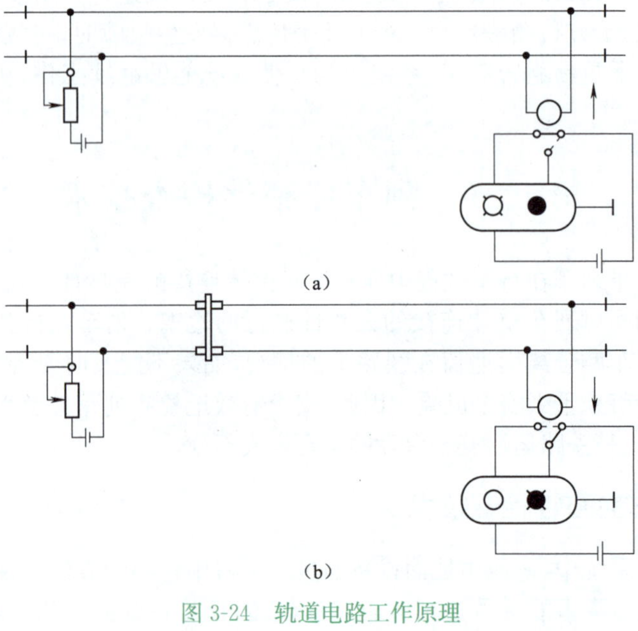

图 3-24 轨道电路工作原理

轨道电路在检查列车完整性时,利用 GJ 的落下/吸起状态监督列车或遗留的车厢在所属轨道区段的占用/出清。当列车完整性缺失时,遗留的车厢会一直占用轨道电路,该轨道电路的 GJ 保持落下状态关闭信号,向后续列车发出停车信号,以保证列车在该轨道电路区段内运行的安全。

(二)计轴占用检查

计轴设备是用于完成计算机车、车辆进出轨道区段的轮轴数，分析轨道区段是否有车占用的一种信号基础设备。它具有检查区间占用与空闲的功能，而且不受轨道线路的道床状况等影响。基于计轴设备的列车完整性检查，是利用车轮传感器、计数器来记录和比较驶入和驶出轨道区段的轴数，以此确定轨道区段内是否有遗留的车辆。

计轴设备由室内设备和室外设备两部分组成。室外设备和室内设备通过传输线路相连接。室外设备计轴点包括车轮传感器和电子连接箱，主要用于产生车轴脉冲。室内设备有运算器、继电器、电源等。运算器包括计数、比较、监督、表示等装置，对计轴点产生的车轴脉冲进行计数和确定列车运行方向，比较计轴点入口和出口所记轴数及记录计数结果。电源提供可靠的供电。传输线路用来传递计轴信息。

计轴设备的基本工作原理是：当列车车轮进入轨道传感器作用区时开始计轴，轮对经过传感器磁头时向计算机传送轴脉冲，计算机开始计数并判定运行方向，确定对轴数是累加计数还是递减计数。系统规定，凡进入防护区段的轮轴数进行加轴运算，凡离去防护区段的轮轴数进行减轴运算。计轴占用检查工作示意如图 3-25 所示。

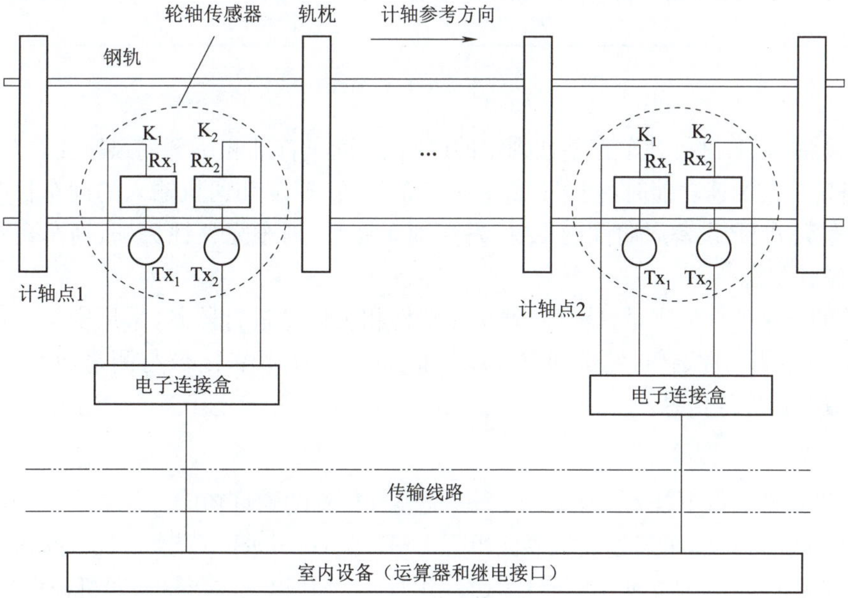

图 3-25　计轴占用检查工作示意

二、列车自主完整性检查技术

基于轨道电路或计轴设备实现轨道占用检查和列车完整性检查，存在轨旁设备多、建设维护成本高等问题。随着列控系统的发展，列车自主完整性检查技术成为未来发展方向。

列车自主完整性检查功能符合以下几点：

(1)由列车完整性装置向车载主机报告列车完整性情况。

(2)车载设备向无线闭塞中心发送列车位置报告(含完整性信息)。

(3)列车位置报告包含的列车完整性信息达到 SIL4(safety integrity level 4)级要求。

列车完整性检查功能符合故障—安全设计原则,安全完整性等级达到 SIL4 级要求,设计的列车完整性检查技术方案是:列车完整性检查功能由车载 ATP 设备、列尾设备 EOT 和 IP 查询服务器共同完成,EOT 具备基于北斗的定位与测速功能,ATP 具备列车完整性的判定功能,IPES(IP 查询服务器)提供 ATP 设备和 EOT 设备的配对功能,车载 ATP 与 EOT 间采用 GSM-R/GPRS 分组域网络进行 IP 化无线双向数据通信。列车完整性检查结构示意如图 3-26 所示。

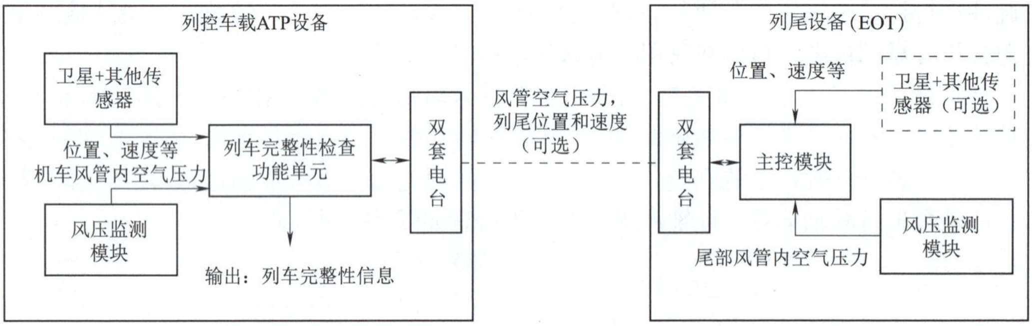

图 3-26　列车完整性检查结构示意

车载设备 ATP 进行列车完整性判定的原则是:列车首部和尾部的风压比较与检查;当 EOT 具备定位与测速功能时,列车首部和尾部的位置、速度和司机输入的列车长度的比较与检查。车载 ATP 设备周期性向 RBC 发送列车完整、列车完整性丢失、列车完整性未知等列车完整性状态。

EOT 的正常工作流程是:持续对列车完整性相关信息进行监测,采用安全通信协议与车载 ATP 设备周期性通信,发送列尾风压信息。当 EOT 具备定位与测速功能时,还应发送列尾位置和速度等信息。

(一)车载 ATP 方案

ATP 设备根据以下技术方案,实现列车完整性检查的列首功能:

(1)在列车静止时,可通过人机界面单元 DMI(driver machine interface)操作车载设备执行列车完整性测试,建立列车完整性状态,并通过 DMI 以文本形式向司机报告测试结果。

(2)车载设备与列尾设备建立连接后,周期性(T_CHKEOT,5 s)向列尾查询列尾的风压、经纬度坐标和列车速度等数据。

(3)在车载设备和列尾设备卫星功能正常情况下,车载设备收到列尾数据时,若以下条件同时满足,则车载设备自动确认列车完整性并更新列车确认后端位置:

①列首和列尾风压均为高风压(列尾高低风压阈值,280 kPa)。

②列首/列尾距离与车长差值小于阈值(THR_DTL,100 m)。

③列首/列尾速度差值小于阈值(THR_DTV,10 km/h)。

(4)在车载设备或列尾设备的卫星功能失效情况下,则车载设备依靠风压进行列车完整性判断,当确认列车具有完整性时应更新列车确认后端位置。

(5)若车载设备超过规定时间(120 s)未接收到列尾设备发送的任何信息,则判断列车完整性丢失。

(6)列车具有完整性情况下,当发生以下情况时,车载设备判定列车丢失完整性:

①完整性检查设备故障时。

②列首风压由高风压降为低风压时,启动计时,若计时(10 min)结束时,列首风压或列尾风压未恢复至高风压状态。等待期间不更新列车确认后端位置。

③当车载设备检测到列首风压为高风压,并且列尾风压返回值小于阈值(EOT_THR_PRES,280 kPa 且不满足上条②)规定。

(7)若车载设备检测到列车完整性状态为丢失,通过 DMI 输出报警信息,并向 RBC 报告列车完整性丢失。若车载设备在 FS(完全监控模式)或 CO(引导模式)下,则还同时输出常用制动命令,停车后允许司机确认缓解制动。经司机判断列车完整后,可按压专用按钮,车载设备将允许司机以当前模式继续运行,不再触发常用制动。

(8)其他列首功能如下:

①具备与列尾设备建立连接关系、销号、自动/手动查询风压、手动列尾排风等功能。

②具备接收列尾设备故障、电量不足、风压异常等报警信息的处理功能。

(9)当列车类型为"单机车"时,车载设备默认列车具有完整性。

(二)EOT 列尾方案

EOT 列尾设备根据以下技术方案,实现列车完整性检查中的列尾功能。

1. 设备组成

EOT 列尾设备由主控单元、风压检测模块、测速定位模块、无线通信模块、电池、闪烁单元、挂接单元和记录单元等组成,如图 3-27 所示。

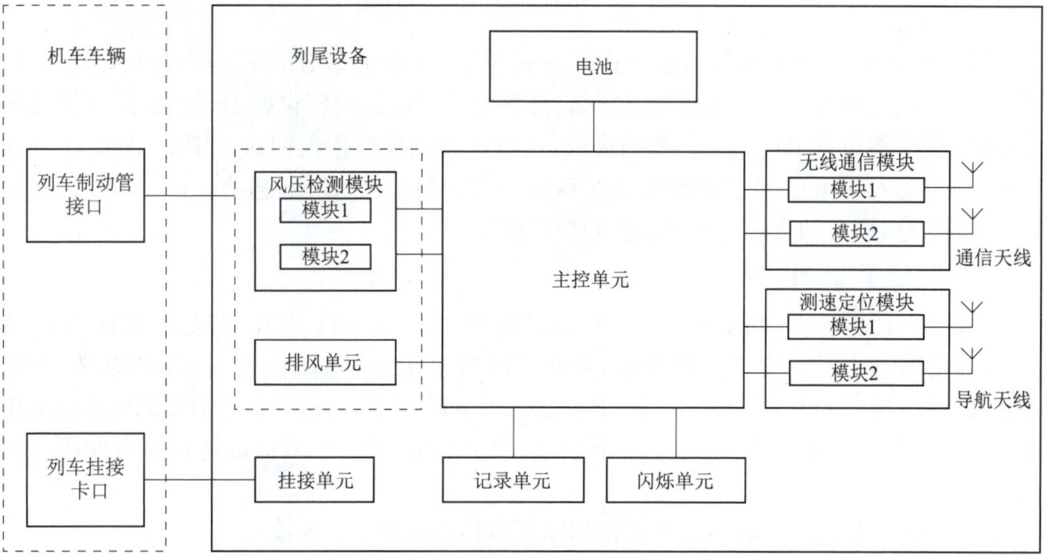

图 3-27　列尾设备构成示意图

各单元的功能设计是:主控单元是列尾设备的核心处理单元,实现核心安全功能,采用硬件安全比较架构;记录单元用于记录设备工作日志,便于故障分析;闪烁单元在夜间采用自动闪光标志，标示列车尾部的位置，起夜间防护作用；无线通信模块是主控单元使用GSM-R/GPRS方式与IP查询服务器、ATP车载设备进行通信的执行模块，采用双套配置，当一个无线通信模块故障时，主控单元能够使用另一个无线通信模块进行通信；测速定位模块用于接收并处理北斗系统等卫星导航信号，输出定位信息与速度信息，采用异构配置实现安全比较；风压检测模块实现对列车尾部风管压力的信号采集，采用异构配置实现安全比较；排风单元用于执行排风动作、帮助机车车辆辅助制动的部件；挂接单元用于设备安装在车辆末端车钩(或钩提杆)并有锁闭功能的紧固连接部件。

2. 主要功能

(1)具备实时获取列尾位置、速度、风压信息，并把信息发送给ATP车载设备的功能。

(2)具备与ATP车载设备一对一建链、断链功能。

(3)具备从ATP车载设备接收并执行指令的功能。

(4)具备尾部风压告警、电池电量告警和设备故障告警功能。

(5)具备辅助排风制动功能。

(三)IPES方案

IPES设备根据以下技术方案，实现ATP和EOT的配对功能：根据工程设计配置IPES，提供列控系统管辖范围内IP地址查询功能，用于车载设备、列尾设备连接配对，IPES设备接口如图3-28所示。

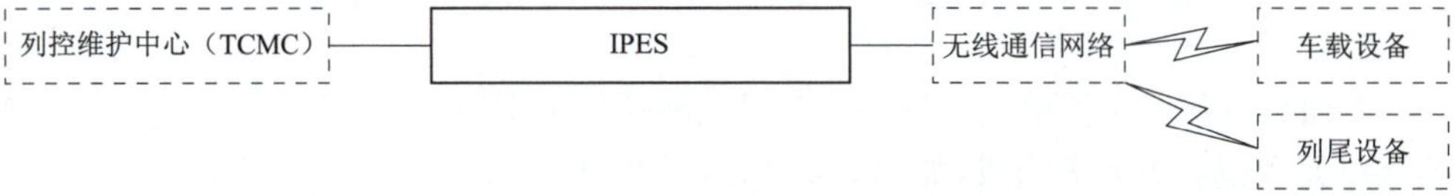

图3-28 IPES设备接口示意图

IPES接收车载设备、列尾设备发送的身份信息，判断机车ID(若存在)和列尾设备ID(若存在)一致时认为双方匹配成功，向车载设备发送对应的列尾设备IP信息，向列尾设备发送对应的车载设备ID信息；若查询失败，则发送查询失败错误回执。IPES连续60 s未收到车载设备身份信息，则自动清除该车载设备的身份信息；IPES连续2 min未收到列尾设备身份信息，则自动清除该列尾设备的身份信息。

(四)通信接口设计

车载ATP与EOT间采用GSM-R/GPRS分组域网络进行IP化无线双向数据通信；车载设备与IPES(IP查询服务器，置于TSRS机柜旁)间通信采用UDP协议，车载设备从IPES接收对应的列尾设备IP信息，用以呼叫EOT；EOT与IPES间通信采用UDP协议，EOT向IPES发送自身的IP信息，供IPES配对。三者间的通信示意如图3-29所示。

列车始发，挂接列尾设备，各设备根据以下流程进行操作和连接：

(1)EOT设备与IP查询服务器通信

①维护人员/车站值班员为列尾设备上电。

②列尾设备周期性(30 s)向IP查询服务器上报列尾设备身份信息。

③列尾设备进入待连接状态。

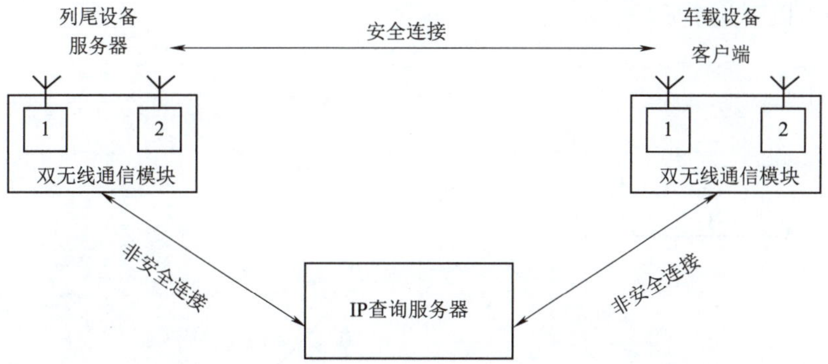

图 3-29 ATP 车载设备与列尾设备、IPES 通信示意

(2)ATP 车载设备与 IP 查询服务器通信

①ATP 车载设备开机后自动进入列尾未连接状态。

②司机输入本列列尾设备 ID。

③ATP 车载设备主动向 IP 查询服务器查询列尾设备 IP。

(3)ATP 和 EOT 首尾设备建链

ATP 车载设备与列尾设备建立安全连接,完成建链,如图 3-30 所示。

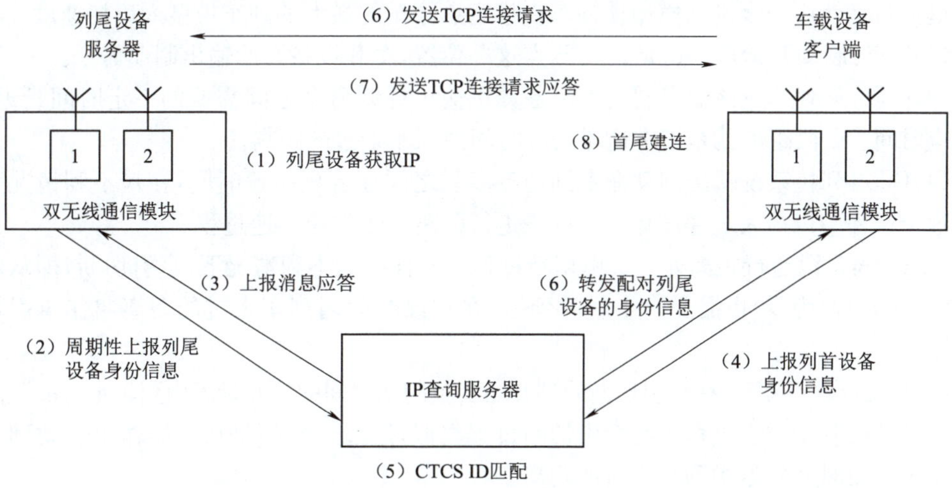

图 3-30 设备连接示意图

第四节 列车安全防护技术

一、安全制动模型

安全制动模型主要用来描述列车在正常及非正常情况下的降速情况,确定制动距离在系统设计中对停车距离的需求,进而确保列车在危险点之前停车。安全制动模型应综合考虑影响列车制动动态过程的主要因素,模型参数设置应考虑各种最不利情况。

目标速度监控模型如图 3-31 所示,列车从开始输出制动到列车在指定停车点前停车的过程可以分为以下几个阶段：

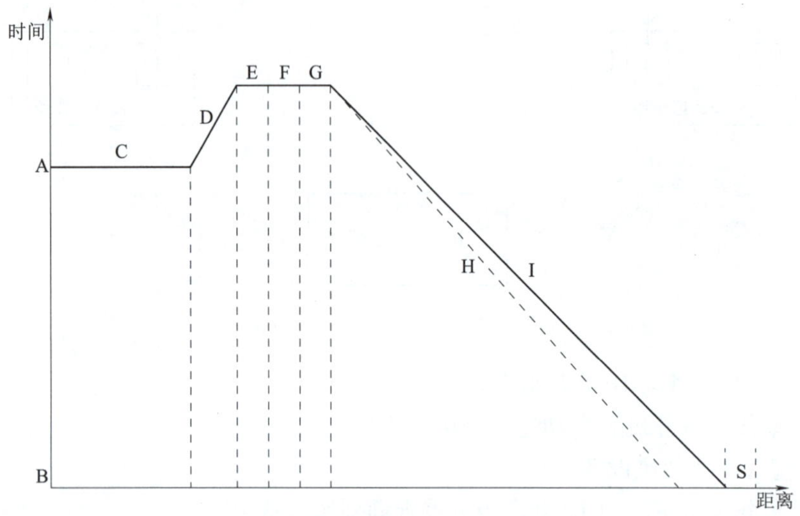

图 3-31　目标速度监控模型

(1)A 点：最大入口初速度。安全制动模型计算时应考虑最不利情况下的参数设置，因此这里指的是使用安全制动模型使列车在指定点停车的最大的列车模型入口初速度。

(2)B 点：制动开始点。这是指在 B 点这一位置，车载设备开始输出制动命令。

(3)C 段：从列车应该输出制动到设备真正输出控制命令之间需要的一定时间延迟，叫作反应时间。C 段距离就是指在这段反应时间内列车走过的距离。

(4)D 段：列控系统输出制动命令到切除牵引之间还要延一段时间，在最不利情况下列车在这个过程中以最大加速度运行。D 段走行距离处于失控加速过程。

(5)E 段：E 段走行距离处于牵引切断过程。同样在最不利情况下，牵引切断(即从牵引力最大到牵引力为零)也需要一个时间延迟，在这段时间内列车走过的距离叫作牵引切断过程距离。

(6)F 段：惰行距离。在牵引切断后到开始实施制动之间的时间延迟内列车走过的距离。

(7)G 段：制动建立过程。与牵引切断过程类似，这过程指的是从开始输出制动到制动完全实施这段时间延迟中列车走过的距离。

(8)H、I 段：制动实施过程(有两种情况)。H 段是指列车以最小制动率(制动率为负数，指的是最严格制动率)制动到停车的走行距离；I 段是指考虑了线路、列车本身的一些因素而导致制动率并不能严格地实施，从而对列车制动率进行修正后的列车制动距离。

(9)S 段距离：考虑列车制动模型参数、速度和位置测量等因素，设置的一段安全距离。

由此可见，列车实际制动过程是由以上多个过程构成的，安全制动距离等于 C、D、E、F、G、I(H)这几段距离综合相加，即列车在 B 点开始时的制动距离为

$$d_B = d_C + d_D + d_E + d_F + d_G + d_{I(H)} \tag{3-12}$$

根据安全制动距离反推得到列车在当前制动距离下能够停车的最大初速度 v_A，即列车通过 B 点时的最大允许速度为

$$v_A = f(d_B) \tag{3-13}$$

二、超速防护曲线计算

超速防护曲线是由列车运行全过程在各个位置对应的允许速度构成的速度—距离曲线。列控车载设备通常需要计算多条防护曲线，结合列车的速度情况能够采取不同的制动措施。列车超速防护曲线一般包括允许速度曲线、报警曲线、常用制动触发曲线和紧急制动触发曲线，如图 3-32 所示。

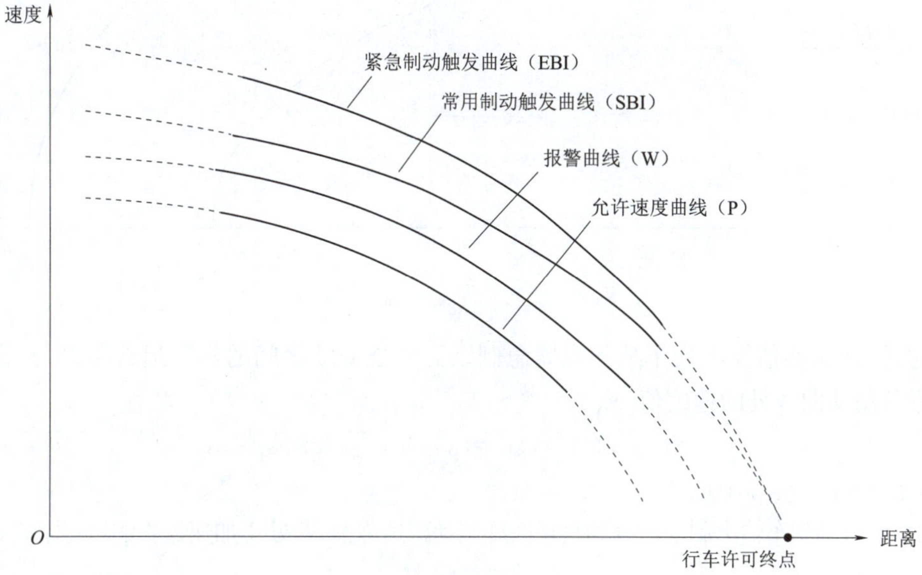

图 3-32 各种速度曲线

（一）紧急制动触发曲线(EBI)

触发列车实施紧急制动的速度叫作紧急制动触发速度，紧急制动触发速度构成了紧急制动触发曲线。这条曲线是列车在运行过程中速度不应越过的曲线，一旦超过必须实施紧急制动强迫列车停车。紧急制动是列车最高级别的制动，其目的是确保列车在行车许可允许范围内安全停车，是防护列车安全的最后一道防线。

紧急制动触发曲线计算示意如图 3-33 所示。通过对列车制动过程分析可知，在真正实施制动减速的过程前有一段加速的过程，即反应时间和牵引切除所需时间。

假设保证列车在目标点处满足限速要求的安全速度值(临界值)为 v_{safe}，为了补偿测速误差，定义 $v_{safe}=v_{est}+v_{sci}$，其中，v_{est} 为根据车载设备实际测量速度确定的限制速度，v_{sci} 为补偿测速误差的影响。

由紧急制动性能参数确定的速度 v_{est} 与距离之间的关系曲线，即列车不能越过的速度模式监控曲线，即紧急制动触发曲线。

列车制动过程中，从输出制动命令到真正实施制动减速之前经历了两个阶段：

(1)系统响应时间 $t_{traction}$，设在此期间的加速度为 a_{est1}。

(2)动力失效后的滑行时间 t_{berem}，设在此期间的加速度为 a_{est2}(可能为 0 m/s^2)。

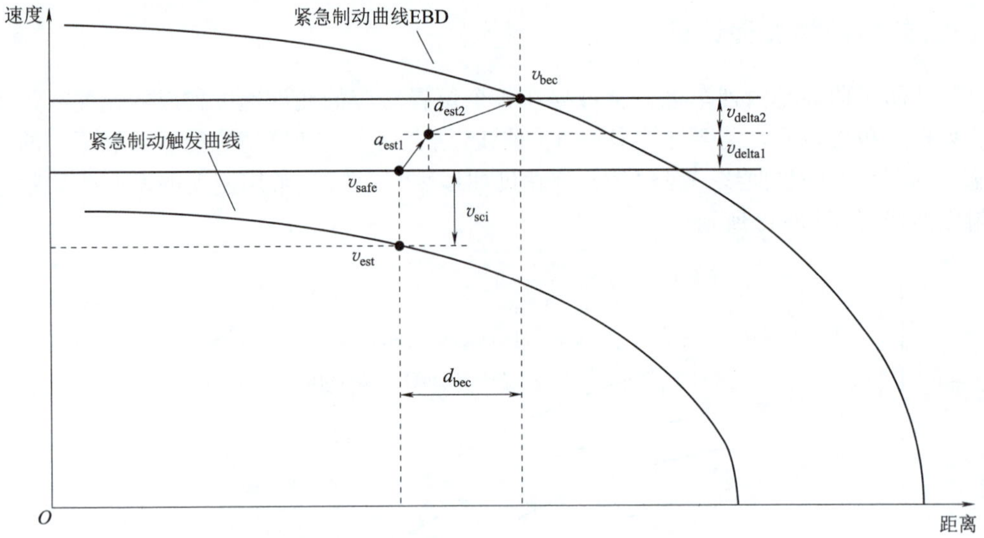

图 3-33　紧急制动触发曲线计算示意

这样，就能够估算出列车从触发紧急制动到实施制动之间的实际运行距离，首先获得到达紧急制动曲线处的速度值 v_{bec} 为

$$v_{bec}=\max\{(v_{safe}+v_{delta1}),v_{target}\}+v_{delta2} \tag{3-14}$$

式中，$v_{delta1}=a_{est1}t_{traction}$；$v_{delta2}=a_{est2}t_{berem}$。

由 v_{bec} 得到列车输出制动命令到真正实施制动减速之前，若处于加速过程的运行距离 d_{bec} 有

$$d_{bec}=\max\left\{\left(v_{safe}+\frac{v_{delta1}}{2}\right),v_{target}\right\}t_{traction}+\left(\max\{(v_{safe}+v_{delta1}),v_{target}\}+\frac{v_{delta2}}{2}\right)t_{berem} \tag{3-15}$$

这样，就能够确定列车实际紧急制动曲线 EBD 上的一个点。由于紧急制动曲线是已知的（根据列车制动特性计算得到），因此，将得到以假设的速度值 v_{est} 和对应距离为参数的紧急制动触发曲线为

$$d_{EBI}(v_{est})=d_{EBD}(v_{bec})-d_{bec} \tag{3-16}$$

需要注意的是，在上面的计算中，假设的列车加速度及紧急制动模型中的列车减速度均应该考虑实际情况对这些加（减）速度的影响。例如坡度、曲率、轨道黏着系数等。

（二）常用制动触发曲线（SBI）

常用制动触发曲线是触发列控车载设备输出常用制动的速度曲线。如果列车速度超过该曲线的速度值，则列控车载设备会输出常用制动。所选用常用制动的等级与列控系统所处的不同状态有关。

紧急制动是列车能够实施的最严格的措施，在列车紧急制动到停车的过程中不能够缓解，因此从舒适度和效率上来说，应该在保证安全的前提下尽量避免列车触发紧急制动，而以常用制动监控列车运行速度。这就需要车载设备除了防护紧急制动触发曲线之外，还要计算常用制动触发曲线和司机报警曲线，使得列车在超速时先给司机报警。若仍然超速，则先触发常用制动试图使列车降速，以避免触发紧急制动。

这两条曲线在不同的列控系统中产生方式也有所不同。常用制动触发曲线是以紧急制动触发曲线作为基础，预留一定的动作时间。常用制动触发曲线计算示意如图 3-34 所示。

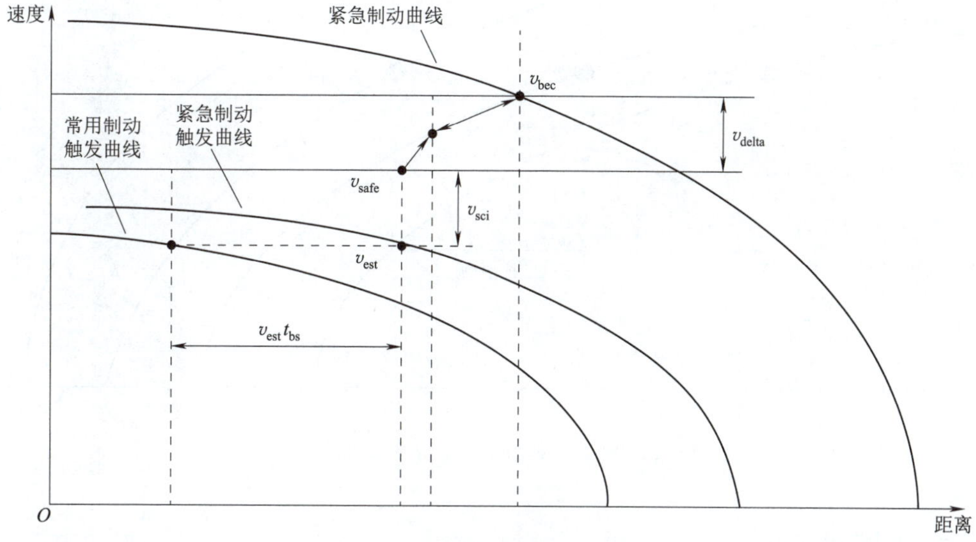

图 3-34　常用制动触发曲线计算示意

假设触发常用制动到触发紧急制动曲线（即从 SBI 到达 EBI 曲线）的这段时间为 t_{bs}，并且在这段时间间隔内，列车速度恒定，列车实际常用制动曲线同样是根据列车制动特性已知的，则常用制动触发曲线（SBI）为

$$d_{SBI}(v_{est})=d_{EBI}(v_{est})-v_{est}t_{bs} \tag{3-17}$$

（三）报警曲线（W）和允许速度曲线（P）

报警曲线是触发列控车载设备输出报警音的速度曲线。如果列车速度超过了报警曲线，则应触发报警，提示司机应及时采取措施以避免设备输出制动。

允许速度是向司机显示并要求司机遵行的速度值，司机应将列车运行速度控制在允许速度以下。

报警曲线和允许速度曲线计算示意如图 3-35 所示。

采用人控优先时应考虑司机的反应时间，需在列车超速前提前给司机报警，提醒司机及时降速，因此定义一条速度较低的报警曲线，即在第一条制动触发线（first line of intervention，FLOI）（常用制动 SBI 或紧急制动 EBI）基础上，假设司机报警反应时间为 $t_{warning}$，则报警速度曲线为

$$d_{W}(v_{est})=d_{FLOI}(v_{est})-v_{est}t_{warning} \tag{3-18}$$

假设司机对超速的反应时间为 t_{driver}，则允许速度为

$$d_{P}(v_{est})=d_{FLOI}(v_{est})-v_{est}t_{driver} \tag{3-19}$$

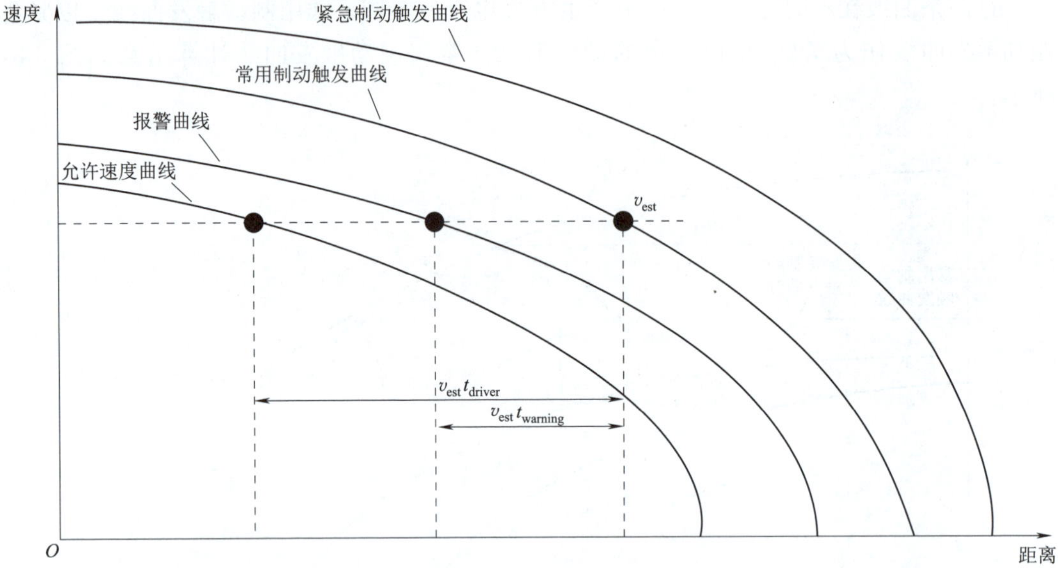

图 3-35　报警曲线和允许速度曲线计算示意

三、速度安全监控

列车速度防护曲线是由列车运行全过程的各点位置的限制速度构成的。根据列车与移动授权终点的位置关系不同，列车速度防护曲线可分为顶棚速度监督区（CSM）和速度—距离监督区（TSM），如图 3-36 所示。

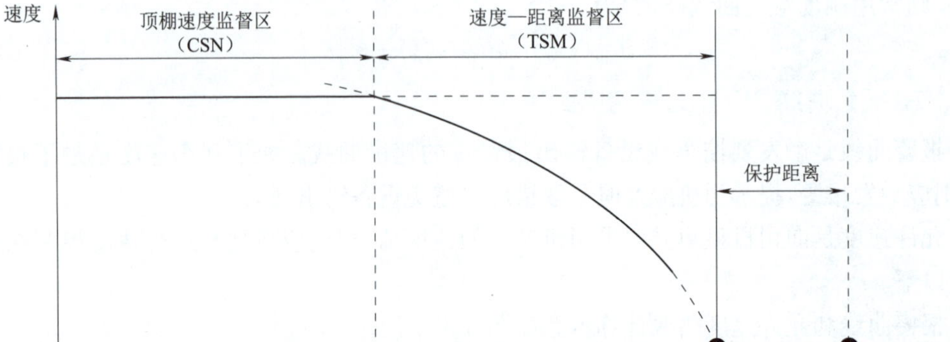

图 3-36　速度监督区示意

列车在顶棚速度监督区运行时不需要考虑前方目标点，只需控制列车速度不超过该区域规定的各类固定限制速度的最小值即可，各类固定限制速度包括车辆限速、线路限速、临时限速等。速度—距离监督区是指列车防护速度按照一次速度距离曲线下降最终到达 0 的区域，在此区域内需要按照速度—距离安全制动模型进行防护曲线计算，是列车速度防护曲线最关键和最复杂的区域。由于列车位置和各设备均存在一定的安装和测量误差，因此需要在列车行车许可终点和测量的危险点位置之间增加一段较小的保护距离。

按人机关系速度监控可以分为人控优先(司机制动优先)和机控优先(设备制动优先)两种模式。下面将介绍两种模式的速度监控过程。

在人控优先的顶棚速度监控区内,当运行速度超过报警速度时,输出制动预警音,运行速度低于报警速度 2 s 后制动预警音停止。运行速度超过常用制动模式曲线时,输出最大常用制动。速度低于缓解速度时,向司机提示允许缓解,司机按压“缓解”键后,缓解制动,人控优先时 CSM 区常用制动输出如图 3-37 所示。运行速度超过紧急制动模式曲线时,输出紧急制动,运行速度降到 0 km/h、司机按压“缓解”键后,缓解制动,人控优先时 CSM 区紧急制动输出如图 3-38 所示。

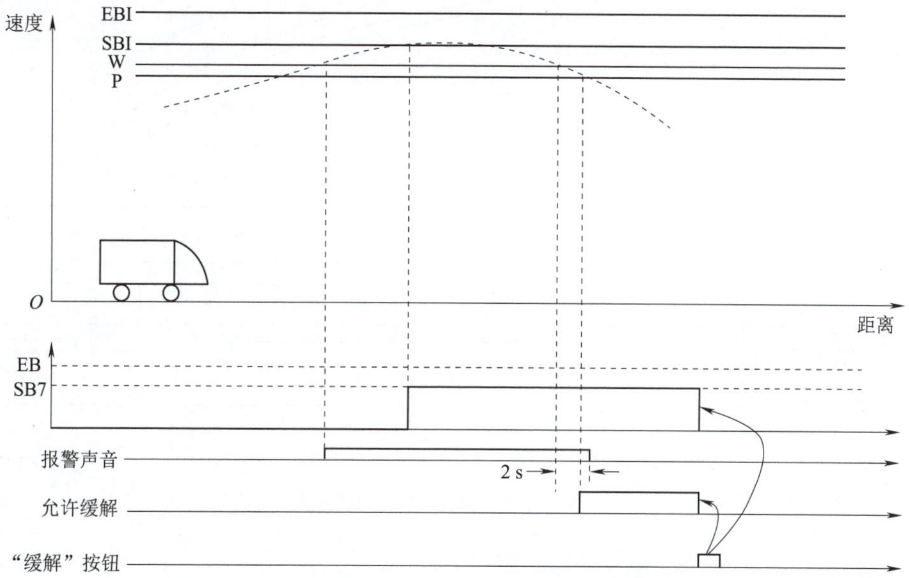

图 3-37 人控优先时 CSM 区的常用制动输出逻辑

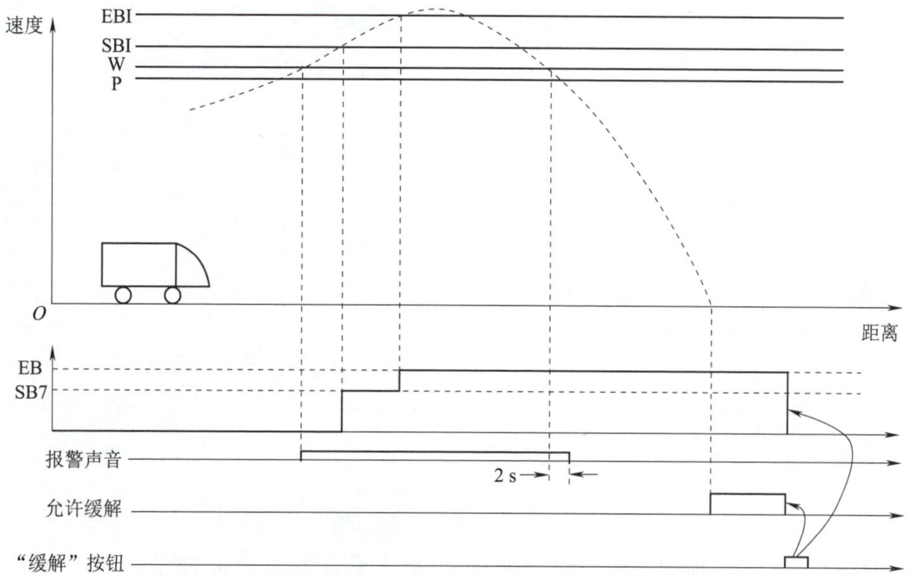

图 3-38 人控优先时 CSM 区的紧急制动输出逻辑

人控优先情况下的速度—距离监控区的速度控制是：当运行速度超过报警速度时，输出制动预警音，运行速度低于报警速度 2 s 后制动预警音停止。当运行速度超过常用制动模式曲线时，输出最大常用制动，速度低于缓解速度时向司机提示允许缓解，司机按压“缓解”键后，缓解制动，人控优先时 TSM 区常用制动输出如图 3-39 所示。运行速度超过紧急制动模式曲线时，输出紧急制动，运行速度降到 0 km/h、司机按压“缓解”键后，缓解制动，人控优先时 TSM 区紧急制动输出如图 3-40 所示。

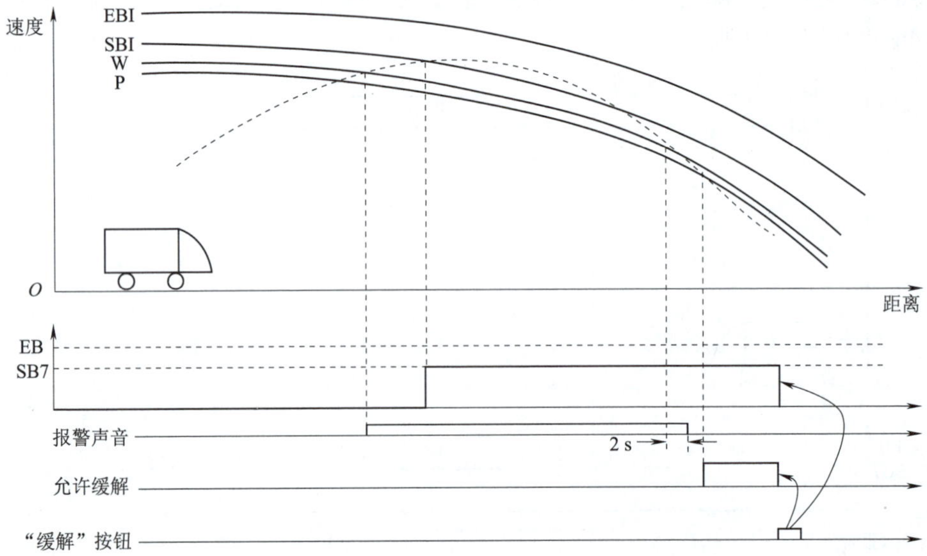

图 3-39 人控优先时 TSM 区的常用制动输出逻辑

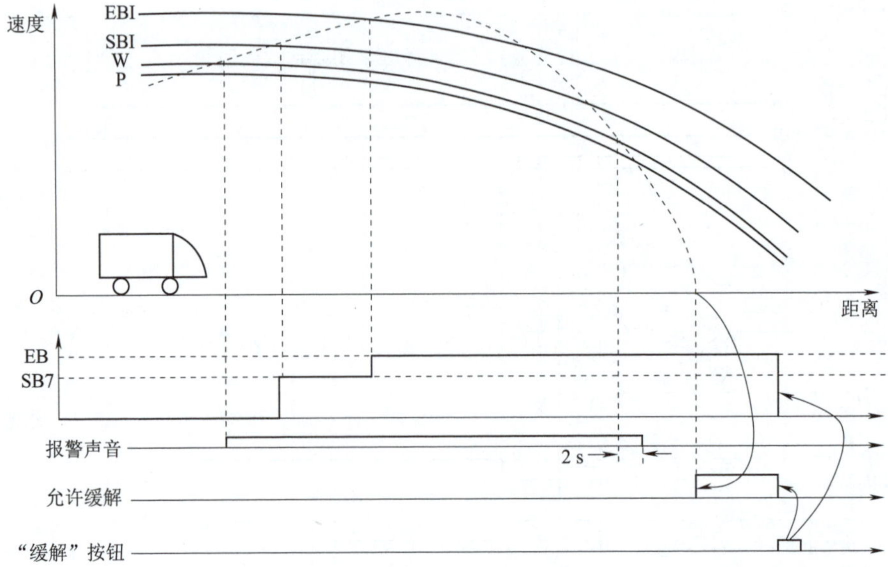

图 3-40 人控优先时 TSM 区的紧急制动输出逻辑

列车在机控优先的顶棚速度监控区内，仍以最大常用制动监控列车运行。当运行速度超过报警速度时，输出制动预警音，运行速度低于报警速度 2 s 后制动预警音停止。运行速度超过常用制动模式曲线时，输出最大常用制动，运行速度低于缓解速度时自动停止输出最大常用制动，机控优先时 CSM 区常用制动输出如图 3-41 所示。运行速度超过紧急制动曲线时，输出紧制动，运行速度降到 0 km/h、司机按压“缓解”键后缓解制动，机控优先时 CSM 区紧急制动输出如图 3-42 所示。

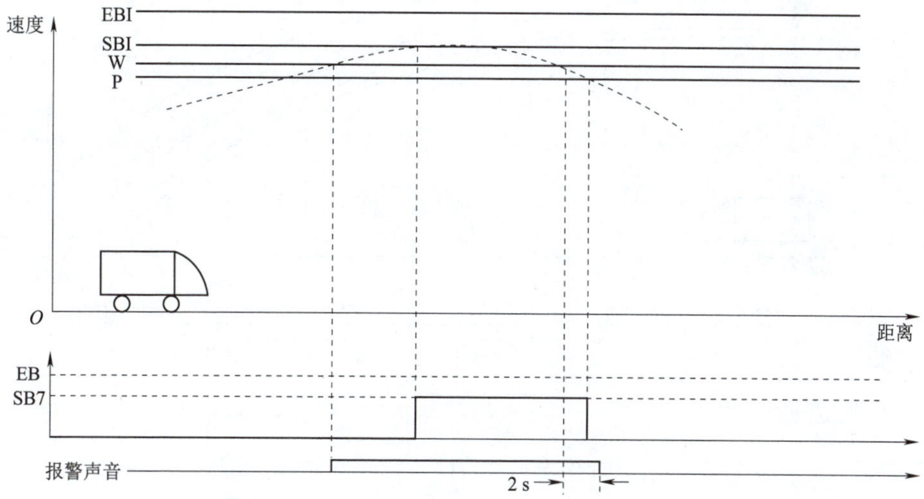

图 3-41　机控优先时 CSM 区的常用制动输出逻辑

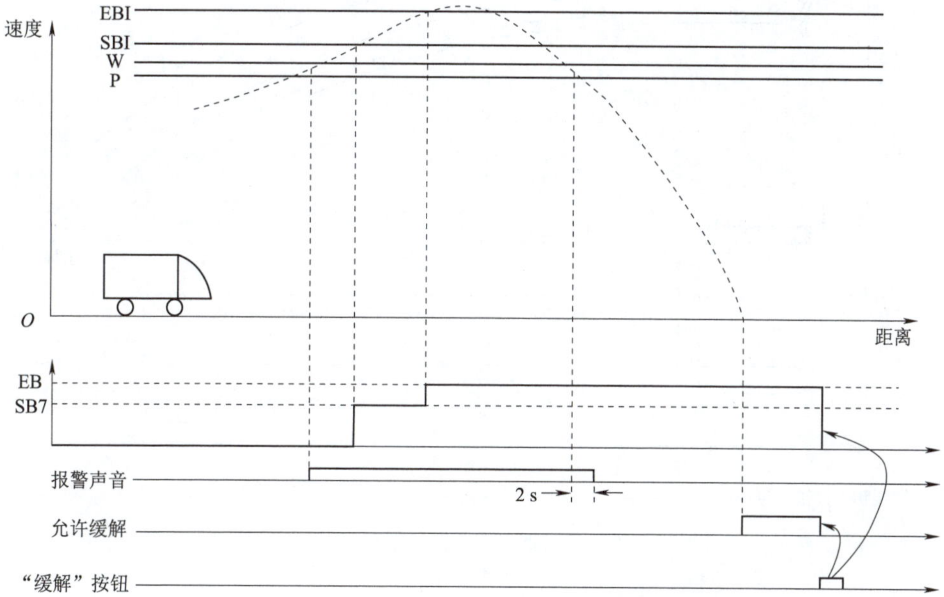

图 3-42　机控优先时 CSM 区的紧急制动输出逻辑

在机控优先的速度—距离监控区内，当运行速度超过报警速度时，输出制动预警音，运行速度低于报警速度 2 s 后制动预警音停止。若列车运行速度超过弱常用制动速度或中等常用制动速度时，列控车载设备对应输出弱常用制动、中等常用制动。运行速度超过常用制动模式曲线时，输出最大常用制动。运行速度低于最大常用制动模式曲线时，输出中等常用制动。运行速度低于中等常用制动速度时，输出弱常用制动。机控优先时 TSM 区常用制动输出如图 3-43 所示。当运行速度超过紧急制动模式曲线时，输出紧急制动。当运行速度降到 0 km/h、司机按压“缓解”键后，才能缓解制动，机控优先时 TSM 区紧急制动输出如图 3-44 所示。

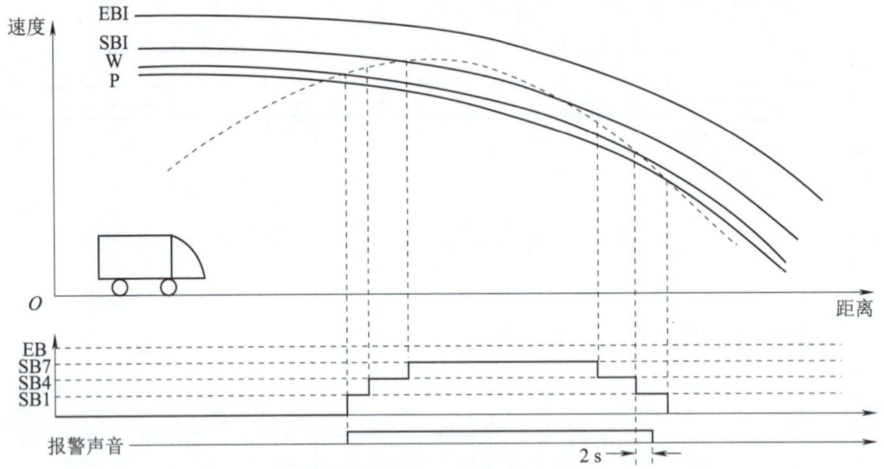

图 3-43　机控优先时 TSM 区的常用制动输出逻辑

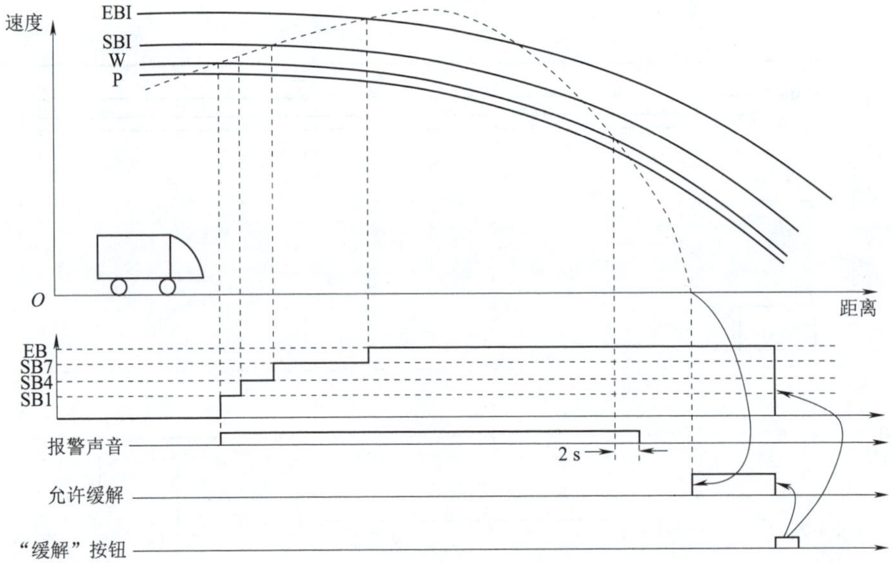

图 3-44　机控优先时 TSM 区的紧急制动输出逻辑

第五节　列车智能控制技术

传统的列车驾驶系统依赖司机的经验来调节列车的牵引和制动系统，使其保持在规定的安全速度范围内运行。随着列车运行速度和运输密度的不断提高，传统的人工驾驶方式难以满足轨道交通日益发展的需求，而自动驾驶能提高列车运行的安全性和可靠性，提升列车运输效率，降低列车能耗、运输成本及司机劳动强度等。为了满足现代列车综合性能要求，需要对列车牵引和制动系统进行精确控制，以实现列车的按预设加速度、速度曲线运行，同时可精确控制列车的运行状态，如加速度、速度、到站时间和停车位置。

高速列车的巡航控制是指如何让列车在其运行过程中自动地保持特定轨迹和速度。这在确保列车的稳定性和安全性方面非常关键。这其中有一个重要的概念是运动模型。运动模型是一个数学描述，它用于预测列车在不同条件下的行为，包括速度、位置和加速度等。通常，使用牛顿第二定律来建立这些模型，它涉及列车的重量、力和加速度之间的关系。

高速列车的巡航控制方法可以分为不同类别。一种方法是将整列火车建模为单个质点，这种方法可以简化问题，但通常会忽略列车车厢之间的相互作用。另一种更复杂的方法是考虑车厢之间的相对运动，通过柔性耦合器将它们耦合在一起，这更准确地反映了列车的动态特性。考虑到列车在高速运行时会受到空气动力学阻力的影响，这个阻力随着速度的变化而变化，因此列车的运动模型变成了一个时变模型，这增加了控制的复杂性。

解决高速列车控制问题需要借助关键的技术理论，包括模糊控制、强化学习、滑模控制、鲁棒自适应控制和最优控制等。下面，我们将介绍这些关键技术理论研究的现状。

一、鲁棒自适应控制

不确定性是实际物理系统中普遍存在的一种现象，包括建模不确定性和扰动。在控制设计、故障检测和容错控制设计中必须考虑各种不确定性。对于高速列车而言，存在一些内部和外部的不确定性，例如来自阵风和降雨等天气条件的不确定性，以及来自轨道不平顺、隧道和边坡等列车线路条件的干扰。因此，鲁棒控制已成为解决系统建模误差、参数时变、非线性和干扰等因素的主要控制方法之一。鲁棒控制在保持闭环系统各回路的稳定条件下，考虑了参数时变性和动态非线性。在系统设计阶段，鲁棒控制综合考虑了系统的建模误差、非线性和抗干扰能力，它利用设计的控制器将这些因素对系统的影响降到最低程度，同时采用了能够连续调节阻尼的减振器作为执行部件。

通过采用鲁棒控制方法设计的控制器，可以保证列车牵引和制动跟踪控制系统具有较强的稳定性和鲁棒性。由于鲁棒控制在设计中强调不确定性对系统的影响，因此需要在稳定性鲁棒性和性能鲁棒性之间进行权衡。所得的控制效果通常是保守的。在建立鲁棒控制模型时，应充分估计模型误差的范围，以最小化控制性能的保守性，从而确保系统的设计指标得到满足。在模型误差估计不精确的情况下，鲁棒控制通常表现出较大的保守性，并且控制精度较低。因此，鲁棒控制是一种能够处理模型不确定性和估计误差的控制方法。在设计过程中，它综合考虑了系统的稳定性、鲁棒性及动态性能要求。通过鲁棒控制，可以在保持系统稳定性的前提下，考虑到建模误差、非线性和外部干扰等因素，从而确保系统的鲁棒性和稳定性，如在列车牵引与制动跟踪控制系统中的应用。然而，当模型误差的估计不够准确时，鲁棒控制往往会表现出较大的保守性，可能导致控制精度的下降。

自适应控制是一种具有实时调节控制器的控制算法。它主要解决当受控对象和环境的数学模型不完全确定时，如何调整控制器参数或生成辅助信号，以使指定的性能指标尽可能接近并保持最优。在众多自适应控制方法中，模型参考自适应控制（MRAC）和自校正控制（STC）是理论较为完善且应用较广泛的方法。图 3-45 给出了模型参考自适应控制的一般结构。自校正控制是基于控制对象数学模型的在线辨识，通过在线求解最优控制律来实现给定的性能指标最优(或次优)。它相当于解决系统模型不确定时的最优控制问题,可以自适应处理未知的系统模型参数。模型参考自适应控制是一种控制方法,当外界激励条件和被控对象自身参数变化时,使被控对象的输出能够跟踪理想参考模型的输出,从而实现预期的控制性能。自适应控制可以自适应地处理未知的系统模型参数,并在理论上保证速度跟踪误差的渐进收敛性。然而,自适应控制方法只能处理恒定的未知参数,无法应对时变甚至快速时变的参数。此外,高速列车(HST)的操作是在有限且固定的时间间隔内进行的,每次操作的运行时间永远不会趋于无穷大,因此理论上的渐进敛性并不能保证 HST 的实际跟踪控制性能。

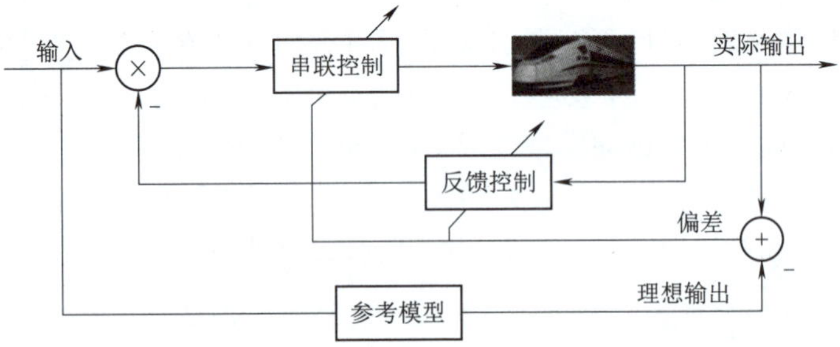

图 3-45　模型参考自适应控制一般结构

二、滑模控制

滑模控制(sliding mode control,SMC)是一种具有完全鲁棒性的控制方法,它可以简单地应对满足匹配条件的外界干扰、模型的不确定性和未建模动态,其基本原理示意如图 3-46 所示,是利用一个不连续的高频切换控制器,在预先设计好的滑模面上迫使闭环系统的运动到达滑模面或其小的邻域上。通过改变控制器的结构,系统可以达到良好的动态性能。这种良好的控制性能主要由预先选定的滑模面决定,其中线性滑动超平面是最常见的滑模面。线性滑模面可以保证在系统轨迹到达滑模态后,跟踪误差会逐渐收敛到零,并可以根据选择滑模面的参数来调节收敛速度。

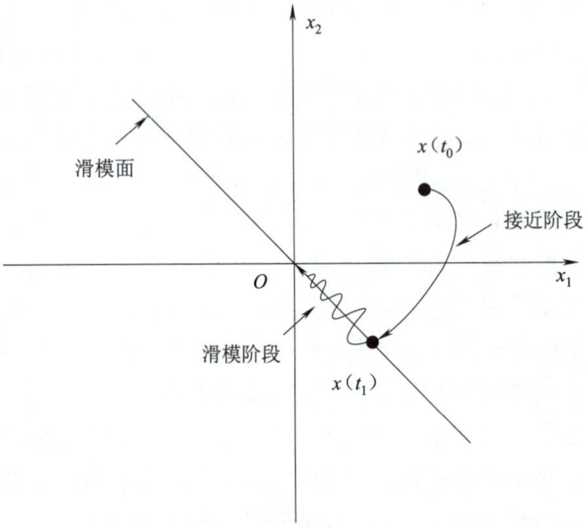

图 3-46　滑模控制基本原理示意

滑模控制在列车运行控制中的应用带来了多个优点。这种控制策略具有强大的鲁棒性,可以应对列车系统中的不确定性和外部干扰。它能够实现高度的精准性和准确性,使列车能够按照预定的轨迹运行,无论是在高速运行还是在复杂的运行环境中。滑模控制还具有快速响应能力,可以在短时间内对列车的控制参数进行调整,以应对突发情况或变化的运行需求。此外,它提高了列控系统的安全性,因为它能够快速响应并纠正潜在的危险情况,减少事故的风险。滑模控制的适应性强，允许根据不同的运行条件和环境变化来调整控制策略，适用于各种列车运行场景。它还有助于降低维护成本，通过高精度和鲁棒性减少了列车的磨损和损坏。此外，滑模控制有助于提高能源效率，通过精确的速度和制动控制，优化列车的能源利用率，减少能源浪费。最重要的是，滑模控制减少了对操作员的依赖，降低了人为错误的风险，提高了自动化水平。尽管滑模控制具有显著的优势，但在应用中仍需要考虑控制算法的设计和参数调整等。

三、模型预测控制

模型预测控制(model predictive control，MPC)产生于20世纪70年代，是一种处理有约束系统控制问题的有效方法，已在工业界得到广泛使用，其突出优点表现在其显式处理约束的能力。MPC的基本思想(图3-47)是利用当前时刻系统状态及约束条件，对未来一段时间内的状态、输入变量进行预测，并求解出一组最优的控制输入序列。随后，只选取最优控制序列中的第一组结果，将其应用于系统中。在下一时刻，重复同样的操作，得到新的最优控制序列，直到系统达到期望状态。

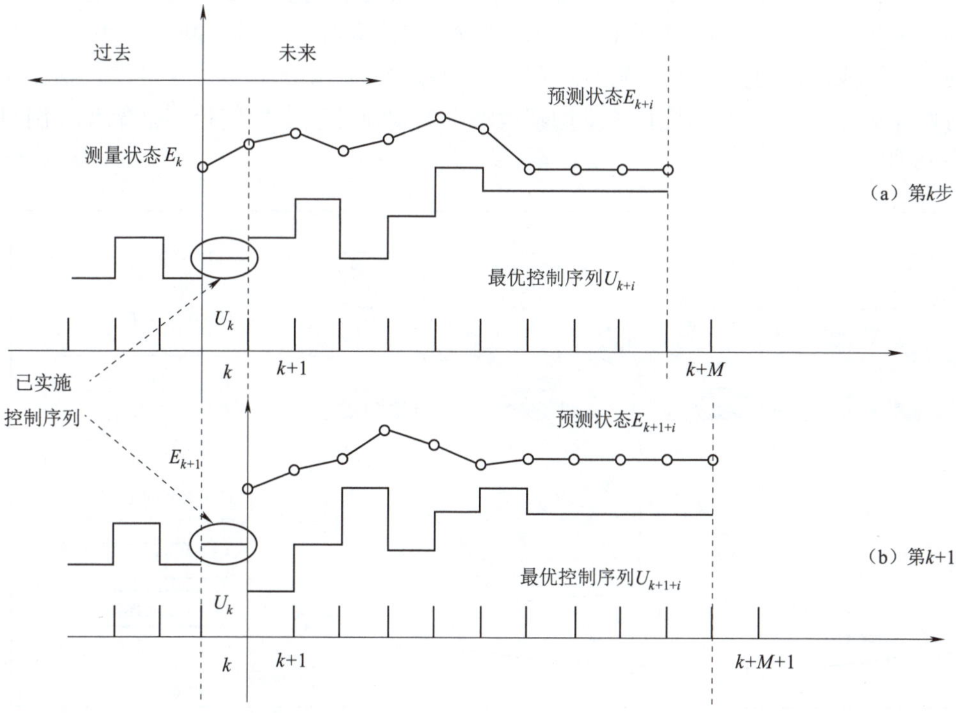

图3-47 MPC原理示意图

模型预测控制允许系统使用当前状态和未来预测来计划最优的控制动作。对于高速列车巡航控制，这意味着列车可以根据当前条件和预测的未来条件来自动调整速度和轨迹，以满足期望的运行要求。

MPC的优点之一是它能够处理多目标约束问题，同时也具有较快的动态响应速度。这使得它非常适用于高速列车巡航控制器，因为其目标是快速准确地跟踪期望目标速度。然而，要实现MPC，需要高精度的运动模型和参数估计，以确保控制的准确性和稳定性。因此，努力改进列车的动态运动模型，以提高MPC的性能。

四、多智能体分布式协同控制

多智能体分布式协同控制是一种涉及多个智能体(如机器人、车辆、传感器或计算机程序等)协同工作以实现共同目标的控制理论和方法。多智能体分布式协同控制的核心思想是:通过合作和协调,多个智能体可以在没有中央控制的情况下一起完成任务。在传统的中央控制系统中,有一个中央控制器负责监视和指导所有智能体的行动。然而,分布式控制采用了一种不同的方法,其中每个智能体都有自己的决策能力,并且它们通过通信和协商来共同决定如何行动。这种方法具有一定的鲁棒性,因为即使某个智能体发生故障或失效,系统仍然可以继续工作。

在高速铁路中,保持列车之间的安全间距和速度同步非常关键。传统的方法通常涉及中央控制系统来确保列车之间的距离和速度符合规定。然而,这种方法可能会面临系统复杂性、通信延迟和单点故障的问题。多智能体分布式协同控制可以通过将每辆列车视为一个智能体,并使它们协同工作来解决速度同步问题。每辆列车都可以具备自主的控制和决策能力,根据周围列车的运行状态来调整自身速度,以实现速度同步和安全间距。这些列车之间需要进行实时通信,以共享信息,例如位置、速度和加速度等。基于这些信息,列车可以使用多智能体控制算法来协调速度调整,以确保安全的速度同步。这可以包括使用协商和协作算法,以解决冲突和优化速度调整策略。多智能体列车协同控制框架和控制目标如图 3-48 所示。

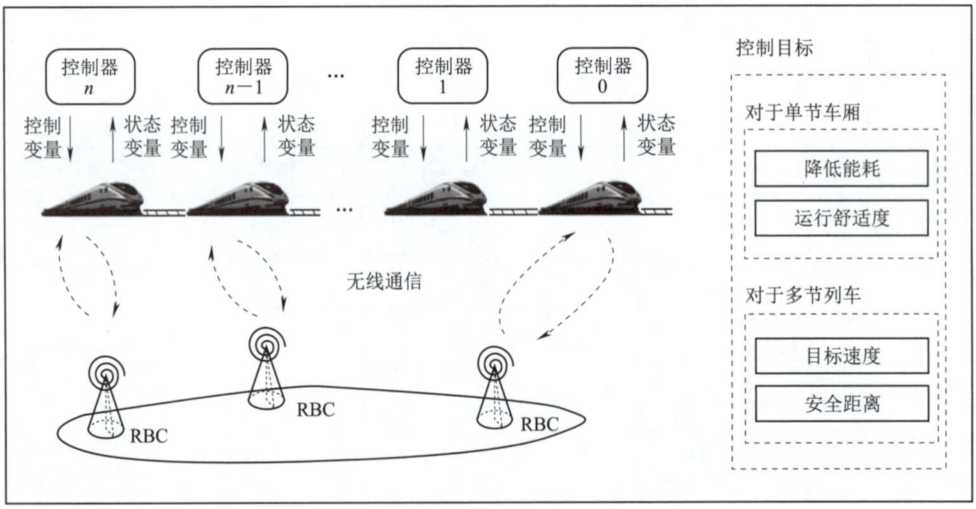

图 3-48 列车协同控制框架和控制目标

将多智能体分布式协同控制引入高速列车速度同步控制可以带来一些潜在的优点。首先,它可以提高系统的鲁棒性,因为每辆列车都可以自主决策,即使某辆列车出现问题,整个系统仍然可以运行。其次,它可以提高能源效率,通过协同决策来减少不必要的制动和加速,以节省能源。最后,它可以减少通信延迟的影响,因为列车可以自主地做出决策,而不必等待中央控制的指令。

五、迭代学习控制

迭代学习控制(iterative learning control,ILC)是一种用于改进系统控制性能的控制策略。它通常应用于具有连续重复运动或周期性任务的系统,旨在通过多次迭代学习来减小系统的跟踪误差,从而使系统更好地执行所需的任务。在高速列车运行中,由于有预先规划的时间表和固定线路,可以认为列车的运行环境在周期内保持不变。因此,可利用列控系统的重复特性来增强轨迹跟踪或速度调节性能。针对这样的可重复系统,迭代学习控制(ILC)是一种理想的方法,如图 3-49 所示,它的基本思想是:通过利用先前操作的跟踪性能信息和控制努力来改善当前操作的性能。

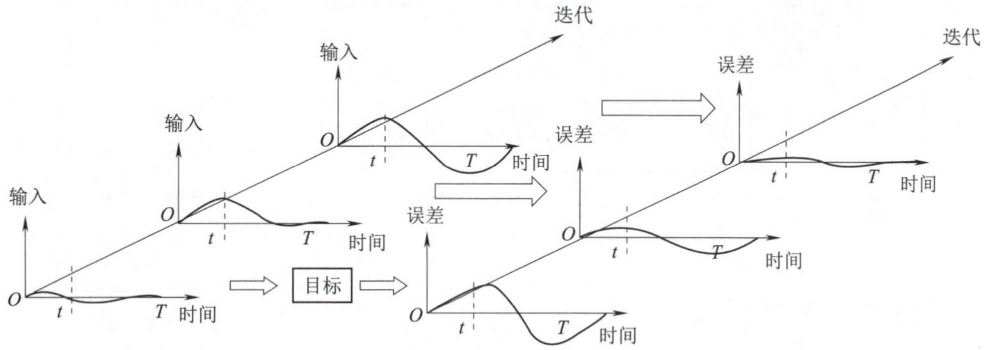

图 3-49 迭代学习控制原理

在高速列车运行中,迭代学习控制通过多次迭代学习过程,逐渐调整和改进控制策略,可以显著提高列车的性能,这包括提高速度控制的准确性和轨迹跟踪性能。ILC 可以帮助系统适应不同的操作条件和环境变化。通过反复学习和调整,列车可以更好地应对轨道条件的变化、气象条件的变化,以及系统参数的波动。由于 ILC 方法采用前向反馈的方式,随着运行次数的增加,控制器能够实现对参考轨迹的精确跟踪。同时,ILC 作为一种部分无模型的控制方法,对被控对象的模型信息要求较低,这对于复杂系统的研究具有重要意义。

六、神经网络自适应控制

随着自适应理论的不断深化和应用范围的不断扩大,神经网络、模糊集和变结构理论等新兴的先进理论和技术对自适应控制的发展和工程应用起到了重要推动作用。基于人工神经网络的控制是通过利用神经网络的非线性映射能力、自适应能力、自学习能力、鲁棒性和容错能力,将其应用于控制领域,使控制系统具备智能性。它不需要依赖系统的数学模型,而是利用系统的输入/输出信息来识别模型并设计控制器。然而,需要注意的是,神经网络的应用有一定的前提和有效范围。如果基于神经网络的控制器设计不当,神经元无法实现理论上的自学习和自适应能力,将会降低系统的稳定性。因此,对于高速列车这样对安全要求严苛且复杂的快速变化系统来说,为了确保列车运行安全,可以充分利用神经网络的无限逼近非线性函数的能力,并采用类似于“fail-safe”的方法来设计高可靠性的控制器。一种基于简单神经网络的自适应列车运行控制算法如图 3-50 所示。

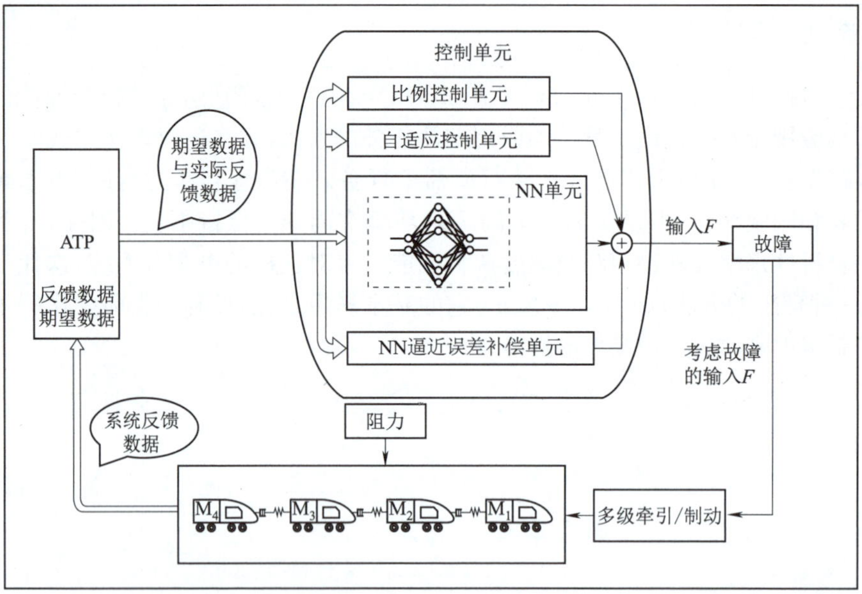

图 3-50　基于简单神经网络的自适应列车运行控制算法

七、数据驱动控制

数据驱动的智能控制是一种基于实际观测数据和机器学习技术来指导系统行为的方法。在高速列车中，这意味着需要收集大量关于列车性能、轨道条件、天气状况和运行情况的数据，并利用这些数据来改善列车的运行控制。一类数据驱动控制结构如图 3-51 所示。

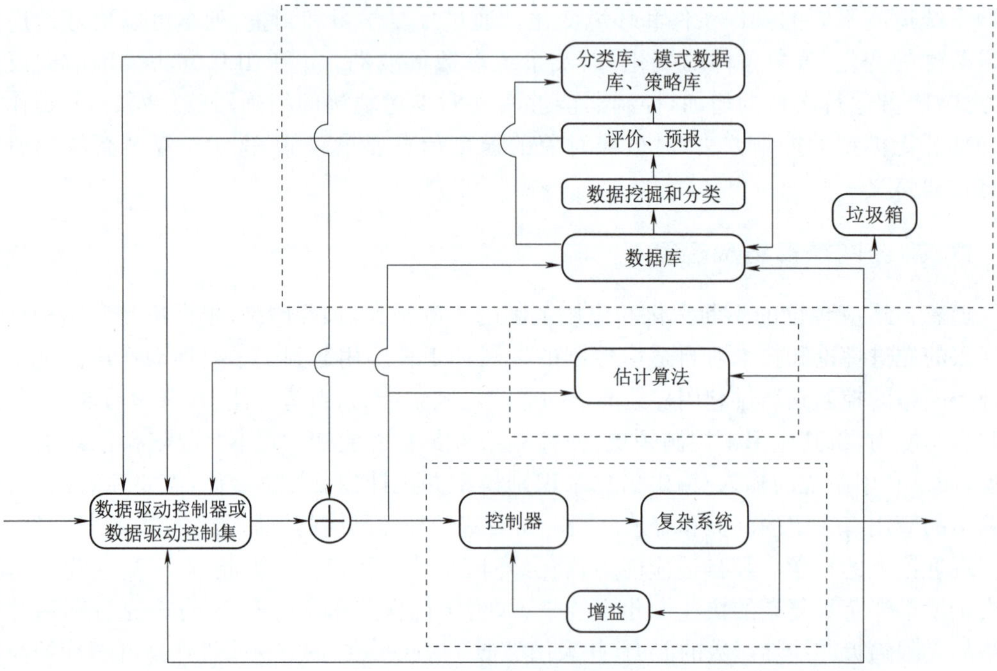

图 3-51　一类数据驱动控制结构

为了实施数据驱动的智能控制，需要使用传感器和数据采集系统来监测列车和周围环境的各种参数。这些传感器可以测量列车的速度、位置、加速度、能源消耗、风速、温度，等等。这些数据会被传输到一个中央处理单元，用于分析和决策。收集到的数据可以被用来训练机器学习模型，这些模型可以预测列车的性能、状况和未来运行情况。例如，通过分析历史数据，可以建立模型来预测列车在不同天气条件下的最佳速度或能源消耗。迭代学习控制属于数据驱动控制，因为高速列车往返于同一线路，具有重复性高的特点，迭代学习控制应用于高速列车运行控制的成果更加丰富。

数据驱动控制的优点有：数据驱动的智能控制可以更快地识别潜在危险，并采取措施来避免事故发生；通过根据实际条件来调整列车的能源分配，可以降低能源消耗，减少碳排放；根据旅客的反馈和列车的实时状况，调整速度和制动以提供更平稳的乘车体验。

第六节 车地/车车无线通信技术

一、铁路专用无线通信应用需求

（一）应用场景

铁路无线通信的主要任务是为铁路移动应用提供语音、数据、图像的接入、传送、处理。在应用场景上，大致分为点、线两类场景：

（1）铁路站场，主要包括大型客站、编组站、货运中心、动车组和机车车辆检修场所等，为旅客乘降组织、行包装卸、旅客信息服务、客站管理和信息传送、编组站调车作业和安全监控、货运管理和信息传送、动车组和机车车辆监测检测数据传送、基础设备设施（线桥隧、通信信号、电力和供电等）监测检测信息传送等业务提供移动语音、数据和图像服务。

（2）铁路正线（包括铁路车站和区间线路），主要为铁路行车指挥、列车运行控制、列车自动驾驶、列车安全防护和预警、动车组和机车车辆运行监测检测信息、基础设备设施状态信息、列车位置信息、客运站车间信息交互、客运乘务管理和信息传送、旅客列车车内服务和联络、养护维修、公安保卫、应急通信等提供语音、数据和图像服务。

（二）应用业务

结合铁路运输组织实际及铁路特殊应用场景，铁路未来的移动通信应用需求总体可分为三大类：行车应用、运营及维护应用、旅客服务信息应用业务。

（1）行车应用业务

行车应用主要提供调度指挥通信业务，为列车运行控制（高速铁路 CTCS-3、自动驾驶 ATO、机车同步控制等）信息、安全防护（列尾、安全预警、列车追踪预警等）信息、调度命令（车次号校核、列车进路预告、调度命令、行车许可证等）信息、自然灾害（大风、地震等）和异物监测信息在车地间传送提供数据通信承载业务。

（2）运营及维护应用业务

运营及维护应用主要承载各类移动体和基础设备设施监测检测信息的传送，为养护维修、公安保卫、应急通信和在途客货列车运行提供移动语音、数据和图像业务。

(3)旅客服务信息应用业务

旅客服务信息应用主要是面向旅客出行、旅客服务、安全保障等方面提供的互联网接入及数据、图像传送服务,以提升客运服务质量和出行体验。

二、铁路专用无线通信技术

(一)GSM-R 技术

1. GSM-R 标准提出

欧洲在通信行业特别是移动通信中发挥有重要作用,ISDN、GSM、WCDMA 等标准和技术均源自欧洲。随着欧洲铁路网络的迅速发展,欧盟各国都亟待解决如何在列车高速运行时语音数据的可靠传输及跨国运行时自动列车防护(ATP)的互操作性(兼容)问题。国际铁路联盟(UIC)为满足欧洲 21 世纪铁路网络一体化进程的需要向欧委会推荐了欧洲铁路综合调度移动通信系统——GSM-R(GSM for railway)。欧盟在 1996 年中又提出泛欧高速铁路系统互操作性规定。欧洲铁路运输管理系统(ERTMS)是继 96/48/EC 文件之后一个重要欧洲铁路通信信号一体化发展项目,包括欧洲列车控制系统(ETCS)和欧洲铁路综合调度移动通信系统(GSM-R)两个方面内容。

GSM 原意为“移动通信特别小组”(group special mobile),后来将 GSM 重新命名为“global system for mobile communications”,从而使其变成了“全球移动通信系统”的简称。

GSM-R 是在 GSM 蜂窝系统上增加了调度通信功能和适合高速环境下使用的要素组成的,能满足国际铁路联盟提出的铁路专用调度通信的要求。1993 年国际铁路联盟(UIC)与欧洲电信标准组织(ETSI)协商,提出了欧洲各国铁路下一代无线通信以 GSM Phase 2+为标准的 GSM-R 技术,这一提议在 1995 年经 UIC 评估并最终确认。之后,UIC 展开了一系列的标准制定和测试工作。首先,UIC 建立了标准化组织 EIRENE(欧洲铁路综合移动通信网络),制定了一系列铁路需求规范,涉及范围包括业务功能、调度台车载台需求、电磁环境等。其次还密切与欧洲电信联盟合作,最终将其所提出的系列调度业务需求纳入 GSM Phase 2+规范中,为 GSM-R 的发展奠定了坚实基础。

GSM-R 作为铁路移动通信的主流技术,承载着大量的车地之间的语音业务和数据业务,诸如调度命令传送、调度通信、无线车次号校核、列尾信息传输、列控信息传输、机车同步操作控制等。20 世纪 70 年代,我国铁路无线列调系统诞生,通过模拟通信技术实现了机车司机、调度员、车站值班员的无线对讲通信,铁路的术语是“车机联控”业务;2006 年 GSM-R 系统在我国铁路开始运用,承载了大秦线 20 000 t 重载列车的机车同步操控系统(LOCOTROL);2007 年青藏线开通了基于 GSM-R 的增强型列车控制系统 ITCS(incremental train control system),2010 年 GSM-R 系统承载的 CTCS-3 级列控系统在武广高铁正式运用,CTCS-3 列控系统是目前我国高速铁路最主要的列控系统,GSM-R 更是高速铁路重要的基础设施之一。

GSM-R 技术规范内容上为通用性条款,不符合我国使用习惯,不能满足我国 GSM-R 发展的需要。2000 年底,我国确定 GSM-R 为中国铁路未来发展的方向。2001 年,正式提出 GSM-R 使用频率的申请,2003 年 9 月,正式批复 GSM-R 使用 900 MHz 频段、4 MHz 带宽。2002 年开始,制定了相关技术规范。2003 年起,在大秦、青藏和胶济线等建设 GSM-R

工程，积累了一定的建设经验。2006 年，成立中国铁路 GSM-R 规范编制组和 GSM-R 对外工作组，负责制定系列规范和对口 UIC 协调工作。

2. GSM-R 系统组成及功能

一个 GSM-R 系统由若干个功能实体组成，这些功能实体所实现的功能的集合就是网络能够提供给用户的所有基本业务和补充业务，以及对于用户数据和移动性的操作和管理。GSM-R 系统由 4 个部分组成：网络子系统（NSS）、无线子系统（BSS）、运营与支撑子系统（OSS）、终端设备（无线移动终端、无线固定终端）。其中，NSS 子系统包括移动交换子系统（SSS）、移动智能网（IN）子系统、通用分组无线业务子系统（GPRS），GSM-R 系统基本网络结构如图 3-52 所示。

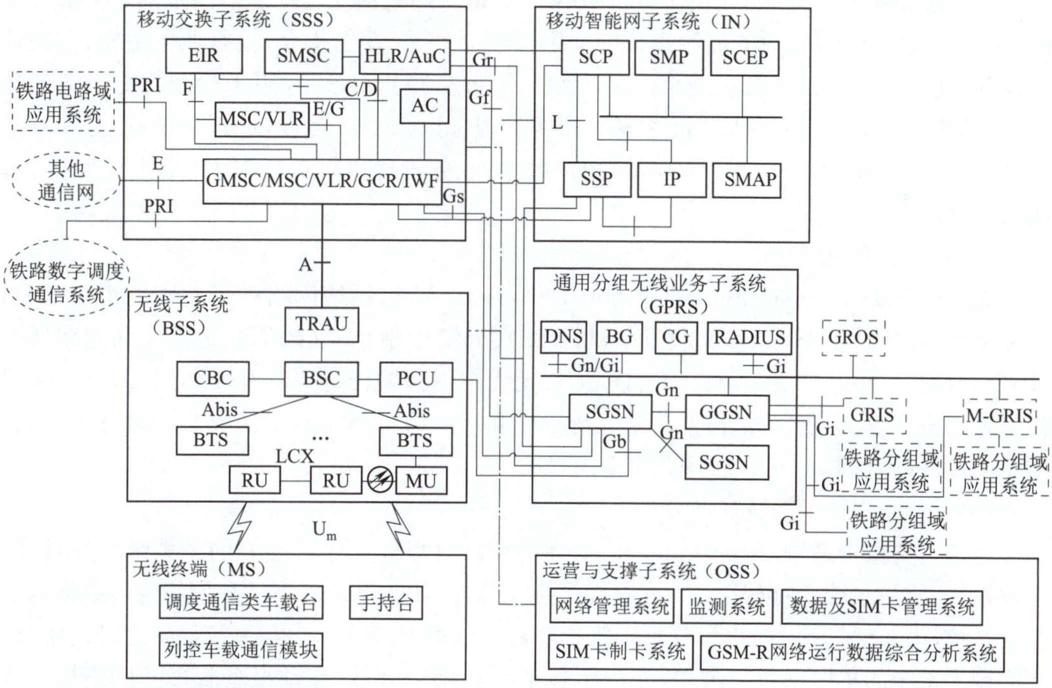

1.图中实框表示CSM-R系统，虚框表示其他系统。
2.GRIS、M-GRIS、GROS是铁路分组域应用系统与GPRS子系统之间的接口设备。
3.MSC包括3GPP UMTS（通用陆地移动通信系统）规范版本99（R99）网络架构的MSC和3GPP UMTS规范版本4（R4）网络架构的“MSC-Server和MGW”。

图 3-52　GSM-R 系统基本网络结构

（1）移动交换子系统（SSS）

移动交换子系统（suitching sub-system，SSS）建立在移动交换中心（MSC）上，负责端到端的呼叫、用户数据管理、移动性管理和与固定网络的连接。SSS 通过 A 接口连接 BSS，与固定网络的接口取决于互联网络的类型。SSS 由移动交换中心（MSC）、归属位置寄存器（HLR）、拜访位置寄存器（VLR）、设备识别寄存器（EIR）和互联功能单元（IWF）等功能实体组成。另外，NSS 中还可以有实现语音组呼和语音广播的实体（GCR），用于短消息业务的短消息服务中心（SMSC）和统计服务器。子系统承载的传输业务包括话音业务和电路域数据业务两类。

①话音业务：点对点话音呼叫（MS 之间，MS 与有线 FT 之间）；组呼、广播呼叫、多方通信、公众紧急呼叫。

②电路域数据业务：提供透明传输通道。如与列控RBC节点、机车同步操控地面节点之间进行互联，实现车地、车车之间数据信息传送。

(2)通用分组无线业务子系统(GPRS)

通用分组无线业务子系统(general packet radio service，GPRS)是在GSM技术的基础上提供的一种端到端分组交换业务，如与铁路CTC/TDCS系统互联，实现车地、车车数据信息传送。GPRS可以最大限度重用已有的GSM网络基础设施提供高效的无线资源利用率，可以提供高达171.2 kbit/s的无线接入速率。GPRS基于标准的开放接口与已有的GSM-R电路交换系统进行交互。

(3)移动智能网子系统(IN)

移动智能网子系统(intelligent network，IN)是一种附加在移动交换网基础之上的业务网，主要功能实体包括：业务控制点(SCP)，用于接收SSP发出指令，执行业务逻辑，实现业务控制功能，存储业务逻辑和网络、用户数据；业务交换点(SSP)，用于检测智能业务的请求，与SCP通信，对SCP响应，允许SCP影响处理，可与MSC合设，也可分设；业务管理点(SMP)，用于管理SCP中的业务逻辑，用户数据；业务管理接入点(SMAP)，用于业务管理接入功能。

(4)无线子系统(BSS)

无线子系统(base station subsystem，BSS)是GSM-R系统网络中最基本的组成部分，主要由基站控制器(BSC)、基站收发信机(BTS)、分组控制单元(PCU)、编译码和速率适配单元(TRAU)、小区广播短消息中心(CBC)、无线中继传输设备等功能实体组成，具有无线信号发送与接收、无线资源管理、传送系统信号和用户信息等功能。其中BTS和BSC为基本组成设备，一台BSC可以管理几十个BTS。

(5)运营与支撑子系统(OSS)

运营与支撑子系统(operations support system，OSS)是相对独立的子系统，包括网络管理系统、监测系统、数据及SIM卡管理系统、SIM卡制卡系统、GSM-R网络运行数据综合分析系统，为GSM-R网络提供管理和维护功能。OSS是操作人员与系统设备之间的中介，它实现了系统的集中操作与维护，完成了包括移动用户管理、移动设备管理及网络操作维护等功能。

(二)LTE-R系统

1. LTE-R标准的提出

2008年开始，UIC已经开始高速铁路宽带移动通信系统的研究和试验，多国的铁路部门建设了LTE网络，并开展了相关试验。

2009年9月，UIC公布了铁路下一代移动通信系统的技术分析报告。该技术分析报告初步讨论了铁路下一代移动通信系统应具备的基本技术特征(如高数据传输速率、高实时性、多天线技术、软件无线电、不同无线接入系统相互兼容和切换等)，并明确铁路移动通信系统将在2020年后，逐步从GSM-R向LTE/SAE平滑过渡。

2013年9月，UIC在国际研讨会上研究提出了GSM-R向LTE-R的演进策略和主要技术方案。同年，国际标准组织3GPP启动“LTE group communications”课题研究，进行LTE群组呼叫流程的3GPP标准化工作。

2014 年 4 月，UIC 在第 11 届 ERTMS 国际会议上提出了 LTE-R 发展规划。计划在 2022 年前与 3GPP 合作完成 LTE-R 标准化工作，形成下一代铁路移动通信标准，2022—2023 年进行 LTE-R 工程化建设和 GSM-R 向 LTE-R 演进。

2015 年，按照国际铁路联盟提出的技术路线，铁路行业率先启动我国铁路下一代移动通信技术研究，开展研究和试验工作，并从铁路实际出发，开展 450 MHz 频段及其相关技术的研究和比选；2018 年，该技术研究成果在京哈高铁辽宁段（京沈综合试验）进行现场测试。测试结果表明，450 MHz 频段 2×5 MHz 的 LTE-R 系统，满足铁路正线地段下一代移动通信需要。京沈试验段下一代移动通信试验系统采用基于 3GPP R13 版本的 FDD-LTE 技术制式，试验频率采用 BAND31，上行 452.5～457.5 MHz，下行：462.5～467.5 MHz。

京沈试验段的试验进一步推动了我国铁路下一代移动通信技术的发展，为 LTE-R 系统工程应用、标准规范制定、设备研制、工程设计、工程建设、联调联试和验收、运营维护积累了宝贵经验，为推动我国 LTE-R 系统研究工作，掌握具有自知识产权的 LTE-R 核心技术，建立 LTE-R 的标准体系提供了技术支撑。

2. LTE-R 系统网络架构及功能

LTE 是由 3GPP 组织制定的 UMTS（universal mobile telecommunications system）技术标准的长期演进，作为 4G 移动通信技术标准，于 2004 年 12 月正式立项并启动。LTE-R 是在 LTE 技术基础上增加铁路特性的网络。首先需要了解 LTE 网络的几个基本概念：E-UTRAN（演进的陆地无线接入网）是 4G 的无线接入网；EPC（演进分组核心网）是 4G 的核心网。E-UTRAN 和 EPC 及 UE（用户终端）共同构成了 EPS（演进的分组系统），EPS 代表了整个端到端的 4G 网络。LTE-R 网络架构如图 3-53 所示。

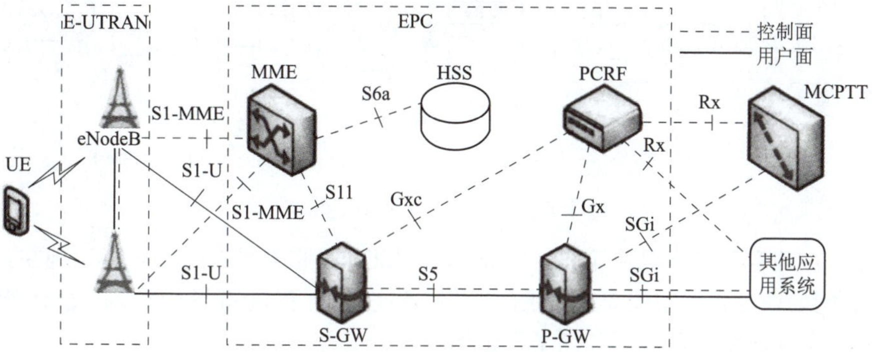

图 3-53　LTE-R 网络架构

网络架构扁平化是 4G 网络最大的特点，无线接入部分从 2G 的 BSC（基站控制器）、BTS（基站收发信台）两个设备演进为 eNodeB（演进型节点 B，4G 基站）的一个节点。用户面在核心网部分只经过 SAE-GW（演进系统架构—网关）一个节点，不再经过对等 2G 网络 GPRS 的 SGSN（业务支持节点）的 MME（移动性管理实体）网元。MME 只处理信令相关流程（控制面）；用户面由 S-GW（服务网关）、P-GW（PDN 网关）处理，这种结构实现了“承载和控制的分离”。

高速铁路 LTE-R 系统虽然基于 LTE，但与公网 LTE 在网络层面和应用层面都存在较大的区别，不能够简单地照搬 LTE 协议标准规范、技术和装备。

LTE-R 与 LTE 在网络层面的差异表现在：

(1)LTE-R 具备高速移动适应性，需要比公网更优的多普勒频偏校正算法，保证在400～500 km/s 高速移动条件下整个系统的吞吐率最大化。

(2)无线网络链状覆盖需求，需要超过 99.9%的越区切换成功率。

(3)由于 LTE-R 网络承载行车安全业务，因此对网络的 RAMS 指标要求高。

(4)为适应不同的铁路应用需求，更加严格和细分 QCI(QoS class identifier)和 ARP (allocation and retention priority)定义。公网中的应用类型主要分两类，数据类和 VoLTE (voice over LTE)，但 LTE-R 中需要增加 MCPTT 集群通信类、列车控制类等，并且具有更高的时延、丢包率和优先级要求。

(5)LTE-R 需引入集群系统实现个呼、组呼、广播等语音集群功能。铁路应用的 EPC 系统既需要实现数据业务，还需要实现语音业务以及集群调度业务等，因此需要在目前公网应用比较成熟地实现数据业务的 EPC 系统架构基础上增加实现语音以及集群调度功能的网络单元。为保证铁路调度通信语音业务的安全可靠，LTE-R 系统采用 MCPTT 技术来解决铁路语音通信业务的需求。

MCPTT 系统(铁路宽带集群语音通信)包括 AS(应用系统)和 SIP-Core 两部分。SIP-Core 基于 SIP 协议处理会话流程，可以实现与 GSM-R 网络的 MSC、IN 等网元的互联，如图 3-54 所示。LTE-R 网络承载层与 GSM-R 网络的最大差别是不再提供传统的电路域业务，业务均由应用层来实现；对于数据业务的支撑较 GSM-R 系统 GPRS 网络更有优势，可提供更大的带宽、更低的时延，有完善的 QoS 保证机制。

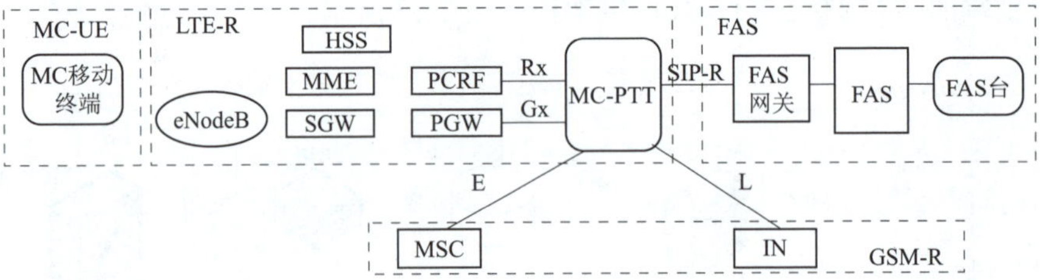

图 3-54　MCPTT 在网络中的位置

网络存在的意义在于承载业务。LTE-R 与 LTE 在业务层面的差异性体现在：

(1)公网的业务目的主要是提高用户的满意度，从而提高市场份额，而对于铁路，业务目的主要是实现铁路运营管理和列车安全运行。

(2)与公网相比，铁路的特色业务体现在语音集群和智能业务，这些业务与铁路运输组织和运输管理需求相关，而与承载的网络无关。语音业务包括组呼、优先级和多优先级抢占强拆；智能业务包括功能号呼叫、基于位置寻址等。

3. LTE-R 关键技术

LTE 由 GPRS 演进而来，EPC 核心网的协议栈对 GPRS 网络的协议栈进行了升级，网络进行了全 IP 化；最大的变化是无线接入部分，采用了 OFDM 和 MIMO 等先进空口技术。对于 LTE-R 网络来说，“R”的部分与 GSM-R 没有太大差异，GSM-R 网络提供的分组数据业务可自然地移植到 LTE-R 网络，并且 LTE-R 网络解决了 GPRS 网络带宽不够和 QoS 支持不足的问题，可以提供完善的 QoS 策略，保障重要业务的带宽和优先级。LTE-R 网络可利用 MCPTT 技术解决铁路最重要的调度语音通信业务。

(三)5G-R 系统

1. 5G-R 标准的提出

国际铁路联盟(UIC)未来铁路移动通信系统(FRMCS)项目旨在确定GSM-R系统的后继系统,已确认将5G作为铁路未来移动通信主体技术制式,并积极开展工作将相应需求纳入国际标准组织第3代合作伙伴计划(3GPP)的相关标准中。

GSM-R系统基本覆盖了我国全部高速铁路和部分普速铁路,但由于GSM-R系统业务承载能力有限,以话音业务和低速数据应用为主,属于窄带通信系统,无法满足未来铁路移动通信系统对更高带宽、更高数据速率的需要,而且随着GSM-R产品生命周期已到达末期,预计2030年设备生产企业将终止GSM-R产品生产及技术支持。与此同时,5G被列为我国"新基建"的重点内容,5G是驱动我国经济社会发展和生产生活方式发生颠覆性变革的重要引擎,铁路相关部门已开展了5G技术铁路创新应用相关研究。

2020年初,中国国家铁路集团有限公司(简称国铁集团)经过业务需求分析和技术经济比选,结合我国加快5G网络等新型基础设施建设的决策部署,基本明确了5G专网的系统目标。由于铁路5G专用移动通信(5G-R)系统具有线路覆盖、站场覆盖和车内覆盖相结合的网络覆盖特征,以及部分应用业务对网络安全性和可靠性的要求较高,因此公网5G的技术和装备无法直接应用于铁路,铁路需根据应用业务特点,定制适用于铁路的5G-R系统架构和设备组成,形成完整、成熟、具备自主知识产权和铁路特色的5G-R技术体系及系列专用装备,保障5G-R系统的全生命周期可用、可控。

2. 5G-R 系统网络架构及功能

5G-R系统由核心网、无线接入网(RAN)、用户设备(UE)及运营与支撑系统(OSS)4个部分组成,系统网络架构如图3-55所示。5G-R系统核心网主要具备用户、业务、资源、安全的管理控制功能,在整个5G-R系统架构中占据非常重要的位置,负责无线接入网和用户设备的接入,以及与其他通信系统和应用业务系统的互联,从而打通端到端的应用业务通道。

5G-R系统核心网在3GPP规范和公网5G技术的基础上,结合GSM-R在我国铁路成功运用的经验,增加铁路特色功能网元,形成由5GC设备、MC系统设备、应用支撑设备和边缘计算节点设备组成的体系架构。

(1)5GC设备

5GC设备为5G-R系统核心网中基于公网5G技术的部分,为3GPP标准定义的典型核心网,具备网络接入控制、注册和连接管理、接入管理和移动性管理、注册区管理、策略控制等基本核心网功能,可承载基本的数据传输业务。5GC设备基于云基础设施,采用服务化架构,可根据需要实现网络功能的弹性增减。

5GC可设置控制面网元接入和移动管理功能(AMF)、会话管理功能(SMF)、策略控制功能(PCF)、网络存储功能(NRF)、认证服务器功能(AUSF)、统一数据管理(UDM)、网络切片选择功能(NSSF)、短消息服务功能(SMSF)、5G设备识别寄存器(5G-EIR)和用户面功能(UPF)等基本的网络功能。与公网相比,上述网络功能增加了5G-EIR,实现终端设备认证,满足铁路的安全需求。随着技术演进及相关标准冻结,还可增加网络曝光功能(NEF)、网络数据分析功能(NWDAF)、非3GPP接入5G网络功能(N3IWF)等网络功能,实现网络开放、网络数据分析及非3GPP网络接入等功能。

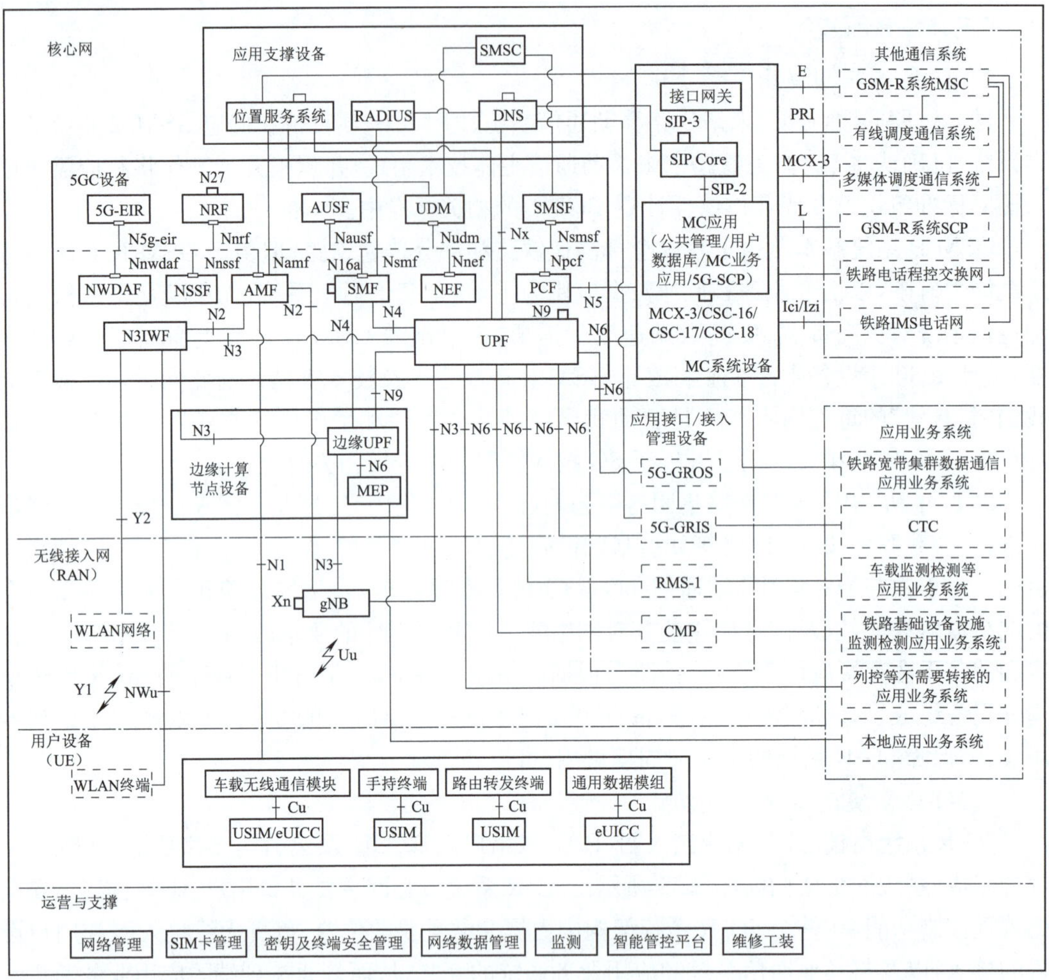

图 3-55　铁路 5G-R 系统网络架构

(2)MC 设备

5GC 设备只能实现基本的数据传输功能，而语音、视频呼叫业务及铁路特色的集群通信业务和智能网业务等功能需要通过增加相应的核心网网元来实现。公网采用 IP 多媒体子系统(IMS)解决语音和视频呼叫业务，但 IMS 无法实现铁路的语音、视频组呼及点对多点数据传输等集群通信业务和智能网业务，并不适用于铁路。因此，5G-R 系统在核心网中增加定制化的 MC 系统设备，满足铁路特色业务需求。

MC 系统设备包括初始会话协议核心(SIPCore)、接口网关和 MC 应用。其中，SIPCore 主要实现信令控制平面的注册、服务选择和路由功能；接口网关主要实现与铁路既有通信系统的互联；MC 应用为基于 SIPCore 的应用服务，包括公共管理、用户数据库、MC 业务应用和 5G 业务控制点(5G-SCP)等。在 MC 应用中，公共管理负责铁路宽带集群通信业务的身份管理、配置管理、群组管理、密钥管理、用户迁移管理及用户位置管理等；用户数据库负责 MC 系统用户数据和业务数据的管理；MC 业务应用由铁路宽带集群语音通信(MCPTT)、铁路宽带集群视频通信(MCVideo)和铁路宽带集群数据通信(MCData)组成，分别实现语音、视频和数据集群通信业务的呼叫控制；5G-SCP 为应用于 5G 的智能网网元，实现功能寻址、基于位置寻址等智能网业务。

(3)应用支撑设备

应用支撑设备包括域名服务器(DNS)、远端拨入用户验证服务(RADIUS)、位置服务系统和短消息服务中心(SMSC)，为支撑 5G-R 系统提供业务功能的辅助设备。DNS 负责域名解析和电话号码映射工作组(ENUM)解析，RADIUS 负责验证、授权和记账(AAA)认证及互联网协议(IP)地址分配，RADIUS 和 DNS 联合应用，还可实现动态域名更新，适用于动态分配 IP 地址的情况下，基于自定义用户名的域名与 IP 地址的绑定与查询，如双模列尾业务应用。位置服务系统获取用户设备上报的位置信息，或根据用户设备发送的位置测量值计算位置估算值，并支持将位置信息/位置估算值提供给其他系统，满足其他系统对用户设备的位置需求。SMSC 是在 2G 时代就存在的网元，主要用于短消息的存储和转发，5G 时代短消息的实现也需要 SMSC 网元，还需要在 5GC 中设置 SMSF 实现超文本传送协议 2.0(HTTP/2)与移动应用部分(MAP)协议的编解码转换。5G-R 短消息主要有空中下载(OTA)、物联网场景应用的通信模组唤醒、系统登录验证码发送等应用。

(4)边缘计算节点设备

边缘计算是在移动网络的边缘整合信息化架构和云计算能力基础上，利用无线接入网络就近提供低时延与高带宽的网络服务，在本地网络中实现各项内容、服务与应用的快速获取，提升用户体验。铁路可在车站、编组站、动车段、机务段等业务类型多且对数据传输有低时延或大带宽要求的区域设置边缘计算节点设备，实现站场本地路由和转发。边缘计算节点设备包括边缘 UPF 和移动边缘计算平台(MEP)，边缘 UPF 对用户面数据进行本地分流和转发，MEP 支撑本地应用，开发应用程序接口(API)提供网关功能。

未来的铁路系统将朝着网络化、智能化、自动化的方向发展。下一代铁路专用通信系统应实现全面感知、互联互通和所有铁路用户和基础设施之间的信息交互。典型的智能铁路应用，如基于视频的轨道监控、超高可靠性列车控制，以及海量用户和传感器的密集接入，分别对应三种典型的 5G 场景：增强型移动宽带、超可靠低延迟通信和大型机器键入通信。表 3-4 总结了一些 GSM-R、LTE-R、5G、5G-R 关键参数，由此可见，与现有的铁路通信相比系统，5G-R 在性能上有显著提升提高。

表 3-4 GSM-R、LTE-R、5G、5G-R 关键性能参数对比

参数	GSM-R	LTE-R	5G	5G-R
频率	上行：876～880 MHz 下行：921～925 MHz	450 MHz 800 MHz 1.4 GHz 1.8 GHz	Sub-6 GHz：410～7 125 MHz 毫米波：24.25～71 GHz	900 MHz 1.9 GHz 2.1 GHz 5.9 GHz
带宽	0.2 MHz	1.4～10 MHz	Sub-6 GHz：5～100 MHz；50～2 000 MHz	10～20 MHz ≥100 MHz(高频)
调制	GMSK	QPSK，16-QAM	256-QAM，OFDM，FBMC，UFMC，GFDM，f-OFDM	QPSK，16-QAM，64-QAM，256-QAM，OFDM
典型小区覆盖范围	8 km	4～12 km	几十米至几公里	1～6 km
MIMO	—	2×2	16×16，32×32，64×64，128×128	4×4，8×8，16×16，32×32

续上表

参数	GSM-R	LTE-R	5G	5G-R
平均传输速率	<10 kbit/s	1～10 Mbit/s	50～100 Mbit/s	10～50 Mbit/s
峰值速率	172 kbit/s	上行:10 Mbit/s 下行:50 Mbit/s	上行:10 Gbit/s 下行:20 Gbit/s	上行:50 Mbit/s 下行:200 Mbit/s
峰值频谱效率（1 kHz）	0.33 bit/s	2.55 bit/s	上行:15 bit/s 下行:30 bit/s	上行:8 bit/s 下行:15 bit/s
移动性支持（最大）	500 km/h	500 km/h	500 km/h	500 km/h
可靠性	99.999%	99.999%	99.999%	99.999 9%
端到端时延	500 ms	200～500 ms	1～10 ms	50～500 ms
越区切换成功率	≥99.5%	≥99.5%	90～99.5%	≥99.9%
4K视频业务支持	不支持	不支持	支持	增加带宽可以支持

三、车车无线通信技术

车车通信技术最早源于汽车之间互相通信的设想，其主要目的是降低通信基站的资源占用，每辆汽车作为同时具备信息收发的载体，与周围汽车直接进行通信，共享道路状况、汽车速度、位置等信息，避免车辆之间的碰撞及交通拥堵等情况。

轨道交通领域车车通信研究主要分为城市轨道交通和干线铁路两个领域。车地通信技术在城市轨道交通领域已有大量研究应用，该技术对地面设备依赖较大，整体结构复杂。随着通信技术的发展，车车通信技术在城市轨道交通领域的应用越来越多，在铁路领域也有越来越多的研究。

（一）国内外轨道交通领域车车通信技术现状

车车通信的主要应用场景有列控系统和列车防撞预警系统。目前，城市轨道交通信号系统主要是基于车地通信的CBTC系统，即列车与地面建立通信，获取行车许可等信息，而地面又需要与其他所有列车建立通信链接，获取每列列车相关数据信息。随着技术的不断发展，车车通信开始逐步在地铁等轨道交通列控系统中得到应用。车车通信技术可以实现运行列车间直接通信或通过地面无线网络实现追踪列车位置等信息的转发和通信，是未来城市轨道交通信号系统的发展方向，该系统在保障安全运营的前提下，提升了列车通过能力。

根据国际铁路联盟(UIC)针对区域性铁路提出的区域性欧洲铁路运输管理系统(ERTMS-Regional)概念，法国阿尔斯通公司研制了基于通信的列车控制(CBTC)系统—Urbalis Fluence系统。Urbalis Fluence系统是以列车为中心、基于车车通信的列控系统，该系统已成功运用于法国里尔地铁1号线，控制全线(13.5 km)18个车站、80辆运营列车。同样，基于车车通信的列控系统在我国城市轨道交通已先行开展研究。

当前，越来越多的机构和学者开始关注车车通信技术在高速铁路领域的应用研究。有学者提出以GSM-R作为车车无线通信方式，设计适合我国的高速列车追踪接近预警系统，作为高速铁路列车既有列控系统的补充。随着5G-R进程的加速发展，也有学者提出基于

5G 网络车车通信的列车接近预警系统方案。例如，有的公司研制的高速铁路列车追踪接近预警系统，独立于列控系统之外，可通过“车—地—车”的架构实现车车通信，其车载设备结合卫星定位信息和列车运行信息计算列车位置，将之发送到地面服务器，地面服务器对列车间位置进行综合判断，根据判断结果将预警信息发送到其车载设备，向司机显示前车位置并指导司机安全行车，降低列车追尾的概率。基于动态间隔的运能可配置列车运行控制系统技术的项目旨在构建具有“车载中心化”“轨旁最少化”“通信多模化”“运能适配化”“维护智能化”等特征的新型列控系统，实现了北斗卫星列车定位、车车通信和移动闭塞技术系首次在国铁现场试验的应用。

(二)车车通信技术

车车通信(vehicle to vehicle communication，V2V)技术起源于车联网(V2X)，用于实现道路车辆与一切可能影响车辆的实体(其他车辆、行人、路侧设备等)之间的信息交互，实现包括车辆跟踪预警、路面异常预警、行人防撞、交叉口协调等主动安全防护，最终达到减少事故发生、减缓交通拥堵、降低环境污染、节能减排，以及智能化的目的。

早期的车车通信主要基于专用短距离通信技术(DSRC)，实现车载设备之间的直接信息交互，后续出现了基于蜂窝网络的车车通信技术。

按照通信方式区分，车车通信可以有直接通信和基于网络通信两种方式。

1. 直接通信

直接通信方式受环境影响较大，不能保证数公里以上的可靠数据传输，只适合短距离通信，如相邻汽车之间，并且通信距离与具体的应用环境有关，一般从几十米到几百米不等。

2. 基于网络通信

基于网络通信方式受环境影响较小，适合长距离通信，其通信距离可以根据业务的具体应用方式确定。由于铁路列车追踪距离通常在 10 km 以上，因此更适用采用基于网络通信的方式。

基于网络的车车通信也有两种方式，车载设备在进行运行位置信息交互时，可采用经服务器转发和通过网络直接通信两种方式。

(1)方式 1：经服务器转发[图 3-56(a)]

携带目的标识和车车通信数据的数据包首先由车载设备发送给服务器，再由服务器根据数据包的目的标识转发给相应的列车。

(2)方式 2：通过网络直接通信[图 3-56(b)]

列车的车车通信数据不经过服务器，而是直接由车载设备根据目的列车标识通过网络发送给目的列车。

在图 3-56 中，将服务器设为 A，对于包含 B、C、D、E 的 4 个列车成员的车车通信网络，如果采用方式 1，实现列车车车通信需要 AB、AC、AD、AE 共 4 路通信连接；如果采用方式 2，由于列车车载设备必须与服务器建立通信连接，以报告自身位置信息，因此实现车车通信需要 AB、AC、AD、AE、BC、CD、DE、BD、BE、CE 共 10 路通信连接。方式 2 的网络控制面信令开销明显高于方式 1，并且在列车密集的地点(如车站)，两种方式的开销差别更为显著。

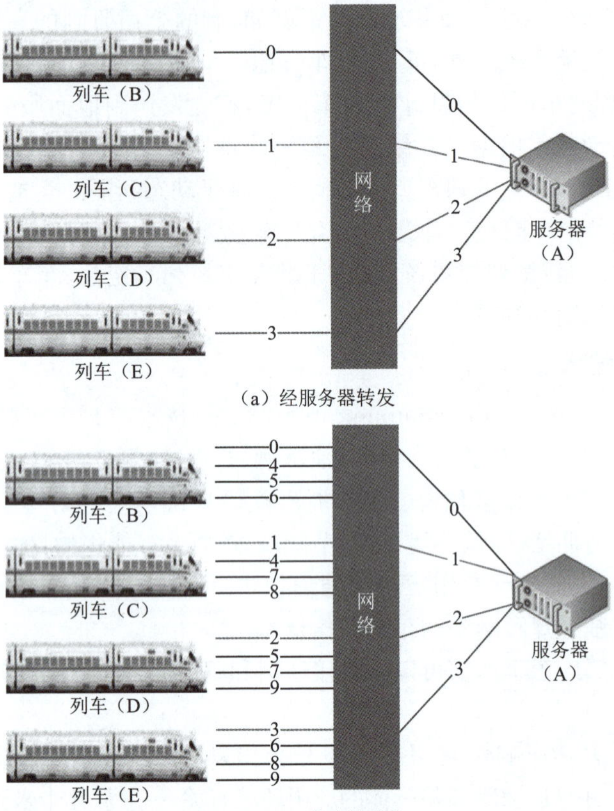

（a）经服务器转发

（b）网络直接通信

图 3-56　车车通信连接示意

第七节　列车运行环境智能感知技术

列车运行环境感知为列车安全性和可靠性提供保障。通过传感器感知列车运行及周边自然环境信息，并运用智能感知网络将所采集信息传输至数据空间，在数据空间中通过算法及模型将感知的数据深度融合，智能决策后输出预警及报警信息的技术手段出现，被称为列车运行环境智能感知技术。

一、国内外发展现状

由于列车运行环境对列车运行安全的重要性，国内外学者环境智能监测方面都做了大量的工作，但不同国家监测方式有所不同。日本铁路系统，在铁路沿线区域部署风速监测点及光纤传感器，通过对风速监测及光信号衰减的有效融合处理来保证行车安全。该传感器系统不仅有助于检测是否有异物侵入，还能够监测自然灾害（如风、雨、雪和洪水等）的发生，为运营人员提供了关键信息，为避免灾害性事故的发展提供预警及报警决策支持。法国高速铁路系统采用多种监测技术，解决雨、雪、大风、立交桥的异物侵入监测，以及轨旁监测网络等问题，通过此类监测技术，可以为铁路系统异物侵入和灾害防治实现提前的预警支持，确保铁路系统的正常运行，对高速铁路运行的安全和效率至关重要。同样德国、美国、加拿大等国也都采用了相应的技术，多传感器融合技术的应用不仅提高了列车的安全性，同时还有助于确保列车的正常运行。

依据铁路设计规范的要求，我国铁路系统配置了相应自然灾害及异物侵入监测系统。该系统能够实时监测铁路沿线风、雨、雪、地震、滑坡等自然灾害，监测线路异物侵限、速度、线路平顺等信息，一旦异常情况发生，监测系统将向调度指挥和维护管理部门提供警报信息，这有助于提高铁路系统的应急响应能力，还能够降低列车运行安全风险。

二、列车运行环境智能感知系统组成

在高速列车运行过程中，列车运行环境智能感知技术发挥着关键作用，需要应对多种突发情况，包括异物侵限、自然灾害和列车状态异常等场景。依据数据来源的不同，感知数据可以分为自然环境数据和列车运行环境数据。通过感知列车运行过程中的自然环境参数及列车内部环境参数，将感知数据使用感知网络传递到数据空间，结合 ATP 生成的行车许可生成自主决策信息。列车运行环境智能感知技术提高了风险的感知能力，从而对系统的安全性和可靠性提供了坚实保障。

以异物侵入监测为例，列车运行环境智能感知技术能够不断检测是否有异物侵入限界，及时识别潜在的异物侵入情况，并采取相应的措施以保障铁路列车运行安全。在应对自然灾害方面，该系统不仅可以检测自然灾害的发生，还可以提前发出警报，使铁路运营指挥人员能够及时采取适当的措施，降低灾害对列车系统的不利影响。在列车状态产生异常时，自主感知系统通过提供及时的警报和启动相应的预案，使列车恢复正常运行或安全停车，从而有效降低潜在的人员伤亡风险。

因此，列车运行环境智能感知技术可以为铁路运营安全提供环境监测和风险预警等支撑，为铁路运营指挥提供相应的决策支持。随着轨道交通系统的持续发展，列车运行环境智能感知技术将逐渐成为列车运行安全保障领域的关键技术之一，各感知传感器、列车网络及车载数据中心系统逻辑框架如图 3-57 所示。

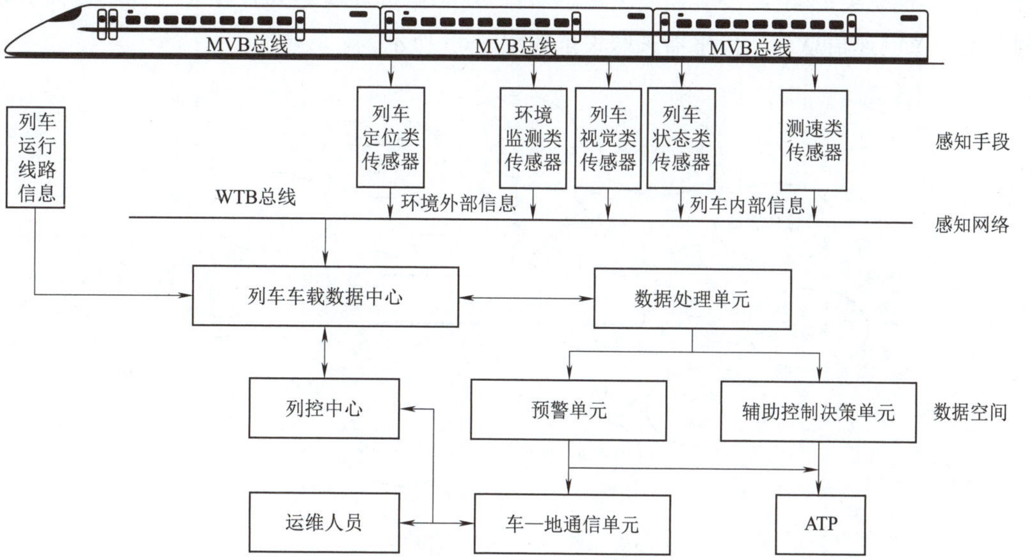

图 3-57 列车运行环境智能感知系统逻辑框架

列车运行环境智能感知技术依赖感知手段、感知网络、数据空间等模块协同工作。数据采集作为系统的基础，从各类传感器中实时获取数据，包括音视频数据、雷达数据、GPS坐标、速度和温度等信息。这些信息能够持续监测列车内部及周围环境，也为后续的数据处理和决策提供了必要的输入。

传感器模块是数据采集的核心组成部分，也是列车运行环境智能感知技术的感知手段，是系统数据的源头，在感知手段的基础上还包括传感器的部署和互联，即感知网络。感知网络是传输感知数据的通道，它负责将列车内部的传感器数据信息传输到数据中心。目前，国内轨道交通列车通信网络采用的总线类型主要是多功能车辆总线（MVB）和绞线式列车总线（WTB）。该模块通过无线或有线方式连接各种传感器，如摄像头、雷达、GPS 接收器等，确保列车系统能够获取全部感知数据，以支持实时监测和决策。数据中心是列车运行环境智能感知系统的数据存储中心，主要负责将感知网络传递的自然环境数据和列车运行数据存储起来，以供数据处理单元读取、分析及调用。

数据处理单元是智能感知系统的核心，负责处理传感器生成的庞大数据流，进行数据解析、分析和决策。通过多模态数据融合及处理技术，识别潜在的风险，以支持列车运营指挥的决策。感知数据融合技术是智能感知系统的关键，负责整合来自不同传感器的数据，将感知数据对齐、拼接和清洗，以提供全面的环境感知。

决策支持是智能感知系统的目标，基于感知数据和分析结果，为铁路运营调度指挥人员提供决策建议，包括调整列车速度、采取紧急停车措施，以应对自然灾害、异物侵入及列车运行异常等风险。

三、列车运行环境智能感知手段

传感器模块是列车智能感知系统的关键模块，用于采集自然环境信息和列车运行环境信息，是确保高速铁路列车安全运行的重要因素。从传感器作用方法上，传感器模块主要分为：列车视觉类传感器、环境监测类传感器，在列车运行环境感知及预警过程中还需获取列车定位及测速信息等。传感器关联关系如图 3-58 所示。

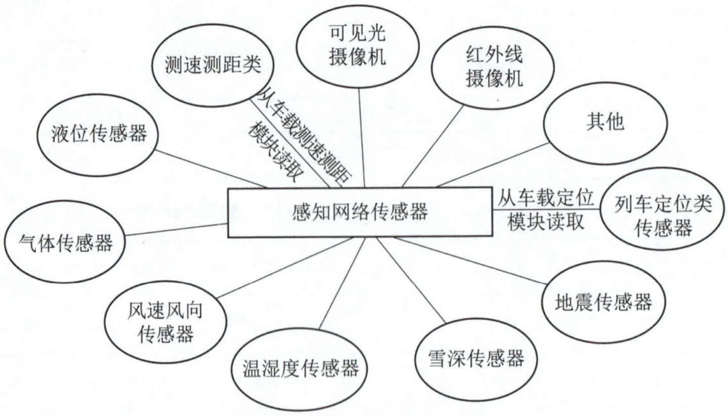

图 3-58　传感器关联关系

(一)列车视觉类传感器

列车视觉类传感器主要负责获取列车运行方向可见光及红外的视频画面信息,可监测列车前方异常状态,实现驾驶室室内对列车运行方向的图像画面监测,也可以实现调度大厅对行车的远程监测。

可见光摄像机:这些摄像机使用可见光范围的光学技术来实时捕捉列车周围的图像。在高速运行中,列车智能感知系统识别模块对图像异常的智能识别速率及精度都较高,用于检测前方的信号、轨道状况、障碍物和行人,确保列车运行安全。传统的可见光传感器一般由支架、传感器芯片、电源、封胶层及用于过滤不可见光的滤光片等部分组成,不同类型的可见光传感器可能在结构组成上略有不同。

红外线摄像机:红外线是一种人类肉眼看不见的光,它具有光的一切特性。但是,红外线还有一种非常显著的热效应,所有高于绝对零度(即-273.15 ℃)的物质都可以产生红外线。因此,在夜间或低能见度条件下,可以使用红外线传感器监测列车运行环境,通过捕捉热辐射,可用于检测热源、火灾及夜间的异物侵入情况,是可见光摄像机的补充。

(二)环境监测类传感器

液位传感器:液位传感器用于检测附近水位的变化,帮助预警和应对洪水等相关风险。地面设备通过液位传感器,获取路段附近水位信息,将其传递到列车车辆,保证列车在雨天的行车安全。

风速风向传感器:主要有机械式、超声波式和热场式三种,普遍使用的超声波式利用超声波在空气中传播时,通过测量或计算超声波发射和接收的时间差,从而得出当前风向风速。

雪深传感器:目前高速铁路多采用激光式雪深针,其工作原理为:雪深传感器发出红外激光并将激光打到被测平面,然后通过测出激光传播过程的时间,计算出探头到被测目标表面的距离,从而智能推算出积雪深度。

气体传感器:气体传感器监测列车周围的空气质量,特别是在高速列车车厢内,用于检测有毒气体泄漏。

温湿度传感器:温湿度传感器监测列车内外的温湿度信息,用于监测列车运行过程中车厢内外温湿度情况。

地震传感器:地震计分为东西、南北、垂直三个维度,可监测地震信号。地震监测设备采用的是速度型地震计,这种地震计采用的是电磁感应原理,即在封闭的磁场内放置一个线圈,摆体的相对运动速度与其线圈输出呈正比,地震计会将检测到的机械信号转化为电信号,实现地震监测。

列车定位类传感器包括计轴设备、轨道电路、多普勒雷达、GPS、应答器等;测速测距类传感器包括轮轴脉冲转速、加速度、毫米波雷达、激光雷达等。传感器在高速列车的智能感知系统中发挥着关键作用,有效提高了列车高速运行过程中的安全性和可靠性。在感知系统中,它们提供了详尽的环境信息,用于识别潜在风险,帮助列车系统采取及时的决策和紧急措施,从而确保列车运行的平稳和安全。

(三)传感器安装位置

列车运行环境根据空间可以划分为列车内部的环境信息和列车外部的自然环境信息,

对于列车内外部信息要统一监测，每个区域都有各自对应的传感器种类及安装位置。列车运行环境智能感知系统传感器安装位置如图 3-59 所示。

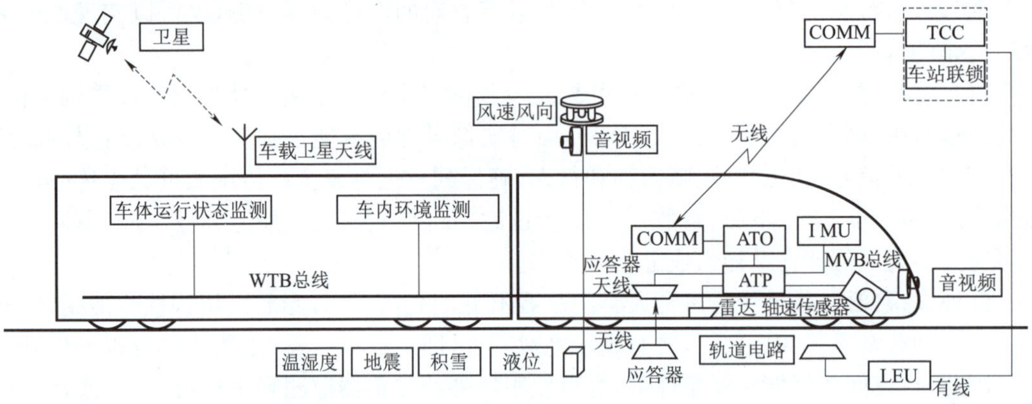

图 3-59　列车运行环境智能感知系统传感器安装位置

四、列车运行环境智能感知网络

感知网络用于在列车内部传输传感器采集到的自然环境信息和列车运行环境信息。列车通信网络的拓扑结构主要分为两级：WTB（列车级总线）和 MVB（车辆级总线）。WTB 和 MVB 分别负责列车上不同的控制信息、环境信息及诊断信息等的传输，WTB 用于各节车厢连接，MVB 将同一车厢内的设备连接起来。各个车辆内的 MVB 网络通过网关接入 WTB，最终实现整车通信。WTB、MVB 具有实时性好、通信速率高等特点，是为轨道车辆车载网络通信专门开发的网络。

当列车上大量的数据信息（包括各种传感器采集的各系统部件状态信息）在通信介质上进行快速、有序、实时传输时，需要通过借助不同网络节点的中继器、网关及网卡等相关设备来实现，通过这些节点设备保证了列车上各种设备的密切配合、正常工作，进而为列车的安全性、舒适性、可靠性和稳定性提供保障。

五、列车运行环境智能感知数据中心

列车运行环境智能感知能够实现快速化、集成化及智能化的运行列车在途监测与安全预警。列车运行环境智能感知数据中心由原始数据、算法数据、模型数据、构件数据，以及数据处理软件共同组成，对采集到的数据进行离线处理，通过再现历史数据，对其进行分析和处理，采用数据融合技术，对数据进行拟合预测，对车辆、线上线下的基础设施、运行环境和旅客的安全情况进行全方位、多角度、多层次的预测和判断，并提供精准的智能诊断和报警提示，具有以下功能：

（1）在线数据存储。数据中心作为列车网络的终端，接收汇聚各种数据信息并按要求将各类信息分别进行存储备份，实时缓存车载数据信息，便于调取与查找。

（2）在线故障预警及处理。列车运行过程中，当车载设备出现故障时，数据中心会及时发报预警，并给出故障处理决策，从而避免处理不及时危及行车安全。

（3）网络监控。数据中心能够动态组网，进行车载网络维护与管理，监控整个列车网络内各节点设备的运行情况，同时具有车载系统网关，防止网络风暴及外接信号接入，保证整个网络系统的安全稳定。

(4)命令配置。数据中心具有车载网络端口配置、流量分配、以 TCP/IP 通信协议向上发送和支持 VPN 通道管理等功能。提供网管接口能够连接安装网管软件的 PC 机或操作终端进行实时在线管理。通过人机显示终端可以进行网络配置，针对车载网络各端口进行流量配置管理、参数配置管理等。

此外，为了保证列车运行环境智能感知系统的安全运行，数据中心采用双机热备冗余设计，一个数据中心作为正常运行设备，另一个数据中心作为冗余。正常情况下，两个设备之间通过相互发送生命信号来判断对方是否在工作。当其中一个出现故障不能正常运行时，另一台自动取代故障设备进入工作状态。

六、列车运行环境智能感知数据融合

感知数据融合是智能感知系统的核心，通过将来自不同传感器的数据整合和协同处理，以获得更全面、准确的环境感知信息。多传感器信息融合技术的基本原理在于将不同传感器的数据进行多层次、多空间互相补充和优化组合，最终形成对列车周围环境的一致性解释。通过综合处理多个传感器的不同信息源数据，以提高整个传感器系统的智能水平。

(一)同步方式

多传感器信息融合是利用计算机技术将来自多传感器的信息和数据，在一定的准则下加以自动分析和综合，以完成所需要的决策和估计而进行的信息处理过程。多传感器信息融合的同步方式分为硬同步和软同步。

硬同步又称硬件同步，使用同一种硬件同时发布触发采集命令，实现各传感器采集、测量的时间同步，做到同一时刻采集相同的信息。

软同步又称软件同步，分为时间同步和空间同步。

(1)时间同步：又称时间戳同步，通过统一的主机给各个传感器提供基准时间，各传感器根据已经校准后的各自时间为各自独立采集的数据加上时间戳信息，可以做到所有传感器时间戳同步。

(2)空间同步：即将不同传感器坐标系的测量值转换到同一个坐标系中。激光传感器在高速移动的情况下需要考虑当前速度下的帧内位移校准。

(二)数据融合

多传感器信息融合技术是将各种传感器进行多层次、多空间的信息互补和优化组合处理，最终产生对观测环境的一致性解释。多传感器感知数据融合主要有前融合方式和后融合方式。

前融合：前融合发生在传感器数据传输到数据处理单元之前。在前融合过程中，不同传感器类型的数据被合并、对齐和校正，以生成更一致的数据流。前融合的结果是一个经过整合的、高质量的感知数据流，传送到数据处理单元进行进一步分析。

后融合：后融合在数据处理单元中发生，对来自不同传感器的信息进行综合分析和决策。在后融合中，系统使用数据处理单元的算法来整合来自不同传感器的信息，以产生最终的决策和警报。

（三）感知决策生成

在列车高速运行中，通过整合来自不同传感器的数据，感知数据融合确保了数据的准确性和完整性，通过多源信息冗余，保证数据来源的可靠与安全。结合列控行车许可数据，感知数据融合决策内容包括：

（1）环境感知。感知不同传感器类型提供的信息互补，例如，雷达可检测障碍物的位置，摄像机提供视觉信息，而 GPS 提供定位数据。通过感知数据融合，整合关键点信息，使系统能够更准确地感知列车周围的环境。

（2）风险识别。感知数据融合有助于识别潜在的风险因素，如异物侵限、自然灾害、列车运行异常等。通过融合不同传感器的信息，系统可以更好评估是否存在风险，并采取适当的措施。

（3）决策支持。感知数据融合提供了更全面的环境视图，使列车在保证安全的情况下，满足 ATP 生成行车许可辅助司机调整列车速度，使其贴近目标—距离速度防护曲线，最大限度地提高运行效率。

感知数据融合决策是列车运行环境智能感知系统的关键环节，通过协同工作，不同传感器提供的信息得以整合和优化，以提高列车高速运行中的安全性。

七、列车运行环境智能感知技术发展趋势

伴随着计算机技术、人工智能技术和现代通信技术的快速发展，给高速铁路信号系统的智能化带来了更大的发展空间。轨道交通自动化等级的进一步提高和高速列车自动驾驶的发展，需要对列车运行环境进行智能感知和监测，实现对轨道交通运载工具、运行环境等进行全天候、全场景、跨区间、多层域的状态实时感知。除了在列车上增加智能感知设备外，在铁路沿线也要增加传感设备，并将感知信息实时传输给列车，实现车、地相结合的智能感知。未来高速铁路信号系统可对车辆环境和地面环境的状态进行数据收集和融合，通过无线网络实现车地、车车信息传输，进而实现高安全、高精度、高可靠的列车运行控制。

复习思考题

1. 简述虚拟闭塞的基本原理。
2. 简述轮轴速度传感器的测速原理。
3. 简述列车自主完整性检查方案中列尾设备的功能。
4. 简述人控优先下的常用制动输出逻辑。
5. 简述 GSM-R 系统的组成。

第四章　列车自动驾驶系统

列车自动驾驶是列车运行智能控制的关键技术之一。本章首先介绍列车自动驾驶系统研究现状及发展趋势，紧接着介绍列车自动驾驶系统的基本原理、列车自动驾驶 CTCS2＋ATO、CTCS3＋ATO 及全自动运行系统概述、结构功能及典型运营场景，最后对列车智能驾驶的关键技术进行展望。

第一节　列车自动驾驶系统概述

一、列车自动驾驶系统概述

随着轨道交通的迅速发展，高密度、高速度的运营模式需要比人工驾驶更可靠的智能、安全、高效的自动驾驶系统来操纵列车运行。列车自动驾驶系统是实现列车安全运行、提高列车运输效率的关键设备，自动驾驶对于降低运营成本、提高线网运营质量、减轻司机工作强度具有重要意义，我国已经逐步开展对自动驾驶技术的深入性研究与创新性应用，制定了智能铁路体系架构和发展战略，进一步推动着智能铁路的发展。目前，我国正处于铁路智能化关键技术突破的关键阶段，开展铁路自动驾驶系统深入研究，可进一步提高其自动化、智能化发展水平。与此同时，国外铁路发达国家也在逐步加快布局铁路智能化，德国提出以智能化运营为核心的德铁 4.0 发展战略规划；日本开展以智能化多模式交通为核心的 CyberRail 战略规划；法国正推进以工业互联网和大数据为核心的数字化法铁项目。因此，从运营需求、技术发展及当前智能铁路发展趋势等多方面来看，我国都需要注重列车自动驾驶系统的研发与应用，以获得更多创新性成果来加快推动列车自动驾驶系统的发展。

(一)列车自动驾驶分级

列车自动驾驶基于先进控制理论、人工智能算法、现代通信、智能感知和系统集成等技术，实现列车在复杂运营场景下全过程自动化运行，有效提升运营效率和服务水平。列车运行控制技术从地面人工信号到地面自动信号、机车信号，再到自动停车、速度自动防护，直至现在的列车自动驾驶技术，未来将会发展到下一代列控。不同发展阶段的自动化程度不同，表 4-1 给出了铁路自动化，GoA 的五个等级及对应的自动化程度，表 4-2 展示了不同自动化等级下的功能实现。

表 4-1　列车控制自动化等级

自动化等级	自动化程度
GoA0	完全依赖司机操作，列车的控制和运行都由司机全权负责，不受任何系统监控
GoA1	司机根据地面信号或者司机室内信号控制列车的运行，系统连续监控列车是否超速，若超速，则施加干预

续上表

自动化等级	自动化程度
GoA2	司机在司机室观察路况等，在危险情况下及时停车，列车加速、制动由系统自动完成，并且系统连续监控列车速度
GoA3	司机室不再设置司机，系统在前方发现危险会自动停车，但是需配备工作人员在紧急情况下进行操作
GoA4	列车上不设置司机和工作人员，实现全自动无人驾驶

表 4-2　不同自动化等级下的功能实现

列车运营基本功能	自动化等级				
	GoA0	GoA1	GoA2	GoA3	GoA4
列车运行类型	完全人工驾驶	ATP 防护下的人工驾驶	有司机的自动驾驶	无司机的自动驾驶	无人值守的全自动驾驶
确保列车安全移动（安全速度、安全进路、安全间隔）	人工	自动	自动	自动	自动
列车运行调整	人工	人工	自动	自动	自动
驾驶列车	人工	人工	自动	自动	自动
车门关闭确认	人工	人工	人工/自动	自动	自动
列车停车	人工	人工	自动	自动	自动
监控路线	人工	人工	人工	自动	自动
车站发车	人工	人工	人工	自动	自动
紧急情况下的操作	人工	人工	人工	人工	自动

（二）列车自动驾驶系统发展现状

国内高速铁路、重载铁路及城市轨道都正处于蓬勃发展的阶段，但由于高速铁路、重载铁路及城市轨道交通各自的特性差异，自动驾驶在高速铁路、重载铁路及城市轨道交通面临的挑战也不尽相同。

1. 高速铁路现状

国内根据信号系统的总体发展和珠三角城际线路的实际情况，制定了 CTCS2＋ATO 列控系统的总体设计方案。随着珠三角城际铁路首次在铁路领域实现了自动驾驶，我国成为全球第一个在时速 200 km 级别的列车上运用 ATO 自动驾驶技术的国家，这是国内列车自动驾驶发展历程上的一次重大进步。而后，伴随京沈客专和京张高铁的建设，CTCS3＋ATO 列控系统进入现场试验运行阶段，京张高铁在世界上首次实现时速 350 km 自动驾驶运营，标志着我国自动驾驶关键技术研发取得重要阶段成果。与 CTCS2＋ATO 设备相比，CTCS3＋ATO 设备重点进行了如下优化：(1)精简设备，降低系统复杂度；(2)合理分配功能，尽量保持既有安全设备，降低影响；(3)提高设备冗余度，提高设备可靠性。列车自动驾驶在高速铁路上的挑战主要包括：(1)运行速度快；(2)线路较长；(3)运行环境复杂，包括坡道、路桥、路隧过渡段、过分相、风雨雪自然因素等；(4)运行范围广，需考虑跨线，互联互通要求高；(5)自动驾驶系统数据传输通道不同；(6)自动驾驶行车计划来源不同；(7)站场规模大等。

2. 重载铁路现状

国内重载铁路承担了大部分的煤炭、矿石、钢铁、粮油等货物运输任务，随着货运量逐年增大，货车总重和轴重不断增加，重载列车运行交路也不断延长，导致了重载列车控制困难、追踪间隔拉长、司机劳动强度增大等诸多问题。在设计重载列车自动驾驶系统时，可借鉴高速铁路自动驾驶系统架构，充分利用既有轨旁地面信号系统，尽量减小地面设备和站场的改造。目前，在京沪线、京广线等干线上已经大量开行 5 500 t 重载列车，大秦线普遍开行 10 000 t 重载列车和 20 000 t 组合重载列车。我国拥有完全自主知识产权的 20 000 t 重载自动驾驶列车试验在朔黄铁路黄骅港站顺利完成，运行试验采用的自动驾驶控制、核心控制系统均实现国产自主化。这项试验的成功，不仅代表着我国自动驾驶技术的发展已经达到了世界领先水平，更是为我国铁路运输行业的发展注入了新的动力，我国重载列车迈入"自动驾驶"阶段。

3. 城市轨道交通现状

城市轨道交通列车自动控制系统由列车自动监控系统(automatic train supervision，ATS)、列车自动防护系统(automatic train protection，ATP)、列车自动运行系统(automatic train operation，ATD)组成。上海地铁 10 号线是我国首条开通运营的地铁全自动驾驶线，北京地铁燕房线是我国首条自主研制核心装备的地铁全自动驾驶线。国内已运营、在建及规划城市轨道交通全自动运行系统的城市有北京、上海、深圳、广州、武汉、成都等，未来全自动运行线路规模将呈现快速增长态势。

二、列车自动驾驶系统发展趋势

(一)自动化等级的提升

随着智能控制技术及轨道交通技术不断发展进步，轨道交通在运行安全、车辆旅行速度与运行效率、运营组织灵活性、自动化及智能化程度、经济效益及降低维保人员劳动强度等方面需求强烈。研究适用于干线、城际铁路列车自动驾驶水平达到 GoA3 级的列车自主运行控制系统，强化先进载运装备技术研发，推进智能铁路关键技术创新，是我国铁路列控系统技术的发展方向。同时，在高速列车自动驾驶方面，实现正线铁路的 GoA3 级自动驾驶，以及面向动车段/所的遥控驾驶、自动调车等，并构建 GoA3 级自动驾驶标准，能有效提升列车自动驾驶系统智能化、自动化、绿色化技术水平。

另外，重载铁路运输凭借运量大、运输成本较低等优势，在我国交通运输领域中承担着极其重要的作用。目前我国重载列车仍然以人工驾驶为主，面对当前持续增长的重载铁路运输需求，旨在解决司机劳动强度大等问题，实现重载列车安全、平稳、高效、自动化运行。因此，进一步研究提升列控系统的自动化等级的总体方案及关键技术非常必要。

(二)关键技术发展趋势

既有的列车自动驾驶技术通过构建信号、车辆、通信及站台屏蔽门间的系统联动与自动化控制弱化了司机的工作职能，实现了封闭线路下全区域、全时分减少司乘人员干预的列车自动运行，提高了列车作业的安全性与效率。列控技术正在迈入智能化时代，面对愈发复杂的行车场景和多元的作业需求，需大力推广多元感知、下一代通信技术、智能决策等智能技术在列车驾驶中的融合应用，基于其带来的性能突破，构建出智能且稳定的智能驾驶解决方案。

(1)行车条件检测方面,逐渐转变为由列车进行主动多元感知,如基于机器视觉和雷达等多传感器融合的障碍物检测提升列车有效作业的安全性。

(2)列车运行控制方面,由传统的"曲线生成"+"曲线跟踪"的离线控制转为基于实时决策的在线控制。依托专家系统、强化学习等大数据建模技术与高效优化决策算法构建动态控车方案,综合监控列车作业过程各类信息,实时分析运行态势,快速、智能地求解最优的操纵决策,或是在故障或紧急条件下做出应急调整策略,提升自动驾驶的鲁棒性。

(3)多车追踪运行方面,由常规列车控制转向分布式协同控制,由移动闭塞转向虚拟编组。应用多智能体方案赋予多车协同决策能力,相邻列车提供信息共享,基于安全间隔防护实现编队运行,据此调整运力与运量相匹配,提升轨道交通经济效益。此外,研究多车协同优化,通过列车利用再生制动实现能量回收与利用,助力节能减排。

(4)控制器维护方面,由人工调参转为自适应修正。通过基于数据挖掘等技术的设备设施健康管理技术,结合自学习控制技术,对 ATO 控制器潜在的性能退化或参数漂移进行自动识别与补偿,提高无人值守轨道交通系统长期使用的稳定性,降低人工维护成本。

第二节　列车自动驾驶模型与算法

一、列车自动运行系统基本原理与系统功能

ATO 系统是智能铁路的关键系统之一,用于替代司机人工驾驶,实现列车加速/减速模式的自动控制与修正,达到运营性能的最优化,从而提高轨道交通自动化程度和运营服务水平,降低运营成本和人员劳动强度。

ATO 系统主要解决列车出站启动、站间行驶、进站对标停车、停站作业(车门/站台门)的自动化问题。随着轨道交通系统自动化等级定义的不断完善,ATO 应用的领域和场景不断丰富,控制需求日益增多,涉及场景和系统复杂性极大扩展。智能 ATO 系统以实现完全无人化自动驾驶为期望,以城市轨道交通、高速铁路、城际铁路、市域(郊)铁路、普速铁路、重载铁路为应用场景,通过与其他关联系统紧密耦合,综合考虑列车动力学模型、运行环境、多目标优化等要素,确保提供自动化、智能化、性能和能量消耗的最优解。

典型的 ATO 系统闭环控制原理如图 4-1 所示。

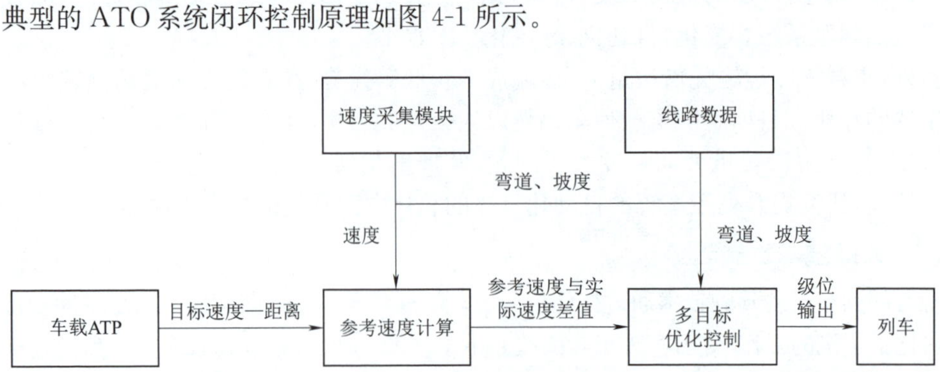

图 4-1　ATO 系统控制原理

在列车行驶过程中，ATO 系统通过车载速度传感器和轨旁定位设备获得列车位置和速度，并通过车地传输设备获得运行计划和线路信息。ATO 系统的速度控制器嵌入在车载计算机中的控制算法中，将反馈信息与预定位置的推荐速度进行比较，以确定控制命令，控制命令驱动电机产生牵引力或制动力使列车可以尽可能精确地跟踪推荐的速度曲线，如图 4-2 所示。

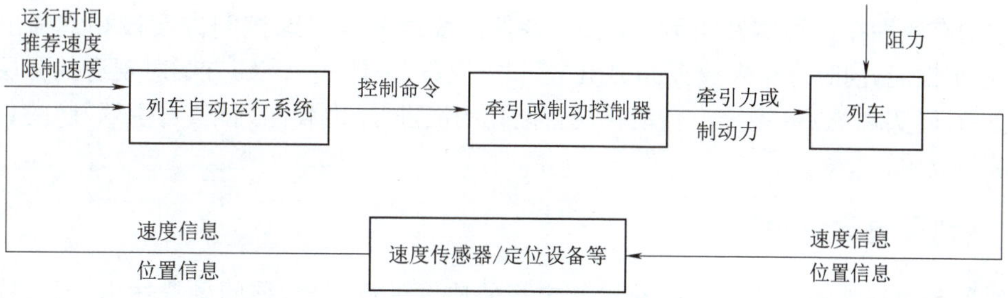

图 4-2 ATO 系统速度控制

典型的列车自动运行过程可分为三个阶段：出站启动阶段、站间行驶阶段、进站停车阶段，各运行阶段 ATO 系统需提供对应功能。

(一)出站启动阶段

ATO 系统在调度指令满足的情况下，确认移动授权(movement authority，MA)的有效性，验证 ATO 系统与 ATP 等模块建立通信，并接受 ATP 发出的推荐速度曲线，自动控制牵引发动机将列车转入牵引加速模式，以控制列车驶出站台。

(二)区间行驶阶段

区间行驶阶段是列车自动运行过程中的重要环节，ATO 系统在满足限速设置与 ATP 防护曲线的限制下，基于实时的列车运行状态信息，参考当前目标速度曲线，计算控制偏差，并通过多次工况自动调整对列车运行状态进行修正，以保证列车稳定地跟踪目标曲线，准时、舒适、节能地在站间运行。

区间行驶过程中，典型的工况组成分为如下 4 种：

(1)牵引加速工况：牵引发动机做功为正，对列车施加牵引力快速提高列车速度，多用于限速升高区域等提速阶段。

(2)巡航工况：牵引发动机输出部分牵引/制动力以平衡列车当前运行的外部合力，保持列车匀速运行，多用于列车达到期望速度后进行维持。

(3)惰行工况：牵引发动机停止输出，列车单纯在外部合力的作用下(轻微)加速或减速，多用于列车区间行驶中后段。

(4)制动减速工况：牵引发动机合适地输出制动力，大幅降低列车速度，多用于列车驶向限速区时快速达到入口速度。当列车装载再生制动功能时，该工况可将列车损失的动能转换为再生能量供二次利用。

(三)进站停车阶段

ATO 系统在保证列车安全与准点的情况下，输出高效的停车控制，实现列车车门与站台屏蔽门的精确对准，保证客/货运负载的顺利乘降。进站停车过程中，ATO 系统综合车载测速定位信息与沿线精准定位应答器的数据，对列车进行精确定位，由此计算并参考停车推荐曲线，输出合适量级的一次或多次制动工况，实现列车精准停车。

总体看来，ATO 系统的应用范式基本包括两类问题：即目标曲线生成技术和跟踪控制技术，前者要求采用多目标优化方法，对包括安全、准点、舒适、节能等一系列性能指标进行综合考虑，以离线方式设计满足性能需求的连续式目标—距离曲线，后者则要求借助高效的控制方法对目标—距离曲线进行有效跟踪。这种“曲线生成＋跟踪控制”的分层 ATO 系统方案的有效性在工程实践得到了验证，各种曲线计算与跟踪控制方案被相继提出改善 ATO 系统性能，同时近年来业界亦提出“感知—决策”一体式 ATO 方案对现有的分层框架进行更新，以实现 ATO 系统由自动化向智能化的演进，助力我国列车“自主驾驶”的相关技术突破与应用。

二、列车自动驾驶技术

列车自动驾驶的本质是对列车运行全程的速度进行调控，该问题描述为：列车从当前位置以给定的初速度（通常 0 km/h）驶出，其间经过多次速度调整与运行状态更新，在 T 时间后到达距发车点 L 处的目的地停靠。该过程中线路条件（坡道、曲度、限速等）与车辆特性（牵引/制动特性等）完全可观。自动驾驶问题要求找到一组控制策略并执行使得该次运输作业满足安全、准时、舒适、节能的既定性能需求。控制策略的本质是时间序列，表现形式上可以是工况转移序列，或列车行驶速度—距离（时间）曲线。求解此类控制策略是列车自动驾驶的理论基础，当前应用体系下，自动驾驶控制策略的设计与求解主要通过“曲线生成”与“跟踪控制”两方面解决，以下将通过对既有方案的梳理对其原理进行阐述。

（一）自动驾驶的目标曲线生成

相较于 ATP 防护，列车自动驾驶需要考虑安全、准时、舒适、节能等多个性能指标，ATO 曲线的本质是一个多目标优化问题，需要建立合理的性能量化指标，并设计高效的优化方法对其进行求解。

首先给出自动驾驶视角下，列车运输作业任务的常用性能指标及其量化评估。

1. 安全防护

ATO 控车过程下，要求列车驾驶速度 v 不得超过紧急制动防护曲线v_{ATP}，可设计紧急制动触发标志e_{s}作为安全运行的评价函数，即

$$e_{\mathrm{s}}=\begin{cases}1 & v\geqslant v_{\mathrm{ATP}}\\ 0 & v<v_{\mathrm{ATP}}\end{cases} \tag{4-1}$$

每次出现超速情况时，e_{s} 自增 1。e_{s} 越大，控车安全性越差，ATO 控车期望为e_{s}保持为 0。

2. 运行时间误差

ATO 系统中对运行时间误差e_{t}的要求是，列车站间运行时实际耗时t_{r}与计划耗时t_{p}间的差值应小于给定误差范围（一般为 5 s）。e_{t}越小，列车到站越准时，即

$$e_{\mathrm{t}}=|t_{\mathrm{p}}-t_{\mathrm{r}}| \tag{4-2}$$

3. 停车误差

停车误差e_{d}为区间线路长度d_{p}与列车实际运行距离d_{r}的差值，即

$$e_d = d_p - d_r \tag{4-3}$$

ATO 系统中一般要求停车精度为±30 cm。e_d越小，停车位置越准确。

4. 单位质量能耗

列车运行过程中，能量消耗来自动能供给与辅助照明等方面。ATO 主要对列车动力系统进行控制，一般情况下牵引制动能耗远高于辅助能耗，本书主要考虑 ATO 控车实现牵引制动能量需求E_e与单位质量能耗e_e尽可能小，其计算方式为

$$E_e = \int Fv\mathrm{d}t = \int m|a|v\mathrm{d}t \tag{4-4}$$

$$e_e = \frac{E_e}{m} = \int |a|v\mathrm{d}t \tag{4-5}$$

式中，F 为列车牵引力；m 为列车质量；a 为列车加速度。

5. 旅客舒适度

列车运行控制由微观的工况切换序列组成，过于频繁或大幅度的工况切换会导致旅客的不适感。旅客舒适度可通过降低工况切换次数T_C和冲击率 I 实现，冲击率定义为列车加速度变化率绝对值的平均，即

$$I = \frac{1}{n}\sum_{i=1}^{n-1}\frac{|a_{i+1} - a_i|}{\Delta t} \tag{4-6}$$

式中，n 为工况序列长度；Δt 为工况切换最小时间间隔。

结合 T_C、I 及其各自对应权重因子α、β，可定义舒适度评价标准e_c为

$$e_c = \alpha T_C + \beta I \tag{4-7}$$

式中，e_c越小，表明旅客舒适度越高。

轨道交通列车不同作业场景下，控制策略需满足的性能指标不尽相同。对于列车自动驾驶，目标曲线首先需满足最高优先级的安全指标，其次应满足准时、舒适、节能的需求。另外，各性能指标间存在矛盾性，如列车可通过降低牵引工况实现节能，但此举或将造成列车站间运行时间过长而背离准时性需求，因此，对于列车自动驾驶的目标曲线生成，更多的是采用 Pareto 方法进行优化，并结合实际需求选择最优曲线。

关于最优 ATO 曲线，理想平直线路上列车最优驾驶策略依次为最大牵引、巡航、惰行和最大制动，坡道和限速条件下最优驾驶策略可通过增设引入部分牵引/制动工况，并改变工况顺序获得。因此，预先设计最优 ATO 曲线时，可将 ATO 曲线生成转述为最优工况转换点的选取，并逐渐形成了解析法和数值法两类求解体系。

(1)解析法求解 ATO 目标曲线

解析法求解的出发点在于将多目标优化问题转为带约束的单目标优化，以极大值原理对待优化目标的性能泛函进行最优控制。以节能优化为例，结合列车运行特性构建汉密尔顿特征函数为

$$H = \left(\frac{p_1}{mv} - \frac{1}{\mu}\right)u_f F(v) - \frac{p_1 u_b}{mv}B(v) - \frac{p_1}{mv}(R_c + G) + \frac{p_2}{v} \tag{4-8}$$

式中，p_1和p_2为伴随方程系数；μ 为拉格朗日松弛系数；控制变量u_f和u_b为牵引制动力的输出比例。R_c与 G 分别为列车所受的曲线阻力和坡道阻力。通过分析 H 的系数变化，可得到表 4-3 所列节能控车工况所需条件，进而用于确定最佳工况转换点，由此组成的控制序列即为列车自动驾驶策略。

表 4-3　列车运行工况分析

条件	控制量输出	说　明
$\frac{p_1}{mv}<0$	$u_f=0, u_b=1$	输出最大制动，用于限速下降处或列车进站
$\frac{p_1}{mv}=0$	$u_f=0, u_b\in(0,1)$	输出部分制动，用于陡下坡上避免超速
$0<\frac{p_1}{mv}<\frac{1}{\mu_{max}}$	$u_f=0, u_b=0$	无输出，采用惰行驾驶降低能耗
$\frac{p_1}{mv}>\frac{1}{\mu_{min}}$	$u_f=1, u_b=0$	输出最大牵引，用于列车出站加速
$\frac{1}{\mu_{max}}<\frac{p_1}{mv}<\frac{1}{\mu_{min}}$	$u_f=1, u_b=0$	输出最大牵引，用于列车中途驾驶

(2)数值法求解 ATO 目标曲线

数值法求解的典型案例为各类进化算法在列车控制领域的有效应用，其出发点为以满意解近似替代最优解，同时对所追求的多个性能指标进行优化。

以遗传算法为例，数值法解析法求解目标曲线的参考步骤为：

①编码列车速度—距离曲线，生成初始种群。

②筛选出对应所需性能指标(此处以能耗、准时、舒适度为例)，基于权重分配设计适应度函数(优化目标)Fitness(X)，Fitness(X)的大小与目标曲线的性能呈正相关，即

$$\text{Fitness}(X)=\omega_e e_e+\omega_t e_t+\omega_c e_c \tag{4-9}$$

式中，ω_e、ω_t 和 ω_c 表示各个指标对应的权重设置，可根据优先级选择调整，其数值多通过经验与前期实验进行测定。

③通过种群进化与适应度阈值判断终止条件，获取满意解可视化为目标曲线，并检验其是否满足性能期望。

列车自动驾驶控制中，常用于求解 ATO 目标曲线的数值法包括粒子群算法、非支配遗传算法、混合整数规划法等。

(二)列车速度控制跟踪

ATO 分层控制架构下，目标曲线生成后，由列车控制单元控制列车跟踪推荐曲线运行，以精确跟踪推荐速度，对目标曲线的跟踪可通过人工控制或自动控制实现。

人工控制由司机操纵控车手柄，选择挡位输出对应的牵引/制动力实现控车，该方案技术上体现为司机辅助驾驶系统(drivers advisory systems，DAS)结合列车运行状态向司机提供控车建议，主要用于列车正点到发与节能，相关技术在我国部分既有线路得到了成熟的应用。

自动控制采用机控优先方式，由列控系统在无人或少人干预情况下通过闭环反馈实时调整列车动力输出，自动控制相较于人工方式有更高的可靠性。自动驾驶速度控制过程中，列车控制器首先计算当前车速与目标曲线的差值，继而基于当前位置的坡道条件、列车牵引制动特性等计算并输出响应等级的牵引力与制动力，实现真实速度与目标速度的对齐。跟踪控制器的设计可通过多种算法实现，包括但不限于 PID(proportional integration differential)控制、模糊控制、神经网络控制等。

在当前列控实际应用中，普遍采用的跟踪控制方法为固定参数的 PID 控制。PID 算法具有简单、稳定、部署快等特点，核心思想是反馈控制，实质是根据列控设备传感器测得实际速度值与目标曲线速度值的偏差，引入比例(P)运算快速减小偏差，引入积分(I)运算减少稳态误差，引入微分(D)运算加快因积分而减缓的系统响应时间，从而减少超调量，将三种运算结果相加反馈回控制输出，可用于列车运行控制这类复杂系统的实时控制。PID 算法如图 4-3 所示，其控制器可表示为

$$\Delta v(t)=v_{\mathrm{ref}}(t)-v(t) \tag{4-10}$$

$$u_{\mathrm{PID}}(t)=K_{\mathrm{P}}\left(\Delta v(t)+\frac{1}{T_{\mathrm{I}}}\Delta v(t)\mathrm{d}t+T_{\mathrm{D}}\frac{\mathrm{d}\Delta v(t)}{\mathrm{d}t}\right) \tag{4-11}$$

式中，$\Delta v(t)$为参考速度$v_{\mathrm{ref}}(t)$与实际速度 $v(t)$的误差，即列车对目标 ATO 曲线的跟踪误差；u_{PID}为输出信号；K_{P}、T_{I}与T_{D}分别为比例常数、积分时间常数和微分时间常数。

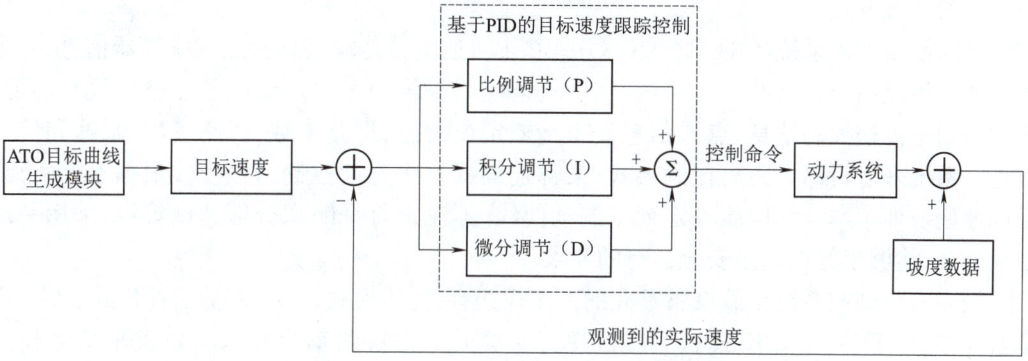

图 4-3　PID 列车跟踪控制一般流程

通过设置合理的设置K_{P}、T_{I}与T_{D}，列车控制器可以快速响应目标速度的变化并实现平稳控车。设计 PID 控制器进行目标曲线跟踪的参考流程为：

(1)初步整定控制器参数。依据 ATO 跟踪控制的实际需求，车辆控制系统特性和期望的超调范围与系统调整时间，对K_{P}、T_{I}与T_{D}进行范围初筛，增大K_{P}可加快系统响应速度与跟踪精度，但会削弱系统稳定性，增加T_{I}能消除稳态误差，增加T_{D}可改善动态性能，但不利于系统抗干扰。

(2)离线仿真验证。在计算机仿真平台上验证初设的 PID 控制器是否满足具体 ATO 项目的控制需求。

(3)实际验证和参数微调。将 PID 算法写入列车控制器，并在实际测试线路上分析其跟踪效果。以此对比例、积分、微分部分参数进行由小到大的连续调整，直至获取满意的控制效果。

需要指出的是，PID 控制算法是以经典的列车牵引制动特性公式为基础加装固定不变的启动、惰行、牵引、制动控车模式来实现控制列车运行的，应用时需设计一定量的附加规则来改善控制输出的频繁切换，这些制定的规则都是基于经验的，对于不同类型的铁路列车及其参数变化时，PID 算法具有一定的局限性。可通过引入参数自适应思想实现 PID 控制器的参数自动整定，以适应复杂的工况和高指标的控制要求。

第三节　CTCS2+ATO 列控系统

一、CTCS2+ATO 列控系统概述

城际铁路列控系统在 CTCS-2 级列控系统基础上，具备站间自动运行、车站定点停车及车站通过、折返作业、列车运行自动调整车门/站台门（安全门或屏蔽门）防护及联动控制、列车运行节能控制等自动运行相关功能。

城际铁路列控系统地面设备配置兼容 CTCS-2 级列控系统，与 CTCS-2 级列控系统相关的地面设备设置方式维持不变，满足正向自动闭塞追踪运行、反向自动站间闭塞运行的要求，支持时速 200 km 动车组和跨线通车组在本线双线方向运行，满足站站停与大站停混合运输的开行方式。

城际铁路列控系统（CTCS2+ATO）是基于轨道电路传输信息和点式应答器信息，并采用车地一体化系统设计的列控系统，其中轨道电路提供列车占用检测及完整性检查功能，连续向列车传送控制信息；点式信息设备传输定位信息、进路参数、线路参数、限速和停车信息。系统采取目标—距离控制模式（又称连续式一次速度控制），该模式根据目标距离、目标速度及列车本身的性能确定列车制动曲线，不设定每个闭塞分区速度等级，采用一次制动方式，能够很好地满足安全运行的要求。

城际铁路列控系统车载设备具有的工作模式有：待机模式（SB）、部分监控模式（PS）、完全监控模式（FS）、引导模式（CO）、目视行车模式（OS）、调车模式（SH）、机车信号模式（CS）、休眠模式（SL）、隔离模式（IS）、自动驾驶模式（AM）。原则上车载设备处于完全监控模式（FS）时才允许转入自动驾驶模式（AM），车载设备不具备 ATO 功能条件时，应在车载 ATP 设备安全监控下运行。

2017 年莞惠城际线路正式开通，连接广东惠州和东莞，全长 99.841 km，全线共 17 个车站，设计时速 200 km，运营以来系统运行稳定可靠。珠三角莞惠城际首次在铁路领域实现了自动驾驶，成为世界上首个速度 200 km/h 动车组应用自动驾驶的运营典范，形成了《城际铁路 CTCS2+ATO 列控系统暂行总体技术方案》《CTCS2+ATO 系统 ATO 应答器应用方案》《城际铁路 CTCS2+ATO 列控系统测试大纲》等技术规范和工程标准，为我国城际铁路信号系统建设和发展提供了指导意义，也是我国高速铁路走向自动驾驶的一次飞跃，从而实现高速铁路的综合自动化和智能化。

二、CTCS2+ATO 列控系统设备及组成

CTCS-2 列控系统中，子系统包括：联锁（CBI），列控中心（TCC），临时限速服务器（TSRS），调度集中系统（CTC），车载列车自动防护系统（车载 ATP），轨道电路，LEU 及应答器等。在 CTCS-2 列控系统基础上，车载增加 ATO 设备提供自动驾驶功能，地面增加通信控制器 CCS（communication and control server）实现运行计划、安全门（屏蔽门）地面控制功能，系统通过增加 GSM-R 接口提供车地双向传输通道，CTCS2+ATO 系统结构如图 4-4 所示。

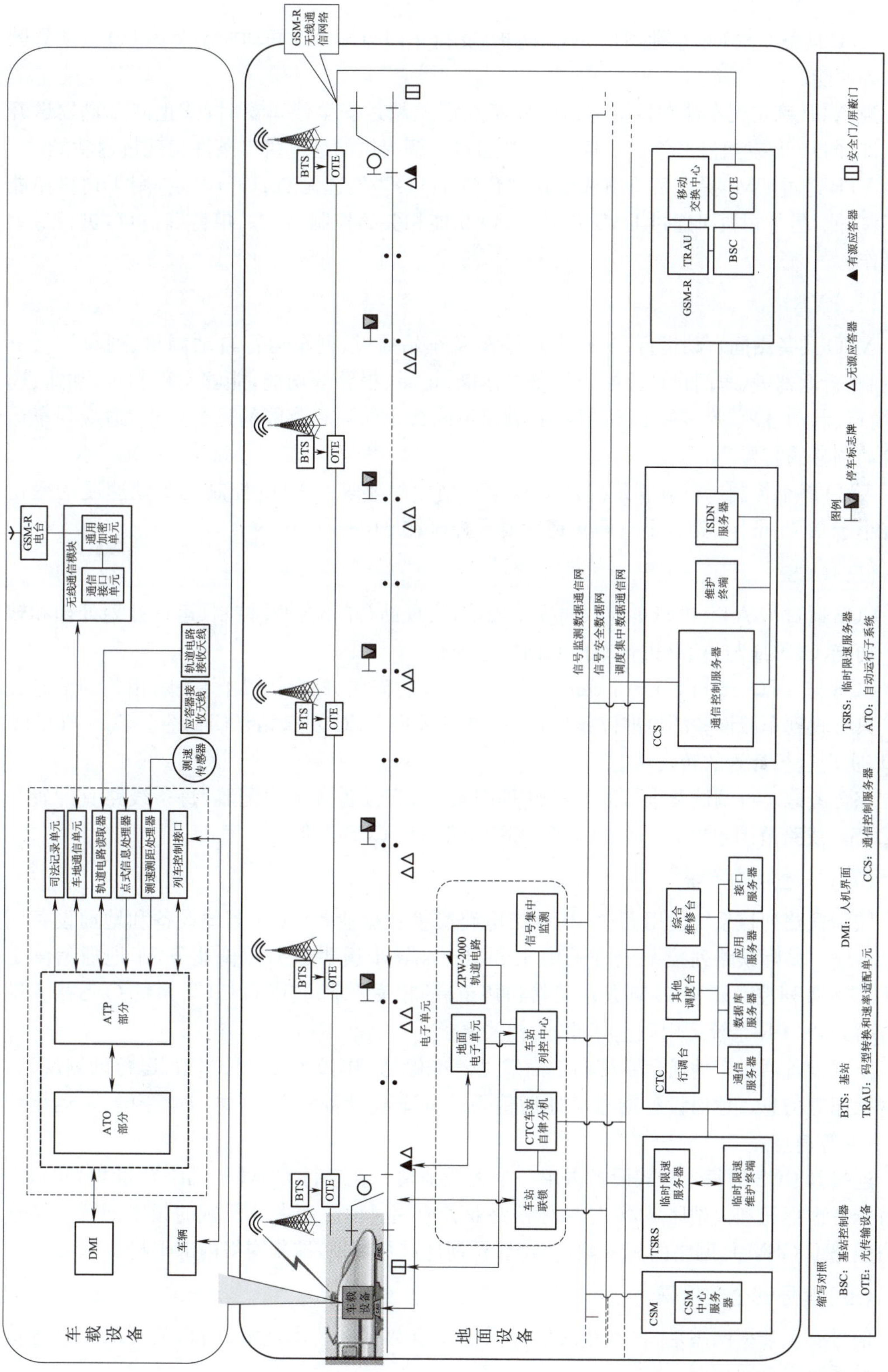

图 4-4 CTCS2+ATO 系统结构

(一)ATP

ATP 具备 GSM-R 车地通信、车门防护、支持车门与站台门联动控制及 ATO 自动驾驶接口等功能。

当 ATP 判定列车停车位置与运营停车点误差超过安全停车窗时,禁止向车辆发送开门允许、向 CCS 发送停准停稳信息。ATP 通过车辆提供的继电接口条件实现折返功能。

ATP 通过 DMI 提供系统预选模式("预选 ATO""预选无 ATO")设定,用于司机使能 ATO 功能,另外司机可通过 DMI 获取 ATO 功能相关的控制、状态、报警等信息,进行显示及操作。

(二)ATO

ATO 具备站间自动运行、车站定点停车及车站通过、列车运行自动调整、列车运行节能控制、折返驾驶、车门自动控制及设备自诊断、记录、报警等功能,能够实现起车、加速、巡航、惰行、制动、停车等多种工况的控制,满足不同行车间隔和节能的运行要求,适应列车运行自动调整的需要。

ATO 停车控制过程应满足舒适度和停车精度的要求。ATO 控制列车减速度的变化率宜小于 0.75 m/s^3,站台定点停车精度要求控制在 ± 0.35 m 以内。

(三)CCS

CCS 通过与 ATP 进行车地双向安全通信,实现站台门防护及控制、运行计划处理和转发等功能,CCS 应与 ATP 进行车地双向安全通信。

CCS 与 TCC(train control center)接口,实现防淹门、站台门、紧急关闭相关的信息交互。只有收到车载设备的停准停稳信息后,CCS 才向 TCC 发送站台门命令。CCS 与 CTC 接口,实现运行计划的转发功能。

综合考虑运行调试及维护的便利性等因素,CCS 设备宜集中配置,每条线路宜配置一套 CCS。线路范围超出 CCS 性能容量范围时可增设 CCS 设备。

(四)车地通信系统

城际铁路列控系统使用 GSM-R 网络电路交换数据业务,实现车载设备和地面设备间信息传输。城际铁路列控系统宜采用 4.8 kbit/s 异步透明数据传输业务,车地通信满足《CTCS-3 级列控系统与 GSM-R 网络接口规范》的相关要求;其中 GSM-R 系统 QoS 指标满足《铁路 GSM-R 系统运用质量标准》的相关要求。

车载设备通过车地通信系统向地面发送停准停稳、开/关门命令、车型、运行计划反馈、车载状态等信息。地面设备通过车地通信系统向车载设备发送开/关门命令确认、运行计划、折返等信息。

连接到 CCS 的每个车载设备占用一个无线信道。在进行 GSM-R 网络容量规划时,需要特殊考虑枢纽和大站区域,保证城际铁路业务应用。枢纽和大站区域的频率配置应结合周边线路上 GSM-R 网络的频率配置情况,合理地进行规划,控制网络内部干扰。

(五)信号安全数据网

信号安全数据网满足《客运专线信号系统安全数据网技术规范》的相关要求。CCS 接入信号系统安全数据网。

（六）TCC

TCC满足《列控中心技术规范》的相关要求。

城际铁路列控系统车站中继站均独立设置TCC，无配线站可根据需要设置TCC。TCC采集防淹门、站台门、紧急关闭相关信息，并发送给CCS，TCC接收CCS控制命令，输出站台门的控制动作。不设置TCC的无配线车站，其防淹门状态采集、站台门相关采集/驱动、紧急关闭相关采集功能由相邻TCC实现。

（七）轨道电路

轨道电路满足《ZPW-2000轨道电路技术条件》的相关要求。

（八）应答器与LEU

城际铁路应答器报文定义及设置原则满足《CTCS-2级列控系统应答器应用原则》的相关要求。此外在股道设置专用的精确定位应答器，用于实现列车精确定位。城际铁路出站口应答器组中线路信息描述（用于ATO运行时分计算）原则上应覆盖到下一站出站口。组内信息容量不足时，可增加应答器。

股道精确定位应答器应单独成组，精确定位应答器采用ETCS信息包44的形式存储车站编号股道编号、至运营停车点的距离、默认站停时间及门侧信息。应答器的具体布置距离可根据列车及设备特点进行调整，安装精度应满足列车精确定位及定点停车的要求。

（九）TSRS

TSRS满足《临时限速服务器技术规范》的相关要求。

（十）联锁

联锁满足《计算机联锁技术条件》的相关要求。

联锁具备对防淹门、站台门、紧急关闭相关的采集接口。站台门锁闭时，联锁允许对应进站、出站信号开放。若此时站台门重新打开后再次锁闭，应人工确认进路开放。“紧急关闭”按钮按下时，联锁应立即关闭对应的进站、出站信号；防淹门关闭时，防淹门相邻车站的联锁应禁止开放相应的出站信号。

（十一）CTC

CTC满足《分散自律调度集中系统（CTC）技术条件》的相关要求。

城际铁路列控系统中CTC增加运行时刻自动调整相关功能，通过CTC-CCS接口服务器和CCS相连。原则上CTC-CCS接口服务器应与CCS一一对应。

城际铁路独立设置调度中心CTC设备，用于管辖区域内列车运行的集中管理。城际铁路网内各线可共用CTC中心服务器设备并根据需要分别设置调度台。城际铁路调度中心CTC具备与相关调度所CTC的接口条件，实现对跨线列车运营的协调管理和控制。

城际铁路正线车站、线路所及动车走行线等统一纳入CTC集中控制管理，CTC系统实现对大站停列车和站站停列车分别管理的功能，可根据运行计划自动触发折返进路，并完成折返车次号的自动变更。

城际铁路CTC调度台显示界面中需增加站台门状态、区间运行时分、站停时分、紧急关闭状态、防淹门静态位置显示、人防隔断门静态位置显示、车载状态报告和司乘信息、与CCS连接状态故障报警、运行计划设置等相关内容。

(十二)集中监测

集中监测系统满足《铁路信号集中监测系统技术条件》的相关要求。城际铁路列控系统中集中监测系统增加了对 CCS、防淹门、站台门、紧急关闭相关信息的监测。

三、CTCS2+ATO 列控系统运营场景

CTCS2+ATO 城际铁路列控系统包括注册与启动、注销、进出动车段、列车自动运行、折返作业、车门/站台门防护及联动控制、列车运行自动调整、自动过分相、临时限速、降级及故障情况、灾害防护、互通运行 12 个运营场景。下面简要介绍几个主要运营场景。

(一)列车自动运行

(1)车站出发:列车在股道完成站台作业。到达预定的发车时间后,司机瞭望检查完成旅客乘降作业后进行关门操作(或由 ATO 自动关门)。车载设备和地面设备进行车门与站台门联动控制,车门和站台门同步关闭。联锁检测到站台门锁闭后,允许已办好进路的出站信号开放,此时列控中心控制轨道电路发送机车信号允许码。车载设备根据轨道电路发送的机车信号允许码更新行车许可。ATO 确认车门关闭,司机驾驶手柄位置正确且相关条件具备后,闪烁“ATO 发车”指示灯提示机。司机确认车门关闭后,根据发车提示按压“ATO 启用”按钮,ATO 根据列车运行计划及行车许可,自动驾驶列车。若发车时车载设备无法转入自动驾驶模式,需由司机人工驾驶列车从车站出发。

(2)区间运行:当列车通过出站口应答器组时,接收应答器发送线路数据信息和 CCS 呼叫信息。若从出站口应答器组获得的 CCS 呼叫信息与当前 CCS 不同,则车载设备呼叫新的 CCS 建立通信。

ATO 根据运行计划信息及列车运行状况采用牵引制动、惰行等控制策略,自动驾驶列车在区间运行。区间信号关闭时,ATO 应按照 ATP 的防护曲线在 ATP 的目标停车点前一定距离自动停车。区间信号开放后,车载设备获得行车许可。ATO 判断具备发车条件时闪烁“ATO 发车”指示灯,此时司机可按压“ATO 启用”按钮,由 ATO 自动驾驶列车。

(3)进站停车:列车经过股道精确定位应答器时,车载设备通过 BTM 获得定位信息并对列车位置进行精确校正。车载设备同时获得本股道的运营停车点位置信息和门侧信息。ATO 根据列车运行状况(位置、速度等)控制列车、制动、行使列车准确地停在运营停车点处。若列车未到达运营停车点,允许司机人工驾驶列车继续前行停车对位。若列车越过运营停车点,允许司机人工驾驶列车后退,一次后退距离不超过 5 m。

(二)车门/站台门防护及联动控制

(1)车门防护:ATP 接收股道精确定位应答器中的门侧信息,向列车输出开门允许,进行车门防护 ATP 仅在判断列车停准且停稳后,输出开门允许。若门侧信息为“左侧”或“右侧”,ATP 输出“开左门允许”或“开右门允许”。若门侧信息为“双侧”,ATP 同时输出“开左门允许”和“开右门允许”。

(2)站台门防护:当联锁检测到站台门“锁闭”时,允许开放对应的进站、出站信号。否则,应立即关闭对应信号。当 TCC 检测到站台门“报警”时,对应股道发 H 码。TCC 未接收到 CCS 发送的开门命令时,不向站台门系统发送开门动作。ATO 在 ATP 给出开门允许

后进行车门控制。ATO 采集车辆提供的门控模式信号，用于车门控制。ATO 提供 3 种车门控制模式：自动开门/自动关门（由 ATO 自动打开车门，并在站停时间结束后，自动关闭车门）；自动开门/手动关门（由 ATO 自动打开车门，由司机手动关闭车门）；手动开门/手动关门（由司机手动打开和关闭车门）。任何车门控制模式下，司机可人工操作车门。

（三）折返作业

（1）站后端有人自动折返：系统满足站后端有人自动折返作业要求，折返进路按列车方式办理。为提高折返效率，折返牵出线设置两段轨道电路，轨道区段长度应兼顾其最小长度要求。列车位于股道旅客乘降完毕。到达预定折返发车时间后，CTC 通过联锁办理自动折返发车进路，并通过 CCS 向车载设备发送折返命令和运行计划。车载设备通过 DMI 向司机给出折返提示。站台门锁闭且进路开放条件具备后，对应进路开放，TCC 控制对应股道发送机车信号允许码。司机按压“ATO 启用”按钮，ATO 根据进行折返。当 ATO 自动驾驶列车完全进入折返牵出线并停稳后，车载设备退出自动驾驶模式。CTC 通过联锁办理折返接车进路。司机激活非本务端驾驶台之后，人工驾驶列车返回站台。

（2）原地折返运行：列车位于股道，旅客乘降完毕后，司机关闭本务端驾驶台，该端车载设备转入待机模式。司机激活非本务端驾驶室，该端车载设备开始正常工作，原本务端车载设备转入休眠模式到达预定的折返发车时间后，CTC 通过联锁办理发车进路，站台门锁闭且进路开放条件具备后，对应进路开放，TCC 控制对应股道发送机车信号允许码。司机检查确认车门关闭后，列车以部分监控模式从车站发车。

（四）列车运行自动调整

CTC 根据实际运营情况，以日班计划为依据结合列车的运行能力，生成运行计划信息，并通过 CCS 发送给 ATO。列车运行过程中，CCS 向 ATO 周期性发送列车运行计划信息，当运行计划发生变化时，立即向 ATO 发送。CCS 向 ATO 至少发送两段运行计划信息，包括当前站间的运行计划和下一站间的运行计划。ATO 接收的运行计划以一个站间为基本范围，其基准点为 LRBG 应答器组，其内容主要包括本次运营停车点、目的站、站间运行时分和停站后站台作业（站停时分、通过、折返信息等）。ATO 识别出运行计划中的基准点信息有效时，判定该运行计划有效。否则，该运行计划无效。ATO 收到有效运行计划信息后，调整列车的控制曲线，自动驾驶列车运行。列车在股道停车后，根据运行计划信息执行站台作业（站停时分调整、通过/到发、折返等）。

第四节　CTCS3＋ATO 列控系统

一、CTCS3＋ATO 列控系统概述

高速铁路 ATO 系统是在 CTCS-3 级列控系统的基础上，车载设置 ATO 单元实现自动驾驶控制的。地面设置专用精确定位应答器实现精确定位，地面设备通过 GPRS 通信实现站台门（安全门或屏蔽门，以下简称站台门）控制、站间数据发送和列车运行调整计划（简称运行计划）处理。

高速铁路 ATO 系统主要功能包括：车站自动发车、区间自动运行、车站自动停车、车门自动开门（防护）、车门/站台门联动控制。

高速铁路 ATO 系统能够实现车站启动加速、区间运行、进站停车的平稳控制要求，以保证列车运行的高效和舒适性。高速铁路 ATO 系统能根据高速铁路不同的线路情况，实现相适应的 ATO 功能。高速铁路 ATO 系统列车运行由 ATP 车载设备保证其运行的安全。车载设备分为人工驾驶和自动驾驶两种工作状态。人工驾驶时，ATP 车载设备工作模式执行现行 CTCS 车载设备技术规范；自动驾驶时，ATP 车载设备采用自动驾驶模式（AM）。

高速铁路 ATO 系统研究经历了系统方案及规范研究、方案评审、系统研发、安全认证、第三方室内测试、试验评审、现场试验、试用评审、高铁载客试用考核等阶段，完成了高速铁路 ATO 系统成套技术装备研制，并成功应用于京张智能高铁的建设和运营中，推动我国高速铁路数字化、智能化发展。2018 年，京沈高铁 ATO 系统综合试验段开通运营，全长 254 km。2019 年，智能京张高铁开通运营，全长 174 km。

高速铁路 ATO 系统能有效减轻司机劳动强度，提高列车运行效率，降低牵引能耗，将进一步提高列车运行安全保障能力和智能化水平，保持我国高铁技术在国际上的先进性，为智能铁路建设提供支撑。该系统建立了具有自主知识产权的中国高铁 ATO 技术体系和成套技术标准，包括：《高速铁路 ATO 系统暂行技术规范》《自主化 CTCS-3 级列控车载设备暂行技术条件》《高速铁路 ATO 系统测试案例》等。该系统构建了基于多目标优化策略的高速列车控车算法与模型，全面提升了控车舒适度、停车精度、节能降耗等性能指标，在全球范围内首次实现时速 350 km 高速列车自动驾驶，是高铁装备智能化的重要标志之一，为我国智能高铁装备的发展提供了核心技术保障。

二、CTCS3＋ATO 列控系统设备及组成

CTCS3＋ATO 系统结构如图 4-5 所示。

（一）ATP

在原有 ATP 车载设备功能基础上增加以下功能：

（1）ATP 具备车门防护功能，具备支持 ATO 自动驾驶等功能。

（2）当 ATP 判定列车停车位置与动车组停车位置标误差超过允许开门停车窗时，禁止向车辆发送“开门允许”指令，禁止向 ATO 发送停准停稳信息。

（3）当不具备运用 ATO 自动驾驶条件时，能解除“ATO 有效”指令。

（4）ATP 通过 DMI 提供系统预选模式（“预选 ATO”“预选无 ATO”）设定功能。

（5）DMI 支持与 ATO 功能相关的控制、状态、报警等信息显示及操作。

（二）ATO

ATO 具备站间自动运行、车站定点停车及车站通过、列车运行自动调整驾驶策略、车门自动开门、车门/站台门联动控制及设备自诊断、记录、报警等功能；提供列车启动、加速、巡航、惰行、制动、停车等多种工况的控制，满足不同行车间隔的运行要求，适应列车运行自动调整驾驶策略的需要。

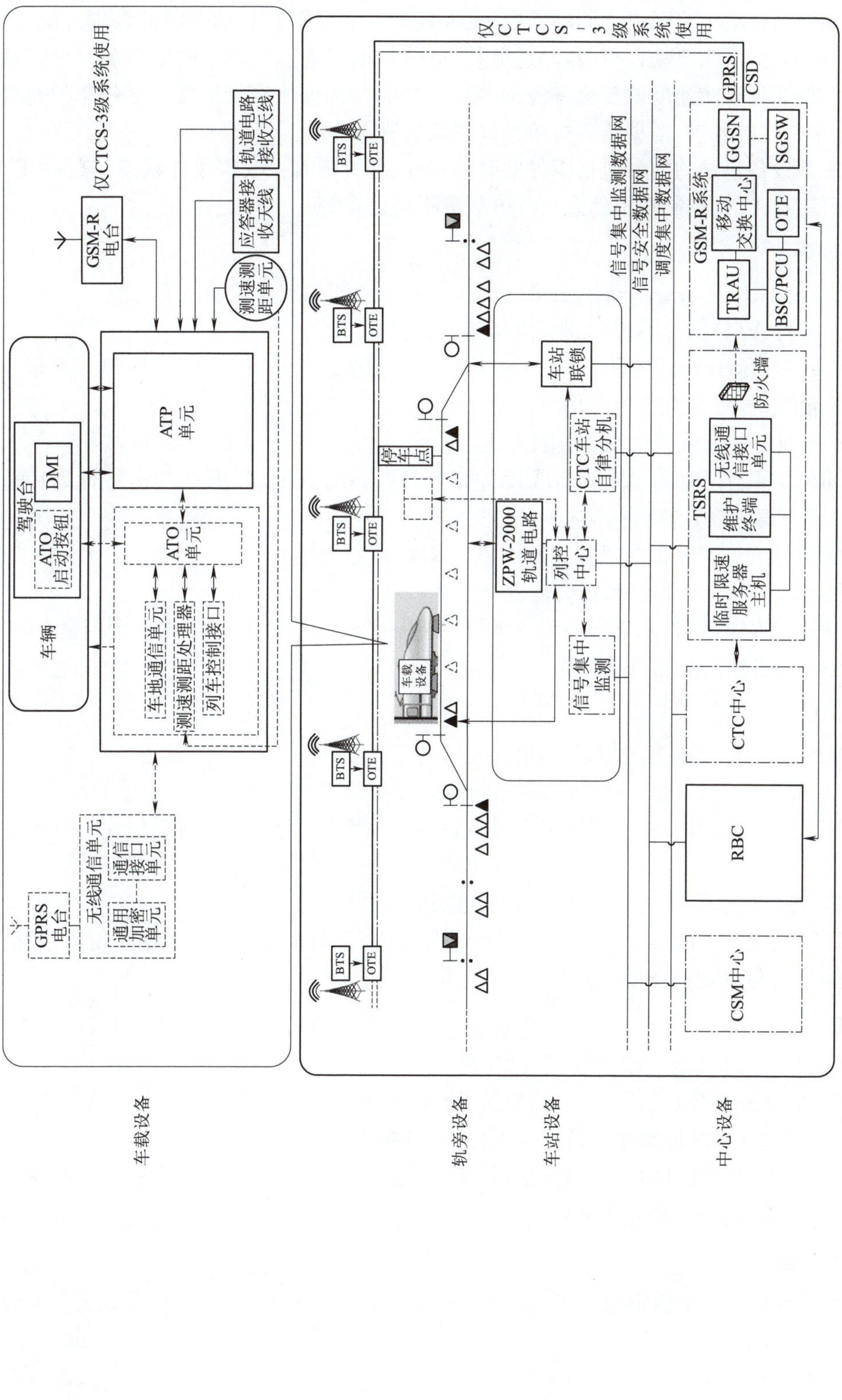

注：图中虚线为新增内容　图中点划线为既有设备修改　图中实线示意为既有

图例：停车标志牌　△无源应答器　▲有源应答器　站台门

图 4-5　CTCS3＋ATO系统结构

ATO 设置独立的 GPRS 电台及天线，通过 GPRS 无线通信与地面设备进行双向信息传输。当收到 CTC 实时更新的运行计划时，向 CTC 进行反馈。当缺少列车运行计划等 ATO 工作所需信息时，ATO 提供三种预选驾驶策略，在 ATP 防护下区间停车和按预选驾驶策略实现站台定点停车，不提供自动开门功能。

ATO 能够结合动车组牵引和制动参数，实现自动牵引控制和制动控制的合理分配，满足在车站启动加速、区间自动运行、自动过分相、进站停车等运营场景下的效率和平稳控制要求。其中，控制列车减速度的变化率应小于 0.75 m/s^3，确保旅客舒适度。在停车控制过程应满足停车精度的要求，根据需要可单独设置测速测距单元。

ATO 车载设备记录的内容包括事件的时间和日期，具体有：ATO 工作状态信息；ATO 接收的地面信息；ATO 控制输出信息；ATO 故障报警信息等。

（三）TSRS

在原有 TSRS(temporary speed restriction server)功能基础上增加以下功能：

(1)TSRS 与 ATO 通过 GPRS 进行车地双向通信。

(2)TSRS 实现运行计划的转发功能，运行计划应覆盖运行前方两个车站，包含列车到发股道、列车到发时刻、列车通过等信息。

(3)TSRS 具备站间数据存储、调用、发送等功能。

(4)TSRS 在适当位置向 ATO 车载设备冗余发送站间数据，数据应与运行计划相适配，用于 ATO 车载设备计算区间运行时分。

(5)运行计划和站间数据应描述其基准点(LRBG 应答器组)。

(6)TSRS 实现站台门控制和相关信息交互。

(7)TSRS 在收到 ATO 车载设备发送的开/关门命令后，才向 TCC 发送站台门命令。

(8)TSRS 具备输出监测数据功能。

（四）CTC

在原有 CTC 功能基础上增加以下功能：

(1)CTC 周期性向车载设备发送对应站间的运行计划信息。

(2)CTC 能根据收到的列车运行车次号、运行时分、系统工作模式等信息，实时管理在线列车。

(3)CTC 接收列车停准、停稳信息，作为进路办理的条件之一。

(4)CTC 增加站台门状态，区间计划运行时分、列车运行状态信息(含计划使用情况、ATO 驾驶策略等信息)及 TSRS 连接状态等信息。

（五）TCC

在原有 TCC 功能基础上增加以下功能：

(1)TCC 向 TSRS 和 CTC 车站设备发送站台门相关信息。

(2)TCC 接收 TSRS 控制命令，输出站台门的控制动作。

(3)TCC 实现相应股道的站台门防护，检测到站台门系统以继电接口方式提供的站台门处于异常状态时，对应股道发 H 码。

（六）应答器

在股道设置专用的精确定位应答器，并向车载设备发送相关报文，支持车载设备实现车站股道精确定位和定点停车。

在车站接近区段和离去区段的应答器组中发送 ATO 通信管理报文，用于列车呼叫 TSRS 并建立连接。

列车接近隧道时，宜通过两组应答器组向车载设备发送隧道信息。

(七)信号集中监测

在原有信号集中监测系统基础上增加从 TCC 获取站台门相关的监测信息。

(八)车地通信

通信系统应根据小区内的业务量，合理设置小区载频数、分组业务静态/动态信道和电路业务信道的配置比例。

TSRS 设备通过冗余设置的专线接入 GPRS 网络的 GGSN 设备，并采用防火墙进行安全隔离。车载设备采用动态分配的 IP 地址，每次 PDP 激活后获得；TSRS 设备采用一个 IP 地址与 GGSN 设备连接。

GPRS 网络为 ATO 业务提供不小于 3 kbit/s 的数据传输速率，传送时延不大于 1.5 s (95%时间地点概率)，通过配置 GPRS 网络参数，可有效提高 ATO 业务的可靠性和可用性。

三、CTCS3＋ATO 列控系统运营场景

CTCS3＋ATO 城际铁路列控系统包括注册与启动、注销与关闭、车站自动发车、区间自动运行、车站自动停车、车门自动开门(防护)、车门/站台门联动控制、区间跨 TSRS 运行、CTCS 等级切换、自动过分相、隧道信息处理、降级及故障情况 12 个运行场景，下面简要介绍几个主要运营场景。

(一)车站自动发车

司机通过 DMI 预选 ATO，ATO 车载设备可按照司机输入或车站出站应答器组提供的 TSRS 编号呼叫 TSRS，连接成功后在 TSRS 中注册该 ATO 车载设备有效身份并将信息传送给 CTC，CTC 在列车注册列表中显示该列车。ATO 车载设备根据 TSRS 发送的位置报告参数信息报告列车位置信息。TSRS 依据列车位置信息通过基准点信息(LRBG 应答器组)发送列车运行计划；当列车驶出 TSRS 管辖范围时，TSRS 通知 CTC 删除该列车的列车注册信息并注销与 ATO 车载设备的会话。

始发站司机检查动车组具备发车条件后，在 ATP 监控下以 PS 模式发车，列车在发车过程中若满足进入 AM 模式条件时，闪烁“ATO 启动”按钮指示灯提示司机，司机可按压“ATO 启动”按钮进入 AM 模式，执行自动驾驶功能。

ATO 模式中间站时，待列车在股道完成站台作业，DMI 上显示发车倒计时，到达预定的发车时间后，提示司机人工关闭车门。车载设备和地面设备进行车门/站台门联动控制，车门和站台门同步关闭。当站台门正常关闭并锁闭时，TCC 控制轨道电路发送机车信号允许码。车载设备根据地面设备发送的信息更新行车许可。

当 ATO 确认车门关闭，司机驾驶手柄位置正确且相关条件具备后，闪烁“ATO 启动”按钮指示灯提示司机。司机根据发车提示按压“ATO 启动”按钮，ATO 控制列车自动发车。

(二)区间自动运行

当列车由车站发车并通过离去区段应答器组时，ATO 车载设备将接收 TSRS 发送的运行计划、站间数据和应答器发送的 TSRS 呼叫信息。ATO 车载设备根据运行计划信息、列车运行状况采用牵引、制动、惰行等控制策略，以及 TSRS 提供的站间数据，自动控制列车在区间运行，按照计划要求正点到达或通过前方车站。在顶棚速度区运行时，列车速度不宜低于 80 km/h。

当列车运行过程中运行计划不可用时，ATO 车载设备自动选择预选驾驶策略中的默认策略控制列车运行，司机根据列车运行情况，可人工调整预选驾驶策略，预选驾驶策略如图 4-6 所示。

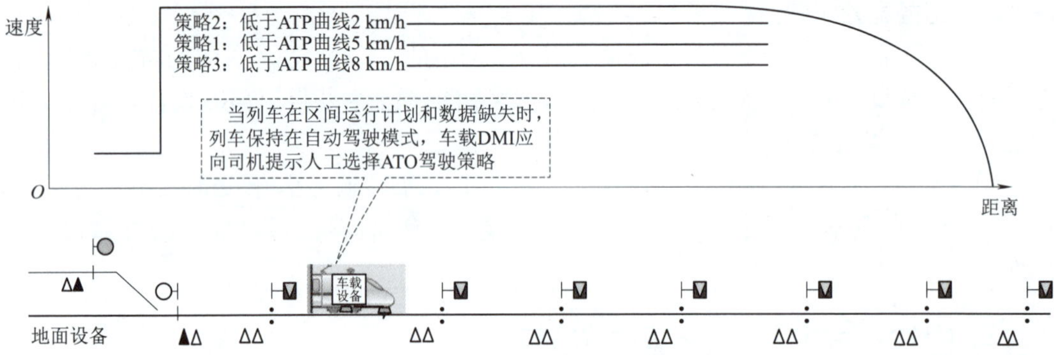

图 4-6　预选驾驶策略示意

预选驾驶策略设置如下：

(1)策略 1：低于 ATP 模式曲线 5 km/h，为默认策略。

(2)策略 2：低于 ATP 模式曲线 2 km/h。

(3)策略 3：低于 ATP 模式曲线 8 km/h。

特别地，当区间信号关闭时，ATO 应按照 ATP 的防护曲线在 ATP 的目标停车点前一定距离自动停车。在区间信号开放后，车载设备得到行车许可，ATO 车载设备判断具备发车条件时闪烁“ATO 启动”按钮指示灯，此时司机可重新按压“ATO 启动”按钮进入 AM 模式运行。

(三)车站自动停车

ATO 车载设备通过 TSRS 得到本站运行计划等信息，包括前方站时分信息、到发信息、办客信息等。当前方站计划停车时，列车通过布置在股道的精确定位应答器获得定位并进行校正，同时根据定位应答器中的运营停车定位基准点信息确定本股道的运营停车定位基准点的精确位置和站台门的门侧信息。

ATO 车载设备根据控车相关信息及列车运行状况(位置、速度等)调整对列车牵引、制动、惰行的控制，使列车准确地在停车定位基准点处停车。当列车进站停稳且停准时(列车实际位置与运营停车定位基准点距离误差小于 ATP 安全停车窗)，DMI 显示停稳停准图标，车载设备在 AM 或 FS 模式下向动车组提供“开门允许”(左侧、右侧或双侧)指令。车载设备将停准、停稳信息发送给地面设备。

车载设备/地面设备完成车门/站台门联动控制，动车组及站台门系统分别控制车门、站台门同步打开后，旅客开始上下列车。

（四）车门自动开门（防护）

ATP 车载设备判断列车停准且停稳（速度为零），并根据运行计划和股道相关应答器中的信息，进行站台侧车门开门防护，根据列车对标误差及实际站台位置的“左侧”或“右侧”分别输出“允许开左门”或“允许开右门”指令。

列车停车误差大于安全停车窗时，不输出“开门允许”指令；在列车运动过程中不输出“开门允许”指令；运行计划为“不办客”或运行计划无效时，不输出“开门允许”指令。

（五）车门/站台门联动控制

当 ATO 与 TSRS 通信正常时，可实现车门/站台门联动控制，车门和站台门在联动过程中宜同步进行开/关门动作。车门与站台门联动时序如图 4-7 所示。

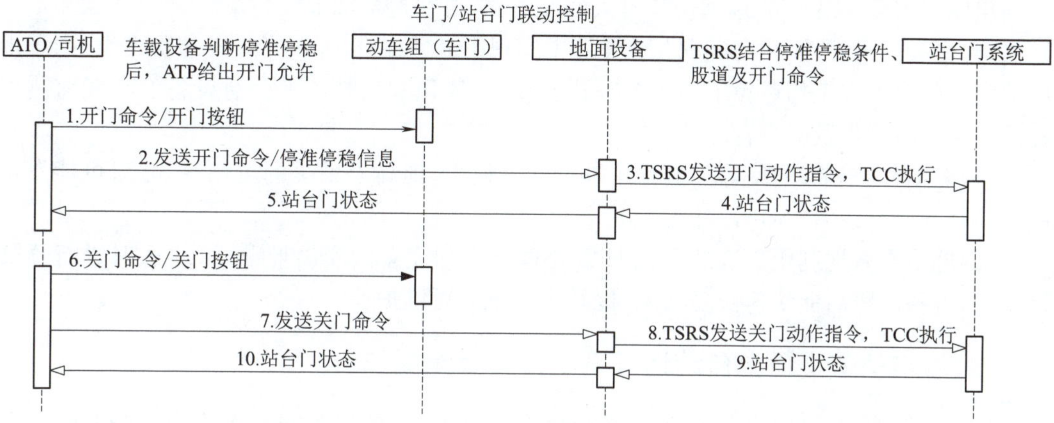

图 4-7　车门/站台门联动时序

车门/站台门的开门联动控制由 ATO 或司机触发，关门联动控制由司机触发，当且仅当 ATP 在确认列车停准且停稳后，允许打开车门。由司机/ATO 进行开门操作，此时开门命令由 ATO 发送给地面设备。地面设备根据编组信息和地面站台门设置情况，确认对应股道列车停准且停稳后，向对应的站台门系统发送开门命令，由站台门系统开启站台门。

司机进行关门操作，关门命令由 ATO 发送给地面设备。地面设备向对应的站台门系统发送关门命令，由站台门系统关闭站台门。如果车门/站台门的开/关门联动失败，DMI 显示站台门联动失败文本信息，站台门的开/关由人工操作。

视频

高速铁路
自动驾驶系统
CTCS3+ATO

第五节　轨道交通全自动运行系统

一、轨道交通全自动运行系统概述

全自动运行技术研究开始于小运量的乘客自动运输系统，GoA4 级全自动运行系统（fully automatic operation，FAO）是高度集成化和自动化轨道交通系统，本节以城市轨道交通全自动运行系统为例进行介绍。随着城市轨道交通现线网复杂程度增加，系统运营安全与效率备受关注，而作为引领轨道交通发展趋势的先进客运交通系统，FAO 系统能在保证安全可靠性、增大线路通过能力、提升旅行速度、减少车辆需求量和定员、降低运营成本等诸多方面都与城市安全运营和可持续发展的目标一致。城市轨道交通 FAO 系统是基于数据挖掘、神经网络、云计算、多传感器融合感知、智能控制、现代计算机、通信和系统集成等技术实现列车运行全过程自动化的新一代城市轨道交通系统。FAO 系统能增强轨道交通系统装备的功能和性能，有效提升运营服务水平，进一步保障轨道交通安全与效率。

与有人驾驶相比，全自动运行的优势如下：

(1)避免了司机误判断、误操作引发的安全问题，提高了旅行速度，增加了运能，可缓解大客流引起拥挤所引发的安全问题；屏蔽门与车门的对位控制，有效避免间隙夹人事件的发生。

(2)更灵活的运营，更具应对突发客流的能力。控制中心直接控制列车，从下达唤醒命令到出库仅需 5～10 min，远远快于有人驾驶线路，可快速增加上线列车。

(3)更高的可靠性，在前期 RAM 设计中实现可靠性提升，保证了设备的稳定性；列车出库前完善的自检查工作避免了列车“带病”上线；一体化监测服务平台对设备的在线监测可提前发现故障隐患及时进行维护。

(4)对信号、车辆、通信等关键系统进行冗余设计，提高了系统的可用性，并对可能发生的故障情况进行纠错、容错设计。

(5)能更有效地利用先进的数据收集处理技术和完善的实时监测手段，适时进行预防性维护，设备故障后能快速恢复功能，提升了系统的可维护性。

二、城市轨道交通全自动运行系统设备及组成

城市轨道交通 FAO 系统能在保证安全的前提下，实现列车的无人值守驾驶和运营调度维护的自动化和智能化，系统以信号系统为核心，结合站台门系统、车站及列车的乘客信息系统(PIS/PA)、通信系统、自动售检票系统(AFC)、环境与设备监控系统(BAS)和火灾报警系统(FAS)等，实现在正常运营、降级运行及应急场景下的运行功能。FAO 系统结构如图 4-8 所示，以信号系统功能介绍为例。

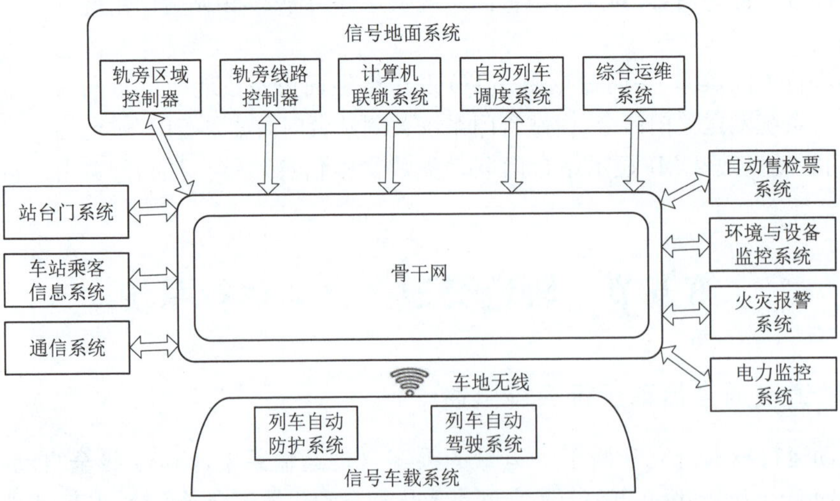

图 4-8 FAO 系统结构

(一)ATS子系统功能

ATS子系统在ATP、ATO系统的支持下完成对全线列车运行的自动管理和监控。ATS宜具有两种运营控制模式:列车自主控制和地面ATS控制。列车自主控制时,由列车按已下载计划自主维持运营。

ATS子系统地面控制等级宜划分为地面控制中心ATS和车站ATS。

(二)ATP子系统功能

ATP子系统根据安全制动模型和限制速度计算速度—距离曲线,实现列车速度控制,防止列车超速,确保追踪列车之间的安全行车间隔。

ATP子系统根据列车位置、线路数据、资源可用状态、道岔位置等条件按照移动闭塞的原则计算移动授权。

ATP子系统能根据行车资源占用状态、实体资源锁闭状态及前车位置等信息,或以进路始端信号机为起点,沿进路方向由近及远连续延伸安全行车路径。

ATP子系统具备行车资源的管理、移交及回收功能。

(三)ATO子系统功能

ATO子系统在ATP子系统的保护下自动驾驶列车,根据ATS子系统的命令,实现列车在区间运行的自动调整,并可实现列车的节能运行控制。

ATO子系统可控制列车按运行图规定的区间走行时间行车,自动完成对列车的启动、加速、巡航、惰行、减速、停车的合理控制。

在AM、FAM模式下,ATO子系统可根据ATS的调整指令控制区间走行时分,达到列车运行自动调整的目的。

ATO向ATS发送列车运行信息,便于ATS对列车进行监控。

ATO能实现车站站台定点停车功能。

列车停车后,若发车条件不满足,ATO输出制动,避免溜车。

列车停稳于车站规定位置,ATO可向列车发送开车门命令,并由ATP车载设备向目标控制器OC(object controller)轨旁设备发送开启与车门对应站台门的命令。

(四)OC子系统功能

OC子系统能对资源实现登记申请、注销登记及登记管理。

OC子系统能对资源实现锁闭申请、解锁申请及锁闭管理。

OC子系统具备管理临时限速的功能。

OC子系统宜具备区段封锁和解封的管理功能。

OC子系统宜具备扣车、跳停、站停时间等站台状态管理功能。

(五)数据传输系统DCS功能

DCS(data communication system)是实现系统信息交换的传输通道,实现透明通道传输。

DCS无线系统宜采用LTE技术,采用AB双网余的网络结构,支持车车、车地之间的数据传输。

DCS终端切换时不应干扰信号系统正常工作,不应导致任何通信中断或信息丢失。

DCS受SNMP标准协议管理,网络管理系统(NMS)支持网络设备层和无线电设备层的管理功能，包括：故障管理、性能管理、配置管理、安全管理、通信管理、拓扑管理、系统管理。

三、城市轨道交通全自动运行系统运营场景

全自动运行系统运营场景明确了正常场景、降级场景、故障场景中需要实现的功能，定义了不同专业之间的接口。

（一）正常场景

正常场景主要包含列车全天完整运行的各项功能，其中包含运营准备、列车正线运行、运营结束、场内作业，如图 4-9 所示。

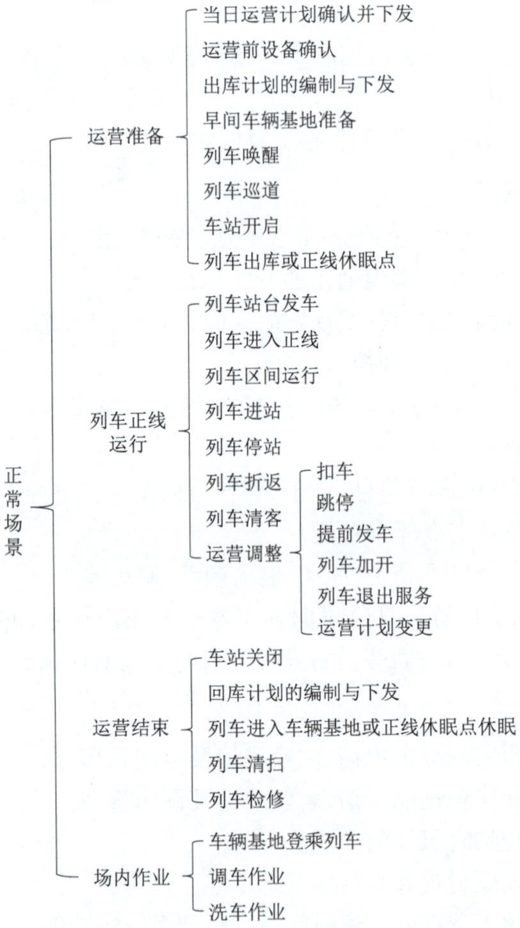

图 4-9　正常场景分类

在运营准备中，以当日运营计划确认并下发、出库计划的编制与下发、列车巡道场景为例进行介绍。

当日运营计划确认并下发是中央调度员在每日 02:30（可调整）确认当日运营计划无误或由信号系统自动调用当日运营计划，经中央 ATS 下发计划至车站和车辆段/场控制中心 DCC(depot control center)的 ATS 设备及综合监控等相关系统，然后各相关岗位确认当日运营计划无误。

出库计划的编制与下发是检修人员在每日 03:30(可调整)前根据当日车辆检修结果,向车辆基地调度员提供当日用车情况,车辆基地调度员确认当日用车数,结合当日运营计划、实际库内股道占用情况,通过 ATS 编制出库计划,车辆基地调度员确认出库计划无误后提前上传 ATS,发送给中央调度员和车辆基地相关维修部门等岗位。

列车巡道是运营前 2 h(可调整),系统根据出库计划自动唤醒作为巡道车的车辆基地或正线列车,列车完成自检后,调度员确认列车具备出车条件,调度员授权多职能队员(列控)登乘巡道车,多职能队员(列控)经指定客室门登乘列车,根据运营计划自动触发进路,多职能队员(列控)以人工驾驶模式(采用 CM 模式)进行列车巡道,巡道完成后,多职能队员(列控)将列车转为 FAM 模式并锁上司机驾驶台盖子,巡道车进入正线运营服务。

在列车正线运行中,以列车区间运行、列车停站、扣车场景为例进行介绍。

列车区间运行是列车根据运营计划以安全进路、安全间隔、安全速度为目标,在区间自动运行,中央调度员通过 ATS 工作站对列车运行情况进行监视,若列车偏离计划时需人工调整,中央调度员可远程使列车停车。

列车停站是列车对位停车后,自动联动开启车门和站台门,中央调度员可通过 ATS 工作站和综合监控系统工作站监控列车停站情况,以及车门、站台门开启情况,停站时间内,保持车门和站台门开启,中央调度员可通过站台 CCTV(closed circuit television)监控乘客上下车情况,停站时间结束后,自动联动关闭列车车门和站台门。

扣车是根据运营需求,中央调度员通过 ATS 工作站设置扣车,可一次实现全线或多个车站的上行/下行的扣车,停站列车在站台执行扣车打开车门不关闭,区间列车在前方站台执行扣车打开车门不关闭。当需要进行运营调整(包括列车清客、区间列车数量超过系统参数等)时,系统自动触发列车到站扣车,由于车辆发生故障或应急情况需要在站台处置或执行清客(包括蠕动模式、列车火灾等)时,系统自动触发列车到站扣车。

在运营结束中,以回库计划的编制与下发、列车进入车辆基地或正线休眠点休眠为例进行介绍。

回库计划的编制与下发是车辆基地调度员根据当日运营计划、运营调整情况、股道占用情况、维修计划、洗车计划等,通过 ATS 工作站编制回库计划,车辆基地调度员在回库计划确认无误后上传系统,发送给中央、车辆基地相关维修部门等岗位及综合监控等系统。

列车进入车辆基地或正线休眠点休眠是列车自动匹配回库或进入正线休眠点计划,系统自动向将退出正线服务的列车发送“退出正线服务”工况,列车接收工况指令后自动关闭客室内照明和空调通风等,列车以 FAM 模式自动运行至车辆基地指定休眠点或正线休眠点停车,到达指定的休眠时间后,列车自动休眠。

在场内作业中,以车辆基地登乘列车为例进行介绍。

车辆基地登乘列车是工作人员根据作业任务,在获得车辆基地值班员授权并通过安全措施防护后从安全通道及登乘平台登乘列车,登乘列车时,工作人员通过观察车体外部 FAM 指示灯判断列车是否处于 FAM 模式,工作人员从指定的客室门进入列车,并关闭该门。

(二)故障场景

故障场景包含了列车在行车过程中遇到的各类故障场景,包含车辆故障、信号故障、站台门故障、接触网供电故障、综合监控故障、通信故障，如图 4-10 所示。

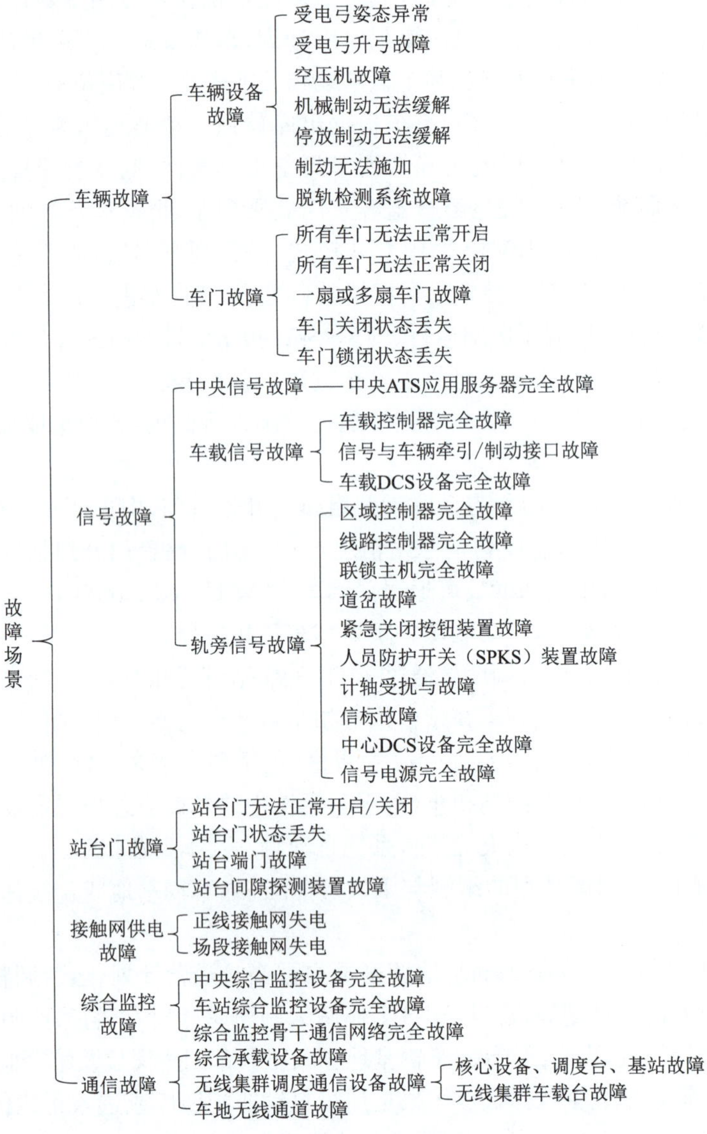

图 4-10　故障场景分类

在车辆故障中又包含车辆设备故障和车门故障两大类。车辆设备故障涵盖内容过于复杂，图中仅展示部分故障，分别以其中的机械制动无法缓解、车门锁闭状态丢失为例进行介绍。

机械制动无法缓解是列车运营期间发生单个转向架或多个转向架制动未缓解的故障，车辆将机械制动故障及状态发送至控制中心，信号和车辆状态监控系统工作站显示故障告警，若少量转向架制动无法缓解，经中央调度员确认后，车辆自动执行“所有制动缓解监控旁路”（可选），限速运行至下一站，列车进站施加自动扣车后，自动取消所有制动缓解监控旁路，中央调度员派遣多职能队员（列控）登车处置若大量或全部转向架制动未缓解，中央调度员派遣多职能队员（列控）对列车进行救援。

车门锁闭状态丢失是列车运营时，因车门故障或车门锁闭监控回路故障导致非允许条件下车门锁闭状态丢失，向控制中心发送报警信息，控制中心显示告警若在有效区内车门锁闭状态丢失，列车紧急制动并禁止牵引，若在有效区外车门锁闭状态丢失，列车维持运行至下一站，若列车在静止状态下车门锁闭状态丢失，列车禁止牵引，中央调度员派遣多职能队员（列控）登车处置。

在信号故障中又包含中央信号故障、车载信号故障、轨旁信号故障三大类，分别以其中的中央 ATS 应用服务器完全故障、车载控制器完全故障、道岔故障为例进行介绍。

中央 ATS 应用服务器完全故障是调度工作站无法显示正常信息的情况，多职能队员（站控）通过紧急站控进入站控模式，取得本地工作站的操作权，本地 ATS 服务器将继续根据之前同步的运营计划为列车自动排列进路，所有区间 FAM 列车运行至下一站后自动扣车，中央调度员分别派遣多职能队员（列控）登车转为有人驾驶，多职能队员（站控）为没有班次或运行线的列车排列进路。

车载控制器完全故障是车载控制器发生两端故障的情况，列车紧急停车，同时将故障告警信息发送到控制中心，中央调度员远程重启车载控制器，若重启恢复，可授权列车以远程限制驾驶模式运行，当条件满足时，自动升级为 FAM 模式，重启后若故障仍未消除，中央调度员对车内乘客进行广播安抚，并派遣多职能队员（列控）登车以 EUM 模式驾驶列车至下一站台进行清客，退出运营。

道岔故障是列车运行过程中，道岔发生故障的情况，道岔所在进路始端信号关闭，列车紧急制动或停车，同时调度工作站上显示道岔故障告警，若某一方向有表示而不影响正常运行进路时，列车仍能够按 FAM 模式运行，折返站的道岔故障失去表示，需转为集中站控制，派遣维护人员下轨道进行抢修作业（设置 SPKS 防护），派遣多职能队员（列控）登车转为有人驾驶模式并进行运营调整。

在站台门故障中，以站台门状态丢失为例进行介绍。

站台门状态丢失是站台门关闭且锁闭接口电路故障，站台门关闭且锁闭状态丢失，控制中心显示报警，中央调度员派遣多职能队员（巡视）检查站台门状态的情况，在确保站台门关闭的前提下通过按压 PSL 的“互锁解除”按钮实现站台接发车。造成延误时中央调度员可通过人工广播安抚乘客。

在接触网供电故障中，以正线接触网失电为例进行介绍。

正线接触网失电是当线路正常运营时，一个及以上供电分区的接触网失电的情况，控制中心显示告警，系统自动扣停失电区段外上游相邻列车，防止列车进入失电区段，中央调度员确认列车失去牵引，查看列车弓网监测的数据，中央调度员通过综合监控确认直流开关跳闸，接触网失电。中央调度员操作综合监控对故障区段尝试远程复位，若远程复位失败，需进行越区送电，若试送失败，中央调度员封闭故障区段，通知相关车站列车晚点，安排专业维修队伍进入区间对牵引电力系统进行抢修，并进行相应的运营调整，若抢修时间较长，则派多职能队员登车对迫停列车进行疏散，中央调度员需通过综合监控发布 PA 广播/PIS 信息，安抚乘客。故障设备修复后，经专业维修队伍申请，由中央调度员进行试送，多职能队员（站控）确认进入区间的专业维修队伍及工具均出清线路，各相关岗位确认恢复运营。

在综合监控故障中，以中央综合监控设备完全故障为例进行介绍。

中央综合监控设备完全故障是工作站监控功能受限的情况，中央调度员通知多职能队员（站控）中央综合监控系统故障，降级至车站管理，中央调度员通知专业维修队伍进行抢修，中央调度员请求线网电力调度平台临时接管线路电力监控功能，车站及区间隧道机电设备监控功能和火灾报警管理功能由车站实现。

在通信故障中，以综合承载设备故障为例进行介绍。

综合承载设备故障是综合承载通道断开的情况。控制中心显示告警，正线受影响区域内的列车继续以 FAM 运行至下一站后，中央调度员安排抢修。

（三）应急场景

应急场景包含了列车可能遇到的各类紧急情况，如图 4-11 所示。其中大客流、乘客紧急对讲、车门紧急解锁装置激活、逃生门请求装置激活、驾驶台盖子开启是比较常见的应急场景。

应急场景
- 大客流
- 乘客紧急对讲
- 车门紧急解锁装置激活
- 逃生门请求装置激活
- 驾驶台盖子开启
- 人员非法侵入轨行区
- 登乘迫停列车
- 区间因故停车
- 区间疏散
- 区间水患
- 弓网冲突
- 列车救援
- 列车障碍物探测
- 运营时段抢修施工
- 挤叉、脱轨、冲突等事故
- 夹人夹物
  - 车门或站台门夹人夹物
  - 车门和站台门间间隙夹人夹物
- 火灾
  - 列车火灾
  - 车站火灾
  - 区间火灾

图 4-11　应急场景分类

大客流是运营时段内，某一车站的站台站厅，或上下楼梯、出入口通道、换乘通道等拥堵点的客流量达到饱和且有继续增加趋势的情况，需多职能队员（站控）确认车站大客流，在综合监控系统中启动相应工况，并通知中央调度员，若是站台大客流，中央调度员可采取调整运营计划增开列车、跳停等手段，若是站厅大客流，多职能队员（站控）可采取增加人工票，临时关闭 TVM、车站出/入口、部分进/出站闸机、更改电梯上/下行方向等手段。

乘客紧急对讲时乘客按下 IPH 按钮，报警发送到控制中心，中央调度员点选 IPH，接通乘客和中央调度员直接视频对讲，同时 IPH 联动车厢内 CCTV 供中央调度员点选，中央调度员根据乘客反映情况，并通过 CCTV 观察后进行处置，必要时进行人工广播。当多个 IPH 同时激活时，应在中央调度员的显示屏上同时弹出，可通过点选联通相应的 IPH，其余未被接听的 IPH 保留请求，仅在接通的 IPH 被复位后，才可接通下一个 IPH，完成紧急对讲后，中央调度员远程复位 IPH。

车门紧急解锁装置激活是当乘客操作紧急解锁装置后，告警信息发送到控制中心，并自动联动车载 CCTV 和对应的 IPH 供中央调度员点选。激活时，当移动列车处于无效区，则列车以 FAM 模式继续保持运行，激活时，当移动列车处于有效区，则列车应施加紧急制动，在列车停止状态下激活车门紧急解锁装置，若在有效区，可直接开启站台侧车门，若在无效区，经延时（可调）后可开启区间平台侧车门，中央调度员判断需疏散时可远程授权车门解锁（可选），中央调度员通过 CCTV 查看车内情况，广播安抚乘客并可指导乘客使用 IPH 与其对讲以了解车内情况。

逃生门请求装置激活是列车任意一端逃生门请求装置被激活后，告警信息发送到控制中心，并自动联动视频和 IPH 供中央调度员点选。中央调度员调用车载 CCTV 观察列车的情况，若需开启逃生门疏散，中央调度员可远程授权逃生门解锁（可选），引导乘客通过手柄开启逃生门，逃生门开启后列车应施加紧急制动，若非紧急情况，中央调度员通过 IPH 或人工广播劝阻乘客，并派遣多职能队员（列控）在下一站登车处置。

驾驶台盖子开启是列车任意一端驾驶台盖子非预期开启向控制中心告警，并自动联动视频供中央调度员点选。中央调度员调用车载 CCTV 显示列车情况，通过人工广播劝阻乘客不要擅动驾驶台，列车运行到下一个车站人工扣车，派遣多职能队员（列控）登车关闭盖子，若中央调度员经 CCTV 确认是误报警，维持运行至终点站退出运营。

第六节　列车智能驾驶技术

一、自动驾驶存在的问题

“曲线生成-跟踪控制”控制方案的本质特征是列车驾驶的规划和控制各自独立，其 ATO 控制包含旨在为给定区间设计推荐速度－距离曲线的规划上层与负责以某种算法进行调速以跟踪相应曲线的控制下层。这种分离式的架构具有较高的系统复杂度，上下层控制的交互亦存在诸多限制，其缺陷如下：

(1)考虑 ATO 曲线的生成，解析法或启发式方法均基于精确的列车控制模型，同时算法模型本身的复杂度较高，优化耗时冗长，难以用于实时控制，规划层多要求预先对全局驾驶策略进行预设计，从而难以应对运行过程中列车参数或任务变更等导致的不确定性影响。

(2)考虑列车对目标曲线的跟踪，列车驾驶控制是一类典型的时变非线性复杂不确定性系统，以 PID 为代表的控制算法存在必然的时间滞后性，并且控制模型为定参数模型，自适应性较差，因此在对目标曲线的跟踪过程中难免出现超调、频繁切换工况的现象，从而限制了目标曲线既定的性能指标。

两级式控制的主要问题在于其割裂了规划与控制的紧密联系，忽略了列车运行动态对驾驶作业的影响，尽管相关方案有效地解决了固定场景中的列车自动驾驶问题，但仍距期望的智能驾驶相差较远。智能驾驶要求系统以实时的动态决策代替对目标曲线的被动追踪，为此需要借助现代信息与智能技术充分利用丰富的数据资源，如列车动力学模型、历史驾驶数据、专家经验等助力 ATO 由自动化向智能化的迈进。

二、列车智能驾驶技术展望

近年来以“人工智能”“大数据”“物联网”等为代表的信息技术蓬勃发展，并逐渐由传统计算机领域逐渐向工业制造、先进控制等领域渗透、深度融合，已发展成为工业智能化的新常态，以城市轨道交通为代表的轨道交通行业也选择上述技术作为推动力。《新一代人工智能发展规划》及《交通强国建设纲要》提出要研究轨道交通智能驾驶技术，建立轨道交通自动驾驶支撑平台。在此背景下，各类机器学习与人工智能方法被尝试应用于 ATO 系统的改进，形成了以“智能决策”为核心思想，以专家系统和强化学习为主要技术路线的列车智能驾驶前沿研究。本节简要介绍列车智能驾驶的可行解决方案及其原理。

(一)列车智能驾驶需求导向

相较于列车自动驾驶,智能驾驶从建模与问题求解上对列车优化控制提出了更高要求,通常认为一个可行的智能驾驶解决方案,需满足如下需求:

(1)智能建模。既有自动驾驶技术路线无不依赖于准确的列车动力学模型,而列控系统在应用中呈现出复杂的非线性动态特性,因此基于精确数学模型的 ATO 控制算法的可用性和适用性难以保证,并且可泛化性一般较差,智能驾驶迫切需求通过知识工程与数据驱动等技术生成列车系统模型,以支持驾驶策略优化求解。

(2)多源感知。智能驾驶设置多组传感器方案对列车状态及运行环境变化进行有效自主感知,为列车控制提供有效参考。

(3)在线优化。考虑控车过程中潜在的干扰,以离线优化设计 ATO 目标曲线时的状态参考并不总是契合与真实的运行状态,自动驾驶提供的“曲线生成+跟踪控制”方案难免因固有的滞后性导致控制偏差,智能驾驶强调通过对列车控制器进行赋能,以实时决策取代对目标曲线的跟踪控制,从而实现对列车运行过程的有效动态调整,以满足潜在运行需求。

(二)专家系统与列车智能驾驶

现行列车运输作业中,人工驾驶仍是不可或缺的组成部分,部分原因在于列车司机在长期生产运营过程中积累了大量经验,其中蕴含着司机在面对各类驾驶任务时所做出的高效决策。通过分析经验丰富的司机的假设状况和记录数据可以发现,优秀司机的人工驾驶比自动驾驶更加舒适节能,并且能在没有目标曲线的情况下满足对正点和精准停车的要求。因此可通过整合该部分专家经验设计智能控制器,作为构建列车智能驾驶解决方案的有效助力。以下将结合专家系统的优势介绍其控车原理。

1. 专家系统简介

专家系统(expert system)可被定义为一个智能计算机程序系统,其内部含有大量某个领域专家水平的知识和经验,能够利用这些专家水平的知识和经验方法去解决对应领域中的困难问题。专家系统自诞生以来便在各类控制领域得到了飞速发展与应用。在轨道交通系统中,专家系统在机车安全运行控制、行车调度、故障诊断等方面均有着成功的应用案例。

2. 专家系统控车架构与原理

一般来说,基于专家经验的列车智能驾驶算法包括专家系统与在线学习两部分,如图 4-12 所示。

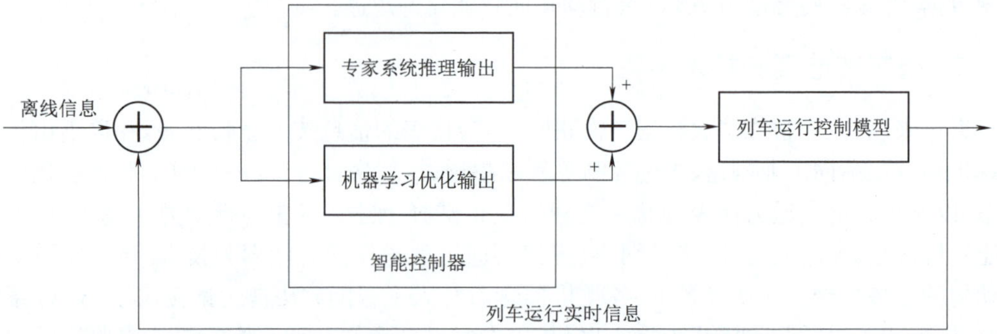

图 4-12　基于专家经验和在线学习的列车智能驾驶系统示意

专家系统包含从优秀司机驾驶数据中提出的经验知识及相应推理机制。系统中并无离线的目标曲线，相关参数的获取需要实时估算，参考经验知识可得到控制策略$a_{e}(t)$，结合在线学习模块输出$a_{\Delta}(t)$，给出最终控制量$\ddot{x}(t)$，即

$$\ddot{x}(t)=a_{e}(t)+a_{\Delta}(t) \tag{4-12}$$

专家系统控制输出$a_{e}(t)$与在线学习输出$a_{\Delta}(t)$分别为

$$a_{e}(t)=\mathrm{Exp}(v,t,d,\mathrm{msg}_{\mathrm{line}}) \tag{4-13}$$

$$a_{\Delta}(t)=f_{1}(\Delta) \tag{4-14}$$

式中，v 为当前速度；t 为当前运行时间；d 为当前位置；$\mathrm{msg}_{\mathrm{line}}$ 为离线信息集合，包含线路坡度，限速设置等；Exp 为分段函数形式的专家系统输出规则，由 if…then…规则组成；f_{1} 为在线学习选用的误差学习方法；Δ 为控制误差集合。

基于专家经验的列车智能驾驶方案主要包括如下环节：

(1)归纳专家经验

筛选优质人工驾驶示例，从中获取具有普遍性的驾驶范式，将其记录为 if…then…形式，据此建立专家规则库。

(2)建立策略推理机制

基于专家经验的列车智能驾驶无须预先计算 ATO 目标速度曲线，而是基于预测机制粗略分配列车驾驶各阶段所需时分，据此得到专家系统的控制输出参考。典型方法为获取列车当前运行状态信息，计算列车以顶棚速度曲线从当前位置运行以最大允许速度运行至下一限速区入口所需最小时间$T_{\min}^{N}$，以及以顶棚速度曲线从当前位置进站所需最小运行时间$T_{\min}^{W}$，按照前后者的比例关系分配当前限速区间剩余部分的推荐驾驶时分，由此得到当前期望速度$\hat{v}$。列车运行过程中，包括列车位置、速度、时间在内的状态信息不断更新，期望速度亦实时生成，专家系统以在线搜索的方式对规则库进行检索，推理得出专家系统的控车输出$a_{e}(t)$。

(3)机器学习在线优化

专家规则的分段函数形式限制了专家系统在 ATO 系统中的控制性能，实际使用中需要结合在线优化方法以减小控制过程中列车的运行速度和运行时间误差。测定采样时间专家系统控车输出$a_{e}(t)$被执行采样时间 Δt 后的列车实际速度 v 与期望速度$\hat{v}$的偏差，通过对偏差进行学习与修正以调整式(4-12)中的$a_{\Delta}(t)$部分。考虑列车控制的实时性需求，一般选取寻优快、复杂度低的梯度法对专家系统输出进行优化。在线学习列车速度调控的优化输出为

$$a_{\Delta}(t+\Delta t)=a_{\Delta}(t)+\lambda(\hat{v}-v)\Delta t \tag{4-15}$$

式中，λ 为在线学习率。

式(4-15)表明当时间运行速度小于估算运行速度时，在线学习会提高加速度量，反之，则减少加速度量，从而实现快速控制，降低误差。

基于专家经验和在线学习的列车智能驾驶算法突破了跟踪离线速度—距离曲线的传统控制思路，在不依赖列车运行控制数学模型的基础上，借鉴优秀司机的驾驶经验，结合机器学习方法实现了对列车运行的多目标控制。对专家经验的利用本质上是从数据中提取优秀的驾驶范式，类似的智能驾驶解决方案还有利用深度学习直接从海量驾驶数据中逼近专家驾驶性能。此类算法背后有着统一的核心思想，即数据驱动，在构建列车智能驾驶生态时大有裨益。

(三)强化学习与列车智能驾驶

以专家系统为代表的数据驱动类方案，高效地利用了既有驾驶模型的优势，同时也潜在地限制了控制算法的性能，即从经验数据中提取的模型天然地受制于所获取数据的质量。与之相对的强化学习等具备无模型自主学习能力的特性在实际工程中显示出巨大的潜力，尤其是在智能控制领域。近年来，轨道交通业界就强化学习在列车自动驾驶中的应用开展了一系列的研究。本节将论述强化学习技术特点，并就其应用于列车控制过程问题的建模与求解的范式进行介绍。

1. 强化学习

强化学习是一种通过环境状态映射动作的过程，其本质是通过试错机制操纵智能体与环境交互，从环境反馈的奖励和惩罚中学习如何基于环境变化而做出动态决策，其智能体行为没有先验明确的对错标签，目的是获取最大化奖励，并基于自举机制从获取的奖励中对动态决策进行优化。相较于其他智能控制方法，强化学习的优势首先在于不需要准确的控制模型，而是要从环境中学习出一个合适的模型，从而降低建模难度，另一方面强化学习的优化求解基于马尔科夫过程实现，因此天然地适合于各类动态系统的高效决策。

2. 强化学习视角下的列车自动驾驶

对于强化学习框架下的列车驾驶控制，可将驾驶控制器定义为智能体，将线路条件、列车运行动态等与列车运行相关的因素定义为环境。列车控制过程中，作为智能体的列车控制器输出动作，进而控制列车与环境发生交互，采集环境反馈，完成更新状态，根据优化目标计算奖励并生成最优决策，基本执行流程如图 4-13 所示。

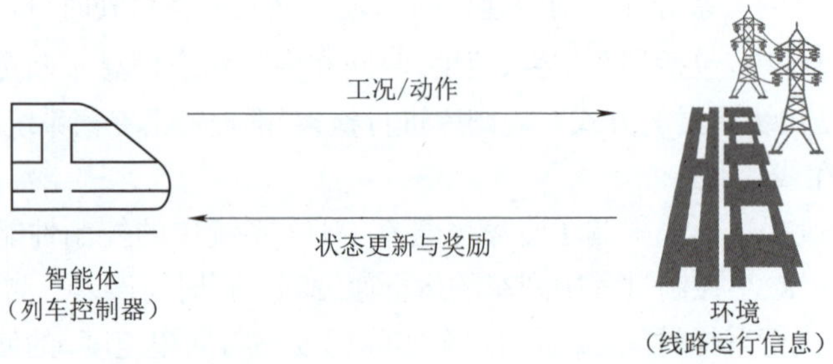

图 4-13　基于强化学习模型的列车驾驶控制流程

强化学习框架下，列车运行控制的关键环节定义如下。

状态：在强化学习中，状态s_i表示智能体从环境中获得的信息。列车运行过程中，当前位置d_i，当前速度v_i，当前运行时间t_i是三个至关重要且不同属性的参数，将其组合定义为列车的状态，即列车运行过程中的状态空间 S 定义为

$$S=\{s_i=[d_i,v_i,t_i],d_i\in[0,D],v_i\in[0,V_{\text{lim}}],t_i\in[0,T_{\max}]\} \tag{4-16}$$

式中，D、V_{lim}、$T_{\max}$分别为区间长度、区间限速和最大运行时间。

动作：一般情况下，列车的工况输出为不同等级的离散牵引控制挡位，每个等级对应特定大小的牵引或制动力，因此将控制器输出的牵引或制动力等级定义为动作 u，对应一个具备 $2M+1$ 个等级牵引/制动力的列车，智能体的动作空间 U 定义为

$$u_i\in U=\{-M,\cdots,-1,0,1,\cdots,M\} \tag{4-17}$$

式中,负值表示制动;0 表示惰行,正值表示牵引。

奖励:在强化学习中,智能体总是向着奖励最大化的方向学习,对于列车驾驶控制问题,奖励的设计即为多个待优化目标或约束条件的综合考虑,参考安全性、准时、节能性、停车精度和舒适性定义,任意转移之后的奖励定义范式为

$$r_i = f[e_s(i), e_t(i), e_e(i), e_d(i), e_c(i)] \tag{4-18}$$

式中,f 为多目标间的综合评估函数。实现列车智能驾驶即为列车智能控制器通过在线生成与调整控制输出(动作)来获取尽可能高的奖励。

策略:策略 π 表示状态 S 到控车动作被执行的概率分布的映射,即智能体根据环境动态决策给出的动作,策略即为各运行状态下实时控制输出参考,是列车智能驾驶的核心求解对象。当智能控制器通过学习的方式确定最优策略 π^* 后,列车可根据观测到的线路条件及运行动态信息在线调整工况,达到期望的驾驶性能。

值函数:值函数 $Q^{\pi}(s_i, a_i)$ 表示列车智能体从状态 s_i 遵循策略 π,直到列车进站的终止状态时所获得的累计奖励期望,用于区分列车运行过程中可达状态的价值。强化学习框架下,列车智能控制器借助值函数同时考虑立即可得的密集奖励与未来获取的最终奖励,计算最优控制策略 π^* 指导列车智能驾驶。

3. 多目标智能驾驶的强化学习求解

列车智能驾驶强化学习模型的求解的目的是寻找使得 Q 函数最大的控车策略 π^*,为此需要对列车运行过程中各状态的 Q 值进行计算。列车驾驶控制问题可达状态空间巨大,Q 值计算一方面需要列车智能体尽可能多得探索其中的状态增加对环境的感知,另一方面控车序列较长,需要高效的 Q 值计算方法以防止迭代搜索时间过长。这里介绍一种深度 Q 网络 DQN(deep Q network)方法用于驾驶策略的求解,DQN 结合了深度学习强大的拟合能力与强化学习的高效决策能力,在既有列车智能驾驶强化学习模型中被广泛应用。

DQN 求解列车智能驾驶策略框架如图 4-14 所示,DQN 首先采用 ε 贪心策略,以概率 ε 选择随机行为对环境进行探索,以概率 $1-\varepsilon$ 执行最优策略,从而兼顾智能体探索和优化的高效进行,避免陷入局部最优。其次,DQN 设置经验存放区用于积累多轮次探索所得策略的轨迹,并利用深度网络的拟合与学习能力实现对各状态的 Q 值的快速计算,其中双网络的设置增加了训练的稳定性。训练好的 Q 网络可用于指导列车控制器对列车运行进行高效的在线调整。

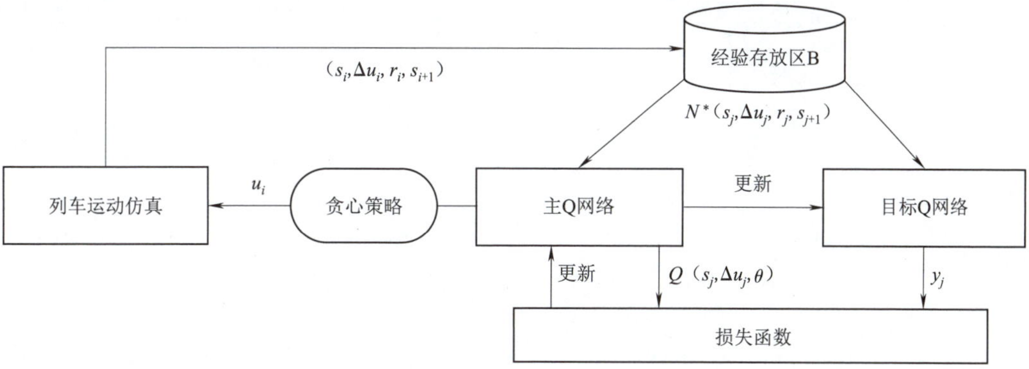

图 4-14　DQN 求解列车智能驾驶策略框架

复习思考题

1. ATO系统如何控制列车速度？
2. 现有ATO系统通过哪些环节实现列车自动驾驶？简述各环节解决的关键问题。
3. 简述高速铁路ATO系统主要功能及运营场景。
4. 简述列车智能驾驶技术与现有ATO方案的共同点及差异点。
5. 简述专家系统在列车智能驾驶中的作用。

第五章　列控联锁一体化系统

列控联锁一体化可以有效解决车站和区间分离控制的问题，代表着未来列控技术发展方向。本章首先对车站联锁系统、列控中心及列控联锁一体化系统的国内外发展情况进行了概述，接着介绍了列控联锁一体化系统的基本结构，然后详细介绍了列控联锁一体化系统的基本功能，最后介绍了列控联锁一体化系统与各相关系统之间的接口要求。

第一节　列控联锁一体化系统概述

一、背景

近年来，随着我国经济实力的增强和科技水平的不断提高，铁路建设正在经历着迅猛发展的阶段。截至 2024 年 9 月，我国铁路营业里程达到 16 万 km，其中高铁 4.6 万 km，继续稳居世界第一。列车能够安全平稳地运行依托于一个庞大的铁路系统技术网，其中联锁系统和列控中心对于保障行车安全发挥着至关重要的作用。目前，我国站内信号设备和区间设备分别由联锁系统和列控中心控制，两套系统独立设置，通过信号安全数据网进行信息交互，保障行车安全。

（一）联锁系统

联锁系统在我国的发展经历了由机械式联锁、电气机械联锁到电气联锁，再到如今普遍使用的计算机联锁系统的过程。电气联锁以继电电气集中联锁为主，采用动力转辙机、色灯信号机和轨道电路三大基础设备，使用安全型继电器构成联锁逻辑自动处理系统。至 20 世纪 70 年代，由继电器构成的 6502 电气集中联锁系统开始逐步推广并大面积使用，推动了联锁系统的快速发展。

20 世纪 80 年代，随着计算机技术的不断提高，计算机联锁开始逐步替代 6502 电气集中联锁。计算机联锁以继电器接口方式集中操纵动力式道岔及色灯信号机，以软件方式实现联锁逻辑处理功能，相较于电气集中联锁，继电器数量减少约 2/3，具有可维护性高、占地面积小等优点，并且施工更加方便，有效缩短了施工周期。

（二）列控中心

列控系统由地面信号系统和车载系统两部分组成。地面信号系统结构如图 5-1 所示。

地面信号系统由列控中心（TCC）、无线闭塞中心（RBC）、临时限速服务器（TSRS）、应答器等组成，其中，列控中心是我国独有的列车运行控制设备。我国铁路第 6 次大提速时，为了适应高速铁路运行需求，在地面信号系统中独立设置了列控中心，由列控中心实现临时限速处理及有源应答器报文控制。如今，列控中心功能不断扩展并发展完善，通过与计算机联锁系统、轨道电路、调度集中系统、地面电子单元等的通信，实现了对有源应答器报文发送和接收、闭塞分区运行方向控制、轨道电路设备发码控制、异物侵限信息采集、区间信号机点灯控制、区间轨道电路状态采集等功能。

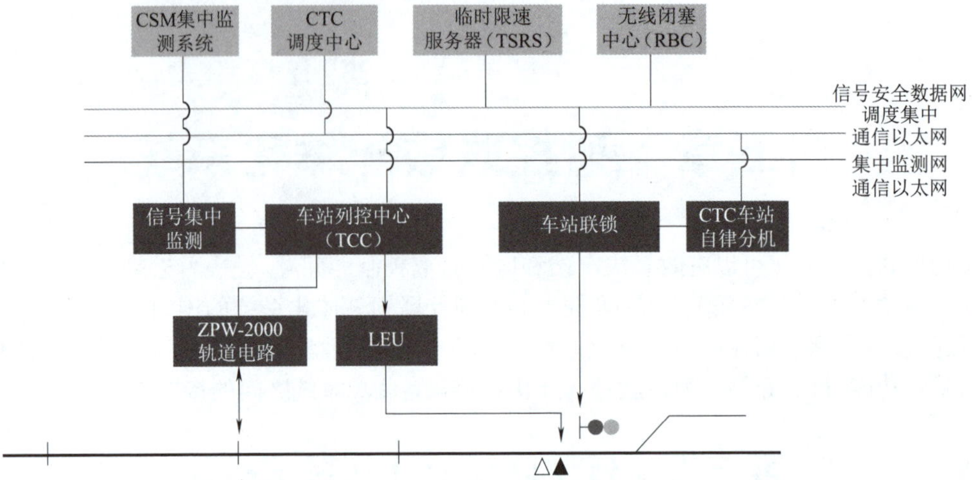

图 5-1　地面信号系统结构

(三)地面控制设备应用现状

地面控制设备由计算机联锁 CBI(computer based interlocking)、CTC、TCC、RBC、ZPW-2000 系列轨道电路、LEU 设备、应答器设备等组成,CTCS-3 级列控系统结构如图 5-2 所示。无线闭塞中心和临时限速服务器为中心设备,设置在控制中心;列控中心和计算机联锁为车站设备,在沿线各车站均设置。通过十多年高速铁路发展建设,列控中心与联锁系统的分设使得我国地面信号系统存在以下问题。

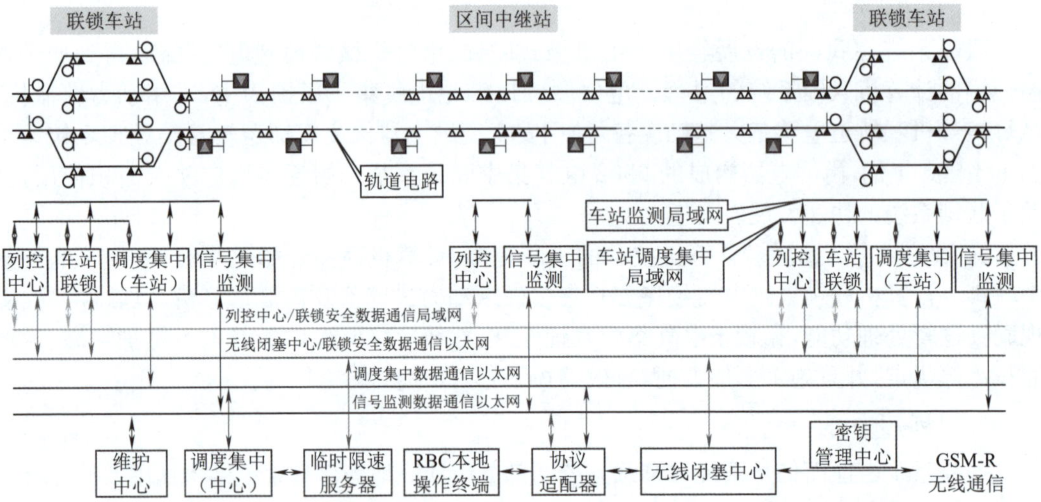

图 5-2　CTCS-3 级列控系统结构

(1)子系统间接口复杂。在一个标准高速铁路车站中,列控中心和计算机联锁需有通信接口,并且各自除了需要与两个相邻站列控、联锁设备进行通信外,还需要与其他地面设备接口进行信息交互,地面设备间接口示意如图 5-3 所示。在复杂场景中,列控中心有时还需要与 25 Hz 轨道电路、既有电码化电路接口等。除此之外,还存在列控中心与无线闭塞中心、临时限速服务器与联锁系统、不同线路无线闭塞中心之间无通信接口的问题,导致改造站、CTCS-2/CTCS-3 级转换站、线路所等有些信息需要互相代传。复杂的系统结构与接口给系统设计、工程实施、运营维护都会带来很多困难和不便。

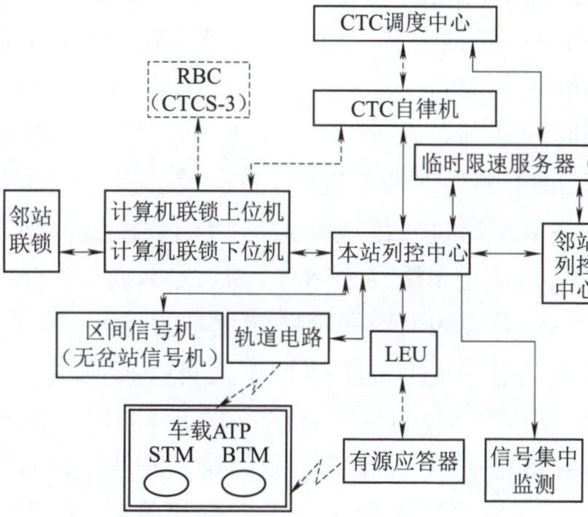

图 5-3 地面设备间接口示意

(2)数据交互频繁。计算机联锁系统主要负责进路、道岔和信号机控制,列控中心负责轨道电路编码、区间方向转换和区间信号控制等区间联锁功能,而国外信号控制系统则基本通过联锁系统完成车站及区间的整体控制。联锁与列控执行单独设置,导致两者间需要进行大量数据交互来完成联锁功能,增加了系统工作量。此外,子系统之间数据交互通过铁路信号安全数据网进行,在数据的发送方和接收方,不仅需要进行安全协议处理,还需要考虑通信故障、网络不稳定及对方系统倒机切换等异常情况。信息传输受到中间传输介质、通信协议的实现和系统处理能力水平的限制,系统的实时性、可靠性和可用性受到影响。

(3)运营维护成本高。列控中心与计算机联锁系统,在每个车站都需要分别设置独立的主机柜、综合柜和维护终端等设备,占用面积大、使用电缆多、施工配线布线复杂,施工成本高、难度大。通信故障、硬件故障或外电路继电器故障时,运营维护人员很难通过报警信息及时进行故障定位并制订出应急处理措施。设备升级维护时,需要同时对两套设备进行软硬件升级维护,增加系统运营维护工作量及运营维护成本。

如果车站联锁、区间闭塞及列控设备集成为一个系统,就可以整合硬件资源,优化系统结构,通过系统内部程序变量进行信息交换,相互紧密结合,减少了信息的重复采集,使信息传输延迟小,能节省大量的硬件和接口,可提高系统可用性和可靠性。将列控中心、计算机联锁的逻辑运算,以及对外通信接口功能进行统一整合,有利于提高系统的运行效率并降低相关软件的复杂度。同时,随着全电子化设备的规模化应用,其低故障率、易维护和减少室内设备等优点也越来越显著,相关技术标准的发展与应用,也为列控中心和计算机联锁的融合,提供了理论基础和指导意见。列控联锁一体化系统的产生和发展,符合以智能化、全电子化和网络化为特点的铁路信号系统发展趋势。

二、国外典型列控联锁一体化系统

与我国联锁系统相比,德国、法国、日本等的列控联锁一体化系统主要特点体现在两个方面：一是车站区间一体化联锁控制，二是全电子化。20 世纪 80 年代，计算机联锁技术发展之初，欧洲就采用了安全电子执行单元代替继电器逻辑输入/输出电路，都是通过安全型室内目标控制模块或轨旁目标控制器，与道岔、信号、道口等目标设备进行输入/输出信息传输。

SEI 系统是比较典型的列控联锁一体化系统，为 TVM430 系统的车站区间一体化设备，即区间地面设备与车站联锁集成为一体化。SEI 可根据列车运行的位置，前后列车之间的运行间隔、固定限速和临时限速等条件，产生列控车载系统所需要的全部地面信息，包括列车的目标速度、目标距离、线路的长度和坡度等，能实现设置和向车载设备提供全区间限速和临时限速功能，并将这些信息通过轨道电路发送给车载设备。该系统主要包含四种机柜：应用柜 BAP、接口柜 BIP、轨道柜 BIV 及维护柜 SILAM，属于三取二冗余结构。

SIMIS-W 系统属于另一种类型的列控联锁一体化系统，是一种具有区域联锁功能的全电子计算机联锁系统，通过完全电子化的电子执行单元直接控制道岔、信号机等轨旁设备。该系统的联锁功能不仅包括站内联锁，而且包括区间联锁，同时还能够控制有源应答器报文发送、接收。该系统采用标准的模块结构和标准的接口电路，能够满足不同技术及环境要求，可适于小站、中站或大站，最多能控制 3 000 个控制单元，并且通过了 SIL4 级安全认证。该系统采用硬件冗余和分散区域控制方式，区域控制计算机采用双机冗余比较的 SIMIS 故障—安全原理，联锁计算机与接口计算机则采用三取二、多数表决的工作原理，以增加可靠性。计算机系统的安全输出由四个独立的通道来保证(两个处理通道和两个监测通道)。

数字联锁 DSTW 是 DSTW 在 SIMIS-W 联锁基础上开发而成的。与 SIMIS-W 相比，主要变化如图 5-4 所示。DSTW 用 IP/ETH 轨道局域网代替电缆传输通道在联锁主机和目标控制器间传输控制信息和设备状态采集信息，并向目标控制器供电，既实现了数字化信息传输，又解决了目标控制器的供电问题。目标控制器与联锁逻辑主机共用电源，通过轨道局域网传输到轨旁设备箱，轨旁设备箱再分配给不同的目标控制器。每个轨旁设备箱最多可以安装 3 个目标控制器。

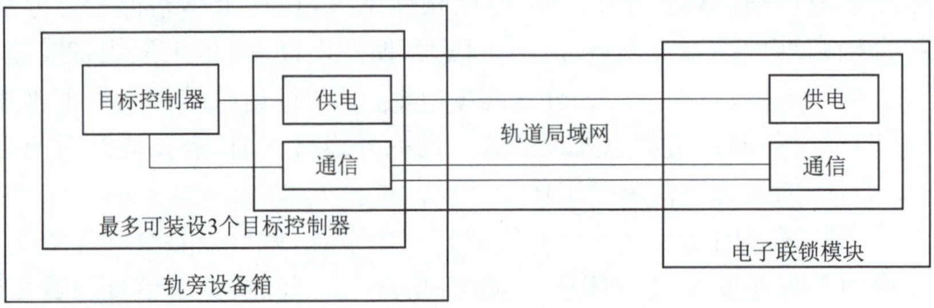

图 5-4　数字联锁 DSTW 执行部分示意

数字联锁 DSTW 的主要特点包括：在联锁主机和目标控制器间采用工业化通用部件的高可用性、冗余 IP 传输网络；采用满足信号系统安全等级要求的分散式目标控制器；联锁系统和各子系统间的接口标准化。

Smartrail4.0 将包括移动闭塞、安全移动定位、先进无线通信、列车运行计划自动调整、ATO 等新技术，整合到控制指挥与信号系统(CCS)架构中。CCS 架构主要由三个子系统构成：交通管理系统(TMS)、先进防护系统(APS)和物理层。TMS 和 APS 之下为物理层，如图 5-5 所示。

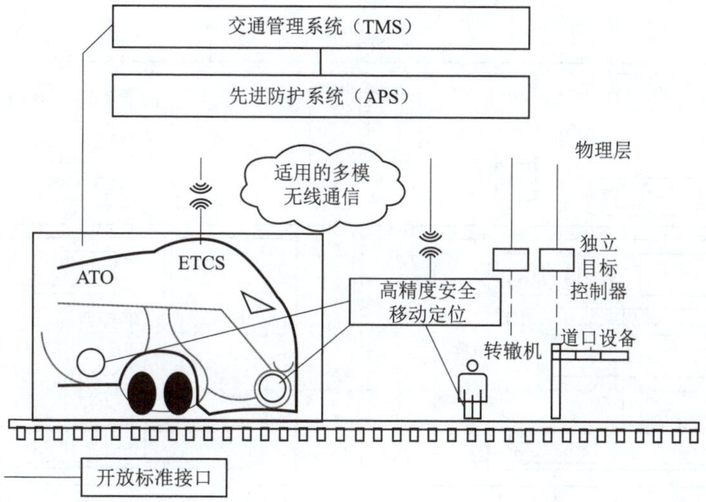

图 5-5　Smartrail4.0 CCS 三层基本架构

TMS 是所有列车运行控制逻辑集中化的实时优化系统，集中进行计划自动调整和流量适应性控制；基于几何坐标系的列车精确定位进行列车运行控制、道岔转换控制及交通冲突解决；所有业务逻辑都转移到 TMS，该系统综合了长期和短期计划，以及控制、优化和实时调整。APS 集成了联锁和 RBC 功能，联锁进路和 RBC 移动授权整合为“移动许可”，基于移动许可控制列车运行，同时控制轨旁设备。将所有与安全无关的功能分配给 TMS，按照 SIL4 级要求创建通用且与运行过程无关的 APS。物理层，利用现代通信和定位技术对物理实体进行简化和数字化。

第二节　列控联锁一体化系统结构

一、系统结构

（一）硬件结构组成

列控联锁一体化系统（TIS）体系结构，采用层次结构，分为人机对话层、逻辑运算层和执行表示层。其中，人机对话层由操作表示机、本地电务维修机、中心电务维修机构成；逻辑运算层由安全主机构成；执行表示层由目标控制器构成。TIS 典型层次结构如图 5-6 所示。

TIS 有以下情况的硬件结构组成方式：

（1）车站 TIS 由安全主机、目标控制器、操作表示机、本地电务维修机组成。车站操作命令由该车站操作表示机下达，站场和区间逻辑功能由该车站安全主机完成。

（2）中继站 TIS 由安全主机、目标控制器、本地电务维修机组成。中继站操作命令应由主站操作表示机下达给主站安全主机，并通过安全通信转发至中继站安全主机，区间逻辑功能由该中继站安全主机完成。

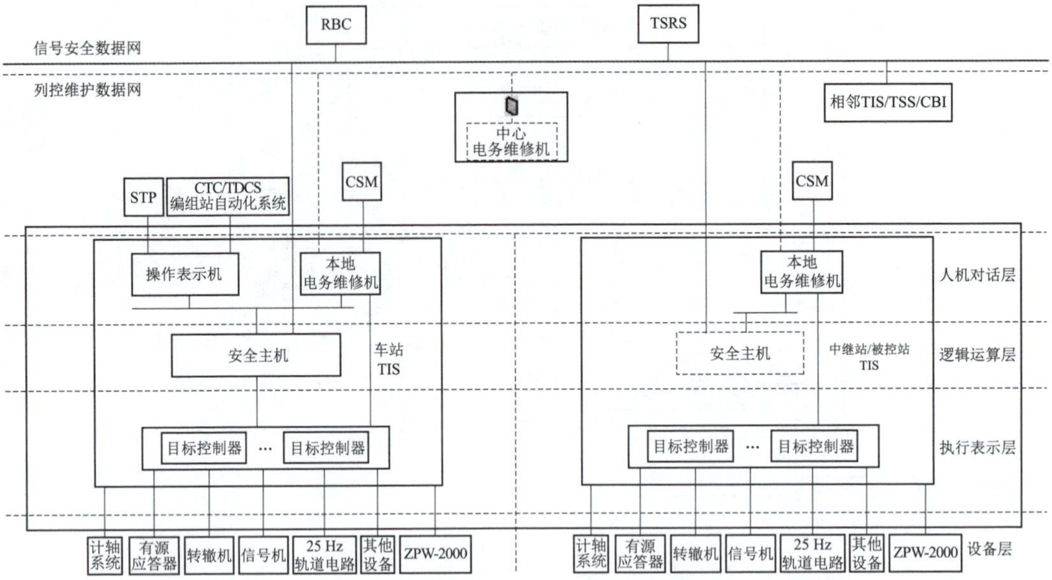

图 5-6 典型联锁列控一体化系统结构

(3)各车站和中继站宜独立设置 TIS,但车站附近线路所等运输作业不繁忙线路,确因运输及外部环境制约需要,可由车站 TIS 直接控制线路所等被控站设备,被控站的数量不宜超过 2 个。被控站 TIS 宜由安全主机、目标控制器和本地电务维修机组成。被控站设置安全主机时,其目标控制器应由该被控站安全主机统一管理,并通过安全主机接入铁路信号安全数据网。被控站操作命令应由主控站操作表示机下达给主控站安全主机,由主控站安全主机完成被控站的联锁和区间闭塞控制功能,车站和被控站的配置数据应具有独立性。

(二)操作表示机

操作表示机及其供电电源为热备冗余设置,采用主备工作模式或并行工作模式,其中一台操作表示机故障时不影响设备功能。操作表示机应操作方便,功能明确,便于减少误操作,但一次单一操作一般不形成有效操作命令。操作表示机应有必要的简明图形、文字及音响、语音提示。表示应简洁清晰,易于识别,适应表示信息量的增减。中继站及被控站不设置操作表示机,需要的相关操作命令由主控站下达。

操作表示机主机集中设置于设备机房,当有远程操作需要时,可在操作地点处设置操作表示机的鼠标、显示器等操作显示终端设备,实现远程操作与显示。远程操作时,本地机房内设备与操作地点附近设置的操作显示终端间的通信通道,采用不同物理路径独立光纤的封闭式冗余网络。

操作表示机通过串口与调度集中、列车调度指挥、调车监控、编组站自动化系统接口。

(三)电务维修机

电务维修机可由本地电务维修机、中心电务维修机组成。如果设置中心电务维修机时,可由中心电务维修机实现远程维护支持功能。

电务维修机具备显示、回放站内和区间状态、临时限速、电码化编码、异物侵限/地震报警、信号许可、联锁操作、转辙机/信号机电气特性参数等设备状态信息的功能,还具备显示、回放工作状态、板卡状态、通信状态和软件版本等状态信息的功能。电务维修机的故障不应影响安全主机、目标控制器和操作表示机的正常运行。

车站、中继站和被控站均设置本地电务维修机,由本地电务维修机获取本站的维护信息。本地电务维修机与安全主机之间为单向通信,仅允许安全主机向本地电务维修机发送信息。本地电务维修机通过串口与信号集中监测系统接口。

中心电务维修机可设置在具备接入列控维护数据网条件的设备室内,实现各站设备状态信息的远程监测及故障报警功能,还具备各站当前和历史信息的记录及查询功能。

(四)安全主机

安全主机采用铁路专用安全计算机,并具有可扩展性,其安全完整性等级应满足 SIL4 级要求。安全主机为热备冗余结构,单一故障不能影响设备功能的正常使用。TIS 通过安全主机接入铁路信号安全数据网,当安全主机与其他安全相关系统或设备通信中断时,采取对应的故障—安全措施。

(五)目标控制器简介

目标控制器能实现对道岔转辙机、信号机、轨道电路、有源应答器、电码化、继电器等信号设备的直接控制和信息采集,其安全完整性等级应满足 SIL4 级要求。当配置多个目标控制器时,在产品设计及工程设计环节,应合理划分每个目标控制器的控制区域,减小目标控制器故障时的影响范围。当目标控制器设置于轨旁时,目标控制器与安全主机间通信通道采用冗余光纤通道。目标控制器可将其状态信息及控制对象设备状态信息直接发送至本地电务维修机。

目标控制器宜由通信控制模块及若干电子执行模块组成(也可将通信控制模块功能集成至电子执行模块内),其组成示意如图 5-7 所示。

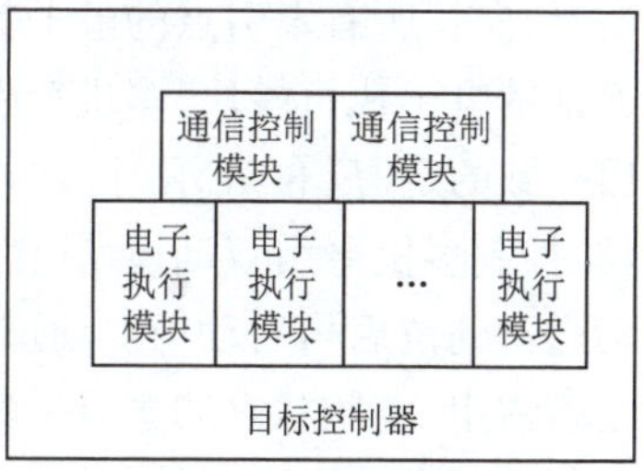

图 5-7 目标控制器组成示意

二、目标控制器

(一)目标控制器概述

目标控制器包括通信控制模块、电子执行模块、电源、机笼等,其核心部件(通信控制模块、电子执行模块)采用二乘二取二或三取二的冗余结构。

目标控制器具有实时、可靠、安全的安全相关信息集散传输能力和区域内特定轨旁设备对应电子执行模块之间的关联逻辑处理功能,能有效降低安全主机的处理压力,并提高系统对轨旁设备采集、驱动的实时处理及远程控制能力,使之适用于大规模站场和/或运输作业不繁忙线路区域内的多个站场(如车站和附近线路所等)控制。目标控制器与安全主机进行安全相关通信;支持远程配置方式,并满足实时性要求。目标控制器可置于室内或轨旁对轨旁信号设备进行控制;当设置于轨旁或远程使用时,采用冗余的光纤通道实现满足实时性要求的可靠通信传输。目标控制器通过独立的维护网络将系统的状态信息(包括错误与报警信息)、轨旁设备的状态信息等发送至本地电务维修机。

目标控制器的冗余机制保证单点故障(包括各种信息传输通道、模块、电源等)不应影响其功能的正常使用。目标控制器按故障—安全原则进行设计，故障时不会导致轨旁设备发生任何错误的危险动作、不应上传任何可能导致危险后果的错误的轨旁设备状态表示信息。目标控制器具有良好的在线检测功能，并采用易于进行现场故障处理（故障诊断/指示、更换）的结构设计；冗余模块（电子执行模块、通信控制模块）的更换不影响系统功能正常使用。

目标控制器的电磁兼容及雷电防护设计应符合相关规范的要求，并应充分考虑防护器件故障对安全性的影响。

（二）通信控制模块

通信控制模块能准确、实时、安全、可靠地实现安全主机与各电子执行模块之间的安全相关信息集散交互传输及相关控制处理，包括相应的下行数据分发和上行数据汇集信息的暂存、格式转换处理，以及调度控制。

通信控制模块通过独立的可靠性冗余通道与安全主机进行安全相关通信；可与光纤通道接口，适应目标控制器设置于室外轨旁设备附近或远程地点的使用要求。

实现下述特定电子执行模块之间的关联逻辑处理功能时，应满足下列相应条件（此功能也可由安全主机实现）：（1）对多机牵引道岔，应按错峰顺序对多机牵引道岔各牵引点的道岔电子执行模块进行转辙机的启动控制；并且依据各道岔电子执行模块上传的相应牵引点转辙机的启动状态，在同一动道岔的尖轨或心轨的多个牵引点中任何一台转辙机未能启动时，向其所有牵引点的电子执行模块给出停止转换的命令。（2）只有当联动道岔中各组道岔的电子执行模块、多机牵引道岔（包括尖轨和心轨）各牵引点的道岔电子执行模块均给出一致的定/反位表示时，才能给出此道岔的定/反位表示，否则应按道岔无表示处理。（3）控制多机牵引双动道岔（包括尖轨和心轨）各牵引点的道岔电子模块分动启动，在第一动道岔到位后再启动第二动道岔。（4）完成有“一送多受”关系的轨道电路模块对同一轨道区段占用/空闲状态的多点采集信息的融合处理。（5）完成信号点灯电路的逻辑转换功能，控制并配合信号电子执行模块实现对灯位、灯丝的控制及表示处理（包括避免信号显示转换、灯丝故障等情况时出现错误显示）。

通信控制模块的软、硬件设计，整体性地采用由多个独立安全冗余处理通道（如二取二或三取二）贯穿的处理架构与故障—安全保护机制，包括对安全相关信息的集散传输及相关处理、模块地址编码配置处理、对特定电子执行模块之间的关联逻辑处理，以及处理器和相关处理使用的所有安全相关变量/计时器存储单元、各级通信缓冲区等；采取完善的软、硬件安全技术措施，防止任何导致集散传输的信息内容与传输对象的匹配错误，包括对安全主机及各电子执行模块的 ID 地址配置采用故障—安全设计，实时检出 ID 地址错误并进行安全处理；对包括通信信息在内的安全相关信息（变量）全面采用安全侧对应判定，对安全相关变量与缓冲区信息的处理，应严格遵循持续动态更新原则；确保超时安全处理机制对各种安全相关变量及各级缓冲区在各种情况下的有效性，特别是在少见或异常情况下的有效性，包括但不限于通信中断（包括单向和双向中断；断续和持续中断），以及在物理层或链路层频繁发生的复位等情况。

通信控制模块还应设置相应的指示灯，如运行指示灯、错误指示灯、状态指示灯、通信指示灯等。

(三)电子执行模块

1.一般要求

电子执行模块应具备的一般要求如下:

(1)确保电子执行模块用以替代原有继电电路的基本功能(包括实时状态采集与控制)及相关逻辑关系的正确性,特别是对轨旁设备各种异常或故障情况的防护/保护功能的正确性;并且全面、严格地对比、分析因器件及技术实现手段的不同而导致两者功能实现方式的差异,特别是故障—安全实现方式的差异对电子执行模块的功能正确性、安全性的影响后果及风险。

(2)充分利用电子执行模块直接与轨旁设备电气连接的条件,实现对其主要电气特性参数(如道岔动作电流、信号点灯回路电流、轨道电压等)的实时监测。

(3)电子执行模块的设计宜保持相应轨旁设备的原有接口方式,并且不降低相关的电气性能要求。

(4)具有可完整、明确地反映被控信号设备状态的指示功能,如道岔位置、信号机点灯状态等。

(5)具有过流/短路保护功能。

(6)电子执行模块连接的室外设备和结合电路的线缆发生断线、短路、接地、一处混线时,不应导致信号显示升级或产生危险侧输出。检测到上述故障时应及时报警。

(7)具备在线自检测/诊断功能,并有相应的工作和故障状态指示,易于在线更换。

(8)针对每种轨旁设备及相应电子执行模块的所有功能与可能的故障情况,确定完整、清晰的安全侧定义;模块不产生导致道岔错误动作、信号错误开放等轨旁设备的危险侧动作;不上传错误的道岔定/反位表示、错误的轨道空闲等可能导致危险的错误信息。

(9)基于电子执行模块直接面对轨旁设备,对危险性故障的检测和拒绝时间与缓冲余地有限、安全冗余状态空间小的特点,电子执行模块整体性地综合采用组合式故障—安全、反应式故障—安全和内在式故障—安全多种机制。

(10)准确计算电子执行模块对其导致危险输出故障的检测和拒绝时间(最大值),反应式故障—安全机制应确保这一时间不超出规定的有潜在危害的瞬间输出持续时间限制;组合式故障—安全机制的这一时间值应满足在此期间发生第二个此类故障的概率小于 SIL4 级安全完整性规定要求。

(11)针对雷电,特别是牵引电流的侵入可能会同时造成多重击穿等故障叠加情况,将此类故障作为无法完全避免的共因故障,采取故障—安全技术措施。

(12)电子执行模块以安全的方式通过独立(可靠性)冗余传输通道与通信控制模块(或直接与安全主机)实现信息传输,宜在源信息中加入独立的校验与时序信息。

(13)电子执行模块的软、硬件设计整体性地采用由多个独立安全冗余处理通道(如二取二或三取二)的处理架构与故障—安全保护机制,包括对轨旁设备的状态采集、驱动控制、模块地址配置,模块内有安全要求的传输,以及处理器和相关处理使用的所有安全相关信息缓冲区、变量/计时器存储单元等。

(14)对各处理通道之间的差异进行风险分析,包括反应式故障—安全结构及组合式故障—安全结构中的异构部分(因电路的不对称性而无法完全避免或为避免共因故障而有意为之的异构)，确保任何单故障不会直接导致危险输出。

(15)在安全侧对应编码及判定原则的基础上，确保对各类安全相关信息实时、安全、持续重复进行的动态更新，尤其在以下三个方面：①状态采集通道的硬、软件设计基于实时动态采集/检测技术，确保对危险侧故障的有效检测与安全防护；其更新及检查机制无条件地覆盖最终结果与所有相关的软硬件环节和处理流程，包括信息的所有暂存处理(如用于消除抖动、尖峰干扰的各级缓冲区)，确保不产生可能导致危险的非限制性信息的错误保留。②驱动控制通道(包括拒绝机制)的硬、软件设计结合运用动态驱动技术，避免(或可拒绝)任何错误的(静态)输出锁存保留导致输出危险；其更新及检查机制覆盖操作命令输入至输出锁存的所有相关软硬件环节和处理流程，确保不产生可能导致危险的非限制性控制命令的错误保留。③在与通信控制模块(或安全主机)各种通信中断超时的情况下，确保已接收的对轨旁设备的操作控制命令均置于安全侧(包括命令存储区和接收缓冲区)；确保待上传轨旁设备状态表示信息的及时更新(包括对发送缓冲区的覆盖)。

(16)全面采用高可靠性设计，能够以独立结构的双系模块实现热备或并用的可靠性冗余配置，并有相应的状态指示。冗余配置时，单系模块(包括电源)的故障及更换不应影响设备功能的正常使用，任何故障及其导致两系模块的差异情况不应导致危险后果。

(17)冗余的电子执行模块以主/备或主/并模块为一组，同组内电子执行模块的工作电源应冗余供电。

(18)控制上行咽喉和下行咽喉的电子执行模块宜分开布置，同属一个咽喉的同一类的模块宜集中布置。

2. 道岔模块

道岔模块通过信号电缆直接控制道岔转辙机；模块宜保持相应受控(各类)转辙机的原有接口方式，并满足其控制逻辑与电气特性要求。道岔模块与转辙机的连接示意如图 5-8 所示。

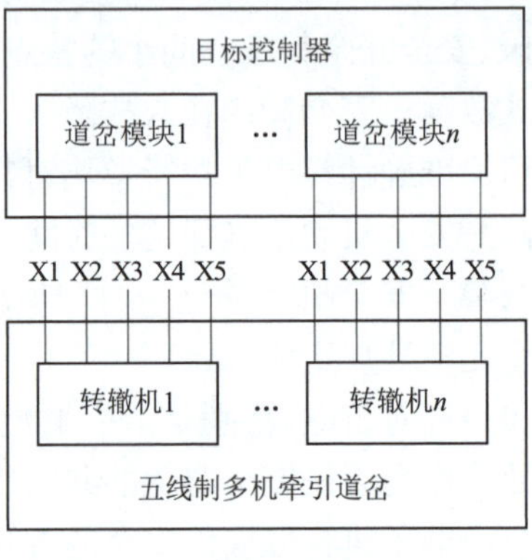

图 5-8　道岔模块与转辙机的连接示意(以五线制道岔为例)

道岔模块针对转辙机的不同类型进行道岔模块的型号系列设计，包括但不限于四/五/六线制、交流/直流、电动/液压等类型的道岔转辙机。与各类转辙机相适配的各型道岔模块，采用合理的标准化设计，以降低现场工程实施与维护的复杂度、并适当减少模块类型。

道岔模块依据收到的道岔操作控制命令，按照道岔驱动的技术条件要求，准确、可靠、安全地对受控转辙机进行转换控制。道岔未转换到位时，道岔模块随时可在新的反向操作命令下控制道岔回转。对转辙机的驱动一经启动，在未收到停止/切断或反向操作命令时，持续驱动至转辙机到位或超时为止。当判定转辙机转换到位后，自动停止驱动输出；当判定转辙机无法启动或超时尚未转换到位时，亦自动停止驱动。用于控制使用三相交流电源的电动或电液转辙机的道岔模块，在道岔转换控制过程中若判定电机电路中任何一相缺相或断路，自动停止驱动(断相保护)。

道岔模块及时、准确、可靠地采集、判定和发送转辙机的动作状态，包括是否启动、启动断相等，并依据收到的停止/切断命令切断转辙机的动作电源，停止驱动。当道岔由多台转辙机牵引控制时（对应原继电电路中，一个道岔由多个道岔组合控制），采用多个道岔模块对每个转辙机分别进行控制，可由通信控制模块实现错峰顺序启动、断相保护停止驱动同步等各个模块之间的关联控制处理。

道岔模块实时、连续地采集受控转辙机的位置状态，据其准确、可靠、安全地判定和上传道岔的位置状态表示。当发生道岔挤岔或未转动到位（四开位置），以及在表示电源停电、表示回路断线等故障时，道岔模块不给出定位或反位表示；当与转辙机连接的信号电缆发生一处混线时，不给出错误的定位或反位表示。在驱动转辙机前应先切断道岔表示，上传道岔"无表示"状态信息；在停止驱动后才给出正确的道岔表示。

道岔模块具有采集并上传道岔动作电流等轨旁设备监测维护所需基础信息（包括道岔开始动作信息、动作前后的道岔位置、电流曲线数据等）的功能。

道岔模块设置相应的指示灯，包括：运行指示灯、错误指示灯、通信指示灯、主备状态指示灯、工作电源指示灯、动作指示灯（定操、反操）和道岔位置指示灯（定表、反表）等。

3. 信号模块

信号模块通过信号电缆直接控制车站列车信号机、调车信号机、信号表示器和区间通过信号机；支持各灯位共用回线点灯和分灯位独立回线点灯的接口方式，并满足相应的电气特性要求。信号模块应采用合理的标准化设计，以降低现场工程实施与维护的复杂度。

信号模块依据（持续）下传的信号控制命令，准确、可靠、安全地控制信号机或信号表示器相应灯位的灯泡或LED点亮（包括点亮稳定灯光和闪光）与熄灭（灭灯）；开放任何允许信号，均采用对允许命令做持续检查的动态驱动方式，一旦失去允许命令（包括通信超时）后，自动转换到对规定信号的控制并保持。

信号模块实时、连续地采集各灯位的状态，准确、可靠、安全地判定并上传各灯位开放（包括点亮稳定灯光和闪光）、关闭状态及点灯灯位的灯丝状态表示。

信号模块冗余设置时，单个模块故障及更换不应影响信号机的正常显示；采用可靠的安全措施，确保当互为冗余的模块因故障而输出不一致时不会导致信号（机）的"乱显示"、升级显示；当冗余的信号模块均发生故障、断电或被拔出时，能点亮禁止灯光或灭灯。

信号模块具有采集并上传各灯位点灯电流等轨旁设备监测维护所需基础信息的功能。

信号模块应设置相应的指示灯，包括：运行指示灯、错误指示灯、通信指示灯、主备状态指示灯、工作电源指示灯、灯位指示灯等。

4. 轨道模块

适用于不同制式（不含接收器已具备通信接口功能ZPW-2000制式）轨道电路的各型轨道模块，符合相应制式轨道电路的相关技术要求。

轨道模块通过信号电缆与其适用制式的轨道电路受电端接口；模块实时、连续地采集接收到的轨道电路信号，通过对信号电压、相位及频率等信息的分析计算，准确、可靠、安全地判定并上传轨道区段的状态（占用/空闲）表示。

轨道模块能采集并上传相应区段轨道电路的主要参数信息（对于相敏轨道电路宜包括接收端电压、局部电压、相位角等）。

轨道模块设置相应的指示灯，包括：运行指示灯、错误指示灯、通信指示灯、主备状态指示灯、工作电源指示灯、轨道区段状态指示灯等。

25 Hz 轨道模块至少支持轨道电源电压 15 V(最高不大于 50 V)、频率(25±0.3) Hz，局部电源 110 V、频率(25±0.3) Hz 的轨道信号采集的能力。

5. 站联场联模块

站联场联模块通过信号电缆与相邻站站联场联电路或其他具有类似接口特性的信号设备接口；模块保持原有电路的接口方式，并满足相应的电气特性要求。

站联场联模块能以正、负极性可受控转换的条件电源传输(发出或接受)安全信息；实时根据下传的命令可靠、安全地送出极性正确的条件电源或无电；实时、准确、可靠、安全地采集条件电源极性，并上传相关信息。

站联场联模块应设置相的指示灯，包括：运行指示灯、错误指示灯、通信指示灯、主备状态指示灯、工作电源指示灯、驱动状态指示灯、采集状态指示灯等。

6. 半自动/自动站间闭塞模块

半自动/自动站间闭塞模块通过电缆(或光电设备)与相邻车站的半自动闭塞/自动站间闭塞设备接口。当采用电气接口方式时，模块应保持原有电路的接口方式，满足相应的电气特性要求，以正、负极性可受控转换的条件电源传输(发出或接受)闭塞信息。

由模块实现半自动/自动站间闭塞的逻辑功能时，满足相应的技术条件。模块可靠、安全地送出极性正确的条件电源至闭塞电缆(或光电设备)；实时、准确、可靠、安全地采集条件电源极性，并上传相关信息。

模块具有采集并上传设备监测维护所需基础信息(包括半自动闭塞供电电压、半自动闭塞线路直流电压、电流等)的功能。

模块设置相应的指示灯，包括：运行指示灯、错误指示灯、通信指示灯、主备状态指示灯、工作电源指示灯、闭塞机状态指示灯、接发车指示灯、闭塞过程指示灯等。

7. 电码化接口模块

电码化接口模块实时根据接收到的低频编码命令，准确、可靠、安全地向电码化设备提供编码信息，控制其编码。

电码化接口模块根据接收到的控制命令，准确、可靠、安全地控制电码化设备输出通道的对象(轨道区段)选择。电码化接口模块可采集并上传电码化设备的发码报警条件。

电码化接口模块设置相应的指示灯，包括：运行指示灯、错误指示灯、通信指示灯、主备状态指示灯、工作电源指示灯、编码指示灯、轨传指示灯等。

电码化接口模块至少支持 DC 24 V 低频编码信号输出和 170 V、0.5 A 移频信号输出的驱动能力。

8. 应答器接口模块

应答器接口模块通过电缆与轨旁的有源应答器接口，实时发送和接收报文信息；电缆的最大极限长度应不小于 2 500 m。接口模块应满足相应的电气特性要求，应具备输出过流和过压保护功能，与有源应答器连接的电缆出现开路和短路时，不应受到永久性损坏。

应答器接口模块具备输出过流和过压保护功能，与有源应答器连接的电缆出现开路和短路时，应答器接口模块不应受到永久性损坏。

应答器接口模块应实时、可靠、安全地向有源应答器发送报文，其输出信号应满足接口“C”的有关规定。在报文转换时，在新老报文之间应插入 75～128 bit 逻辑“1”(或“0”)的序列。应答器接口模块宜具备延迟报文转换功能，在收到有源应答器发出的接口“C4”信号后，至少在 10 ms（或按系统需求规定的时间）内阻止报文转换。

应答器接口模块设置相应的指示灯，包括：运行指示灯、错误指示灯、通信指示灯、主备状态指示灯、工作电源指示灯、应答器状态指示灯（发报、过车、开路、短路）等。

9. 继电器驱动/采集模块

继电器驱动/采集模块满足执行表示层硬件体系结构的有关规定。

继电器驱动/采集模块设置相应的指示灯，包括：运行指示灯、错误指示灯、通信指示灯、主备状态指示灯、工作电源指示灯、采集位指示灯、驱动位指示灯等。

三、接口与通道

（一）接口与通道的内容

TIS 的接口包括 TIS 以通信方式与其他系统之间的接口和目标控制器对外接口。TIS 的通道包括 TIS 内部各组成部分之间信息交换的通信线路及 TIS 与其他系统之间的通信线路。

TIS 内部各组成部分之间信息交换的通信线路包括：安全主机、目标控制器各模块间为实现同步或相互校核而设计的通信线路；逻辑运算层与人机对话层等各计算机模块间交换数据的通信线路；主控站逻辑运算层与被控站执行表示层（或被控站逻辑运算层）间交换数据的通信线路等。TIS 与外部设备之间结合的数据通道包括与邻站 TIS 和其他信号系统连接的通道。

TIS 与邻站 TIS、RBC、TSRS、TCC、CBI、ZPW-2000、计轴系统的数据通道为安全通道，该安全通道的容量和速率应能同时满足各系统的实时性要求。

（二）各种传输通道应遵循的设计原则

TIS 设计各种传输通道所遵循的设计原则应满足《铁路车站计算机联锁技术条件》（TB/T 3027—2015）中 9.2 的规定。

主控站逻辑运算层与被控站执行表示层间交换数据的通信线路原则上应采用铁路信号安全数据网。当不具备铁路信号安全数据网条件时，也可采用冗余的独立光纤通道，通道传输带宽不应低于 100 Mbit/s。

TIS 接口安全要求满足《铁路车站计算机联锁技术条件》（TB/T 3027—2015）中 9.4 的规定。

TIS 利用开放传输系统与其他设备接口时，采取防护措施确认通信数据的真实性、完整性、时效性和顺序性。采取防护措施应满足《铁路车站计算机联锁技术条件》（TB/T 3027—2015）中 9.5 的规定。

TIS 内部及与外部设备的各类接口与通道的运行和故障情况纳入电务维修机的监测项目，并给出相应报警信息。

各站 TIS 需要接入铁路信号安全数据网时，仅以一组 IP 地址接入，IP 分配原则和接入方式应满足《铁路信号安全数据网》（TB/T 3547—2019）的规定。

TIS 的人机对话层、逻辑运算层、执行表示层之间的通信通道应采用封闭专用网络。铁路信号安全数据网的运用和管理应严格遵守《铁路信号安全数据网》（TB/T 3547—2019）中网络管理和网络安全的相关要求。电务维修机采取信息安全防护措施，保证网络信息安全。

(三)RAMS 要求

TIS 设计、实现过程应符合 GB/T 21562、《微机控制的机车制动控制系统》(TB/T 3482—2015)的相关规定。TIS 通信安全性设计应符合《轨道交通 通信、信号和处理系统 传输系统中的安全相关通信》(GB/T 24339—2023)、GB/T 24339.2 的相关要求。TIS 应符合故障—安全原则,安全完整度应达到 SIL4 级的要求。TIS 平均故障间隔时间 MTBF(mean time between failure)应大于或等于 10^5 h。

TIS 室内设备电源由信号电源屏通过至少两路独立电源通道提供,每路输入电源电压范围为 AC 210~230 V。TIS 控制的道岔转辙机、信号机等被控设备工作电源由电源屏独立提供,所提供电源满足被控设备的工作要求。目标控制器设置于室外时,其工作电源由信号电源屏单独提供,输入电源电压范围为 AC 198~230 V 或 AC 342~407 V。目标控制器应对输入的电源进行防浪涌保护和滤波处理。

TIS 的电磁兼容性能满足《轨道交通 电磁兼容 第 5 部分:地面供电设备和系统的发射与抗扰度》(GB/T 24338.5—2018)的规定。TIS 的雷电防护满足《铁路信号设备雷电电码脉冲防护技术条件》(TB/T 3074—2017)和《铁路视频监控需求和规范　铁路公安用户》(TB/T 3498—2017)的规定。在 TIS 适用环境下,绝缘耐压应满足《铁路通信信号产品的绝缘耐压》(TB/T 1448—2018)的规定。在 TIS 适用环境下,电源输入的绝缘电阻不小于 25 MΩ。TIS 的地线设置应符合下列要求:(1)电子设备应在其自身形成等电位体的前提下接入接地系统。(2)在共用接地系统条件不具备而必须设置独立地线时,用于防雷的地线接地电阻值不应大于 10 Ω;用于防护电子设备的安全保护地线的接地装置,其接地电阻值不应大于 4 Ω。(3)对于重雷害地区,地线设置还应采取特殊措施。

周围无腐蚀和无引起爆炸危险的有害气体及导电尘埃。当目标控制器设置于室外时,满足室外工作环境的要求。

第三节　列控联锁一体化系统功能

一、总体要求

TIS 具备 TCC 和 CBI 的全部功能,是以安全计算机技术和电子控制技术为主要手段实现车站联锁、区间闭塞及有源应答器控制等功能的信号设备。

TIS 设计符合故障—安全原则,软件、硬件设计满足《轨道交通 通信、信号和处理系统 控制和防护系统软件》(GB/T 28808—2018)、《轨道交通 通信、信号和处理系统 信号用安全相关电子系统》(GB/T 28809—2012)中 SIL4 级的相关要求。TIS 的安全主机、电子执行模块、通信控制模块、电源等关键部件均采用高可靠性硬件和冗余结构,单个模块故障不影响设备的正常功能。TIS 的硬件结构实现模块化和标准化,软件的逻辑功能和基础数据具有独立性。

TIS 能够与 RBC、TSRS、ZPW-2000、邻站 TIS、TCC、CBI、CTC/TDCS、铁路信号集中监测系统 CSM(centralized signalling monitoring system)等信号系统或设备接口,并遵循规定的通信协议和接口规范。

TIS 具备自诊断和故障报警等维护诊断功能,并可通过列控维护数据网提供远程维护支持。TIS 具备完善的信息安全防护措施,保证网络信息安全。

二、技术要求

(一)设备启动功能

TIS启动由设备自检、与外部信号系统或设备建立通信和设备初始化三个过程组成，设备启动时站内道岔区段、区间闭塞分区状态及对外输出等采取安全处理措施。TIS上电、复位后，首先进行设备自检，自检过程中及自检不通过时不应有危险侧输出，各单元模块自检不通过时应给出报警。TIS完成设备自检后，开始与外部信号系统或设备建立通信，当与某外部信号系统或设备通信建立失败时，应遵循相关接口规范进行通信故障处理。TIS上电后，按照区间方向初始化要求完成区间方向初始化。TIS上电后，根据接收的TSRS信息完成线路临时限速初始化。TIS上电后，按照闭塞分区状态初始化要求完成区间占用逻辑检查闭塞分区状态初始化。

(二)联锁功能

(1)基本联锁功能。TIS具备信号、道岔、进路、下坡道接车延续进路、到发线出岔等基本联锁功能，其功能要求符合(TB/T 3027—2015)中6.1的规定。

(2)特殊联锁功能。TIS具备区间不设通过信号机的正线车站所涉及的特殊联锁功能，其功能要求应符合(TB/T 3027—2015)中6.2的规定。

(3)平面溜放调车功能。TIS具备平面溜放调车功能，其功能要求应符合TB/T 3027—2015中6.3的规定。

(4)非进路调车功能。TIS具备非进路调车功能，其功能要求应符合TB/T 2307—2015中非进路调车的相关规定。

(三)闭塞功能

TIS具备通过软件逻辑实现自动闭塞、半自动闭塞和自动站间闭塞的功能，功能设计符合故障—安全原则，保证相邻车站不处于敌对运行方向。

1. 自动闭塞功能

TIS具备通过通信方式实现自动闭塞的功能，其功能要求符合《铁路闭塞 第1部分：自动闭塞技术条件》(TB/T 1567.1—2019)和《列控中心技术条件》(TB/T 3439—2016)中的相关规定。

TIS在确认整个区间空闲、对方站未建立发车进路及区间的无配线站没有排列接发车进路后，才通过正常方式改变运行方向。TIS改变运行方向由原处于非发车状态的车站办理，随发车进路的办理而自动改变区间运行方向。在区间轨道电路故障而不能正常改变运行方向时，可使用辅助方式办理改变运行方向作业。车站TIS改变运行方向过程中，检查本站及其管辖中继站相关区段的发码方向是否改变到位，如果从开始控制区间方向动作之后的13 s内方向未能改变到位，则认为改变运行方向失败，本车站的TIS维持原来的闭塞方向，并给出报警。

车站TIS重启后，根据以下条件初始化区间方向：(1)车站TIS上电启动后，与相邻车站通信正常，并且相邻车站为发车方向，则本站初始化为接车方向。(2)车站TIS上电启动后，与相邻车站通信正常，并且相邻车站为接车方向时，如果从轨道电路系统获得的和此区间相关各轨道区段发码方向均为发车方向，则本站初始化为发车方向。(3)车站TIS上电初始化6 s时间内，未满足上述条件完成本站方向初始化，则本站初始化为无方向。

中继站 TIS 重启后，根据以下条件初始化区间方向：(1)中继站 TIS 上电启动后，与主站通信正常，与主站方向保持一致。(2)中继站 TIS 上电启动后，与主站通信中断，按无方向处理。

车站与相邻车站或中继站通信中断后，本车站区间方向维持中断前方向不变。中继站与主站通信中断后，区间方向维持中断前方向不变。当区间方向为无方向状态时，相应区间轨道电路发送检测码，相应区间口有源应答器发送默认报文。无配线站、中继站不能作为区间运行方向改变的控制点。TIS 防止区间轨道电路瞬时分路不良错误改变运行方向。

2. 半自动闭塞/自动站间闭塞

TIS 具备通过通信方式实现半自动闭塞/自动站间闭塞的功能，功能要求符合《铁路闭塞 第 3 部分：半自动闭塞技术条件》(TB/T 1567.3—2020)、《铁路闭塞 第 2 部：自动站间闭塞技术条件》(TB/T 1567.2—2019)中的相关规定。

TIS 与相邻站系统或设备不具备通信条件时，通过电子执行模块与相邻站接口实现半自动闭塞/自动站间闭塞的功能。

(四)区间占用及轨道电路编码、发码方向控制功能

TIS 具备区间占用逻辑检查功能，其功能要求应符合 TJ/DW 176 中的相关规定。

TIS 具备控制轨道电路编码功能，其功能要求应符合 TB/T 3439—2016 中 6.3 的规定。TIS 根据闭塞分区逻辑状态，控制区间轨道电路编码。当 TIS 与站台门系统接口时，TIS 对站台门状态进行连续、实时的监测，其控制轨道电路编码符合以下规定：(1)TIS 检查到站台门已处于关闭且锁闭状态后，一直未向站台门输出过开门命令，如果检查到站台门未处于关闭且锁闭状态，向对应股道发送 H 码。(2)TIS 向站台门系统输出开门命令，并且检查到站台门未处于关闭且锁闭状态时，向对应股道发送 HU 码，直到 TIS 检查到站台门处于关闭且锁闭状态后，才能根据进路状态发码。

轨道电路发码方向控制功能。TIS 具备以通信方式进行站内 ZPW-2000 轨道电路发码方向控制功能，其功能要求应满足以下要求：(1)每个轨道区段具备独立的发码方向控制信息。(2)站内轨道区段默认方向为线路运行正方向，TIS 启动后，站内区段发码方向应先置为默认方向，如图 5-9 所示。(3)有折返作业且由多个轨道区段组成的股道当列车占用股道中列车运行前方的轨道区段(图 5-9 中的 3G2)时，其后方的轨道区段(图 5-9 中的 3G1)发码应转为向另一方向发码，如图 5-10 所示。(4)站内列车进路上的轨道区段，其发码方向应和进路方向一致。(5)站内列车进路上的轨道区段在前方占用或本区段解锁后，维持原发码方向。

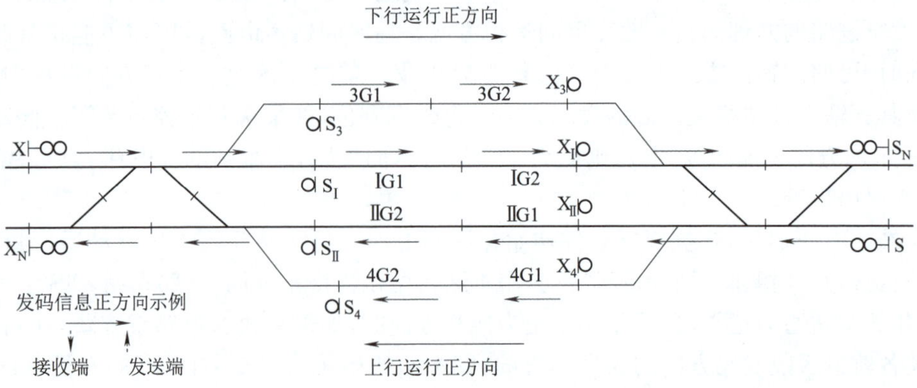

图 5-9　站内轨道电路默认方向

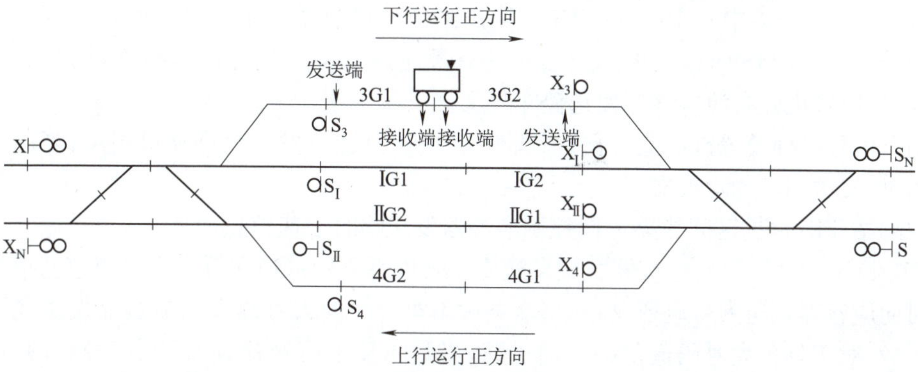

图 5-10　站内股道区段发码方向控制

TIS 具备以通信方式进行区间 ZPW-2000 轨道电路方向控制的功能，其功能要求满足以下要求：(1)每个轨道区段具备独立的发码方向控制信息。(2)区间轨道区段的发码方向与区间方向一致。当与轨道电路发码方向控制通过继电器接口时，其轨道电路发码方向控制功能符合 TB/T 3439—2016 中 6.5 的规定。

TIS 具备控制电码化设备编码的功能，其功能要求符合上述轨道电路编码的规定。TIS 具备控制电码化设备传输通道功能。

(五)临时限速及信号降级处理功能

TIS 具备临时限速及信号降级处理功能，其功能要求符合 TB/T 3439—2016 中 6.8、TJ/DW 191—2016 中相关规定。

(六)应答器报文编码功能

1. 应答器报文编码功能

TIS 根据进路信息、临时限速信息和应答器报文定义原则对应答器用户数据进行实时组帧，生成应答器用户报文。TIS 按照应答器传输系统设备的技术条件要求对应答器用户报文进行实时编码，生成应答器报文。TIS 确保应答器用户报文的组帧和应答器报文的编码安全性。TIS 的应答器报文编码模块确保编码的实时性，每条应答器报文设定最大编码超时时间为 50 ms，编码超时后作为不可编报文处理。对于编码错误和不可编码报文，由 TIS 向安全侧修改原始编码数据帧后重新编码，至少三次重新编码均失败后向有源应答器发送默认报文，并输出报警信息。

2. 发送应答器报文原则

TIS 根据进路信息和临时限速命令向相应的应答器发送应答器报文，具体原则参见《列控中心技术条件》(TB/T 3439—2016)中附录 D。

进站口作为接车口使用时，排列接车进路，列车信号开放后，TIS 向相应进站信号机(含反向)处的有源应答器发送接车进路报文，直至该接车进路进站信号机关闭，恢复向应答器发送停车报文。根据区间线路方向，进站口作为发车口使用时，TIS 向相应进站信号机(含反向)处的有源应答器发送区间临时限速和线路数据报文，直到区间线路方向改变。

到发线出站信号机处(含反向)有源应答器报文发送原则符合《列控中心技术条件》

(TB/T 3439—2016)中 6.10.4 的规定。当出站信号机兼做调车信号机时，排列调车进路，调车信号开放后，TIS 向相应出站信号机处有源应答器发送允许通过报文，调车信号关闭后，向出站信号机处有源应答器发送停车报文。

调车信号机处设置有源应答器，当调车信号机开放时，发送允许通过报文；当调车信号机关闭时，发送调车危险报文。

中继站 TIS 根据区间线路方向控制应答器发送临时限速信息。

TIS 控制大号码道岔应答器报文发送应符合以下原则：(1)在符合大号码道岔报文发送条件时向应答器发送大号码道岔信息包，条件不符合时向大号码道岔应答器发送允许通过报文。(2)对于具备大号码道岔的侧向进路，当侧向接车信号开放 UUS 信号后，并且同时满足以下条件时，TIS 发送大号码道岔信息包：①进路行车许可长度超过制动距离检查范围，如图 5-11 所示。②侧向进路范围内及离去区段制动距离内无低于大号码道岔侧向允许速度的临时限速，如图 5-12 所示。③大号码道岔应答器所在闭塞分区(不含)至防护大号码道岔的信号机之间的所有闭塞分区(进路)均空闲。(3)开始发送大号码道岔信息包后，如检测到不具备发送大号码道岔信息包条件时，TIS 立刻停止发送大号码道岔信息包，当不具备发送大号码道岔数据包条件为本条(2)款第①项或第②项时，同时控制相应信号降级显示，原发送 UUS 码区段应停止发送 UUS 码。(4)反向运行时，TIS 不发送大号码道岔应答器信息包。

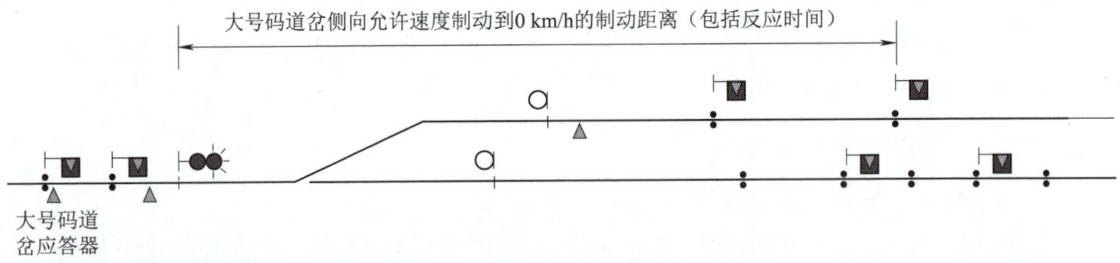

图 5-11　大号码道岔报文发送检查条件(行车许可)

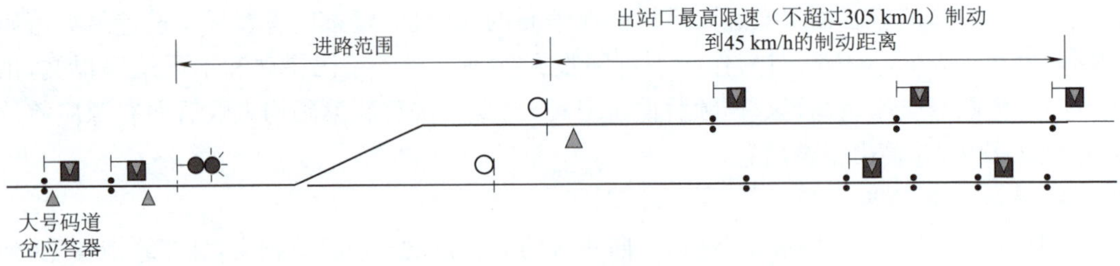

图 5-12　大号码道岔报文发送检查条件(临时限速)

(七)异物侵限与地震预警防护功能

TIS 具备异物侵限防护功能，其功能要求符合 TB/T 3439—2016 中 6.4.2 及《信号系统与异物侵限监测地震预警监测系统接口技术条件》(Q/CR 674—2018)的相关规定。车站 TIS 将其管辖范围内(含中继站)的异物侵限报警信息发送给 RBC 和 CSM。

TIS 具备地震防护功能，其功能要求符合《高速铁路地震预警监测系统技术条件》(Q/

CR 633—2018)中列控系统接口及 Q/CR 674—2018 的相关规定。当 TIS 采集到地震报警信息时,TIS 向控制范围内的所有轨道区段发 H 码,同时关闭车站、线路所及无配线站的信号,向 RBC 传送相关轨道区段为占用状态。车站 TIS 将其管辖范围内(含中继站)的地震报警信息发送给 RBC 和 CSM。

(八)操作显示与维护诊断功能

操作显示方面,TIS 具备接收值班员操作命令、向值班员提供站场、区间和设备状态显示,并给出相关语音提示和报警的功能。操作显示功能除符合 TB/T 3027—2015、TJ/DW 188 中操作与表示的相关规定,还具备以下操作显示功能:(1)区间闭塞分区确认无车占用、区间逻辑状态总解锁、区间逻辑检查开启/关闭的操作功能。(2)区间闭塞分区状态、区间信号机点灯状态、区间闭塞分区低频编码状态、临时限速初始化状态、区间占用逻辑检查初始化状态、站台门状态等。

维护诊断方面,TIS 能实时显示、记录、回放联锁操作、道岔动作、站内和区间信号显示、初始化状态(临时限速和区间占用逻辑检查)、轨道区段及区间闭塞分区状态、进路建立和解锁、轨道电路编码(含电码化)、区间方向、有源应答器报文、临时限速、信号降级、异物侵限报警、地震报警、信号许可、站台门状态、设备状态、网络状态及设备故障报警等信息。TIS 具有故障自诊断功能,设备故障应能定位到板级或模块,并给出处置建议。TIS 数据记录时间不小于 30 天。TIS 还能实现分级报警功能,并具备远程维护支持功能。

TIS 具备根据 CTC/TSRS 校核时钟的功能。

(九)设备接口与通信功能

TIS 与信号设备接口配置,如图 5-13 所示。

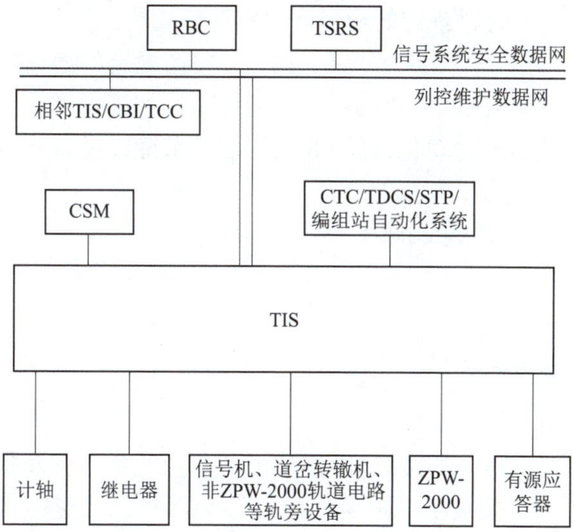

图 5-13　TIS 与信号设备接口示意

TIS 具备通过电子执行模块与转辙机接口功能,实现道岔控制和道岔表示信息采集,其功能要求符合《铁路信号设计规范》(TB 10007—2017)中的相关规定。

TIS 具备通过电子执行模块与信号机、进路表示器接口功能,实现信号机、进路表示器的控制和表示采集，控制信号机、进路表示器显示符合 TB 10007—2017 中的相关规定。TIS 控制区间通过信号机点灯时，还符合 TB/T 3439—2016 中相关规定。

TIS 具备通过通信方式与 ZPW-2000 轨道电路接口的功能，该接口满足以下要求：(1)通信接口采用冗余接口。(2)TIS 通过通信方式获取轨道区段占用、出清状态。(3)TIS 向 ZPW-2000 轨道电路发送载频、低频编码命令和发码方向信息，接收轨道区段状态信息、轨道区段发码方向信息。TIS 具备通过电子执行模块与 25 Hz 相敏轨道电路接口功能，实现轨道区段占用、出清状态的采集，其功能要求符合该制式轨道电路的相关规定。TIS 宜具备通过电子执行模块与其他制式轨道电路接口功能，实现轨道区段占用、出清状态的采集，其功能要求符合该制式轨道电路的相关规定。

TIS 宜通过通信方式与电码化设备接口，当电码化设备不具备通信接口条件时，应能通过电子执行模块直接与电码化设备接口，控制电码化设备编码及传输通道，功能要求应符合电码化设备的相关规定。

TIS 具备通过电子执行模块向有源应答器发送报文，实现有源应答器控制的功能。

TIS 具备通过电子执行模块实现继电器的驱动和状态采集功能。

TIS 通过继电器与异物侵限监测、地震预警监测和站台门系统接口，其功能要求符合 Q/CR 674—2018、TJ/DW 220 的相关规定。

TIS 具备通过电子执行模块与场间联络线、场间渡线道岔、到达场和驼峰、简易驼峰信号、编发线与驼峰头部及机务段等接口功能，其功能要求符合《集中联锁结合电路一般原则》(TB/T 2307—2017)中的相关规定。

TIS 具备通过铁路信号安全数据网(采用 RSSP-Ⅰ协议)与 TSRS、TIS、TCC、CBI 接口功能，并遵循规定的通信协议和接口规范。TIS 具备通过铁路信号安全数据网(采用 RSSP-Ⅱ协议)与 RBC 接口功能，并遵循规定的通信协议和接口规范。

TIS 具备通过串口与 CTC/TDCS 接口功能，并遵循规定的通信协议和接口规范，还应具备通过串口与 CSM 接口功能，并遵循规定的通信协议和接口规范。

TIS 具备与 STP、编组站自动化、计轴等其他信号系统或设备接口功能，并遵循规定的通信协议和接口规范。

TIS 具备支持现场模拟试验的能力。

三、显示和操作

(一)操作表示机操作显示

操作显示界面示意如图 5-14 所示。

操作显示界面主要用于显示车站(场)信号设备布置的拓扑图及状态信息、操作按钮的设置与布置、站(场)名和相关提示与报警信息，以及区间信号设备布置的拓扑图及状态信息、区间码序信息、站台门状态信息；操作显示界面的输入工具采用鼠标方式。车站(场)操作显示界面的设计应满足 TB/T 3027—2015 的规定。

操作显示界面根据站场的规模采用单屏、双屏或多屏组合方式。站场规模较小且设一个操作人员的车站，采用单屏显示；站场规模较大且设双操作人员的车站，采用双屏显示；超大规模车站采用多屏组合方式。当闭塞分区较多，在站场图区无法完整显示时，应按照咽喉方向采用双屏或多屏显示。跨屏显示时，线条、图形应平顺连接。鼠标配备合理，正常使用时宜单人单鼠标、两人双鼠标，并具备鼠标故障时的应急操作使用措施。

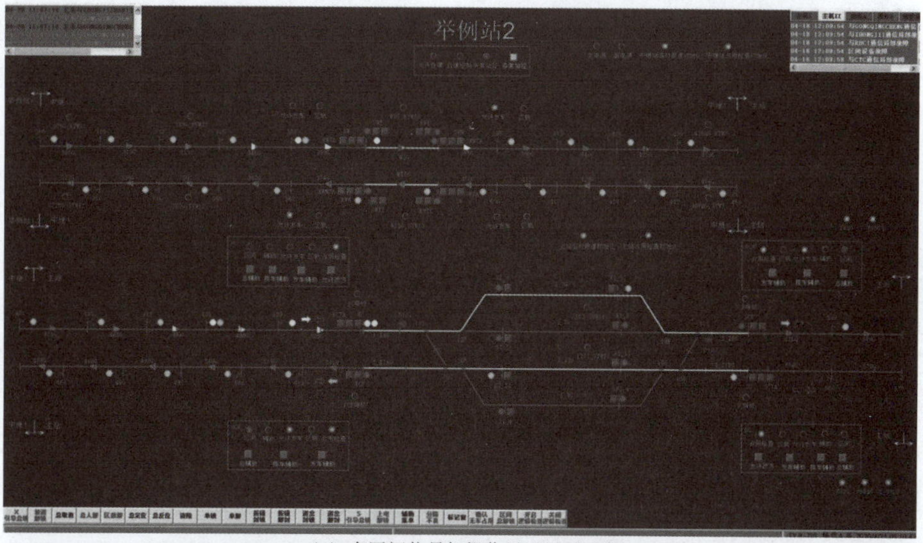

（a）有区间信号机操作显示界面示意

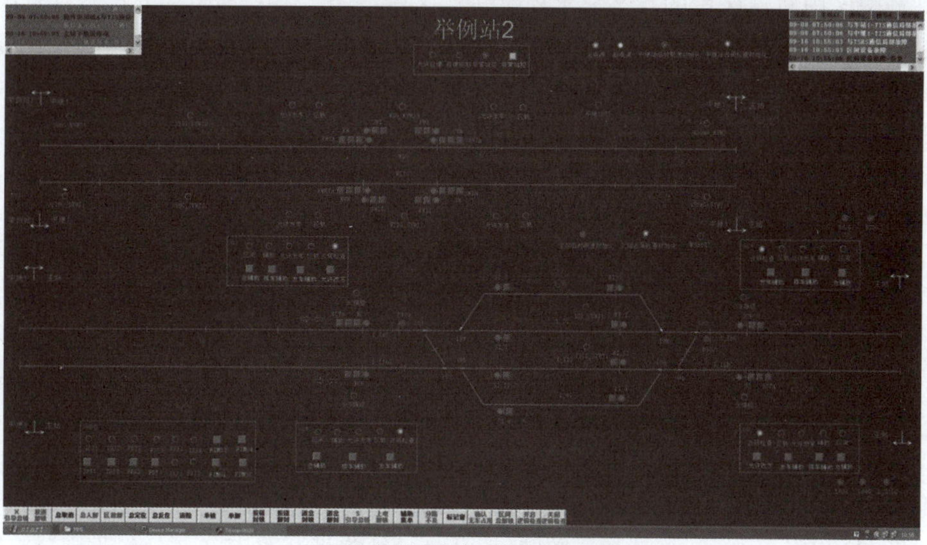

（b）无区间信号机的操作显示界面示意

图 5-14　操作显示界面示意

构成操作显示界面的画面元素应比例协调、布局合理、界面友好。操作显示界面按显示区域可划分为站场图区、常用功能按钮区、提示信息窗、报警信息窗、预警信息窗和设备状态信息窗等，总体布局示意如图 5-15 所示。操作显示界面设置某些特定的区域，用于系统的功能操作。每一个特定的操作区域称为一个按钮作用域，并以按钮名称来标识。任意两个按钮的作用域不得重叠。按钮作用域不应跨屏设置，不宜紧靠屏幕边缘。当某个显示内容或操作存在多种选择时，应选定其一来实现，并应保持操作显示界面显示全部内容和操作方法的风格相同。

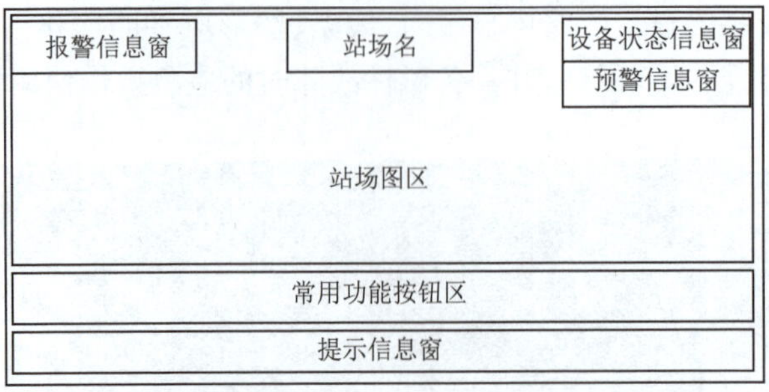

图 5-15　操作显示界面总体布局示意

1. 屏幕显示

站场图区主要显示站场内道岔、轨道区段、按钮、信号机、绝缘节、脱轨器、表示灯、闭塞分区、站台门等图符。相邻线路信号按钮应错开设置。设备名称在站场图区的线路或图符附近显示。线路名称标注与信号设备平面布置图一致。

站场图区内道岔状态显示提供道岔定位、道岔反位、道岔失去表示、道岔单锁、道岔封锁和挤岔等 6 种状态信息。表示道岔开通位置的短线在道岔定位时显示绿色;反位时显示黄色,可以显示或隐藏。

站场图区内轨道区段的状态显示提供轨道区段空闲、占用、锁闭和分路不良及区间闭塞分区的故障占用、失去分路等状态信息。显示的优先级按占用、锁闭和空闲依次递减。列车或车列占用出清后,轨道区段在延时 3 s 解锁期间,显示锁闭状态。区段占用时,若区段内的道岔失去表示,至少在岔前部分显示占用状态。区段在锁闭状态时,若区段内的道岔失去表示,至少在岔前部分显示锁闭状态。

站场图区内信号机的状态显示。列车信号(包括各种类型的进站信号机、出站信号机、通过信号机、进路信号机、驼峰辅助信号机、接近信号机等)采用双灯位表示;调车信号采用单灯位表示。对于容许信号,进路表示器不在操作表示机上显示;对于遮断信号、预告信号及各种复示信号,不论是否由 TIS 控制,宜不在操作表示机上显示。如因实际需要,要求显示时,可按照下列规则显示:(1)信号宜采用单灯位表示;(2)对于采用灯列式机构的复示信号机宜按照平时灭灯,正线和侧线接车时均为白灯的方式显示;(3)如有对应的无显示状态时,宜将对应的圆圈用背景色填充;(4)如有对应的断丝状态时,宜按照站内信号断丝处理,以 1 Hz 的频率红闪。站内信号机灯丝断丝时,信号机的"禁止灯光"闪烁。

站场图区内人工解锁、区段故障解锁(如有时)、延续进路及中岔、溜放、非进路解锁、引导信号限时开放等的延时信息均采用倒计时方式显示。对于接近锁闭后办理的人工解锁,倒计时信息应显示在被操作进路(列车、调车)的始端按钮旁。对于其他操作产生的延时信息,在保持界面清晰简洁、无二义性、位置不重叠的前提下可采取就近原则,设置在被操作的对象附近。

站场图区内闭塞分区状态显示。闭塞分区屏幕的背景、字体、线条的显示与站内区段相同。显示区间闭塞分区状态、区间发码方向和发码信息,包括车站管辖范围内的中继站的上述信息。区间闭塞分区状态显示以闭塞分区为基本单位,闭塞分区内部不再划分轨道电路。单线双方向自动闭塞区段,当区间信号机为差置设置时,按轨道区段显示;当为并置设置时,仍按闭塞分区显示;当既有差置又有并置时,按轨道区段显示,应能显示闭塞分区的低频信息。低频信息和发码方向以带方向的三角表示，如图 5-16 所示。低频三角颜色定义与信号机一致。

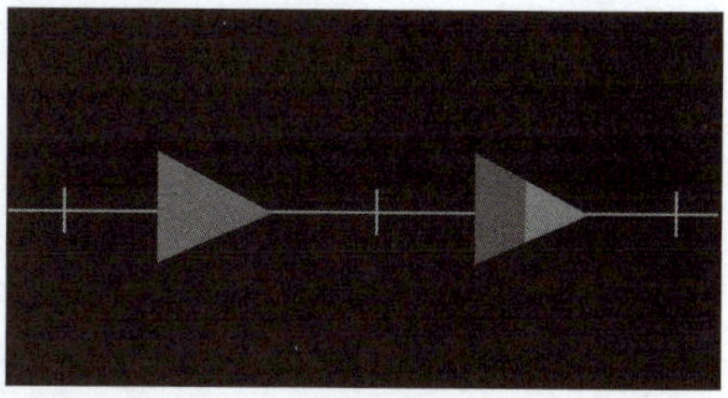

图 5-16　低频三角画法示意

站场图区内，应进行站台门的状态显示，显示站台门的开启关闭及故障、旁路状态；进行临时限速初始化状态显示，显示临时限速初始化状态，设置一个临时限速初始化状态指示灯；进行区间占用检查功能开启状态显示，每个区间口设置一个区间占用检查状态指示灯，没有区间检查功能的区间口不设置该指示灯。

按信息类型信息窗分为报警信息窗、预警信息窗、提示信息窗和设备状态信息窗。信息的显示和刷新应及时，对操作及时给出反馈信息。报警信息窗显示最近 5 条记录信息；可单击滚动条查询记录信息，支持查询最近 200 条记录；报警的恢复信息也纳入显示；报警及其恢复信息同时提供月、日、时、分、秒时间；提供人工隐藏报警信息窗的手段，有新报警时自动弹出该窗口。预警信息窗显示最近 5 条记录信息；可滚动查询记录信息，支持查询最近 200 条记录；预警的恢复信息也纳入显示；预警及其恢复信息同时提供月、日、时、分、秒时间；提供人工隐藏预警信息窗的手段，有新预警时自动弹出该窗口。

常用功能按钮区，根据具体车站的功能配置常用功能按钮。按钮从左向右的排列顺序为：X(S)引导总锁（屏幕左侧显示的咽喉）、坡道解锁、总取消、总人解、区故解、总定位、总反位、清除、单锁、单解、按钮封锁、按钮解封、道岔封锁、道岔解封、点灯、灭灯、S(X)引导总锁（屏幕右侧显示的咽喉）、上电解锁、辅助菜单、分路不良、标记窗、确认无车占用、区间总解锁、开启逻辑检查、关闭逻辑检查。“确认无车占用”“区间总解锁”“开启逻辑检查”“关闭逻辑检查”四个常用功能按钮的可操作对象以 TIS 管辖设备为界。

提示信息窗主要提供操作、设备提示等信息。在提示信息窗、报警信息窗、预警信息窗内对异常操作或 TIS 出现故障时给出明确提示。报警信息主要指影响行车、影响使用的故障信息，应根据外部设备所能提供的报警信息或依据内部判断提供故障设备名称和故障类型给出报警信息。预警信息主要指设备局部故障信息，暂时不影响系统的功能使用。设备状态信息包括状态栏：主机Ⅰ（主机 A）、主机Ⅱ（主机 B）、操作 A、操作 B、维修机五个状态。

其他显示和语音。存在多方向发车的车站，在按下终端按钮时，应提供语音提示，提示为方向名称，如“北京方向发车”。语音应与文字一致，可采用合成音。界面设股道标记窗和进站口标记窗；标记窗内容采用人工输入方式，无标记时不显示；标记窗图形在轨道区段图形上显示。单击“标记窗”功能按钮后，再按下对应股道区段，弹出对话框，在对话框中选择相应按钮后，单击“确认”完成输入。为防止相邻两个道岔的单锁标识重叠，复式交分道岔宜拉开显示；复示交分道岔编号可按两组道岔简化显示。按下“接通光带”按钮后，空闲、未锁闭的道岔区段按开通位置显示黄色光带，15 s 后恢复。道岔、信号、区段名称隐藏后，功能按钮按下时，对应设备名称将自动显示。未排列进路情况下，中岔、安全线道岔不在定位时宜提供报警信息，并给出语音提示。车站值班员处监视器复示操作显示界面的显示。

2. 操作办理

（1）进路办理。基本进路办理：顺序按下进路的始端信号按钮和终端信号按钮。变通进路办理：顺序按下进路的始端信号按钮、变通按钮和终端信号按钮。一次办理通过进路的操作：顺序按下进站信号机旁的通过按钮和另一咽喉发车进路的终端信号按钮。通过进路也可按照发车、接车进路分别办理，接、发车进路办理与基本进路的办理相同，具备条件时，通过进路应先办理发车进路，后办理接车进路。带有坡道延续进路的接车进路办理：顺序按下进路的始端信号按钮、终端信号按钮和坡道延续进路终端信号按钮。发车进路已经建立时，顺序按下接车进路的始端信号按钮、终端信号按钮，可建立带有坡道延续进路的接车进路。长调车进路一次办理：顺序按下第一段进路的始端调车信号按钮和最后一段进路的终端调车信号按钮。

(2)取消进路、人工解锁和区段故障解锁办理。取消进路办理：顺序按下“总取消”按钮和进路始端按钮。通过进路和长调车进路按照其组成的各条进路逐条办理取消。对于带有坡道延续进路的接车进路，则需顺序完成接车进路的取消和延续进路的取消，其中延续进路的取消是通过顺序按下“总取消”按钮和延续进路的始端信号按钮予以实现的。人工解锁进路办理：按下“总人解”按钮，在弹出的口令输入对话框输入口令，并确认后，再按下进路的始端信号按钮。区段故障解锁办理：按下“区故解”按钮，在弹出的口令输入对话框输入口令，并确认后，再按下相应的区段按钮。按下一次“区故解”按钮，仅对一个区段的一次解锁有效。

(3)重开信号办理。按下进路始端信号按钮。

(4)道岔操作办理。单独操纵道岔定位办理：顺序按下“总定位”按钮和被操作的道岔按钮。单独操纵道岔反位办理：顺序按下“总反位”按钮和被操作的道岔按钮。道岔单锁办理：顺序按下“单锁”按钮和被操作的道岔按钮。道岔单解办理：顺序按下“单解”按钮和被操作的道岔按钮。道岔封锁办理：顺序按下“道岔封锁”按钮和被操作的道岔按钮。道岔解封办理：顺序按下“道岔解封”按钮和被操作的道岔按钮。

(5)引导进路和引导总锁闭办理和取消。引导进路办理：在进路上的道岔处于正确位置条件下，按下对应信号机的“引导”按钮，输入口令并按下“确认”按钮。列车进路转为引导进路办理：列车进路建立后，如果列车信号未能开放或因故关闭，在引导信号开放条件具备后，可按下对应信号机的“引导”按钮，输入口令并按下“确认”按钮。重新开放引导信号办理：按下“引导”按钮，输入口令并按下“确认”按钮。信号机内方第一区段故障时引导信号维持开放的操作流程：以小于 15 s 的间隔按下“引导”按钮维持引导信号，办理时不需要输入口令。取消引导进路办理：顺序按下“总人解”按钮、输入口令并按下“确认”按钮，再按下进路始端信号按钮。引导总锁闭办理：操作人员确认进路上的道岔处于正确位置，按下“引导总锁闭”按钮、输入口令并按下“确认”按钮。引导总锁闭情况下开放引导信号办理：按下“引导”按钮、输入口令并按下“确认”按钮。解除引导总锁闭办理：单击已按下的“引导总锁闭”按钮、输入口令并按下“确认”按钮。

(6)坡道解锁办理。按下“坡道解锁”按钮，输入口令并按下“确认”按钮后，按下延续进路始端信号按钮。

(7)改方办理。正向发车口由接车改发车的正常办理流程：办理发车进路。反向发车口由接车改发车的正常办理流程：先按下“允许改方”按钮(非自复式按钮)，输入口令并按下“确认”按钮，再办理反向发车进路。反方向行车结束后人工弹出该按钮。办理辅助改方流程：双方操作人员确认区间空闲，经协商后先按规定手续登记。双方车站按下“总辅助”按钮，输入口令并按下“确认”按钮，使其变为按下状态。此后拟改为发车站的车站按下“发车辅助”按钮，输入口令并按下“确认”按钮；拟改为接车站的车站按下“接车辅助”按钮，输入口令并按下“确认”按钮。辅助改方在拟改为接车站的“接车辅助”和拟改为发车站的“发车辅助”按钮均处于按下状态时，若条件具备，则完成双方运行方向的改变。此后，双方站应适时单击已按下的“总辅助”按钮，输入口令并按下“确认”按钮，弹出“总辅助”按钮，完成本次辅助改方作业。改方失败时需要给出提示信息。

(8)信号机的点灯和灭灯。办理信号机点灯:顺序按下“点灯”按钮和对应的信号按钮。办理信号机灭灯:顺序按下“灭灯”按钮、输入口令并按下“确认”按钮后，再按下对应的信号按钮。

(9)信号按钮封锁和解封。办理信号按钮封锁:顺序按下“按钮封锁”和信号按钮(有列车按钮的信号采用列车按钮，没有列车按钮的信号采用信号机)。办理信号按钮解封的流程:顺序按下“按钮解封”和信号按钮。

(10)区段分路不良设置。无岔区段分路不良的设置:按下“分路不良”按钮，输入口令并按下“确认”按钮后，单击区段按钮，弹出菜单后，勾选“分路不良”，按下“确认”按钮。道岔区段分路不良的设置:按下“分路不良”按钮，输入口令并按下“确认”按钮后，单击区段按钮(或位于道岔位置的道岔按钮)，弹出菜单后，勾选“岔前分路不良”“定位分路不良”和“反位分路不良”中的一项或多项，按下“确认”按钮。无岔区段分路不良的取消:按下“分路不良”按钮，输入口令并按下“确认”按钮后，单击区段按钮，弹出菜单后，取消已勾选的“分路不良”菜单项，按下“确认”按钮。道岔区段分路不良的取消:按下“分路不良”按钮，输入口令并按下“确认”按钮后，单击区段按钮(或位于道岔位置的道岔按钮)，弹出菜单后，取消已勾选的“岔前分路不良”“定位分路不良”和“反位分路不良”中的菜单项，按下“确认”按钮。

(11)上电解锁的操作。按下“上电解锁”按钮，输入口令并按下“确认”按钮。

(12)非进路的办理和取消。办理非进路:按下“非进路”按钮。取消非进路:单击已按下的“非进路”按钮。办理非进路故障解锁的操作流程:单击“非进路故障解锁”按钮、输入口令并按下“确认”按钮。

(13)推峰进路的办理和取消。办理推峰进路:在驼峰信号楼办理“允许推送”或“预先推送”后，顺序按下推峰进路的始端信号按钮和终端信号按钮。取消推峰进路由驼峰信号楼办理。切断推送的操作:单击“切断推送”按钮、输入口令并按下“确认”按钮。

(14)向机务段调车的办理和取消。办理向机务段调车进路:在机务段同意后，顺序按下该进路的始端信号按钮和终端信号按钮。取消向机务段调车进路:顺序按下“总取消”按钮和进路始端按钮。取消机务段同意:顺序按下“总取消”按钮和走行线入口信号机的调车按钮，或者按下单设的“取消机务段同意”按钮。

(15)同意动岔的办理。办理同意动岔:按下“同意动岔”按钮。取消同意动岔的操作流程:在道岔处于定位时，单击已按下的“同意动岔”按钮。当同意动岔按钮设置在对方站场时，本场应设置“同意动岔”表示灯，该表示灯在对方站场同意动岔时点亮。

(16)站间联系相关的操作和表示。应设置邻站进站信号开放表示灯(绿灯/灭灯)、邻站出站信号开放表示灯(绿灯/灭灯)、站间运行方向表示灯(箭头)及站间轨道电路占用表示灯(红灯/灭灯)。原接车站改为发车站的操作:区间空闲时，原接车站办理发车进路。在站间联系设备故障时，双方操作人员经确认区间空闲，发车站操作人员按下“故障”按钮，输入口令并按下“确认”按钮，可复原站间联系设备。

(17)辅助菜单操作。操作人员按下“辅助菜单”按钮后，应显示二级菜单，“辅助菜单”按钮显示按下。按下二级菜单中的按钮(含“退出菜单”)后，二级菜单退出。二级菜单弹出后，不允许其他操作。采用双屏或多屏显示时，在二级菜单中提应供“切屏”“缩屏”按钮。

(18)确认无车占用操作。按下“确认无车占用”按钮，弹出口令输入对话框，输入口令，并确认后，再按下相应的区间闭塞分区区段按钮。按下一次“确认无车占用”按钮，仅对一个区间闭塞分区的一次操作有效。按下对应的区段按钮后，弹出“确认无车占用”对话框如图 5-17 所示。在弹出的“确认无车占用”对话框中，确认车站及闭塞分区无误后，单击“验证命令”按钮下达该闭塞分区的无车占用验证命令，单击“执行命令”下达该闭塞分区的无车占用执行命令。通过命令反馈结果窗口可以查看验证及执行命令的执行结果。

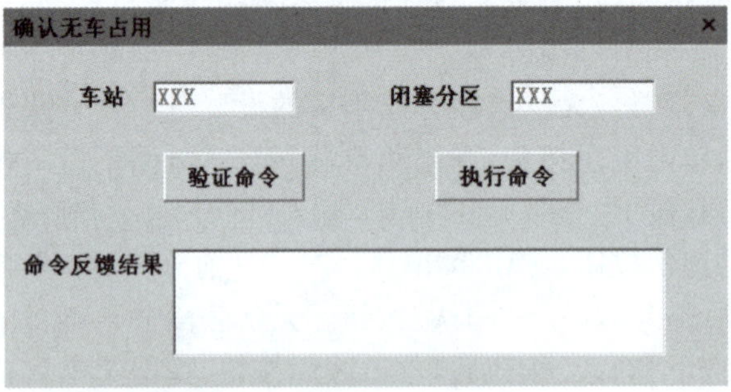

图 5-17 “确认无车占用”对话框

(19)区间总解锁操作。按下“区间总解锁”按钮，弹出口令输入对话框，输入口令，并确认后，再按下区间口对应的进站信号列车按钮。按下一次“区间总解锁”按钮，仅对一个区间口的一次操作有效。按下对应的进站信号按钮后，弹出“区间总解锁”对话框如图 5-18 所示。在弹出的“区间总解锁”对话框中，确认车站及区间方向口无误后，单击“验证命令”按钮下达该区间方向口的区间总解锁验证命令，单击“执行命令”下达该区间方向口的区间总解锁执行命令。通过命令反馈结果窗口可以查看验证及执行命令的执行结果。

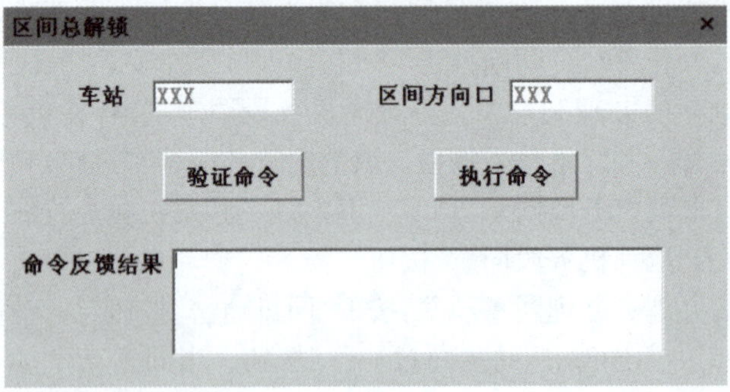

图 5-18 “区间总解锁”对话框

(20)开启逻辑检查操作。按下“开启逻辑检查”按钮，弹出口令输入对话框，输入口令，并确认后，再按下区间口对应的进站信号列车按钮。按下一次“开启逻辑检查”按钮，仅对一个区间口的一次操作有效。按下对应的进站信号按钮后，弹出“开启逻辑检查”对话框如图 5-19 所示。在弹出的“开启逻辑检查”对话框中，确认车站及区间方向口无误后，单击“验证命令”按钮下达该区间方向口的开启逻辑检查验证命令，单击“执行命令”下达该区间方向口的开启逻辑检查执行命令。通过命令反馈结果窗口可以查看验证及执行命令的执行结果。

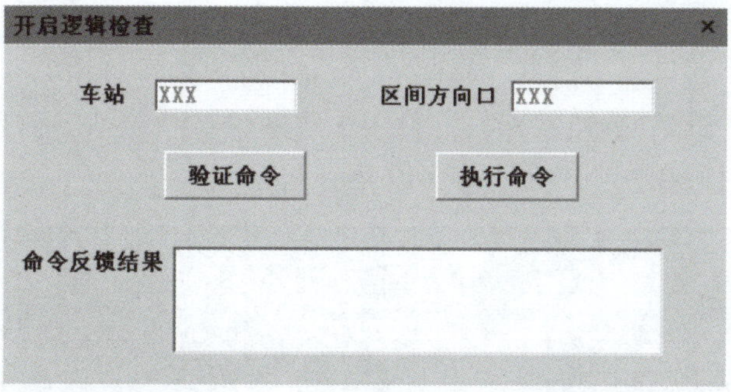

图 5-19 “开启逻辑检查”对话框

(21)关闭逻辑检查操作。按下“关闭逻辑检查”按钮,弹出口令输入对话框,输入口令,并确认后,再按下区间口对应的进站信号列车按钮。按下一次“关闭逻辑检查”按钮,仅对一个区间口的一次操作有效。按下对应的进站信号按钮后,弹出“关闭逻辑检查”对话框如图 5-20 所示。在弹出的“关闭逻辑检查”对话框中,确认车站及区间方向口无误后,单击“验证命令”按钮下达该区间方向口的关闭逻辑检查验证命令,单击“执行命令”下达该区间方向口的关闭逻辑检查执行命令。通过命令反馈结果窗口可以查看验证及执行命令的执行结果。

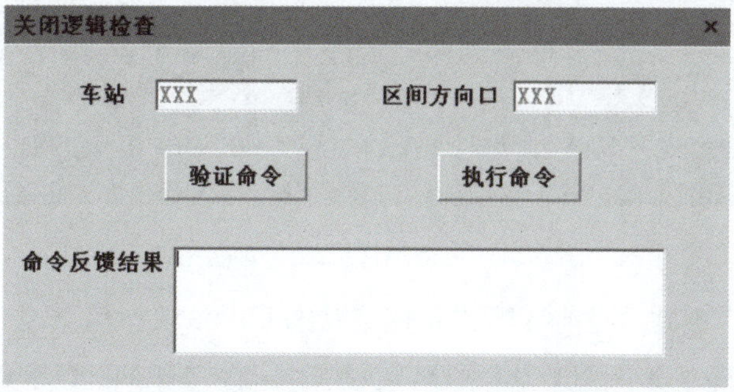

图 5-20 “关闭逻辑检查”对话框

(二)电务维修机操作显示

TIS 维修机显示界面主要用于车站(被控站、中继站)信号设备布置的拓扑图及状态信息显示、设备的实时状态信息显示、历史信息的回放,以及故障诊断、安全接口等信息的查询。显示界面按显示区域从上到下、从左到右可划分为标题区、导航区及操作展示区。总体布局示意如图 5-21 所示。

标题区从左向右依次是厂家标识(LOGO)、设备型号及“列控联锁一体化维修机”文字,售后服务电话,车站名称(放置中间),当前时间,以及系统关键信息。系统关键信息以状态灯及文字方式实时显示,包括双系 TIS 设备工作状态、临时限速初始化状态、区间占用检查初始化状态等。

导航区为操作展示区域提供切换操作,内容包含“站场信息”“设备信息”“模块信息”“报警信息”“接口查询”“历史回放”和“辅助功能”。

操作展示区分为站场信息、设备信息、模块信息、报警信息、接口查询、历史回放、辅助功能七个视图。站场信息视图主要显示当前车站(被控站、中继站)区段、信号机、应答器、按钮等相关设备状态。站场图区主要显示的图形有车站名称、道岔、轨道区段、信号机、有源应答器、限速信息、信号许可信息、信号按钮及表示灯等图符。相邻线路信号按钮应错开设置。当车站管辖中继站（被控站）时，宜显示中继站（被控站）站场信息，显示原则与车站一致。当区间较长时可在一个屏幕上分多段显示。

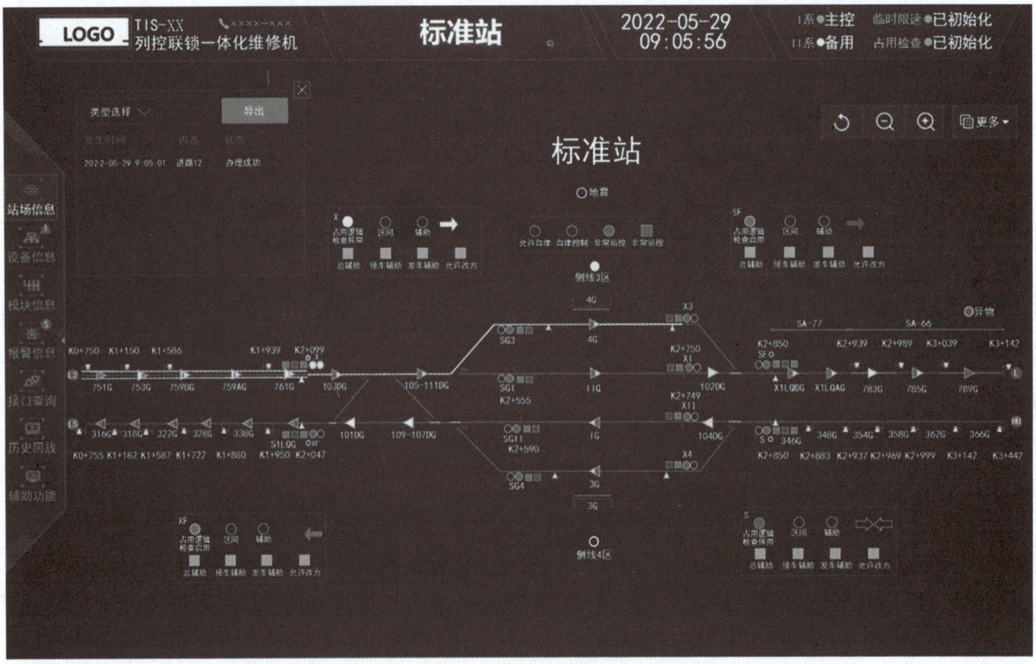

图 5-21　电务维修机总体布局示意

设备信息视图主要显示当前 TIS 设备网络状态及设备状态信息，如图 5-22 所示。

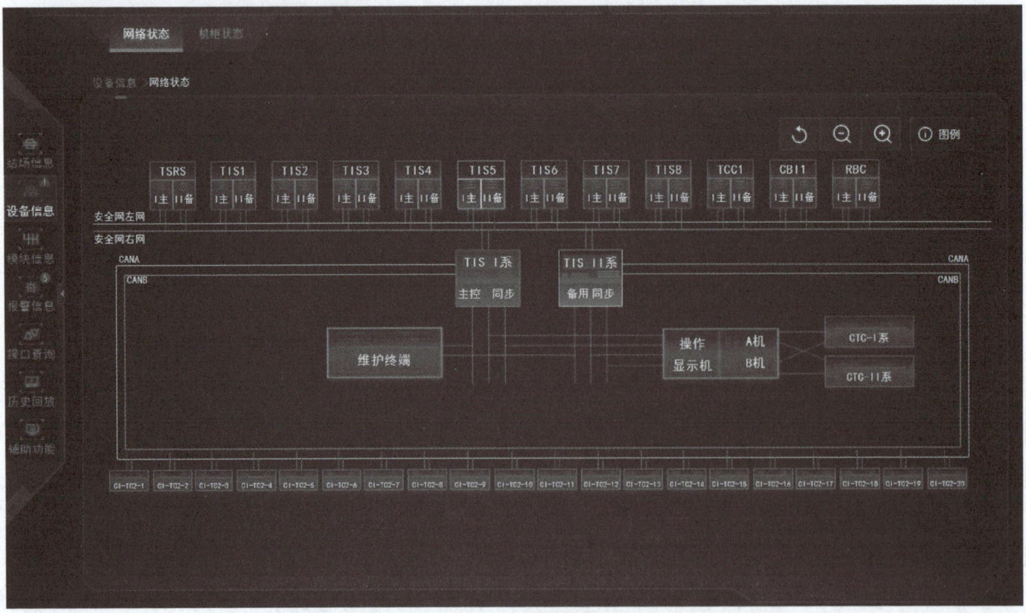

图 5-22　设备信息视图效果示意（根据设备实际情况定义）

设备信息界面分为网络状态、机柜状态两个分页面。网络状态界面以简易图元及线条形式显示 TIS 与 TSRS、RBC、TIS、TCC、CBI、CTC、轨道电路等各设备连接关系，并显示对应通道的连接状态，红色线条为故障，绿色正常。当出现物理通道正常、逻辑通道（含安全校验和版本校验）中断时，在对应设备框以颜色显示，单通道逻辑中断显示黄色，双通道逻辑中断显示红色。机柜状态界面中以机柜实物图方式显示设备位置及工作状态，显示机柜状态图时，可以通过单击机柜各板块查询有关板块的名称、配置信息、故障维护说明、版本信息、异常信息等。设备信息界面中故障的板卡/部件等以红色显示。有故障时，导航区中"设备信息"按钮显示红色提示。

模块信息视图显示当前 TIS 控制的各类型模块状态、位置等信息。模块信息根据各产品实际情况定义，视图效果示意如图 5-23 所示。

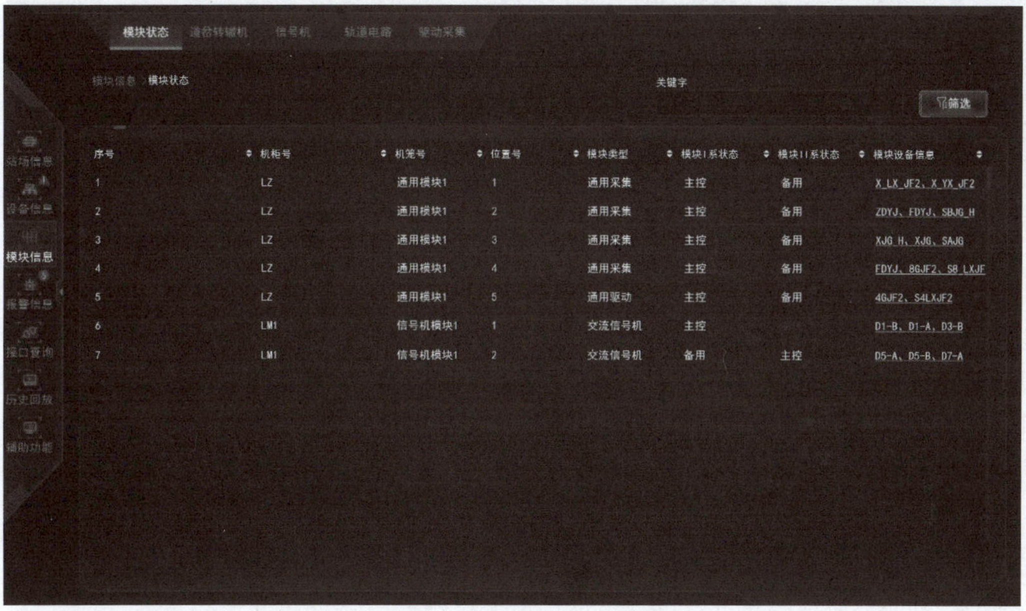

图 5-23　模块信息视图效果示意

模块信息视图以分页形式显示模块状态、道岔转辙机、信号机、轨道电路、驱动采集等模块的信息页面。模块状态分页中，显示所有模块的基础信息及模块工作状态，单击模块设备信息可转至对应模块页面。可在分页中支持对模块内容的查询功能。道岔转辙机分页中，可根据时间、转辙机名称、设备类型查询道岔动作曲线信息，同时显示道岔动作曲线的具体动作时间及动作方向等内容。信号机分页中，可查看实时、历史情况下各信号模块灯位电流信息，支持以模块、信号机、灯位角度的搜索功能。轨道电路分页中，可查看实时、历史情况下各轨道区段模拟量信息，支持以模块、区段名称、区段类型的搜索功能。驱动采集分页中，可查看各继电器驱动/采集模块节点状态信息，包含继电器名称查询功能，界面需设置继电器状态图例，包括有电、无电状态，按照模块管辖关系进行整体界面布局。

报警信息视图包含实时报警、报警查询、事件查询界面，报警信息视图示意如图 5-24 所示。

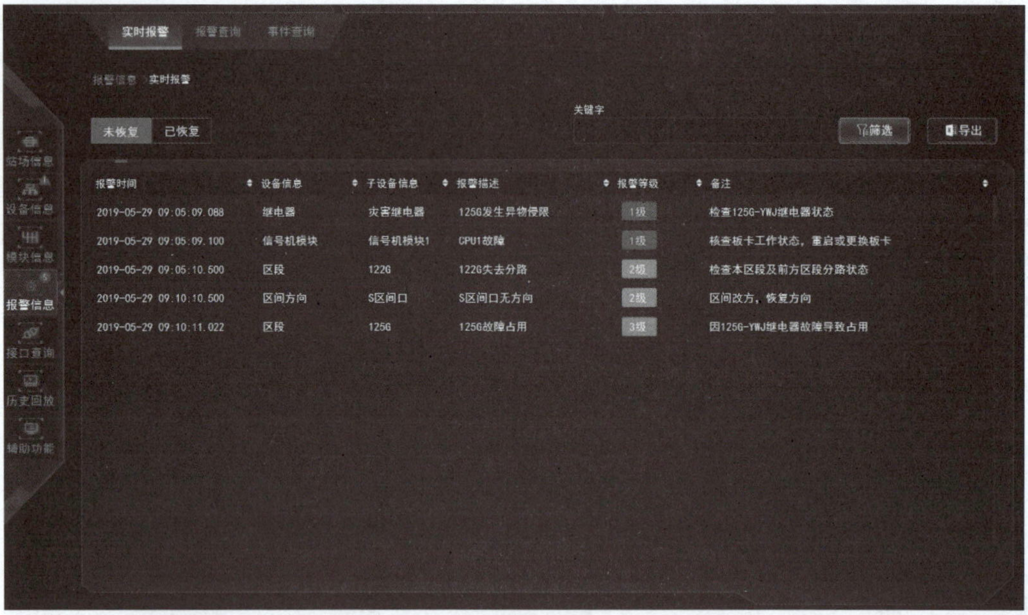

图 5-24　报警信息视图效果示意

报警信息视图分为实时报警、报警查询、事件查询三个标签页。实时报警包括未恢复和已恢复两个页面，默认显示“未恢复”页面。未恢复报警包括报警时间、设备信息、子设备信息、报警描述、报警等级、备注等。报警等级分为三级报警，未恢复报警默认一级排序为报警等级，二级排序为报警时间。备注为报警处理提示，复杂报警在单击备注中信息后显示更详细的信息，指导现场人员操作。已恢复报警在未恢复报警增加一个报警恢复时间，已恢复报警条数至少支持 300 条报警。报警查询设置报警时段选择框及关键字筛选框，然后按照时间顺序将满足条件的报警信息进行显示。报警查询窗口的报警时间、恢复时间、设备信息、子设备信息、报警描述、报警等级、备注等信息与实时报警含义一致。

事件查询界面主要用于非报警性故障信息及报警提示，如改方失败、限速下达失败等，包括事件发生的事件、内容、备注等，备注栏说明事件发生的原因。

接口查询视图针对 TIS 外部接口数据，从时间角度进行查询展示。接口查询视图以分页形式显示临时限速信息、报文信息、驱采信息、接口信息、曲线分析等。临时限速信息包括线路号、TSR 编号、限速速度、限速起点、限速终点、起点覆盖标志、终点覆盖标志、调度命令号、操作者 ID、限速原因等，相应信息均与 TSRS 下达限速一致。报文信息视图显示有源应答器报文信息，以 LEU（地面电子单元）编号和应答器名称为关键字进行选择，具备关键字筛选功能。驱采信息视图显示继电器驱动、采集信息。接口信息视图用于显示 TIS 与 TSRS、RBC、TIS、TCC、CBI、CTC、轨道电路等设备的接口信息。曲线分析视图用于关键数据的曲线分析。

历史回放视图实现对历史时间段的站场信息、设备信息、模块信息、报警信息、接口查询的回放功能，历史回放视频示意如图 5-25 所示。

历史回放视图中通过控件完成回放起始终点时间的选择，应具备回放的进度拖动、播放、暂停、倍速播放等功能。历史回放视图可针对所选起终点时间完成历史数据的导出，并支持导出文件的回放。历史回放视图中在站场上方通过分页方式展示站场信息、设备信息、模块信息、报警信息、接口查询子视图的浏览，子视图中内容仅显示回放时刻内容，子视图内容与实时状态下视图功能相同。在回放过程中仍然计算当前报警状态，如出现新的报警，仍需在左侧导航区进行报警显示。

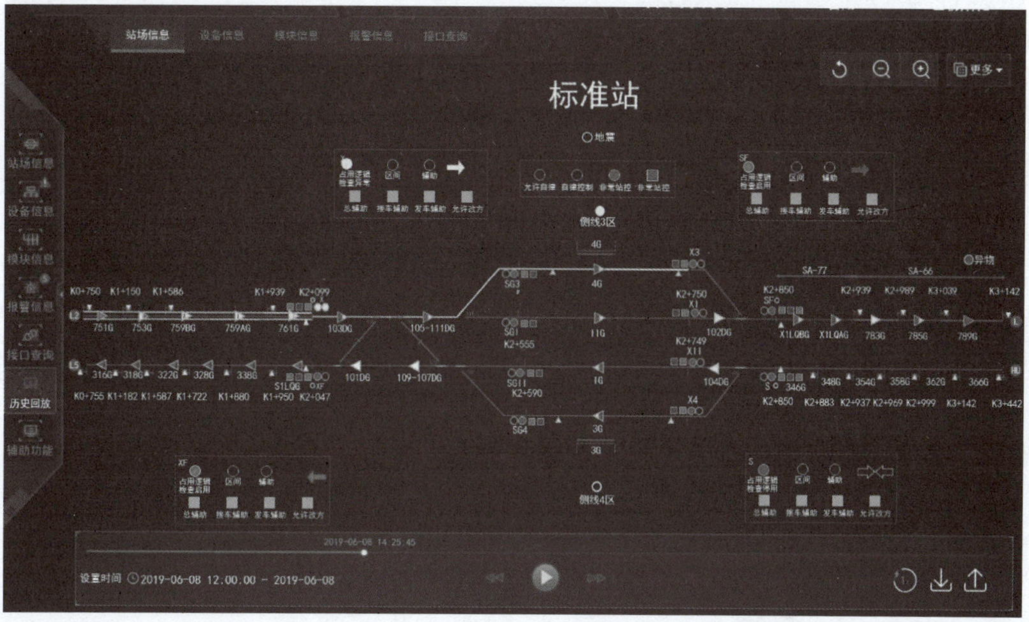

图 5-25　历史回放视频效果示意

辅助功能视图中包含版本显示、调整系统时间、系统日志下载等辅助功能。其中，版本显示包含主机软件版本、维修机软件版本、数据版本、硬件版本等信息。系统日志下载功能可通过选择时间，以小时为单位下载主机及维修机的日志信息。

第四节　列控联锁一体化系统接口

列控联锁一体化系统与外部系统及设备接口配置如图 5-26 所示。

列控联锁一体化系统通过两路冗余以太网接口接入信号安全数据网，直接与 TSRS 和 RBC 系统接口，区间闭塞分区状态、异物侵限状态等信息可直接发送给 RBC，同时系统也可直接由 TSRS 获得线路的临时限速信息，以控制站内信号的降级显示，避免了接口信息的迂回传输。

CSM、CTC 系统也仅和列控联锁一体化系统接口，减少了信号系统间的接口数量，降低了出现接口问题的概率。

系统通过电子执行单元控制轨旁设备，同时具备通过继电器接口与轨旁设备及其他设备进行接口的功能。

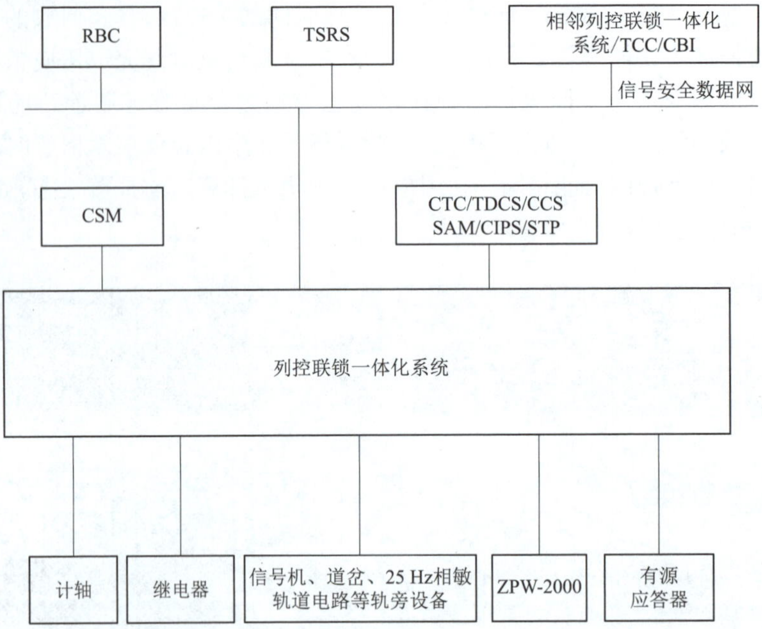

图 5-26　TIS 与外部系统及设备接口配置示意

(一)TIS 间接口

TIS 间采用 RJ-45 以太网接口连接,TIS 间数据传输采用 UDP 协议,通信网络冗余配置,如图 5-27 所示。TIS 间通信应采用 RSSP-Ⅰ铁路信号安全通信协议。

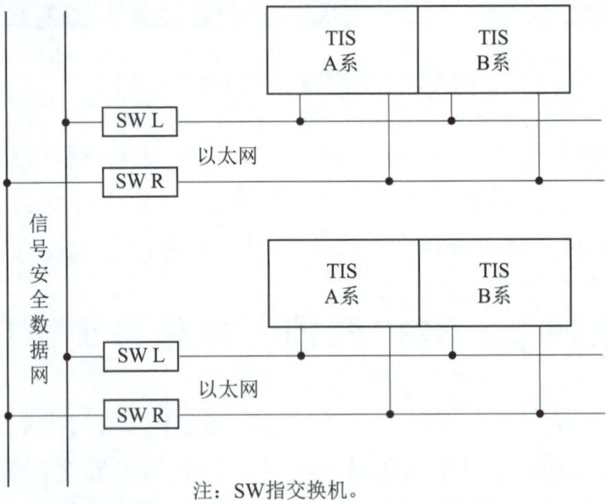

注：SW指交换机。

图 5-27　TIS 间通信网络结构示意

TIS 间通信按 250～500 ms 范围固定周期交互数据。TIS 每系每个端口与外部设备两系的对应端口(本系 A 口与对方两系的 A 口;本系 B 口与对方两系的 B 口)均建立安全通信连接。仅本地设备的主系向外部设备的主、备系发送应用数据消息;本地设备的备系仅向外部设备发送通信检测数据(应用数据域可为全 0 或应用层信息包中规定的数据)。外部设备接收到对方备系数据仅用于判定通信连接状态。

TIS 间通信应包含接口版本校验功能，接口版本信息若校验不通过，则该数据包不可用，系统应输出报警。

TIS 站间传送数据，区分为车站发送数据和含逻辑的中继站发送数据。

TIS 间中继站发送的应用数据，包括：线路边界信息、线路改方数据、中继站信号机显示状态数据、中继站闭塞分区状态和低频数据、中继站异物侵限信息数据、系统状态及外设连接状态数据、无配线站信号机断丝信息、无配线信号机状态信息、无配线站区间方向信息、无配线站间小区间状态数据块、信号许可交互数据块、区间闭塞分区状态确认数据块、收发信息状态数据块、接口版本校验信息等。

TIS 间车站发送的应用数据，包括：线路边界信息、线路改方数据、无配线进路信息、无配线站信号机驱动信息、无配线进站信号机红丝断丝信息、无配线站间小区间状态数据块、信号许可交互数据块、区间闭塞分区状态确认数据块、收发信息状态数据块、接口版本校验信息等。

(二)TIS 与临时限速服务器接口

TIS 和 TSRS 之间应具备数据交换的功能，二者间信息交换应满足列控系统需求，确保运营安全。二者间通过信号安全数据网互联，物理接口采用 RJ-45，如图 5-28 所示。二者间数据传输采用以太网协议，采用 UDP 方式，RSSP-Ⅰ铁路信号安全通信协议。

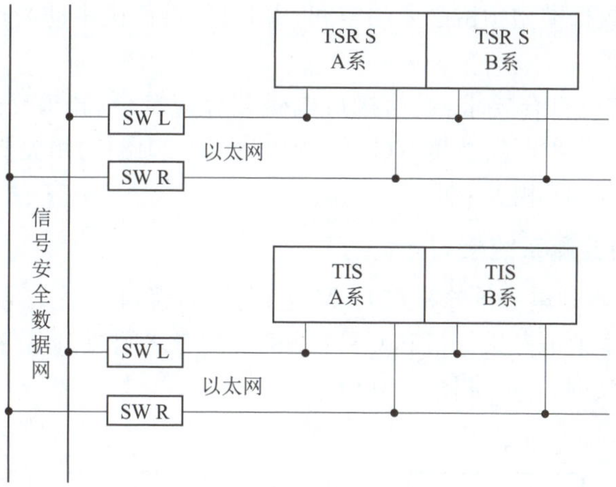

图 5-28 TIS 与 TSRS 连接方式示意

仅本地的主系向外部设备的主、备系发送应用数据消息；本地的备系仅向外部设备发送通信检测数据(应用数据域可为全 0 或应用层信息包类型中规定的数据)。外部设备接收到对方备系数据仅用于判定通信连接状态。当 TSRS 与 TIS 间通信中断时，TSRS 将故障信息报告给 CTC，TIS 维持原临时限速信息，并向 CSM 报警。

(三)TIS 与调度集中系统接口

通过 TIS 与调度集中系统接口，实现调度集中与 TIS 之间的通信，TIS 向调度集中发送车站和区间表示信息、命令执行结果等；调度集中向 TIS 发送操作和控制命令等。

TIS 操作表示机与 CTC 车站自律机交叉冗余连接。CTC 和 TIS 的接口通过 CTC 的车站自律机、TIS 的操作表示机之间的通信实现，车站自律机与操作表示机交叉互联，如图 5-29 所示。数据通信利用 RS-422 标准串行接口，通信方式为异步双工，并且调度集中设备端带光电隔离。双方采用屏蔽电缆或光缆连接。使用电缆连接时,屏蔽层在 CTC 设备端接地,TIS 端不接地。

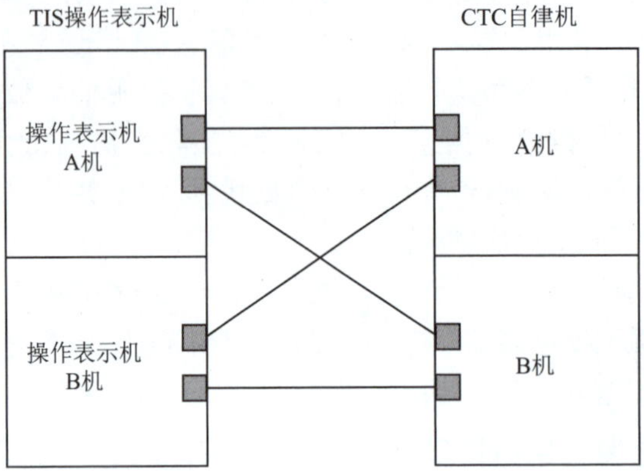

图 5-29　TIS 与 CTC 交叉互联示意图

通信应符合下列要求:采用 CRC 校验、接收应答及超时重传机制保证通信的可靠性;应采取措施保证通信的时效性和数据的完整性;在无通信数据时定时发送心跳信息检测通信链路的完整性;通信数据类型预留必要的空间;由 CTC 自律机主动请求建立与 TIS 操作表示机的通信连接。

电磁兼容和防雷应符合要求:通信接口电磁兼容应符合《轨道交通 电磁兼容 第 4 部分:信号和通信设备的发射与抗扰度》(GB/T 24338.5—2018)的相关要求;通信接口的防雷应符合 TB/T 3074—2015 相关要求。

(四)TIS 与集中监测系统接口

TIS 原则上通过本地电务维修机与 CSM 进行接口,接口采用无冗余连接方式。TIS 与 CSM 的接口由 TIS 本地电务维修机和 CSM 站机及两者之间通信设备组成,实现 TIS 的相关状态信息向 CSM 实时传递,如图 5-30 所示。

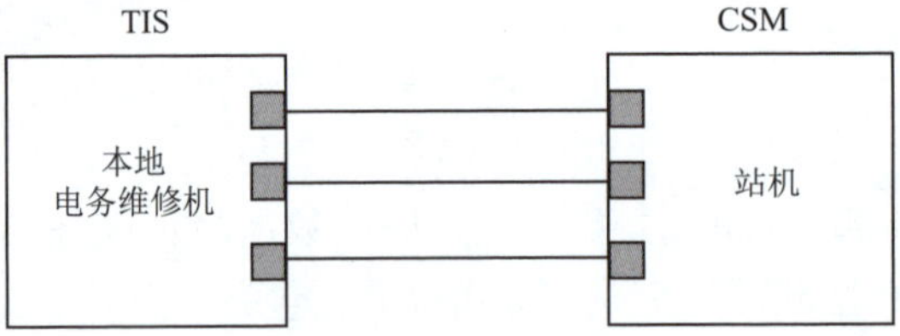

图 5-30　TIS 与 CSM 接口示意

TIS 与 CSM 的接口方式应符合下列要求:采用 RS-422 标准串行接口进行通信,通信方式为异步双工,双方采用屏蔽电缆或光缆连接;原则上站场码位信息、电子执行模块信息各使用一个独立的 RS-422 串口进行数据发送,其他数据信息采用一个独立的 RS-422 串口进行数据发送;TIS 本地电务维修机向 CSM 站机单向发送数据;一个串口每周期有多个数据包要发送时,可采用固定时间间隔发送每个数据包,也可采用将几个数据小包顺序拼成一个数据大包再对外发送。

（五）TIS与无线闭塞中心接口

TIS与RBC间的接口是列控系统中信号控制的重要组成部分，TIS与RBC之间应具备数据交换的功能。二者间信息交换应满足列控系统需求，确保运营安全。TIS与RBC应通过信号安全数据网互联，确保信息传输的安全性和可靠性。应采用RSSP-Ⅱ铁路信号安全通信协议。

TIS与新型列控系统中RBC的接口协议按照TJ/DW 233—2020《新型列控系统无线闭塞中心暂行技术条件》中规定的RBC与TIS接口要求执行。

（六）TIS与ZPW-2000轨道电路接口

TIS与ZPW-2000轨道电路间的接口是TIS的重要组成部分，TIS与ZPW-2000轨道电路之间应具备数据交换的功能。二者间信息交换应满足TIS系统需求，确保运营安全。

TIS应具备通过通信方式与ZPW-2000轨道电路接口的功能，该接口应满足以下要求：

（1）通信接口应采用冗余接口。

（2）TIS应通过通信方式获取轨道区段占用、出清状态。

（3）TIS向ZPW-2000轨道电路发送载频、低频编码命令和发码方向信息，接收轨道区段状态信息、轨道区段发码方向信息。

TIS应具备通过电子执行模块与25 Hz相敏轨道电路接口功能，实现轨道区段占用、出清状态的采集，其功能要求应符合该制式轨道电路的相关规定。

TIS宜具备通过电子执行模块与其他制式轨道电路接口功能，实现轨道区段占用、出清状态的采集，其功能要求应符合该制式轨道电路的相关规定。

（七）TIS与列控中心和计算机联锁接口

TIS与TCC间的接口是TIS的重要组成部分，TIS与TCC之间应具备数据交换的功能，二者间的信息交换应满足TIS需求，确保运营安全。TIS与TCC应通过信号安全数据网互联，确保信息传输的安全性和可靠性。TIS与TCC之间应采用RSSP-Ⅰ铁路信号安全通信协议。TIS与TCC的接口协议按TJ/DW 172第一部分 列控中心间接口规范执行，TIS按照文中对TCC的要求实现与TCC互联互通。

TIS与CBI间的接口是TIS的重要组成部分，TIS与CBI之间应具备数据交换的功能。TIS与CBI之间信息交换应满足TIS需求，确保运营安全。TIS与CBI应通过信号安全数据网互联，确保信息传输的安全性和可靠性。TIS与CBI之间应采用RSSP-Ⅰ铁路信号安全通信协议。TIS与CBI的接口协议按照TJ/DW 186执行，TIS按照文中对计算机联锁的要求实现与CBI互联互通。

复习思考题

1. 我国地面列控中心和联锁分设，实际应用过程中存在哪些需要改进的地方？
2. 国外列控联锁一体化系统主要有哪些？各有何技术特点？
3. 简要说明我国列控联锁一体化系统的基本架构。
4. 我国列控联锁一体化系统中的目标控制器有哪些技术要求？
5. 列控联锁一体化系统中的全电子执行单元有哪些技术要求？有哪些类型？
6. 列控联锁一体化系统具体实现了哪些功能？
7. 列控联锁一体化系统需要与哪些外部系统接口？其接口方式如何？

第六章　列车自主运行控制系统

列车自主运行控制系统作为新一代列车运行控制系统，具有安全、高效、灵活、经济、易部署等特点，系统的功能和性能更优、架构更精简。本章将从系统架构、功能原理、设备接口及典型运营场景等方面，对目前城市轨道交通领域发展和应用的列车自主运行控制系统进行详细介绍。

第一节　列车自主运行控制系统概述

一、列车自主运行控制系统的含义

列车自主运行控制系统（train autonomous circumanbulation system，TACS）是以具备车车通信能力的列车为核心，以列车运行控制系统与车载网络控制系统、牵引系统和制动系统等高度融合为手段，具有列车主动防护、列车自主运行等技术特点，并支持车辆段设备与行车控制正线化及全自动驾驶（FAO），具有更高安全性、更高可靠性、更高运营效率、更低建设和运营成本的列车运行控制系统，如图 6-1 所示，它实现了列车控制从集中控制到分布式控制、从列车自动运行向列车自主运行的技术转变。

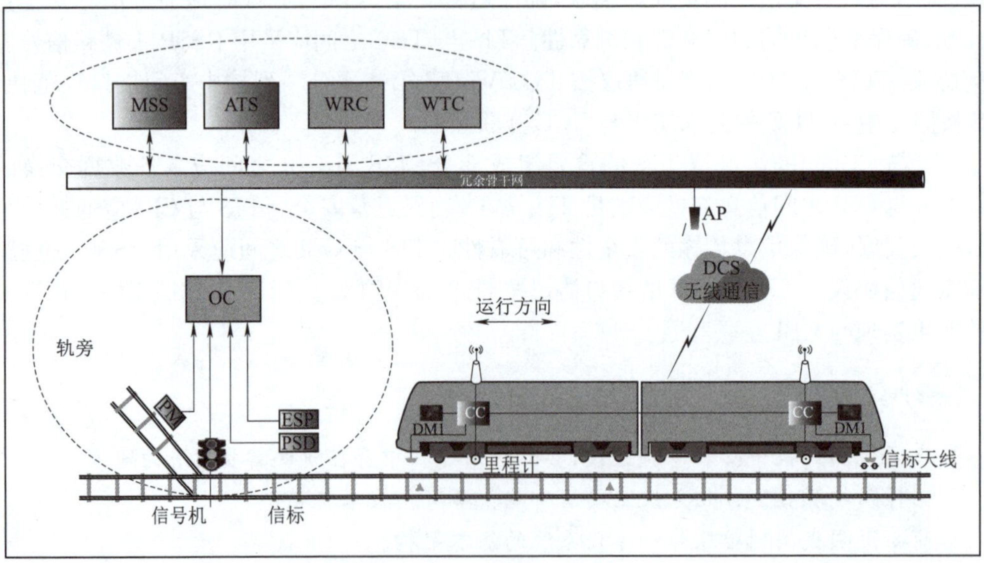

图 6-1　TACS 结构

二、列车自主运行控制系统的技术特征

TACS技术特征如图6-2所示，主要体现在安全平台优化(powerful platform)、系统架构简化(simple system)和资源管理细化(refined resource)这三个方面，这些特征分别从软硬件基础、系统设计和应用管理3个层面对TACS进行了定义，以下分别从P—S—R三个维度加以阐述。

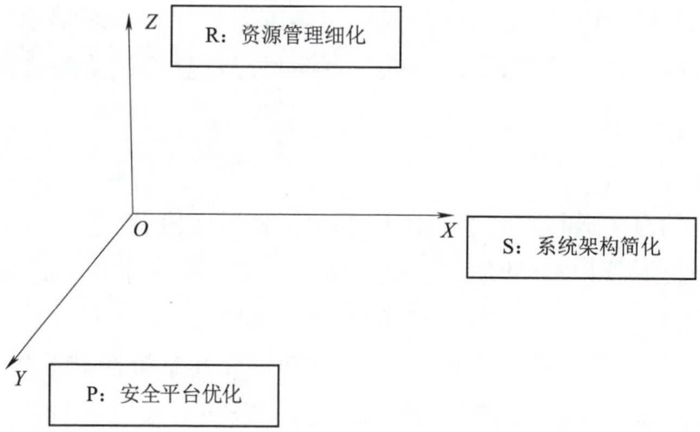

图6-2 TACS技术特征

(一)安全平台优化(P)

优化的安全平台是整个系统的基石。以列车为中心的资源管理和间隔防护使大量的安全功能被分配到车载子系统，增加了车载的运算量，需要更加强劲的车载安全平台支撑，否则，TACS分配的功能将无法实现或实现效率非常低，达不到预期的目标。

(二)系统架构简化(S)

精简的系统架构是系统实时性、可靠性和经济性的保障。传统基于通信的列车控制(CBTC)系统轨旁集中控制设备较多、数据流传输复杂、安全控制信息更新慢，导致系统运行效率受制约。TACS精简了轨旁集中控制设备，缩短了数据流传输链的路径，实现了系统的扁平化。

(三)资源管理细化(R)

细化的资源管理是整个系统的核心。传统信号系统基于进路的管理方式，使线路和道岔资源被打包分配，资源的空间利用率低；间隔防护采用轨旁统一管理的方式，降低了信息的实时性，资源的时间利用率差。TACS从时间和空间维度对资源进行精细化管理，并在强劲的安全平台和精简的系统架构支撑下，实现了系统性能的提升和功能的增强。

三、列车自主运行控制系统的基本功能

以列车为中心的自主运行控制系统功能主要包括列车定位、信息共享、资源管理、列车间安全间隔控制、自主排路和移动授权、列车状态监控、列车速度控制7大功能。

(一)列车定位

以列车为中心的自主运行控制系统需自主确定列车位置，将确定的列车位置报告给列车自动监控系统(ATS)和其他列车。列车定位包括以下3个部分：

(1)列车位置的计算:列车运行控制系统通过车轮的转数来计算列车的位置,进而计算出行驶的距离。

(2)列车位置修正:列车运行控制系统利用地面信标修正列车累计误差。

(3)列车位置补偿:列车运行控制系统在行驶过程中实时计算累积误差,并反映在列车长度中。

(二)信息共享

信息共享功能包括:在线路上运行的列车共享位置等列车状态信息;列车与 ATS 均可控制轨旁的共享资源并进行监控;轨道的共享资源状态信息通过资源管理器传送给线路上所有的列车。

(三)资源管理

以列车为中心的自主运行控制系统的资源包括轨道区段、道岔和站台门(PSD)等,所有共享资源都由轨旁资源管理器(WRC)管理。列车通过资源管理器对资源进行预留、释放和控制操作,能够占用和控制资源的对象包括 ATS 和列车。ATS 有权控制和恢复列车占用的共享资源。但是,列车运行控制系统只有在安全释放共享资源状态时,才可将其共享资源转移给 ATS。列车运行控制系统只有在安全占用资源后才可进行控制。在临时限速的特殊情况下,列车运行控制系统可立即对共享资源进行控制,一个轨道区段中可建立多个临时限速。

(四)列车间安全间隔控制

以列车为中心的自主运行控制系统存在以下列车间隔控制策略:

(1)基于前车位置。列车运行控制系统根据前车报告的列车位置生成本车的移动授权,同时,列车运行控制系统补偿和更正本车的位置误差。

(2)基于前车速度。列车运行控制系统根据前车当前的速度进行间隔控制。以列车为中心的自主运行控制系统中,列车的制动距离为列车在移动授权范围内,以当前速度制动时,其不与前车发生碰撞的距离。列车的制动距离是基于前车的最佳制动距离计算得出的,新的移动授权的计算还应考虑前车速度、位置误差等因素。此外,还需实时对本车的速度误差进行修正和补偿。

(五)自主排路和移动授权

列车的运行路线由 ATS 提供。当列车被分配一个列车编号时,会收到完整的时刻表和与该列车编号对应的运行路径信息,其信息包括列车到达目的地所需的共享资源(区段、道岔和控制方向、PSD 和状态等)。

ATS 下发给列车的运行路线不能与其他列车的运行路径冲突,当列车改变路线时,能自主搜索到目的地的最佳路线。运行路线指定列车移动权限需要的资源,但并不执行对资源的获取和控制。运行路线是为了防止列车的移动权限在获取资源的过程中出现死锁,并不判断该资源是否实际被其他列车占用。列车运行控制系统依据下发的运行路线自主计算列车的移动授权。

列车运行控制系统完成移动权限所需资源(区段、道岔、PSD)的获取和控制。当运行路线发生变化时,列车向资源管理器请求获取最新运行路线所需资源。在某些情况下,如所需资源已被其他列车占用时,可通过协商获取资源。

(六)列车状态监控

列车运行过程中遇到情况分为以下 3 类:

(1)列车上的紧急情况。列车内紧急情况通常分为列车故障和列车事故两个部分。在列车发生故障的情况下,列车将以降级模式减速运行或停止运行。在必须停止运营的情况下,尝试进入最近的站台让乘客下车。列车故障因素包括:车厢故障、列车低速运行的条件(如列车牵引装置的故障等)、停车条件(行驶到最近的站台并打开车门)及必要时的紧停条件(如列车无线通信设备故障等)。在识别列车故障后,其采取的措施包括列车临时限速、列车运行路线修改、列车紧急制动等。当列车发生火灾事故时,根据火灾的严重程度,列车直接停在轨道上或进入最近的站台让乘客下车。如果车内发生紧急的事故,列车会通知 ATS 控制列车并停在最近的站台。

(2)轨道上的紧急情况。轨道上的紧急情况包括人或障碍物在轨道上的存在或碰撞、轨道缺陷、道岔故障、PSD 故障、隧道或站台起火等。当发现区域有人或障碍物出现在轨道上时,则封锁该区间禁止列车进入。如果有轨道缺陷、道岔故障、隧道或站台发生火灾,则必须封锁进入该区域的通道。如果站台火势较小,可考虑不停车通过。资源管理器实时监控轨旁设备状态,列车控制系统通过资源管理器获得轨旁状态,根据轨旁状态判断检测区间是否需要设置为临时限速或禁止进入的保护区间。如果需要,列车运行控制系统可通过资源管理器将区段设置为临时限速区段或保护区段。

(3)其他灾害情况。其他灾害情况包括暴雨、大雪、台风等,以列车为中心的自主运行控制系统需采用相应的应急方案。暴雨、大雪和台风不仅发生在特定轨道区域,还会影响整条线路,因此线路上的所有列车在必要时全部减速或停车。轨旁的监控设备向资源管理器实时提供监测到的异常情况,列车运行控制系统通过资源管理器接收检测设备的状态和检测结果,判断是否设置为保护区段或临时限速区段。

(七)列车速度控制

轨道的永久限速和由 ATS 下发的临时限速信息,是列车的移动授权计算的重要参数,并由此生成速度安全控制曲线,该曲线包括列车的制动信息。

第二节　系统架构与原理

与 CBTC 等列车运行控制系统相比,TACS 的架构简洁,具备地面设备少、设备费用低、维护工作量小的优点。该系统采用基于列车主动防护和自主运行的设计理念,实现了更智能和高效的运行。另外,基于"资源"的安全防护原理,提升了运营的灵活性。TACS 通过车车通信实现列车追踪,缩短间隔,提高运能运量,并提升整体系统性能。本节将介绍 TACS 的架构和基本原理。

一、系统架构

TACS 由地面系统和车载系统组成,系统架构如图 6-3 所示。

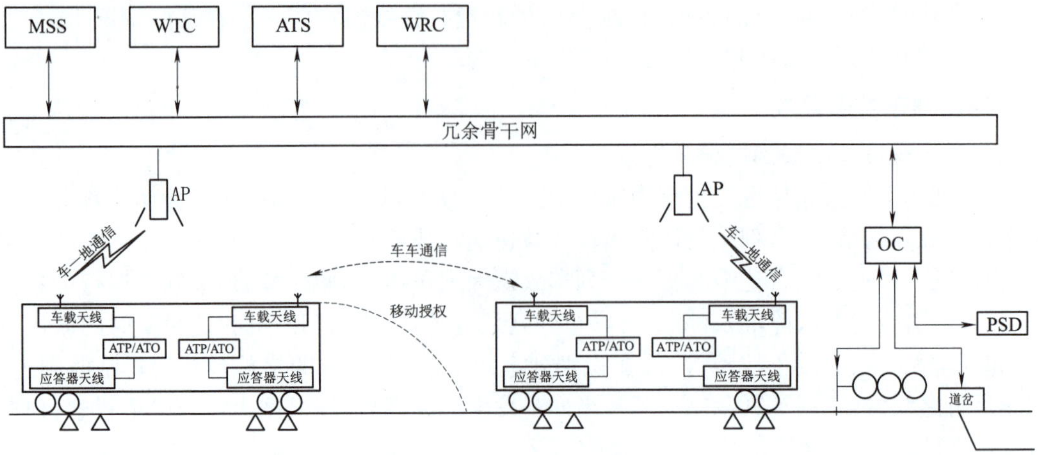

图 6-3　TACS 架构示意

地面系统主要包括 ATS、WRC 和 OC。其中，ATS 负责列车运行监督与调度指挥；WRC 负责管理共享资源，包括轨道、道岔和站台门等资源，其不能决定共享资源是否被拥有和控制，只通过信号量的互斥功能，完成共享资源的记录和管理；OC 实现对轨旁设备的操作。此外，地面系统还包括维护支持系统（MSS）和轨旁列车管理器（WTC）。其中 MSS 提供 ATS、TACS 车载、TACS 轨旁、DCS（数据通信系统）子系统就地监测和远程报警功能；WTC 主要用于后备模式下的列车管理。

车载系统包括无线通信设备、列车自动运行系统（ATO）和列车自动防护系统（ATP）。与 CBTC 中的区域控制器 ZC(zone controller)计算移动授权、联锁建立进路和控制道岔功能的设计不同，自主控制系统的车载 ATP 通过与相邻列车直接通信，接收相邻列车的位置和速度信息，同时向轨旁资源管理器申请并获取轨旁资源，并计算出列车运行速度曲线，自主确定列车运行的移动权限，控制与前车的安全行车距离；ATO 则能实现自动驾驶等非安全功能。

二、系统原理

TACS 是基于列车运行计划实现自主资源管理并进行主动间隔防护的列车运行控制系统，它将传统信号系统中以进路方式实现的联锁功能升级为以列车为中心的基于资源点的自主资源管理功能，将传统信号系统以轨旁为主进行列车间隔防护的闭塞功能升级为车车协同的主动间隔防护功能。接下来，介绍 TACS 的原理。

（一）自主防护

进路在传统列车运行控制系统中指地面控制设备提供的以地面控制为基础的地面防护，包含各类安全防护规则，如联锁关系。TACS 中，在行车资源化的基础上，列车本身就会负责本车的行车防护，TACS 中的进路不再是地面防护的一段区域而是指以车为主体的路径。列车在对进路路径进行防护时，依据路径轨道的附属资源，按照不同资源对象的属性和规则进行行车防护，比如进路上的道岔需要通过 OC 移动并锁闭到位、从 OC 处获取前方线路上的临时限速。进行进路防护时，列车采用的防护措施是由近及远地、连续式进行防护，因此在释放时也是根据列车位置的移动实时释放资源，对线路资源进行最有效的利用。OC 只对不同资源对象独立进行一对一的管理，不再按照传统联锁的方式对多个不同对象进行组合式的判断处理。

(二)自主调整

当车载控制器 CC(carborne controller)分配了时刻表后且没有中央 ATS 人工调整命令时,如果列车实际运行时间与计划发生偏差时,车载控制器将自动调整后续运行时间。首先考虑在规定范围内调整停站时间,并考虑修改下一区间的运行等级。车载控制器能响应调度员的时刻表人工调整命令,包括修改停站时间、修改运行等级等命令。当偏差过大时(偏差时间可配置),车载控制器向 ATS 发送报警,请调度员干预,调度员可重新分配计划。

(三)自主资源管理

TACS 车载信号子系统基于调度子系统下发的运行计划,根据当前位置生成列车的运行任务,自主计算对轨旁资源的需求,择机向轨旁资源管理器申请,轨旁资源分配基于"谁先申请谁先获取"的基本原则,获得分配后使用并尽快释放资源。在资源管理的全过程中信息流采用单一路径,如图 6-4(a)所示。

对于传统信号系统,轨旁资源管理由联锁负责,调度系统将运行计划进行拆解并根据列车位置向轨旁联锁发出进路建立的命令,同时给列车发送列车运行任务的命令,命令分别通过两条路径进行传递如图 6-4(b)所示。在这种资源管理方式中,以进路方式对列车运行所需多个资源进行打包,采用一次性分配进路并锁闭进路的方式,释放进路/区段解锁时可以根据列车位置按区段释放(即三点检查解锁方式),资源的利用效率相对较低。另一方面,命令通过不同路径传递,由于网络延时或系统阻塞等因素,不可避免地存在列车运行任务和轨旁建立的进路方向不一致的情况,虽然没有安全问题但会导致运营秩序受到影响。

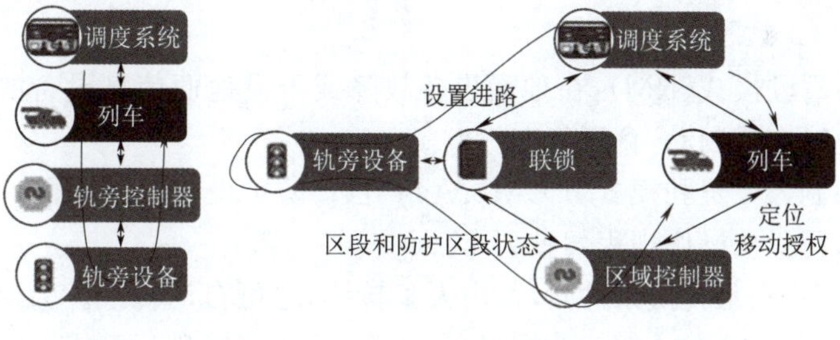

图 6-4　TACS 自主资源管理示意

(四)主动间隔防护

TACS 车载信号子系统基于自身的运行任务和当前位置,主动与相邻列车交互信息,并根据交互信息自主更新移动授权,调整列车的运行状态。TACS 实现列车 A 与列车 B 之间信息的直接交互,增强了列车间隔防护的实时性,如图 6-5(a)所示。对于传统信号系统,列车间隔防护系统由轨旁设备区域控制器完成,所有列车将自身的位置发送给区域控制器,由区域控制器在考虑列车位置不确定性及时延后形成列车包络,按此基础为各请求列车提供移动授权信息,如图 6-5(b)所示。相比于 TACS 基于车车协同的主动间隔防护方式,传统信号系统基于轨旁闭塞设备进行间隔防护的方法,降低了间隔防护的实时性,影响了列车追踪间隔。

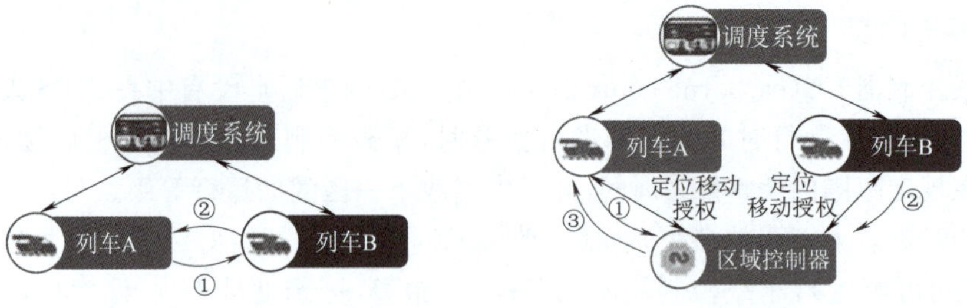

图 6-5 TACS 主动间隔防护示意

第三节 TACS 子系统功能

本节将对 TACS 的基本需求进行描述，并对 TACS 各主要组成子系统的功能进行介绍。

一、TACS 基本要求

(一)列车运行要求

1. 驾驶模式

TACS 中，定义了以下 5 种驾驶模式：

(1)全自动驾驶模式(FAM)：无人值守/有人值守的列车全自动运行模式。

(2)自动驾驶模式(AM)：司机监控下的列车自动运行模式。

(3)列车自动防护下的人工驾驶模式(CM)：司机在列车自动防护设备监控下驾驶列车运行模式。

(4)限制人工驾驶模式(RM)：在地面设备故障或未设地面信息设备的线路，列车按规定限速运行，超速时实施制动，直至停车。

(5)紧急非限制人工驾驶模式(EUM)：ATP 自动防护设备已被切除，车载设备不对列车运行进行监控，司机按操作规程驾驶列车。

列车各驾驶模式满足转换条件时，可由人工转换，也可自动转换。为保证行车安全，列车驾驶模式由 FAM、AM、CM 转换为 RM 时，列车应停车(特殊运营需要除外)。列车驾驶模式等级由高至低分别为：FAM、AM、CM、RM，列车具备不停车由低向高转换驾驶模式的能力。

2. 信号机显示

TACS 为 TACS 列车执行信号机灭灯，备用定位列车及非识别列车执行信号机点灯。当信号机可视区内存在多列车且信号机上游首列车为 TACS 列车，信号机保持灭灯；当信号机可视区内存在多列车且信号机上游首列车为备用定位列车或非识别列车，信号机点灯。

当满足以下任一条件时，信号机显示禁止信号：(1)信号机防护范围及方向与当前列车任务所需不一致；(2)当前信号机至下游信号机范围内所有资源未完全分配给当前列车；(3)信号机至下游信号机之间存在其他列车占用；(4)信号机至下游信号机之间存在激活的区域防护。当不符合上述规定的条件，并且信号机至下游信号机之间的资源已分配时，信号机开放允许信号。

3. 进出 TACS 区域

系统明确划分了 TACS 区域的范围，并对进入 TACS 区域的列车进行识别，识别操作在列车进入 TACS 区域前进行。进入 TACS 区域的列车可包括装备有车载 ATP 设备的列车和未装备有车载 ATP 设备的列车。在 ATS 用户界面上显示列车识别通过或失败的信息。对于有人驾驶的列车，识别信息显示给司机。列车在进入 TACS 区域前宜不执行停车，列车在离开 TACS 区域前，宜向司机提供接近边界警示信息。

4. 列车出/入车辆基地/停车场

车载设备具备开机自检功能，在车载设备的自检和自诊断确认正常后，才可驶离停车库线。列车在车辆基地/停车场内运行具备车组号的跟踪、显示功能。

5. 列车正线运行

列车在正线以 FAM、AM 或 CM 模式运行时，系统具备超速防护、间隔防护功能。

6. 列车进出站作业

列车在车站规定的位置停稳后，系统允许对应侧车门及站台门被打开。列车在车站停车超出停车窗范围，系统不允许车门和站台门打开，系统可在满足车载设备防护的条件下，进行自动或人工对位。

符合开/关列车车门的条件时，系统在不同驾驶模式下，可采用的车门控制方式如下：

(1)FAM：自动开门、自动关门。

(2)AM：自动开门、人工关门/自动关门。

(3)CM：人工开门、人工关门。

当列车进站停车时，ATP 子系统保证列车头部进入有效站台时的速度不超过站台的限制速度；列车出站过程中，ATP 子系统保证列车尾部离开有效站台前的速度不超过站台的限制速度。

7. 列车折返

列车折返方式包括全自动运行折返模式、ATO 无人自动折返模式、ATO 有人自动折返模式，以及 ATP 监督下的人工折返模式。

(1)全自动运行折返模式：列车运行在无人值守或有人值守模式下，系统控制列车自动开关车门/站台门，自动发车，自动进入和折出折返线，无须人工干预。

(2)ATO 无人自动折返模式：司机先按车上的“折返按钮”，关闭本侧驾驶端，司机下车后在站台按压“无人自动折返”按钮，列车在无人驾驶的情况下，从到达站台自动驾驶进入和折出折返线，最后进入发车股道并定点停车后，自动打开车门和站台门，司机在站台上车，开启反向驾驶端。

(3)ATO 有人自动折返模式：当列车在折返站规定的站停时间结束及旅客下车完毕，车门和站台门关闭后，由司机按压车上“ATO 启动”按钮，列车自动驾驶进入折返线停稳后，司机关闭本侧驾驶端和开启反向驾驶端，按压车上“ATO 启动”按钮后，列车自动驾驶进入发车股道自动打开车门。

(4)ATP 监督下的人工折返模式：司机采用“控制手柄”控制列车运行，司机人工驾驶列车运行到折返线并停车，人工按压“折返按钮”并关闭本侧驾驶端和开启反向驾驶端，在 ATP 监督下人工驾驶列车进入发车股道并定位停车。司机按压“开门按钮”打开车门和站台门。

(二)基本功能要求

1. TACS 功能要求

针对装备车载 ATP 设备的列车在 TACS 区域内，系统具备的 TACS 功能有线路资源管理、列车安全间隔防护、限制条件管理、列车超速防护、任意点折返及降级列车安全管理等。

2. 全自动运行系统功能要求

全自动运行模式下系统具备的全自动运行功能有列车唤醒、列车站台自动对位、列车站台自动发车、列车自动开/关门、列车自动折返、站台自动清客、列车自动出/入库、列车休眠、中心远程停车、紧急制动自动缓解、工作人员开关防护、蠕动模式,以及疏散防护区域管理等。

二、功能要求

(一)ATP 功能要求

ATP 主要功能包括:列车定位、列车速度和运行方向确定、线路资源管理、移动授权和目标点确定、列车速度及能量监控、车门及站台门安全监控、轨旁设备驱采监控、车载 ATP 用户接口,如图 6-6 所示。下面将各功能展开进行详细阐述。

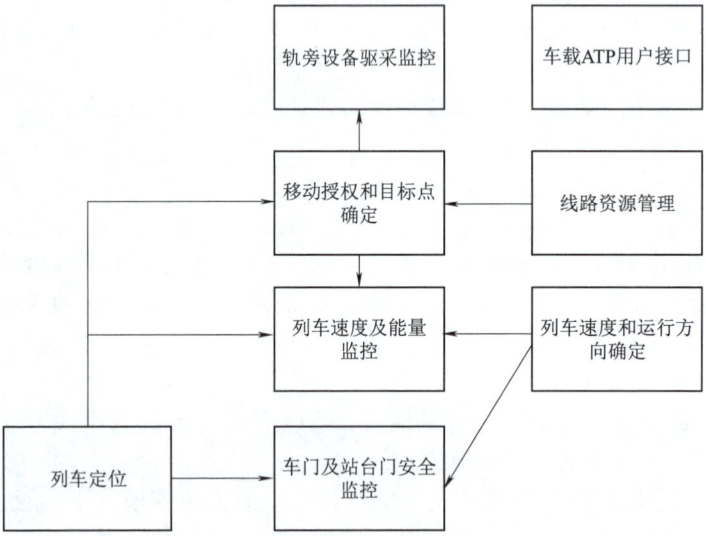

图 6-6　ATP 主要功能

1. 列车定位及速度测量

列车位置检测和监督列车运行速度是 ATP 子系统的基础功能之一。当采用车轮转速测定列车速度时,具备列车空转、打滑检测及列车速度和位置测量误差修正功能,并防护列车在定义的最大坡道及任何载重情况下的倒溜。当采用车轮转速测定列车速度时,车载 ATP 子系统应具备自动或手动轮径校准功能。

2. 线路资源管理

车载 ATP 可根据列车的位置及列车的运行任务主动申请线路资源,轨旁资源管理器应为列车分配线路资源。ATP 子系统分配资源时应检查线路资源的冲突,线路资源的冲突管理应能保证所有冲突列车至少有一列车能完成当前运行任务。当道岔资源分配给列车后,ATP 子系统保持该道岔区域内的道岔锁闭。若该道岔失去表示,则 ATP 子系统防止列车通过该道岔区域或确保已经驶入该道岔区域的列车施加紧急制动。当列车不再需要某线路资源时,车载 ATP 主动发送该资源释放命令,轨旁 ATP 为当前列车释放该资源。

3. 列车安全间隔防护

ATP 子系统根据列车运行任务、线路资源状态及线路限制条件等确定列车的允许运行方向和列车移动授权，并通过相邻列车间的信息交互，保证本车和追踪列车间的安全间隔。若在同一线路、同向运行的两列车申请的资源有重叠，则 ATP 子系统通过建立前后列车之间的通信，交互列车安全位置信息，实现相邻列车的追踪并提供安全间隔防护。当检测到列车的非预期移动时，ATP 子系统施加紧急制动并给出报警提示。

ATP 子系统具备退行防护功能，车载 ATP 子系统对退行距离和退行速度进行监控，确保退行时列车的安全，否则系统应立即采取紧急制动。在列车退行过程中，系统对追踪运行的列车提供安全间隔防护。当车载 ATP 子系统检测到列车完整性信息丢失，ATP 子系统施加紧急制动并给出报警提示。系统应对后续追踪列车进行安全防护，保证后续列车的运行安全。

4. 限制条件管理

ATP 子系统基于以下所有条件中最严格的限制条件，主动计算移动授权：

(1)相邻列车的边界(由列车定位功能确定)。

(2)运营线路终端。

(3)TACS 与非 TACS 区域边界。

(4)封锁区域边界。

(5)道岔资源分配状态。

(6)检测到非识别列车占用。

(7)人员防护区域处于防护状态。

(8)道岔区域内的道岔处于故障状态。

(9)站台门未处于"关闭且锁闭"状态时，站台门相关的区域边界。

(10)紧急关闭处于激活状态时，紧急关闭按钮相关的区域边界。

5. 列车超速防护

ATP 子系统具备列车超速防护控制功能。ATP 子系统采用连续的速度—距离控制模式曲线，实现列车速度控制，防止列车超速，确保追踪列车之间的安全行车间隔。

6. 临时限速管理

当具备连续车地数据通信功能时，ATP 子系统具备临时限速防护区域防护功能。负责临时限速管理的轨旁 ATP 重启后，负责临时限速设置的工作站上应有提示，人工确认操作；在 ATP 完全防护模式下，车载 ATP 满足列车在通过临时限速区域时的速度不超过临时限速值的要求。

7. 列车停稳停准状态监督

ATP 车载子系统具备零速度检测、停准状态监督、停稳状态监督及防护功能。(1)列车处于零速时，速度值的判断依据为：列车速度值处于小于或等于 1 km/h 的范围且持续时间不小于 2 s。(2)当列车在指定的停靠点停车，并且列车停车点与规定停靠点之间的误差满足规定的性能指标范围内时，则 ATP 子系统判定"停准"。(3)至少满足列车已处于零速、车辆保持制动已施加以上两个条件的情况下，ATP 子系统判定列车停稳。

8. 车门安全管理

ATP 子系统应确保在以下条件满足的情况下判定授权允许开车门：

(1)ATP 子系统检测到列车停准状态。

(2)ATP 子系统检测到列车停稳状态。

(3)列车停靠在站台,允许开列车门的这一侧与对应站台侧一致。

(4)列车牵引处于禁止状态。

9. 站台门安全管理

列车在车站停稳时,站台门正常开关操作不应引起列车的紧急制动。当列车的移动授权已经覆盖站台门相关的区域时,一旦 ATP 子系统检测到该站台门为非关闭且锁闭状态,则 ATP 子系统应确保列车在站台门区域范围外停车或确保已经驶入该站台门区域的列车施加紧急制动。

10. ATP 车载人机界面

ATP 车载设备人机界面的内容包括:列车实际速度显示、各种驾驶模式和折返模式下的允许速度、目标速度/距离显示、驾驶模式、牵引状态(牵引、惰行、制动)、紧急制动的状态、车门控制及车门状态表示、发车及驾驶命令、空转/打滑状态表示、目的地名、时钟信息、车载设备状态表示等。

11. TACS 与非 TACS 边界管理

系统具备监测列车从非 TACS 区域进入 TACS 区域的功能。对于非预期入侵列车,系统提供 TACS 区域内的区域封锁功能。

12. 人员安全防护管理

ATP 子系统应能识别工作人员防护区域,一旦工作人员防护区域处于激活状态,系统应防止列车通过该区域或者确保已经驶入该区域的列车施加紧急制动。一旦检测到工作人员防护开关激活,则 ATP 子系统应立即封锁该轨旁设备相关联的区域。一旦检测到站台紧急关闭按钮激活,则 ATP 子系统应立即封锁该轨旁设备相关联的区域。ATP 子系统应支持对道岔单封、解封操作。当接收到道岔的封锁命令时,道岔则进入到封锁状态。为防护轨旁维护人员安全,被封锁的道岔不允许为列车分配道岔区域资源及建立移动授权。

13. 降级列车安全管理

系统应提供列车后备定位功能,以确定该列车的占用区域。当主用定位功能失效时,轨旁 ATP 子系统根据后备定位系统提供的故障列车的位置和 ATS 下发的运行任务实现线路资源的分配和释放。当主用定位及备用定位功能均失效或列车变为非通信车时,轨旁 ATP 子系统则根据人工确认的列车位置信息和 ATS 下发的运行任务实现线路资源的分配和释放。

14. 轨旁设备故障管理

当 ATP 子系统采集的道岔位置状态与道岔操作命令要求的位置不一致或在未输出道岔操作命令的情况下采集到道岔位置发生变化时,ATP 子系统判定道岔处于故障状态。当 ATP 子系统采集的站台门状态与站台门控制命令不一致或在未输出站台门控制命令的情况下采集到站台门状态发生变化时,ATP 子系统判定站台门状态处于故障状态。

ATP 子系统一旦检测到以下任意轨旁设备故障,则立即封锁该轨旁设备相关联的区域。轨旁设备故障如下:

(1)道岔故障。

(2)站台门故障。

(3)工作人员防护开关故障。

(4)站台“紧急关闭按钮”故障。

若线路中一段区域所关联的轨旁设备均恢复正常状态,则 ATP 子系统解除该区域的封锁状态。

根据运营维护作业需要,ATP 子系统支持对道岔进行单锁、单解及封锁的功能。

(二)ATO 功能要求

ATO 的主要功能包括:ATO 曲线计算、列车精准停车、列车速度调整、车门及站台门控制、车辆监控、车载 ATO 用户接口、自诊断与故障报警等,如图 6-7 所示。下面将对各功能进行详细阐述。

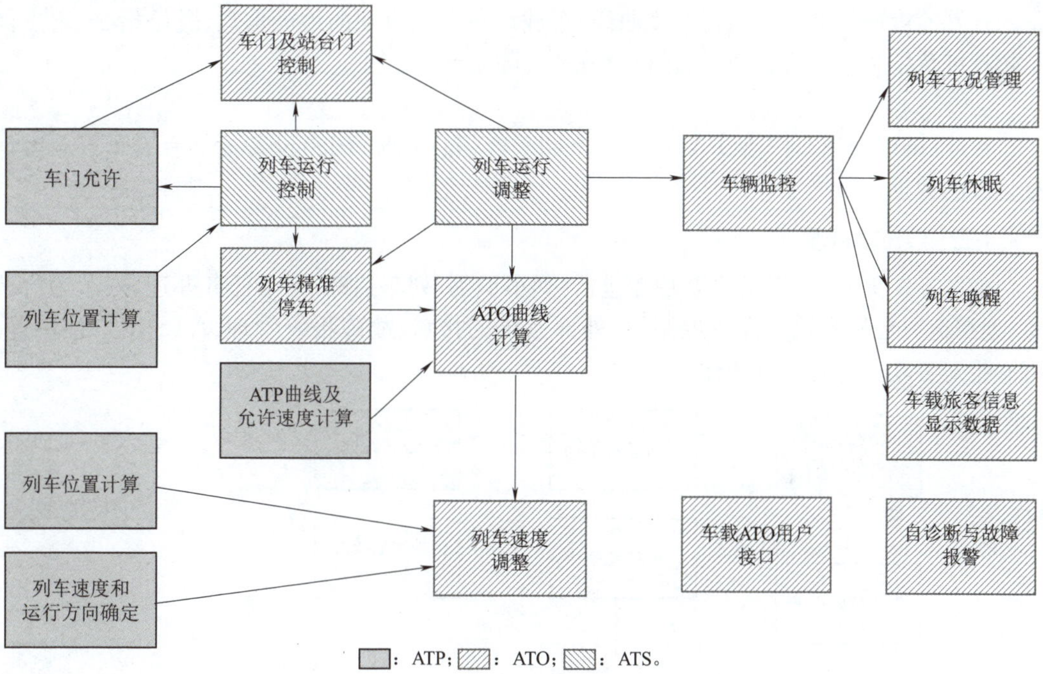

图 6-7　ATO 的主要功能示意

1. 列车自动运行

ATO 在 ATP 的安全保护下,根据 ATS 下发的列车运行任务和车与车之间的协同,实现列车的自动运行和列车区间走行时分的自动调整功能,自动完成对列车的启动、加速、巡航、惰行、减速和停车的合理控制。

列车进站时,ATO 采用一次性连续制动模式,制动至目标停车点,中途不得缓解,并且在进站前不应有非线路限速要求的减速台阶。ATO 区间停车时采用一次性连续制动模式,列车区间停车后,当 ATP 允许列车运行时,ATO 可自动启动列车运行。ATO 根据 ATS 的列车运行命令实现自动折返,在折返换端时自动切换激活驾驶室。

2. 列车精准停车

ATO 具备车站站台定点精确停车功能,当一次停车未停准时,可再次启动列车对位停准。

3. 车门/站台门管理

列车在站台停稳停准后,ATO 向列车和站台门发送开门命令。停站时间结束后,ATO

向列车和站台门发送关门命令。在接收到车门及站台门均已关闭且锁闭的信息后，ATO允许列车启动。

4. 列车运行调整

ATO与ATS和ATP结合，合理地控制列车的牵引、制动和惰行，避免牵引和制动命令之间的频繁切换，达到节能要求。ATO在正常运行时，保证列车在曲线上运行的未被平衡的离心加速度不超过0.4 m/s^2，冲击率不超过0.75 m/s^3。ATO可根据ATS的指令和运行任务执行站台跳停、扣车及任意点折返。

5. 自诊断及告警管理

ATO具备自诊断功能，记录和分析故障报警信息，发生故障时立即向司机和ATS报警。ATO车载设备记录和统计的内容包括：ATO报警类别、制动状态、制动指令、车载设备的计算速度曲线及实际运行速度曲线、车载设备所接收到的地面信息、跳停指令、定点停车超精度范围显示及报警记录、运行时分及故障统计等。

6. 乘客服务

ATO可以向列车广播(PA)设备及车厢乘客信息系统(PIS)设备提供有关车载旅客信息显示的数据。

(三)ATS功能要求

如图6-8所示，ATS的主要功能包括：列车识别、列车追踪、列车任务办理、列车运行调整、列车运行控制及轨旁设备控制、与外部系统的接口、故障报警管理、ATS用户接口等。下面将对各功能进行详细阐述。

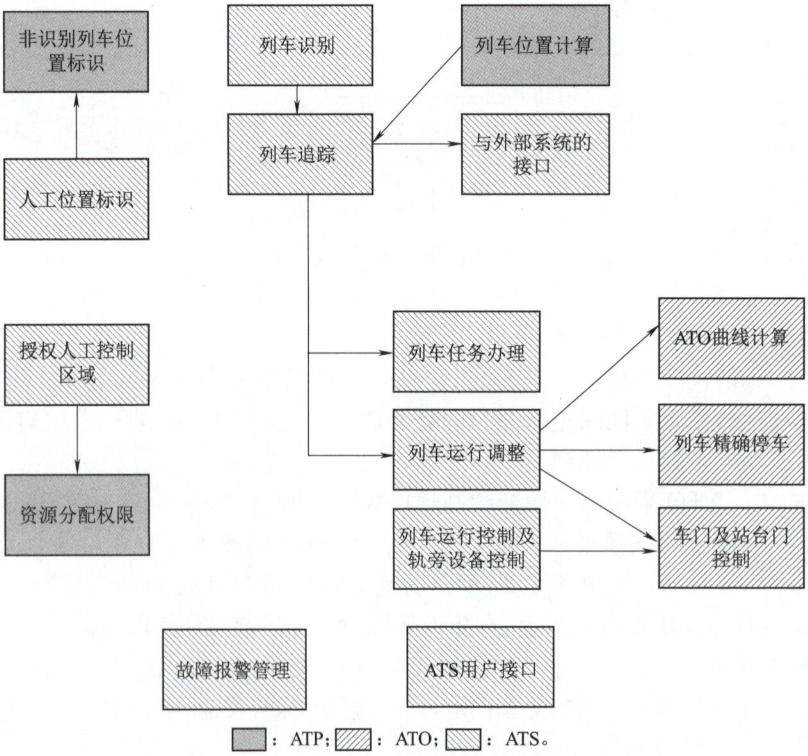

图6-8 ATS的主要功能

1. 人机交互终端显示

在中央控制室，采用大显示屏模拟显示线路、车站、车辆基地/停车场布局的全景。在控制中心的行车调度台上，显示车站、区间及车辆基地/停车场的信号设备状态和列车运行状态的细景，显示的内容包括：全线线路、车站、车辆基地/停车场的线路布局、公里标、目的地码位置、道岔号（可调显）、站台门的状态、接触网/轨供电区段及显示、列车位置、临时限速、资源占用状态、列车车次号、跳停、提前发车和扣车表示、转换轨、车站、车辆基地/停车场发车晚点情况、运行早晚点。在行车调度台上显示的报警信息包括：中心和车站及车辆基地/停车场 ATS 与其他子系统通信状态、ATS 命令执行超时、列车通信故障、车站设备的工作状态和车载设备的工作状态等，各种故障处置都具备提示功能。

在行车调度台上支持显示和打印基本运行图/计划运行图/历史运行图功能。根据当日运行计划和列车运用计划，系统自动选择当日的运行图或调度员在运行图显示工作站上选择适当的基本运行图，经修改和确认后即为当日的计划运行图，ATS 据此组织和实施当日的列车运行。运营期间可对当日的计划运行图/时刻表进行在线修改。

ATS 能实现 ATS 工作站显示及控制功能的使用权限管理功能：在工作站上输入按职权分类的操作人员登录口令，实现操作人员登记进入确认和登记退出；ATS 能提供操作员在登录后，对不同区域获取和放弃相应控制权限的功能；保证控制命令输出的正确性和唯一性，不出现多个控制工作站在同一时间内对同一目标实施控制。

2. 行车识别及追踪

ATS 采用列车识别号、列车图标的移动和有关信号设备的状态变化来自动模拟和描述在线列车的实际运行，自动完成列车自车辆基地/停车场出发开始跟踪，至列车回到车辆基地/停车场后结束，并实现列车在车辆基地/停车场（含试车线）内车组号的连续追踪。

列车识别号包含线路信息、车次信息、目的地信息、驾驶模式信息等。列车车次号由系统根据车地通信系统列车位置和列车运行图/时刻表直接产生，也可通过调度员人工设定。随着列车的走行，系统自动实现列车车次跟踪和根据运行图/时刻表自动变更列车车次号。

对于调度员工作站上的识别号显示，不同的人机对话画面中显示不同的内容，并可增加内容，增加的内容包括：列车晚点信息、人工运行调整时间修改、本车次关闭自动调整功能。

3. 列车运行控制和轨旁列控设备控制

列车运行命令的控制包括：列车的在线运行命令、扣车、跳停、功能限速、修改站台停车时间、修改列车区间运行时分和站台门管理等。对于全自动项目，列车运行命令的控制包括：列车的工况管理、清客管理、洗车管理、休眠唤醒和车辆远程控制等。

ATS 依照列车运行图/时刻表、在线列车运行信息可以指挥在线列车运行，自动将运行命令传至车载 ATP/ATO，根据全自动场景，自动实现列车的在线运行工况管理和清客管理，以及在车辆基地/停车场支持自动列车出/入库管理和列车洗车管理。系统还支持列车在线任意点就地正向和反向运行，实现列车区间现地折返运行，以及全线动态临时限速和特定区域临时限速的设定与取消操作。

轨旁列控设备控制主要包括道岔设备的定位和反位操作、道岔设备的人工控制和系统控制、轨旁资源管理器初始化在线资源人工确认完毕操作，以及轨旁列车管理器临时限速设置人工确认无误操作。

4. 列车运用计划及管理

ATS 支持当日车辆运用计划和配车计划自动生成，在线修改和将配车计划传至控制中心的 ATS 设备，用于当日运营。提供根据车辆基地/停车场的当日出入库计划为出入库列车自动分配列车运行任务的功能。根据正线计划和运用车计划支持车辆基地列车的自动休眠和唤醒管理。支持在线列车回库自动洗车管理，实现列车的全自动洗车功能。支持列车出入库信息预告，系统自动监控在线列车需求，提前弹出出入库列车用车提醒。

5. 列车运行调整

ATS 对列车运行的调整分为自动调整和人工调整。列车的实际运行图与计划运行图发生较小偏差(偏差值由调度员设定)时，系统自动调整列车运行计划并控制列车运行至正点状态。当列车的实际运行图与计划运行图发生较大偏差时，系统会发出报警，提醒人工干预。调度员对计划运行图/时刻表进行修改时，可人工介入调整列车运行计划，系统自动执行调整计划并控制列车运行。

列车运行自动调整手段包括：改变列车区间走行时间、控制列车出发时刻来改变列车停站时分等。系统提供以下 3 种调整模式：

(1)时刻表调整模式：ATS 基于当日计划运行图自动控制列车运行；控制中心操作员可人工干预并控制列车；ATS 能对照时刻表和行车间隔，预测列车运行状态，调整列车站间运行时间和停站时间，自动监测和调整列车的正点运行；自动调整的参数支持操作员人工修改；ATS 以时刻表调整模式为缺省模式，并提供列车调整模式的切换功能。

(2)等间隔调整模式：根据选择的列车运行交路、设定的运行间隔或列车数量，系统自动计算列车在各车站的到发点时间，控制列车按照间隔时间运行；等间隔控制支持用户输入列车数量、运行间隔、不同运行分支的运行比例等信息，自动控制列车运行。

(3)全人工模式：自动禁止全线列车自动控制和自动调整功能，所有列车的运行全部由人工进行管理。

列车运行人工调整手段包括：对列车或站台(单个、多个或全部)实施"扣车/取消扣车""提前发车"或"跳停"，并且命令不能产生矛盾；改变列车在区间的走行时分、停站时分；改变列车的始发站、终到站及始发时间，调整列车的出、入段时间；对实施的运行图/时刻表采取如"增/减列车线"和"平移列车线"等在线修改。

ATS 具备列车跳停指定车站的功能，操作员可设定指定站台全部列车跳停或指定列车在指定站台跳停；具备设置列车站台扣车和取消扣车功能；具备列车立即发车功能，操作员可对指定站台设置当前在站列车立即发车。

ATS 具备设置列车站停时间的功能：

(1)每个站台站停时间的控制有以下 3 种类型：

自动——由 ATS 根据当前调整模式自动调整列车站停时间。

人工——由控制中心操作员人工设定列车站停时间。

缺省——未收到自动调整或人工设定命令时，采用线路中定义的站台缺省站停时间。

(2)站停时间取值应在用户设置的最小值与最大值参数范围内。

ATS 提供设置列车站间运行时间或列车站间运行等级的功能：

(1)每个站间运行时间或列车运行等级的控制有 3 种类型：

自动——由 ATS 根据当前调整模式自动设置。

人工——由控制中心操作员人工设置列车站间运行时间或运行等级。

缺省——未收到自动调整或人工设定的命令时，采用线路中缺省的站间运行时间或运行等级。

(2)ATS 支持列车站间运行时间或列车站间运行等级的定义和调用功能,对应于 ATO 站间运行时不同的速度曲线,以适应不同运行状况。

(3)控制中心操作员可人工设置列车使用的站间运行时间或运行等级,系统按照设定的数值执行;也可设置为自动,在 ATS 运行期间,由 ATS 根据自动调整结果自动设置。

6. 运营故障报警记录

通过控制中心显示屏及调度工作站显示器,可对车辆基地/停车场线路及资源状态,正线车站及区间轨道、道岔、列车识别号、在线列车运行状态、命令执行情况及系统设备状态等进行监视。当列车运行或信号设备发生异常时,控制中心计算机自动地将有关信息在调度工作站上给出报警及故障源提示。

报警信息至少包括等级、设备、时间、地点、内容、原因,报警等级按照对列车运行影响程度从高到低分为 4 级:

(1)一级报警:指 ATP 子系统功能失效、道岔失表、车—地通信中断、ATS 中央服务器功能失效等涉及行车安全或直接影响行车的报警,并具有声音提示。

(2)二级报警:指 ATP、ATS 子系统冗余失效,ATS 子系统与外部系统接口故障、通信单网、电源单路等可能影响行车的报警,并具有声音提示。

(3)三级报警:指发车指示器故障、维护监测设备故障、工作站故障等不影响行车的报警。

(4)四级报警:指其他异常事件报警。

7. 运营记录与系统管理

中央调度员和车站值班员的操作、列车运行状况和设备工作状态采用标准的文件格式记录和保存在系统数据库中,并可进行回放、统计、分析、打印。

记录和统计报告的内容包括:停运列车数、加开列车数(临客、调试、回空、救援)、开行列数合计、列车在各站到发时刻及偏离、列车早晚点、列车退出运营、列车走行公里数、每日每旅程的误点班次、列车运行正点率、始发正点率、到达正点率、通过率、旅行速度、技术速度、存车/备车、列车整备状态、时刻表及其兑现率、运行命令控制、车辆设备状态、临时限速、信号设备及车辆修程、基础信号设备的状态、车载设备状态、系统性能和趋势的监督报告、司机出乘等。

8. 与其他系统接口

ATS 与其他系统的接口主要包括:

(1)与综合监控系统接口,即向综合监控系统提供列车运行信息和站场状态信息,从综合监控系统获取供电轨状态信息、火灾信息等相关信息,并支持 TACS 全系统联动功能。

(2)与 PIS 接口,即为 PIS 提供全线列车运行信息。

(3)与 PA 接口,即为 PA 系统提供列车到站、离站、接近、清客等列车运行状态广播。

(4)与时钟系统接口,即从时钟接口获取外部 GPS 的时间。

(5)与无线系统接口,即为无线系统提供列车位置信息。

(6)与站台门接口,即实现车门和站台门对位隔离功能。

(7)与控制中心(OCC)大显示屏接口,即提供全线运行站场图信息和列车运行位置信息。

(8)与线网指挥中心系统接口,即提供线网所需要的列车站场信息、运行图信息和统计指标信息。

第四节　TACS 接口要求

TACS 的接口包括内部接口和外部接口，如图 6-9 所示。本节重点介绍 TACS 的接口基本要求、车载用户接口要求，以及 ATS 用户接口要求。

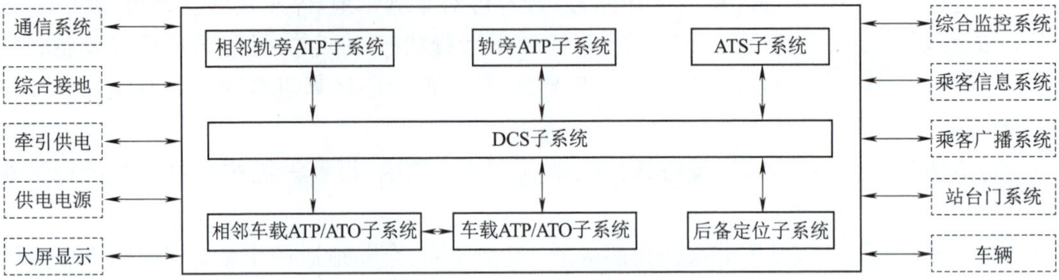

图 6-9　TACS 接口示意

一、接口基本要求

接口基本要求包括接口设计标准、显示要求、声音设备要求、报警及提示信息要求、用户输入反馈要求、系统安全条件六个方面。下面对其中五个方面简要介绍。

(一)显示要求

用户接口人机界面正常状态宜采用黑色、灰色、蓝色等偏暗色系颜色显示。故障、禁止等非正常状态宜采用黄色、橙色、紫色、红色等偏亮色系颜色显示，用来提醒用户注意关键性的数据信息。需要用户立即处置的紧急情况应给出闪烁标志。

(二)声音设备要求

音量应与信息的紧迫性一致，但应与环境声保持一致，不能对用户造成惊吓或扰乱。声音设备应最多提供四种不同的提示音种类，包括音量、持续时间等；应向用户提供在不同环境中可能存在的噪声干扰情况下的声音设备操作要求，如列车空气制动释放或来自控制中心环境中其他系统的声音报警等。

(三)报警及提示信息要求

报警信息的显示应按照统一方式的呈现给用户；应根据对运营的影响程度和风险对报警等级进行定义；应通过不同的颜色显示、闪烁、弹窗及声音对不同的报警信息进行提示，并对报警是否确认进行区分。报警信息应能清晰说明情况，不需要格外给出解释说明(维护性诊断提示信息除外)。一般情况下，涉及行车安全、直接或可能影响行车的报警信息宜经过用户确认，不影响行车的报警和其他异常事件报警信息可不需要经过用户确认。

(四)用户输入反馈要求

用户接口应能让用户知晓其下发的操作指令是否被系统接受或处于待处理状态。对于多步骤指令，用户接口应在每一步提供指令的反馈，如文本信息、颜色变化和闪烁等。当用户的操作指令不被系统接受时，用户接口宜告知用户拒绝的原因。

(五)系统安全条件

用户接口应考虑系统潜在的危险，用户接口的设计应考虑进行危险性分析。用户接口设计不需要实施“故障—安全”原则，但危险性分析应考虑以下可能性：安全相关指令没有按照用户下发时的要求执行；系统过早地取消了用户下发的安全相关指令；系统执行了用户并没有下发的安全相关指令；系统给用户显示了错误信息。

二、车载用户接口要求

车载用户接口要求包括一般要求、用户接口信息要求、用户接口使用要求。

（一）一般要求

在全自动运行模式下，车载用户接口应向列车值守人员提供故障和应急场景下的列车运行控制，以及安全监控管理相关信息和操作。车载用户接口应显示列车值守人员安全行车所需要的信息。车载用户接口要求应符合运营单位的相关规定。

（二）用户接口信息要求

车载用户接口包括静态和动态信息显示，显示的信息应包括安全行车相关的必备数据。可选显示信息及可选用户输入宜根据运营单位特定需求进行定义，应根据不同的列车运行模式对显示的信息、用户输入及声音告警进行区分。

1. 必备显示信息

车载用户接口支持以下必备显示信息：

（1）列车驾驶模式：应显示最高可用的驾驶模式及当前选择的驾驶模式。

（2）系统控制模式：TACS 或 ATC 切除。TACS 在接管列车自动运行前，应对车载设备进行运营前检查结果的显示。

（3）目标信息：包括显示目标距离和目标速度信息。

（4）速度显示：包括 TACS 列车的实际运行速度、ATP 命令速度及紧急制动触发速度。

（5）列车定位信息。

（6）列车运行信息，包括目的地码（如下一站、发车时间）和折返信息、车组号、司机号。

（7）停站信息：停站对位状态。

（8）离站信息：离站倒计时，列车发车授权、扣车。

（9）车门/站台门信息：车门打开/关闭状态、站台门打开/关闭状态、车门打开/关闭控制命令、站台门打开/关闭控制命令、允许开门/关门命令、车门控制模式。

（10）车辆状态信息：列车完整性。

（11）报警信息：超速告警、紧急制动施加、定位丢失、站台门状态未知。

（12）时间及日期。

（13）与车载控制器的通信状态。

2. 可选显示信息

车载用户接口应支持以下可选显示信息：

（1）线路相关信息，如站台位置、TACS 边界、轨道坡度等其他轨道区域固有信息。

（2）列车固有属性信息，如列车类型、列车长度等。

（3）可选列车运行状态信息，包括 ATO 运行等级等。

（4）移动授权限制点相关信息，包括区域永久限速、区域临时速度等。

（5）提示信息，包括列车空转/打滑状态、列车轮径校准信息等。

(6)紧急制动(EB)原因。

(7)状态/故障相关告警信息,可提供具体的故障说明。

3. 必备用户输入

车载用户接口应支持以下必备用户输入:

(1)列车驾驶模式选择。

(2)ATC 旁路。

(3)人工驾驶模式下的牵引制动控制。

4. 可选用户输入

车载用户接口宜支持以下可选用户输入:

(1)用户登录。

(2)列车类型。

(3)列车车长。

(4)司机号。

(5)车组号。

(6)列车运行等级调整。

(7)ATO 启动。

(8)告警确认。

(9)车辆紧急制动、广播测试指令。

5. 必备声音告警

车载用户接口应支持的必备声音告警应包括超速告警及紧急制动施加告警。

6. 可选声音告警

车载用户接口宜支持以下可选声音告警:

(1)进出 TACS 区域提示。

(2)立即发车。

(3)目标速度变化。

(4)列车车长输入不符合系统定义的范围。

(三)用户接口使用要求

车载用户接口应包括触摸显示屏、音频输出设备及提供给用户输入的开关按钮。

1. 显示要求

车载显示屏应安装在便于列车值守人员操作的驾驶台位置附近,应符合以下要求:

(1)当驾驶台主钥匙激活时,车载显示屏应变为有效状态,其屏幕点亮;当驾驶台主钥匙未激活时,车载显示屏应为无效状态,其屏幕变暗。

(2)显示屏发布的显示信息图标应根据运营单位规定的设计要求,以统一的格式在特定的区域进行显示,相对重要的信息应放置在列车值守人员使用时的视野中心。

(3)显示屏的最小显示精度和亮度应能满足列车值守人员的使用要求。

(4)车载显示屏的亮度支持手动和自动调整,在自动控制模式中,屏幕的亮度会根据周围环境的变化而自动调节,确保显示屏保持可见状态。

(5)当显示文本时,应使用列车值守人员能够理解的词语和简单句,必要时可根据提前定义好的缩略语或固定短语进行显示。

2. 用户输入要求

驾驶台上的开关、按钮位置的设置应尽可能方便用户操作，设计时应考虑操作时的顺序、操作频率等因素，以达到尽量减少操作人员移动的目的。当车载显示屏有效时，应能从其触摸屏上接受输入操作；当车载显示屏无效时，触摸屏不应接受任何输入操作。车载显示屏输入尽可能避免全键盘的显示。

三、ATS 用户接口要求

ATS 用户接口要求包括一般要求、用户接口信息要求和用户接口使用要求。

(一)一般要求

TACS 应向运营相关人员提供用户接口以实现对全线列车运行的监控/管理。ATS 用户接口应按照设计要求布置在控制中心、正线车站及车辆基地/停车场。TACS 应向运营相关人员提供必要的外部系统的监控/管理用户接口。特定的用户接口显示要求应由运营单位提出统一的定义和设计要求，并且可根据不同的需求进行适应性修订。

(二)用户接口信息要求

ATS 用户接口包括静态和动态信息显示，信息显示内容应根据运营单位特定需求进行定义，必备显示信息应能够支撑城市轨道交通的列车运营。ATS 用户接口宜根据运营单位特定要求对声光告警的触发条件、告警等级和告警位置进行定义。

1. 必备显示信息

ATS 用户接口应支持以下必备显示信息：

(1)站场信号静态信息：线路、车站、车辆段/停车场的线路布局，道岔、信号机位置及设备名称，TACS 区域边界。

(2)站场信号动态信息：轨旁资源分配状态、移动授权、轨旁信号设备(包括信号机、道岔)状态。

(3)列车运行信息：TACS 列车和备用定位列车的图标及位置，列车驾驶模式，系统控制等级(TACS 或 ATC 切除)，列车定位状态，列车当前运行速度，列车运行方向，设备健康状态，通信状态，列车车组号，列车车次号，停准信息，停站时间和扣车、跳停表示，列车紧急制动原因，列车运行早晚点情况。

(4)列车运行限制信息：临时限速、站台门状态、紧急关闭按钮激活状态、工作人员防护开关(SPKS)激活状态、防护区域状态、人工控制区域权限。

(5)TACS 故障告警及操作日记：各子系统设备故障告警、影响运营的事件(如列车领号失败、运行计划冲突、列车对标不准、列车紧急制动、区间迫停超时等)及故障处置提示。

(6)外部设备状态：如车辆设备状态(如车门、工况)、车门/站台门对位隔离信息、供电分区及状态显示、火警信息。

(7)与其他线路联络线信号元素信息。

(8)集中站控制权。

2. 必备用户输入

ATS 用户接口应支持以下必备用户输入：

(1)列车运行管理:车组号管理(包括定义、删除)、列车编组管理、列车运行任务下发/取消(包括计划车,头码车以及人工车和单步运行等)。

(2)计划运行图/时刻表编制与调整。

(3)运行调整策略设置与调整,包括区间走行时间、站停时间调整。

(4)列车运行人工调整:扣车,跳停,提前发车,运行交路调整,运行等级设置,人工清客,清客确认,区间最大列车数量设置。

(5)限制条件管理:设置/取消临时限速、设置/取消保护区域。

(6)线路资源人工管理:道岔单操/单锁、轨旁资源初始化、设置/取消人工控制区域、区域清扫确认请求。

(7)降级列车管理:人工标记非识别列车。

3. 可选用户输入

ATS 用户接口宜支持以下可选用户输入:列车相关远程控制(如休眠/唤醒等工况设置)、空调/照明设备开启/关闭、温度调节。

4. 可选声光告警

车载用户接口宜支持以下可选声音告警:

(1)道岔失表。

(2)列车切换至 EUM 模式。

(三)用户接口使用要求

ATS 用户接口应包括一个或多个图形界面显示设备、声音输出设备、打印机、键盘、指示设备、用于用户输入的开关按钮等。根据运营单位的特定要求,可选的用户接口设备可包括大屏、触摸屏及其他声控设备。

1. 显示要求

显示界面应由标题栏、菜单、视图、输入对话框等组成。中心 ATS 终端工作站的主界面布局可按图 6-10 所示。

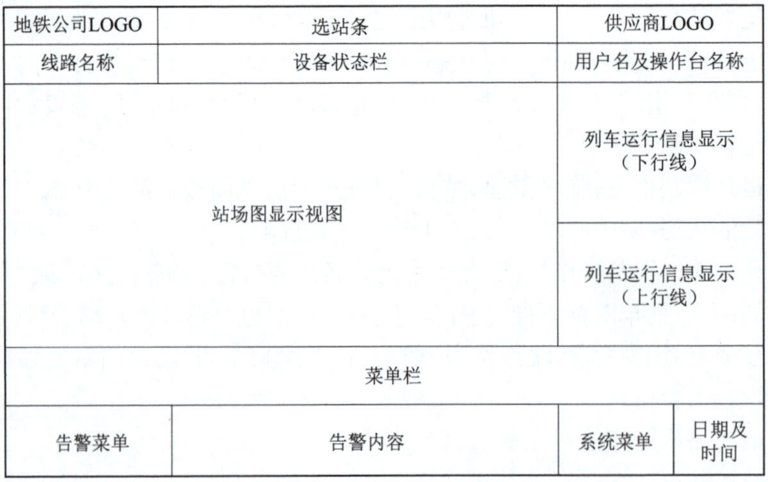

图 6-10　中心 ATS 终端工作站的主界面布局

除站场图显示视图和菜单栏外，其他视图可选择隐藏、拖动。除上面布局图中包括的视图外，其他视图在操作时弹出，平时隐藏。显示元素字体、颜色、图形的设计应符合运营单位的相关要求，状态变化应简明清晰，不应断续卡滞、无序重叠，站场线条不能有明显锯齿。

2. 用户输入要求

ATS 用户应通过以下两种方式实现指令的选择：

(1)用户鼠标在站场图上选择一个可操作设备对应的敏感区，例如信号设备、车站、站台等，单击鼠标右键，从弹出的菜单中选择该设备可以执行的指令。

(2)通过单击菜单项目，选择相应的指令来执行。

当显示信息列表时，如告警信息列表或列车信息列表，可用滚动条来显示信息列表中的任意部分。操作员应能打开告警视图观察到发生的告警，并对告警信息进行确认。对于比较关键的设计安全的操作指令，如区间临时限速的设置和取消，应采用二次确认的方式处理，需要用户二次确认发送该指令给外部设备执行。当操作员执行控制指令时，如果操作成功，对应信号设备图标应有变化，若指令执行失败，宜提示失败原因；不可操作命令选项应灰显或隐藏。鼠标可用来进行点选和指令执行功能，也可用于从站场图中选定控制单元或列车来输入数据。键盘通常用来在指令窗的数据输入区输入特定的数据，用户可综合使用鼠标和键盘操作来输入所要求的参数，键盘只用来输入数字和简单字母，如用户登录、参数修改等。

3. 访问权限要求

ATS 管理员具有最高用户权限，应能够定义及管理每个用户组的访问权限，进行添加、修改、删除用户的操作。ATS 应能通过用户权限管理对用户可操作的控制指令权限及区域进行限制，通常 ATS 指令分为以下 3 种：

(1)不需要鉴别用户的指令。

(2)要求用户登录系统后应进行用户鉴权，鉴权用户才会得到预先定义好的相关控制指令权限。

(3)用于预先设置好的系统相关区域，用户必须经过登录到系统上进行鉴权，鉴权后才被准许控制该区域。

第五节 典型运营场景

场景是对系统行为进行描述的一种方式，可以描述系统或人的行为或任务，从中可以发掘出任务的上下文环境和用户需求。基于 TACS 的全自动运行线路运营场景可以分为正常场景、故障场景和应急场景，明确了基本流程要求和异常处理要求。TACS 典型运营场景如图 6-11 所示。

一、正常场景

城市轨道交通安全高效的运营少不了全面的运营准备、准时准点的列车正线运行、运营结束后细致认真地维护作业、日常严谨的车辆基地作业。正常场景包括：运营准备、列车正线运行、运营结束和车辆基地作业，如图 6-12 所示。

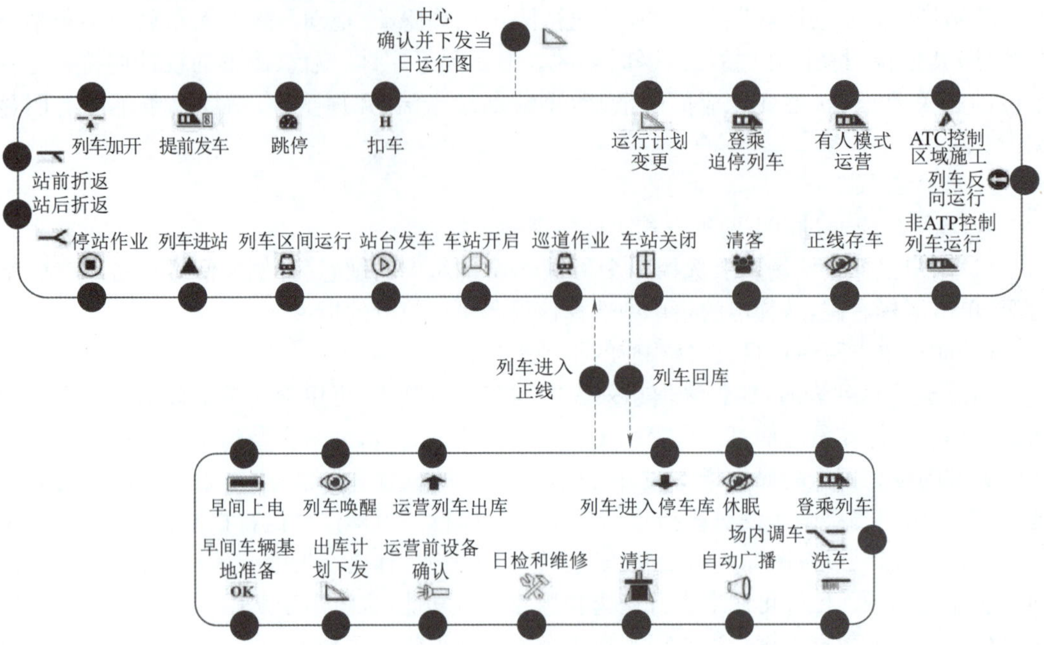

图 6-11　TACS 典型运营场景

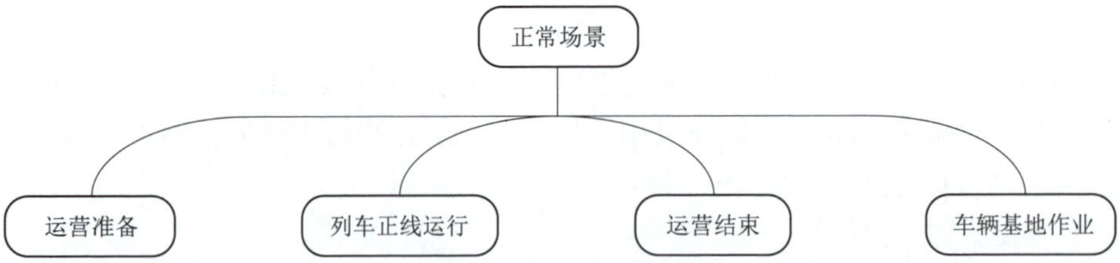

图 6-12　正常场景示意

(一)运营准备

从当日凌晨多部门维护人员施工销点起,整个城市轨道交通运营部门就开始进行运营前准备。按照城市轨道交通运营流程的时间顺序,运营准备可分为夜间施工点确认销点、当日运营计划确认并下发、运营前相关设备检查、出库计划的编制与下发、早间车辆基地准备、列车唤醒、列车巡道、车站开启、列车出库或存车线。

1. 夜间施工点确认销点

夜间施工点确认销点描述了施工人员结束夜间作业并离开轨行区后,中央调度员、车辆基地调度员确认人员出清施工区域、完成施工销点并将系统恢复到正常控制状态的过程。

2. 当日运营计划确认并下发

当日运营计划由信号系统每日自动调用或由中央调度员进行临时调整,中央调度员确认当日运营计划无误后,下发计划至综合监控等相关系统。

3. 运营前相关设备检查

运营前,中央调度员确认全线行车指挥设备的运行状态、接触网供电状态等应符合运营要求，多职能队员（站控）和多职能队员（巡视）确认车站内相关设备运行状态应符合运营要求。

4. 出库计划的编制与下发

出库计划的编制与下发描述了每日检修人员提供当日用车情况、系统根据当日实际情况自动生成出库计划，并用人工确认下发的工作过程。

5. 早间车辆基地准备

早间车辆基地准备描述了每日列车唤醒前，车辆基地都要进行工作人员撤离的工作过程。

6. 列车唤醒

列车唤醒的定义是对休眠列车上电、执行综合自检（含相关核心系统自检及联合检测），并反馈唤醒成功或失败状态的过程。

中央调度员或车辆基地调度员应在列车自动唤醒前通过 ATS 确认停车库内或正线休眠点列车车况均为休眠；ATS 根据出库计划自动唤醒列车，并反馈列车是否上电成功；上电后，列车对全自动运行必需的相关设备执行自检测试；车载信号系统将自检测试的完整信息上报 ATS；ATS 自动向唤醒并自检成功的 FAM 模式列车下发运营计划；ATS 自动向列车下发“待命”工况。

若列车自动唤醒失败，ATS 工作站应显示报警，车辆基地调度员或中央调度员应通过 ATS 远程人工唤醒；若仍然无法唤醒，应安排工作人员查看，执行就地人工唤醒。列车无法唤醒时会影响列车运营计划，车辆基地调度员或中央调度员应及时调整计划，以备用列车替代，并将列车故障情况报送维护部门。

当需唤醒非出库计划内列车（如备车）时，应由车辆基地调度员或中央调度员执行远程人工唤醒，并确认列车唤醒状态。

7. 列车巡道

列车巡道描述了正式运营前 2 h（可调整），系统根据出库计划自动唤醒巡道车并完成巡道作业的工作过程。

8. 车站开启

车站开启描述了正式运营前，综合监控根据车站早间启运时刻表自动开启站内相关设备、工作人员进行站内外设备安全检查与操作的工作过程。

9. 列车出库或存车线

列车出库或存车线描述了系统根据运营计划自动分配列车运行任务、自动生成车次号、自动申请线路资源，等并以 FAM 模式进入正线的工作过程。

（二）列车正线运行

经过完备的运营前准备，城市轨道交通列车即将开始正线运行。根据列车的运行情况，列车正线运行场景可分为列车进入正线、列车区间运行、列车进站、列车停站、列车站台发车、列车折返、列车清客、运营调整 8 个部分。

1. 列车进入正线

列车进入正线描述了系统自动为进入正线或在正线存车线成功唤醒的 FAM 模式列车匹配运营计划、自动为进入正线的列车发送“正线运行”工况、列车根据运行任务自动申请并获取线路资源后控制列车驶入正线站台的工作过程。

2. 列车区间运行

列车区间运行描述了列车根据运营计划在区间自动运行时，车载 PIS(含车载 PA，下同)自动播报运营信息(如下一站站名等)、站台 PIS/PA 自动播报运营信息(如下一站站名等)的工作过程，若列车偏离计划时需人工调整，中央调度员可远程使列车停车或按需下发运行任务，列车执行任意点折返。

3. 列车进站

列车进站描述了列车进站前后，车站 PIS/PA 和车载 PIS 播放列车进站信息、列车进站自动对位停车并自动开门作业、车站播放出站和换乘等广播的工作过程。

若列车停车欠标，系统自动尝试重新对位停车；若列车停车过标，ATS 工作站应显示报警，系统控制列车自动对位停车；若列车对位失败，中央调度员将安排多职能队员(列控)登车处置。

在列车进站过程中，若站台"紧急关闭按钮"被触发，站台区域禁止列车运行；对于区间运行列车，若进站条件检查不满足，将在站外停车；若站台紧急关闭按钮(ESB)或 SPKS 由于电路故障短时无法恢复，中央调度员应安排多职能队员(列控)登车转 RM 模式进站。

4. 列车停站

列车停站描述了列车对位停车后，系统自动联动开启车门和站台门、中央调度员监控列车停站情况及站台门车门开启情况、中央调度员或多职能队员(站控)监控乘客上下车情况的工作过程。

5. 列车站台发车

列车站台发车描述了停站时间结束后，列车将根据时刻表和发车条件(列车前方线路资源已经分配、车门/站台门关闭锁闭等)进行站台自动发车。

6. 列车折返

列车折返描述了列车进站前播放清客广播、列车在折返站对位停车后开始折返作业、车站播放出站或换乘广播等的工作过程。列车折返根据折返位置不同分为站前折返和站后折返。

(1)站前折返

站前折返是列车在终端站台内直接进行折返换端操作的折返方式，图 6-13 为站前折返示意。

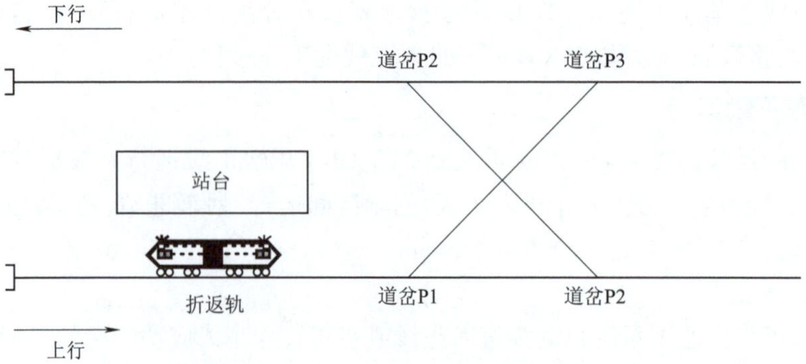

图 6-13　站前折返示意

如图 6-13 所示，站前折返的站台轨道同时作为折返轨，因此站前折返只有折返轨停车的过程，不存在站台发车及发车站台停车的自动驾驶过程。

(2)站后折返

站后折返是列车在终端站后经过折返轨进行折返换端操作的折返方式，TACS 列车站后折返采用常用终端折返站来进行详细说明，图 6-14 对道岔区域有更进一步的细分。

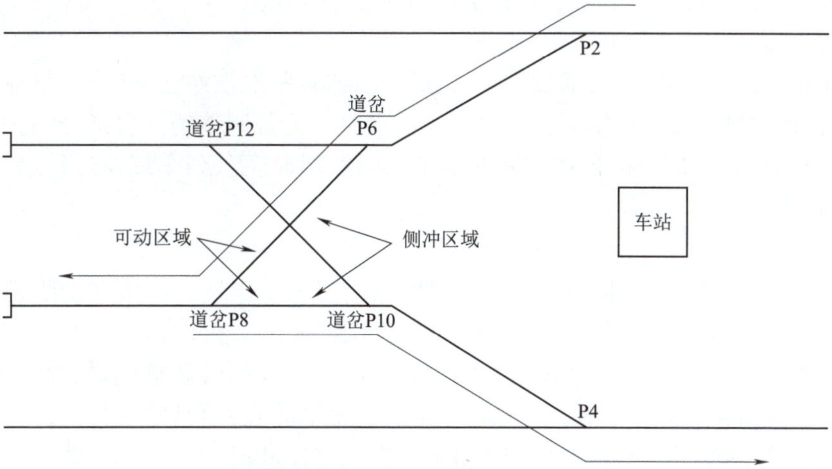

图 6-14　常用终端折返站-道岔细分示意

图 6-14 将岔区细分为侧冲区域与可动区域。

侧冲区域：某对应道岔警冲标范围内的区域，前车出清侧冲区域后，后车即可进入侧冲区域。

可动区域：对应某道岔可以转动的部分，当前车出清道岔可动区域后，道岔即可转动至后车所需要的位置。

站后折返方式的流程可分为 3 个环节：①列车从上行/下行站台驶入折返轨；②列车在折返轨停稳后实施换端作业；③列车驶出折返轨，进入下行/上行站台。

具体来说，对 TACS 的结构进行简化后，列车根据运行任务直接向前车或轨旁申请运行前方的资源，而非依赖于 CBTC 系统的进路。因此在折返站对于接车而言，可根据与折返站台相连的道岔 P2 位置申请相应的资源，使得站台接车能力与正线的追踪间隔相接近；对于折入来说，TACS 可实现在侧冲区域外方的追踪运行，由于道岔 P8 的侧冲区域、可动区域资源均分配给前车，因此后车仅能运行至道岔 P8 的侧冲区域外方；当前车出清道岔 P8 的可动区域后，前车便可向轨旁申请 P8 道岔定位的资源，在道岔转动的同时前车在折返轨完成换端，待道岔 P8 转动到定位后，前车便获得了 P8 出折返轨的可动区域资源，前车便执行折出任务至另一侧站台停车；当前车出清道岔 P8 可动区域后，后车便可申请道岔 P8 的可动资源，当前车出清道岔 P8 的侧冲区域后，后车便可申请道岔 P8 的侧冲资源，后车便可从道岔 P8 侧冲区域外方向折返轨运行；待前车停站时间结束后，列车即可发车驶向下一站，整个折返过程完成。

TACS 相较于传统 CBTC 系统在道岔资源管理、系统结构简化、传输周期缩短方面进一步提升，使得折返能力可以达到 90 s 以内，相较于传统 CBTC 系统折返能力提升 25%以上，从而使得采用 TACS 的轨道交通线路可以实现 90 s 的运营间隔。

7. 列车清客

列车清客可分为计划类和非计划类。计划类列车清客描述了列车根据运营计划在指定的车站(折返站或终到站)结束运营、列车自动对位停车并开车门及站台门、清客及列车自动发车进入正线存车线或回库的工作过程。非计划类列车清客描述了中央调度员对列车设置站台临时清客、列车到站前自动触发广播、列车到站并对位停准后系统自动扣车、清客及清客结束后多职能队员(列控)处置该列车的工作过程。

8. 运营调整

当列车正线运行时,常常会遇到许多特殊情况,如某些地铁站暂未开通、早晚高峰期间客流突增等,此时则需要根据实际情况进行运营调整。运营调整场景可细分为扣车、跳停、提前发车、临时限速、列车加开、列车退出服务、运营计划变更、列车反向运行、列车站间穿梭、末班车运行。

(1)扣车

扣车描述了根据运营需求,中央调度员可通过 ATS 工作站一次实现全线或多个车站的上行/下行的扣车,要求停站列车在站台执行扣车保持车门打开,区间列车在前方站台执行扣车打开车门不关闭。自动扣车描述了在特定条件下,如运营调整(包括列车清客、区间列车数量超过系统参数等)、车辆发生故障或应急情况需要在站台处置或执行清客(包括蠕动模式、列车火灾等),系统自动触发列车到站扣车的工作过程。

(2)跳停

跳停描述了根据运营调整作业需求,中央调度员通过 ATS 工作站对指定站台或列车设置跳停作业。跳停方式可分为 3 种:单一列车在指定车站执行跳停作业;多列列车在指定车站执行跳停作业;指定列车在连续多站执行跳停作业。

(3)提前发车

提前发车描述了中央调度员通过 ATS 设置提前发车,使列车相对计划发车时间提前发车的工作过程。

(4)临时限速

临时限速描述了根据线路的施工及线路条件状态,中央调度员可在 ATS 工作站上对相应的区段设置临时限速,即在 ATP 完全防护模式下的列车在限速区域内以不超过所设置的临时限速运行。

(5)列车加开

列车加开描述了根据运营需求,中央调度员布置加开任务、协调并安排列车执行加开作业的工作过程。

(6)列车退出服务

列车退出服务描述了列车由于运营调整或列车部分故障,中央调度员安排列车退出服务的工作过程。

(7)运营计划变更

运营计划变更描述了根据运营需求或 ATS 提示(特殊状况如阻塞),中央调度员布置变更交路任务、列车自动执行新的运营计划的工作过程。

(8)列车反向运行

列车反向运行描述了根据运营需求(如区间阻塞),中央调度员可在 ATS 工作站人工设置反向运行任务、列车自动以安全行车间隔进行反向运行的工作过程。

(9)列车站间穿梭

列车站间穿梭描述了根据运营需求,中央调度员可在 ATS 工作站人工设置站间穿梭运行任务、列车自动以安全行车间隔进行站间穿梭运行的工作过程。

(10)末班车运行

末班车运行描述了在本站上、下行末班车到达前,多职能队员(站控)手动播放相应的末班车广播、车站 PIS 自动显示停运乘客信息、多职能队员提前人工关闭入站闸机并清场的工作过程。

(三)运营结束

当日城市轨道交通结束运营后,将进行一系列的收尾工作。运营结束可分为回库计划的编制与下发、列车回库或进入正线休眠点休眠、列车检修、列车清扫、工程车管理(若装备后备定位系统)。

1. 回库计划的编制与下发

回库计划的编制与下发描述了系统可根据当日运营计划、运营调整情况、股道占用情况、维修计划、洗车计划等,自动生成回库计划,再由调度员确认回库计划无误后上传系统。

2. 列车回库或进入正线休眠点休眠

列车回库或进入正线休眠点休眠描述了列车以 FAM 模式自动运行至车辆基地停车列检库或正线休眠点停车、到达指定的休眠时间后列车自动休眠等的工作过程。

若列车自动休眠失败,车辆基地调度员或中央调度员应通过 ATS 远程人工休眠;若仍然无法休眠,应安排多职能队员(列控)现地查看,执行就地人工休眠。当需休眠非计划回库或进入正线休眠点的列车(如故障列车)时,应由调度员执行远程人工休眠。

3. 列车检修

列车检修描述了在列车回到停车列检库后,检修人员办理检修手续并领取物品,登乘列车开始检修工作的过程。

4. 列车清扫

列车清扫描述了在列车回到停车列检库后,清扫人员申请办理清扫手续并领取物品,登乘列车进行车厢清扫的工作过程。

5. 工程车管理(若装备后备定位系统)

工程车管理描述了在 TACS 区域内,车辆基地调度员对停在信号机前的工程车下发运行任务,并授权司机按信号机显示驾驶列车运行的工作过程。

(四)车辆基地作业

每日城市轨道交通运营结束后,车辆基地都要进行作业,其中车辆基地作业可分为车辆基地登乘列车、调车作业、洗车作业、试车作业。

1. 车辆基地登乘列车

车辆基地登乘列车描述了工作人员根据作业任务,在获得车辆基地调度员授权并通过安全措施(如 SPKS)防护后从登乘平台安全登乘列车的过程。

2. 调车作业

调车作业描述了编制场内调车计划、列车以 FAM 模式完成调车作业或以 RM 或 EUM

模式完成调车作业的工作过程。

3. 洗车作业

洗车作业描述了编制洗车计划、人工开启洗车机、列车按照洗车计划以低速(3～5 km/h，可配置)在洗车线上自动运行并洗车的工作过程。在洗车过程中，若洗车机故障或人工按下“紧急停止按钮”时，洗车机应向信号系统发出紧急停止指令，信号系统控制列车实施紧急制动；车辆基地调度员应通知车辆基地工作人员前去处理洗车机故障，待全部故障消除后车辆基地工作人员复位“紧急停止按钮”。

4. 试车作业

试车作业描述了试车申请、试车作业前后列车的运行任务及试车的工作过程。

二、故障场景

城市轨道交通运营故障场景包括：车辆故障、信号故障、站台门故障、接触网供电故障、综合监控故障、通信故障和洗车机故障，如图 6-15 所示。

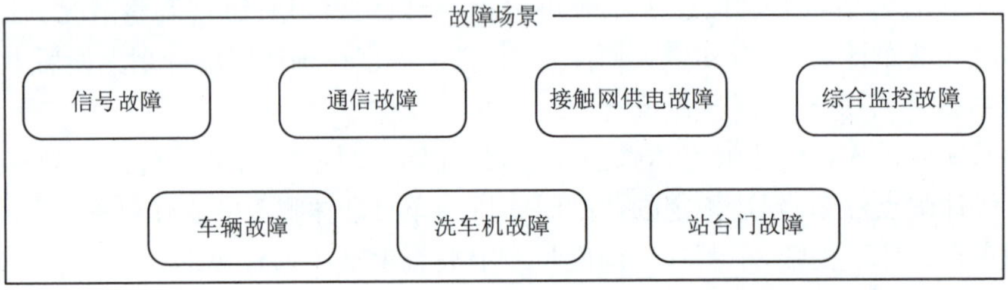

图 6-15　故障场景示意

(一)车辆故障

车辆故障可分为车辆设备故障和车门故障。

1. 车辆设备故障

车辆设备故障描述了逆变器故障、车辆蓄电池故障、列车控制及监控系统 TCMS(train control and management system)完全故障、机械制动故障、逃生门关闭状态丢失、烟火报警系统故障、障碍物/脱轨检测系统故障等的情况。

2. 车门故障

车门故障描述了所有车门无法正常开启或关闭、一扇或多扇车门开门或关门故障、车门关闭状态丢失、车门锁闭状态丢失的故障情况。

(二)信号故障

信号故障可分为中心信号故障、车载信号故障、轨旁信号故障三大类。

1. 中心信号故障

中心信号故障包括中心 ATS 服务器完全故障、中心 DCS 设备完全故障、中心冗余网关服务器完全故障。

当控制中心 ATS 应用服务器完全故障时，多职能队员(站控)进行车站级监控，本地 ATS 服务器将继续根据之前同步的运营计划为列车分配运行任务，所有区间 FAM 模式列车运行至下一站后自动扣车。

当控制中心 DCS(LTE 和 WLAN)设备完全故障,全线列车与地面失去通信,列车施加紧急制动停车。若故障无法及时恢复,可由轨旁 ATP 管理故障列车并以人工管理方式组织运营。

当控制中心冗余网关服务器完全故障,ATS 工作站和大屏上显示线路和列车状态未知,列车按照当前运行任务继续运行到下一站停站后,自动打开车门和站台门不关闭。若故障无法及时恢复,中央调度员应安排多职能队员(列控)切换人工驾驶模式运行。

2. 车载信号故障

车载信号故障包括车载控制器完全故障、信号与车辆牵引/制动接口故障、车载 DCS 设备完全故障。

(1)车载控制器完全故障

当车载控制器发生完全故障时,列车紧急制动停车,ATS 工作站显示故障告警,该列车图标变为非通信列车;若重启车载控制器后故障恢复,中央调度员对列车下发到下一站台运行任务(或由 ATS 自动下发),确认前方线路资源成功分配后,通知多职能队员(列控)以 RM 模式限速驾驶列车运行,当条件满足时可升级为 FAM 模式;若故障无法恢复,中央调度员安排多职能队员(列控)以 EUM 模式驾驶列车到达下一站执行清客,系统通过备用定位系统发送的列车定位信息确认列车位置,并自动释放不需要的线路资源。

当车载控制器完全故障时,若备用定位系统也故障,需要对列车进行重定位操作,以便系统释放不需要的线路资源。多职能队员(列控)在 SPKS 防护下登车以 EUM 模式驾驶列车到达车站并执行清客,中央调度员应与多职能队员(列控)确认列车位置,执行重定位操作更新列车位置信息,直至列车退出运营。

(2)信号与车辆牵引/制动接口故障

当信号与车辆牵引/制动接口故障时,若无法控制列车运行,列车向中央调度员发送蠕动模式(CAM)请求,中央调度员根据 CAM 请求授权列车以 CAM 模式运行。

(3)车载 DCS 设备完全故障

当车载 DCS 设备发生完全故障时,车载控制器与地面失去通信,列车紧急制动停车,ATS 界面显示告警,列车图标变为非通信列车,故障列车所在防护区域自动激活;若多职能队员(列控)尝试重启后故障恢复,中央调度员取消激活的防护区域,列车可继续以 FAM 模式正常运行,多职能队员(列控)还需持续监视一段时间。若故障无法恢复,中央调度员通知多职能队员(列控)以人工驾驶模式驾驶列车到达下一站执行清客,中央调度员执行人工位置标记操作,系统自动释放不需要的线路资源。

3. 轨旁信号故障

轨旁信号故障包括目标控制器完全故障、轨旁资源管理器完全故障、轨旁列车管理器完全故障、站台紧急关闭按钮装置故障、人员防护开关装置故障、道岔故障、信标故障、轨旁 DCS 设备完全故障、信号电源屏完全故障。

(1)目标控制器完全故障

当目标控制器发生完全故障时,控区内列车紧急制动停车,相邻区域内的 ATP 防护列车无法进入故障区域,若有列车正在经过失表道岔则丢失定位,控制中心 ATS 工作站显示告警。

若重启后故障恢复,非失位列车可以继续以 FAM 模式运行,失位列车需安排多职能队员(列控)人工驾驶列车恢复定位;若重启无法恢复,中央调度员对相关区域授权人工控制,对于失位列车安排多职能队员(列控)人工驾驶列车运行到下一站,同时安排专业维修队伍在轨旁手摇道岔,并对道岔进行物理钩锁,多职能队员(列控)确认手信号后列车限速(25 km/h)通过故障道岔区域;列车到站恢复定位后,中央调度员执行故障道岔复位操作。

在故障恢复前,中央调度员对非故障区域进行相应的运营交路调整。待故障恢复后,中央调度员取消区域人工控制,执行区域出清确认操作后,可恢复线路正常运营。

(2)轨旁资源管理器完全故障

当轨旁资源管理器发生完全故障时,控区内列车紧急制动停车,相邻区域内的 ATP 防护列车无法进入故障区域,控制中心 ATS 工作站显示告警。

若故障恢复,中央调度员对轨旁资源管理器进行初始化操作,授权资源自动分配,中央调度员和多职能队员(列控)及多职能队员(站控)共同确认该故障区域内无非识别列车后,执行区域出清确认操作,可恢复线路正常运营。

若故障无法及时恢复,中央调度员通知专业维修队伍对故障轨旁资源管理器进行隔离操作,通知多职能队员(列控)转人工驾驶模式运行至下一站执行清客,同时中央调度员对非故障区域进行运营交路调整,在条件允许情况下,对未受影响列车执行任意点折返操作。

(3)轨旁列车管理器完全故障

当轨旁列车管理器发生完全故障时,列车以初始临时限速运行,控制中心 ATS 工作站显示告警。

中央调度员通知专业维修队伍执行重启操作,若故障恢复,人工确认该故障区域内无非识别列车后,取消临时限速初始限速,可继续恢复正常线路运营;若故障无法及时恢复,列车以初始临时限速运行到下一站台,自动打开车门和站台门。

若轨旁列车管理故障之前设置了临时限速,在重启恢复后需人工设置重启前的临时限速。若轨旁列车管理器故障前线路上存在非通信车,中央调度员应对该非通信列车进行标记并执行人工管理。

(4)站台紧急关闭按钮装置故障

当站台紧急关闭按钮装置发生故障时,在控制中心和车站 ATS 工作站显示站台紧急关闭状态,控区内 FAM 模式列车无法移动,控区外 FAM 模式列车无法进入。

若无法及时恢复,当列车在停站过程中发生紧急制动,中央调度员安排多职能队员(列控)转人工驾驶模式驾驶列车对位停车,完成乘客换乘作业后,继续以人工驾驶模式驾驶列车出站,出站后可切换为 CM 模式,并在下一站停车后,人工切换为 FAM 模式。

当列车在区间发生紧急制动停在站台外时,若上一车站资源未被分配,中央调度员可取消当前运行任务后,执行列车任意点折返操作返回上一车站。

(5)人员防护开关(SPKS)装置故障

当 SPKS 装置发生故障时,在控制中心和车站的 ATS 工作站上站台或区间出现 SPKS 激活图示,控区内 FAM 模式列车无法移动,控区外 FAM 模式列车无法进入。

若无法及时恢复,当列车在停站过程中发生紧急制动,多职能队员(站控)激活车站 SPKS,中央调度员安排多职能队员(列控)转 RM 模式驾驶列车对位停车,完成乘客换乘作业后,继续以 RM 模式驾驶列车驶出该故障 SPKS 区域后,可自动升级为 AM 模式,并在下一站停车后,人工切换为 FAM 模式。

当列车在区间发生紧急制动停在站台外,若上一车站资源未被分配,中央调度员可取消当前运行任务，执行列车任意点折返操作返回至上一车站。

(6)道岔故障

道岔故障通常表现为道岔动作失败或道岔失表。

在列车运行过程中，若道岔动作失败，列车自动运行到道岔资源前停车；若道岔失表，道岔区域内的列车会施加紧急制动并丢失定位，控制中心 ATS 工作站上显示告警信息。

若系统无法控制道岔动作，中央调度员尝试人工操控道岔；若道岔仍然无法动作到列车运行任务所需要的位置，中央调度员通知专业维修队伍进入轨行区间进行抢修并激活道岔封锁隔离开关，维修人员本地操控道岔；待专业维修队伍出清后可恢复列车正常运行。

若道岔失表，中央调度员安排专业维修队伍经安全防护进入轨行区间进行抢修。

对于失位列车，中央调度员对相关区域授权人工控制，安排多职能队员(列控)转人工驾驶模式运行到下一站台，同时安排专业维修队伍在轨旁手摇道岔，并对道岔进行物理钩锁，多职能队员(列控)确认手信号后列车限速(25 km/h)通过故障道岔区域；列车到站恢复定位后，中央调度员执行故障道岔复位操作。针对后续非失位列车，中央调度员根据实际情况，可取消当前运行任务执行任意点折返操作或安排多职能队员(列控)转人工驾驶模式驾驶列车通过故障道岔区域。

在故障恢复前，中央调度员根据实际情况组织相应的运营交路调整。待故障恢复后，中央调度员取消区域人工控制，执行区域出清确认操作后，可恢复线路正常运营。

(7)信标故障

当区间连续出现信标故障时，导致列车失去定位触发紧急制动停车，控制中心显示告警。行车调度安排多职能队员(列控)转人工驾驶模式，待重新读取信标获得定位后，多职能队员(列控)可在条件满足时升级为 FAM 模式继续运行；若连续两列以上列车在同一区域因信标故障丢失定位，中央调度员应在前一站台设置扣车，以防后续列车丢失定位。

单个信标发生故障，导致列车不能在站台准确停车、车门和站台门不能自动打开，控制中心显示告警。

(8)轨旁 DCS 设备完全故障

当轨旁 DCS 设备发生完全故障时，控区范围内的列车丢失车—地通信，列车紧急制动停车，ATS 工作站显示告警，列车图标变为非通信列车，故障列车所在防护区域自动激活；中央调度员确认防护区域覆盖范围后，安排多职能队员(列控)转人工驾驶模式，并对车内乘客进行广播安抚；当列车离开故障非通信区域，列车恢复车—地通信且获取定位后，系统可恢复自动驾驶模式。

在故障恢复前，中央调度员对前一站设置扣车，安排多职能队员(列控)转人工驾驶模式通过故障非通信区，具体按照上述流程操作。

(9)信号电源屏完全故障

当集中站信号电源屏发生完全故障时，控制中心显示告警。失电控区的设备维持 UPS 供电 30 min，道岔无动作电源，无法正常操作；中央调度员在 30 min 内将后续列车扣在后方站台，避免在区间停车；为防止失电控区外的列车进入，中央调度员取消列车当前任务，待条件满足后，设置列车任意点折返至上一车站。待电源屏故障修复后，中央调度员组织恢复正常运营。

当控制中心信号电源屏发生完全故障时，控制中心显示告警。中央调度员在 30 min 内设置全线列车扣停站台，避免在区间停车。待电源屏故障修复后，中央调度员组织恢复正常运营。

（三）站台门故障

站台门故障可分为站台门无法正常开启/关闭、站台门状态丢失、站台端门故障等。

1. 站台门无法正常开启/关闭

站台门无法正常开启或关闭包括整侧滑动门开门或关门故障、一扇或多扇滑动门开门或关门故障，这会使控制中心和车站的综合监控工作站显示相应的故障告警。

2. 站台门状态丢失

由于滑动门或应急门故障，或站台门关闭且锁闭接口电路故障，站台门关闭且锁闭状态丢失，控制中心和车站显示相应的故障告警。

3. 站台端门故障

当站台端门发生故障，车控室综合监控工作站显示告警，多职能队员（站控）要调看端门对应的视频监控（CCTV）视频录像，确认是否有非授权人员通过端门进入轨行区。

（四）接触网供电故障

接触网供电故障可分为正线接触网失电和场段接触网失电。

1. 正线接触网失电

正线接触网失电描述了当线路正常运营时，一个及以上供电分区的接触网失电的故障场景。此时，控制中心显示告警，系统自动扣停失电区段外上一站台列车，防止列车进入失电区段。对于进入失电区的列车，中央调度员可根据实际情况，取消列车当前任务，待条件满足后，执行列车任意点折返操作，列车自动驶离失电区。

2. 场段接触网失电

场段接触网失电描述了一个及以上场段供电分区的接触网失电的故障场景。此时控制中心和车辆基地控制中心（DCC）显示告警，若送电失败，车辆基地调度员封闭故障区段，组织相应的运营调整，并通知相关车站，安排专业维修队伍进入轨行区对牵引电力系统进行抢修。

（五）综合监控故障

综合监控故障可分为中央综合监控设备完全故障、车站综合监控设备完全故障、综合监控骨干通信网络完全故障。

1. 中央综合监控设备完全故障

中央级综合监控设备完全故障描述了中央综合监控系统故障时，综合监控将降级至车站管理。

2. 车站综合监控设备完全故障

若一个或若干车站级综合监控设备发生完全故障，中央级综合监控系统无法实时获取车站级设备信息，工作站部分监控功能受限（包括车站及区间隧道机电设备监控功能和火灾报警管理功能），同时受影响车站的电力调度临时调整为变电所现场控制方式。

3. 综合监控骨干通信网络完全故障

若综合监控骨干通信网络发生完全故障，中央级综合监控系统与车站级综合监控系统的通信中断，工作站监控功能受限；若网络通信仍不能恢复，降级至车站综合监控，车站及区间隧道机电设备监控功能和火灾报警管理功能由车站实现。

(六)通信故障

通信故障主要是LTE无线网络设备故障,根据无线网络位置可细分为中心LTE无线网络设备故障、轨旁LTE无线网络设备故障、车载LTE无线网络设备故障。

1. 中心LTE无线网络设备故障

中心LTE无线网络设备故障描述了车辆状态监控工作站不能显示全线列车实时状态信息及告警信息,无法对列车进行远程广播,全线列车乘客紧急对讲不能与OCC建立通信,联动视频画面不能上传至OCC等情况。

2. 轨旁LTE无线网络设备故障

轨旁LTE无线网络设备故障描述了车辆状态监控工作站不能显示故障区域内的列车实时状态信息及告警信息,无法对故障区域内的列车进行远程广播,故障区域内的列车乘客紧急对讲不能与OCC建立通信,联动视频画面不能上传至OCC等情况。

3. 车载LTE无线网络设备故障

车载LTE无线网络设备故障描述了车辆状态监控工作站不能显示故障列车实时状态信息及告警信息,无法对故障列车进行远程广播,列车乘客紧急对讲不能与OCC建立通信,联动视频画面不能上传至OCC等情况。

(七)洗车机故障

当自动洗车过程中发生洗车机故障,洗车库防护区域自动激活,洗车库内列车紧急制动,洗车库外列车无法进入洗车库,DCC值班室和洗车机操作室显示告警。

三、应急场景

城市轨道交通运营应急场景包括:乘客紧急对讲,车门紧急解锁装置激活,逃生门请求装置激活,站台紧急关闭按钮激活,驾驶台盖子开启,夹人夹物,人员非法侵入轨行区,区间因故停车,登乘迫停列车,区间疏散,列车救援,列车障碍物探测装置激活,弓网冲突,挤岔、脱轨、冲突等事故,区间积水,火灾,运营时段抢修施工,大客流,如图6-16所示。本小节仅做部分介绍。

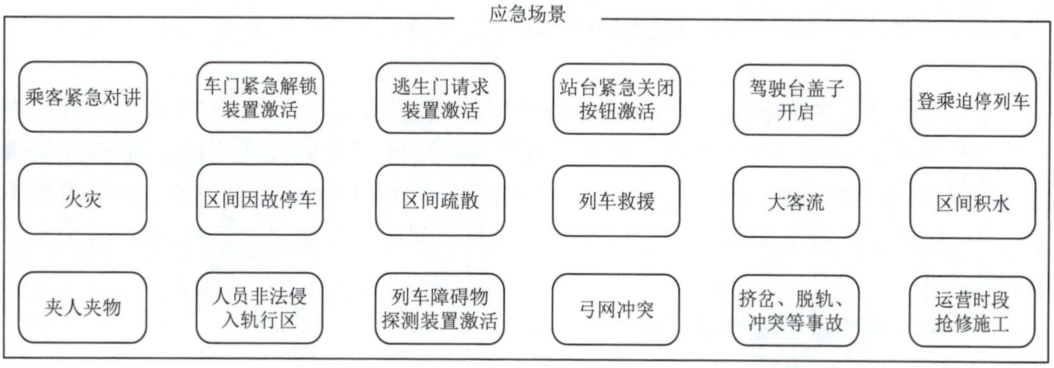

图6-16　应急场景示意

(一)站台紧急关闭按钮激活

站台“紧急关闭按钮”按下后,ATS 工作站显示告警,车站的 CCTV 工作站自动联动站台侧对应 CCTV 视频图像;站台的安全防护区域自动激活,在站台区域运行中的列车因 ESB 而停车,中央调度员进行人工列车广播安抚乘客;当紧急状态解除后,多职能队员(巡视)通过 IBP 盘手动将 ESB 恢复为正常状态,车载控制器自动缓解已紧急制动的列车,列车将恢复正常运行。

(二)夹人夹物

站台门夹人夹物的运营场景描述了列车离站关门期间,一扇或多扇站台门因夹人夹物未能关闭,经短暂延时后,站台门系统自动尝试开/关未能正常关闭的滑动门。车门夹人夹物的运营场景描述了列车离站关门期间,一扇或多扇站车门因夹人夹物未能关闭,经短暂延时后,车辆系统自动尝试开/关未能正常关闭的车门。除此之外,若站台门和车门间隙发生夹人夹物,控制中心和综合监控系统 ISCS(integrated supervisory control system)工作站显示间隙探测告警,禁止列车发车。

(三)区间疏散

列车迫停区间无法运行,中央调度员通过 CCTV、乘客紧急对讲对话(IPH)等了解车内情况,若需紧急疏散,中央调度员激活相应疏散防护区域,开启区间通风、照明,确定疏散方向;中央调度员通过广播安抚乘客并指导其激活逃生门请求装置/车门紧急解锁装置,开启逃生门/客室门进行自发疏散,多职能队员(站控)安排相关人员接近迫停列车,接应疏散乘客。

若无紧急情况,中央调度员安排工作人员经安全防护(如疏散防护区域、SPKS 等)后经区间平台进入列车处置,引导乘客有序疏散;中央调度员与疏散目的地的多职能队员(站控)联系安排接收疏散乘客的有关工作;多职能队员(站控)开启站台端头门,将所有疏散乘客经区间平台引导至站台。

(四)列车救援

列车在运营过程中发生车辆故障无法运行,由中央调度员指挥实施救援,中央调度员调用车载 CCTV 查看客室内情况,可远程触发预设的紧急广播或进行人工广播安抚乘客,并编辑文字发送至车载 PIS 进行显示,中央调度员选择相邻列车为施救车后,对施救车扣车清客。

中央调度员派多职能队员(列控)登乘施救车,多职能队员(列控)以 CM 模式驾驶列车至故障车所在区域后,转为 RM 模式接近故障车,随后再转 EUM 模式连挂故障车,并缓解故障车制动;多职能队员(列控)选择 EUM 模式驾驶施救车以推进或牵引的方式将故障车牵引至站台清客;多职能队员(列控)驾驶连挂列车至就近存车线退出运营;中央调度员调整运营计划。

(五)列车障碍物探测装置激活

列车以 FAM 模式运行过程中,当障碍物探测装置碰撞到轨行区障碍物时,列车触发紧急制动,并上传报警信息至控制中心;当列车碰撞障碍物停在区间不能移动时,中央调度员扣停后续列车并封锁区间。中央调度员派遣多职能队员(列控)进入区间巡视并清除异物,若无法清除，派遣专业维修队伍进入区间巡视并清除异物，对于后续停在区间的列车，可取消当前运行任务，待条件满足后，执行列车任意点折返至上一车站操作；专业维修队伍完成异物清除，确认轨道上没有遗留障碍物和作业人员，同时确认列车具备继续全自动运行条件后，人工缓解紧急制动，及时恢复列车运营。

（六）火灾

城市轨道交通火灾应急场景可分为列车火灾、车站火灾和区间火灾。

1. 列车火灾

（1）列车在站台发生火灾

列车在站台发生火灾时车载火灾报警系统（FAS）报警或乘客 IPH 报车厢有火警后，列车自动扣车并打开车门不关闭。中央调度员通过车厢 CCTV 视频画面等确认列车火灾部位、列车位置、起火源、火势程度及影响等，通过人工广播对车内乘客进行安抚并组织清客；中央调度员预判火灾影响同时通知全线车站，及时组织接近事发车站的其他列车执行任意点折返至发车站，进行相应的行车组织调整，还要确认是否开启事故风机，并确认开启模式。多职能队员（站控）根据列车火灾严重情况判断是否引导乘客疏散，并组织多职能队员（巡视）按车站火灾预案的相关要求进行应急处置。

若火势较大需要进行车站疏散，多职能队员（站控）应及时确认自动售检票（AFC）紧急模式已启动，落实乘客信息告知、疏散引导、接应统计、人员先期救助及抢险抢修配合等工作，组织多职能队员（巡视）携带救援装备赶赴站台开展火灾前期扑救工作；火灾扑灭后，清理事故现场，列车退出正线运营；处置结束后，中央调度员应及时进行运营调整，逐步恢复正常运营秩序。

（2）列车在区间发生火灾

列车在区间发生火灾时车载 FAS 报警或乘客 IPH 报车厢有火警后，中央调度员通过车厢 CCTV 视频画面确认列车火灾部位、列车位置、起火源、火势程度及影响等。

若列车可继续运行至前方站台，根据“列车在站台发生火灾”场景处置。

若中央调度员判断列车不能继续运行，封锁事故区域，通知相邻车站进行应急处置准备工作，视情况下达抢修指令，并联系消防队；中央调度员预判火灾影响并通知全线车站，及时进行行车组织调整；组织进入火灾区域的其他列车驶离或退回至发车站；根据人员疏散方向启动相应的火灾工况、开启事故风机及时送风排烟。

中央调度员通过广播向车内乘客告知列车火灾信息并安抚，明确疏散方向后，落实现场安全防护措施，远程指导乘客进行区间疏散，并执行乘客疏散过程中的广播、引导工作，需要时通知多职能队员（站控）确认火灾列车位置，安排多职能队员（巡视）赶赴事故地点引导乘客有序疏散；相关车站应及时确认 AFC 紧急模式已启动，落实乘客信息告知、疏散引导、接应统计、人员先期救助及抢险抢修配合等工作，组织多职能队员（巡视）等携带救援装备赶赴事发地点开展火灾前期扑救工作；处置结束后，中央调度员应及时进行运营调整，逐步恢复正常运营秩序。

2. 车站火灾

车站火灾时，FAS 显示车站火灾报警或接到乘客、工作人员上报的车站火灾信息，中央调度员通知多职能队员（站控）派遣多职能队员（巡视）至现场确认处置，有 CCTV 的通过查看视频画面报火警区域的现场情况。

若未发现火灾，多职能队员（站控）派遣多职能队员（巡视）检查原因，复位设备。

若为火灾，多职能队员（站控）派遣多职能队员（巡视）检查火灾原因，对火情进行初步处理，判断是否具备上下客条件；若不具备上下客条件但具备过站条件，则由中央调度员对后续列车执行跳停，多职能队员（站控）着手站内清客准备并进行关站操作，若不具备过站条件，则由中央调度员于前站扣停相关列车或封锁车站相邻区段，使已发车列车无法进入，可对区间列车执行任意点折返操作。

中央调度员对接近车站或拟过站列车进行人工广播火灾情况，多职能队员（站控）向站内进行人工广播火灾情况，并要求乘客从车站疏散。当火灾影响行车时，中央调度员进行运营调整，火灾扑灭后，行车调度员应及时恢复正常运营秩序。

3. 区间火灾

FAS 检测到区间火灾时，控制中心和车控室综合监控工作站显示告警。

中央调度员通过调取区间 CCTV（如有）或安排多职能队员（巡视）经安全防护（如 SPKS）后进入区间勘察火情。

若确认为误报警，则复位相应设备；若为火灾，先由多职能队员（巡视）灭火，若火情无法控制，中央调度员封锁相应区段，对前一站扣车，通过人工广播向受影响列车内乘客告知区间火灾信息并安抚，同时通知相邻车站的多职能队员（站控）进行应急处置准备。

中央调度员预判火灾影响并通知全线车站，及时进行行车组织调整，组织进入火灾区域的其他列车驶离或退回至发车站；若封锁区域内有列车且可能被火灾波及，中央调度员可远程指导乘客进行区间疏散，执行乘客疏散过程中的广播、引导工作，需要时安排多职能队员（巡视）赶赴区间事故地点引导乘客有序疏散。

相关多职能队员（站控）应及时确认 AFC 紧急模式已启动，落实乘客信息告知、疏散引导、接应统计、人员先期救助及抢险抢修配合等工作；中央调度员组织多职能队员（巡视）携带救援装备赶赴站台开展前期火灾扑救工作，并通知消防救援人员进行火灾扑救；处置结束后，中央调度员应及时进行运营调整，逐步恢复正常运营秩序。

（七）大客流

运营时段内，某一车站的站台站厅或上/下楼梯、出/入口通道、换乘通道等拥堵点的客流量达到饱和且有继续增加趋势时，多职能队员（站控）确认车站大客流。若是站台大客流，中央调度员可采取调整运营计划增开列车、跳停等手段；若是站厅大客流，多职能队员（站控）可采取增加人工票、临时关闭自动售票机、车站出/入口、部分进/出站闸机、更改电梯上/下行方向等手段进行控制。

复习思考题

1. 简述列车自主运行控制系统的含义。
2. 简述 TACS 的技术特征。
3. TACS 具备哪些基本功能？
4. 简述 TACS 的组成。
5. TACS 定义了哪几种驾驶模式？

第七章　基于虚拟编组的列车运行控制系统

基于虚拟编组的列控系统作为新一代的列车运行控制系统，具备运输更高效、编组更灵活等特点，在提升列车运行效率、缓解线路运输能力紧张、适应客流时空分布不均衡等方面存在突出优势。本章首先介绍虚拟编组的基本概念和发展历程，接着介绍了两种基于虚拟编组的列车运行控制系统架构，然后重点介绍了虚拟编组的关键技术，最后以大铁虚拟编组场景为例介绍了四种区间运营场景和三种车站运营场景。

第一节　基于虚拟编组的列车运行控制系统概述

一、虚拟编组基本概念与原理

虚拟编组(virtual coupling，VC)是指基于车地无线通信和车车通信进行信息传输，采用虚拟连挂代替机械连挂技术，通过协同控制使两个或多个列车单元形成一个协同逻辑整体，并以编队方式在轨道上追踪运行的列车运行控制技术。处于虚拟编组控车下的列车编队，称为虚拟编组编队，同一虚拟编组编队由多个单元列车组成。其中，将编队中的头车定义为领航列车，一般情况下同一虚拟编组编队仅包含一个领航列车；编队内除领航列车外的其他后行列车定义为跟随列车(或追踪列车)。列车虚拟编组控制，可以实现列车群快速编组解编、车站高效接发车、编队内的列车动态紧密协同运行等目标，从而提高轨道交通运能运量、提升安全保障能力、提升运输效率、降低运行成本。虚拟编组列车编队运行如图 7-1 所示。

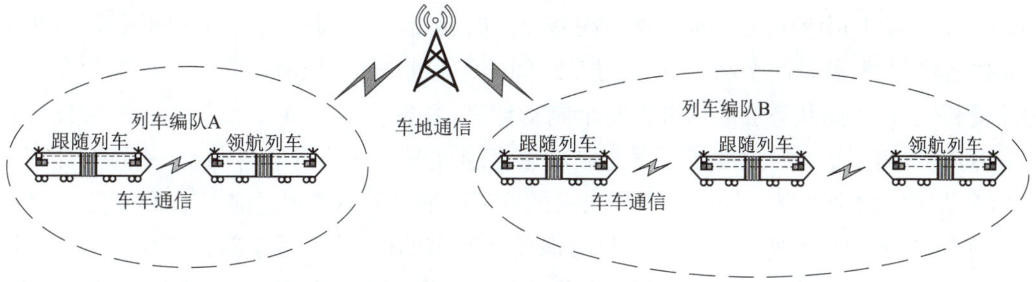

图 7-1　虚拟编组列车编队运行示意

编队中的后行列车根据前行列车的位置、速度及加速度等数据信息，保持与前行列车的相对位置和编队关系。如图 7-2 所示，以车队 A 为例予以说明。沿列车运行方向上第 1 列车为领航列车，领航列车基于车地无线通信向地面控制中心报告位置 $p_{1,A}$、速度 $v_{1,A}$及加速度 $a_{1,A}$等信息，地面控制中心根据线路进路信息及临时限速等形成移动授权并通过车地无线通信发送给领航列车，以列车移动授权终点为运行控制目标。其余列车为跟随列车，跟随列车 i 通过车车无线通信实时获取紧前列车的位置 $p_{i,\mathrm{A}}$、速度 $v_{i,\mathrm{A}}$、加速度 $a_{i,\mathrm{A}}$、工况等信息，地面控制中心通过车地无线通信为跟随列车发送线路数据、临时限速等信息，跟随列车根据紧前列车和地面控制中心获得的相关信息，并结合自身运行状态，自动生成速度防护曲线，同时也将本车的相关信息提供给紧前列车。各列车建立并维持编队运行，实现稳定的协同控制，以确保队列内基于相对制动距离的虚拟编组安全间隔，使得相邻列车单元间以小间距安全追踪运行。行车过程中，虚拟编组列车可根据运行计划和虚拟编组计划，实时动态调整编组状态及编解组，也可根据编队间距离自动进行动态编解组，实现自适应编组间隔的动态调整及实时动态编解组，以匹配不同线路/区域和不同时间段内的运量差异，实现线路及列车资源的合理配置。

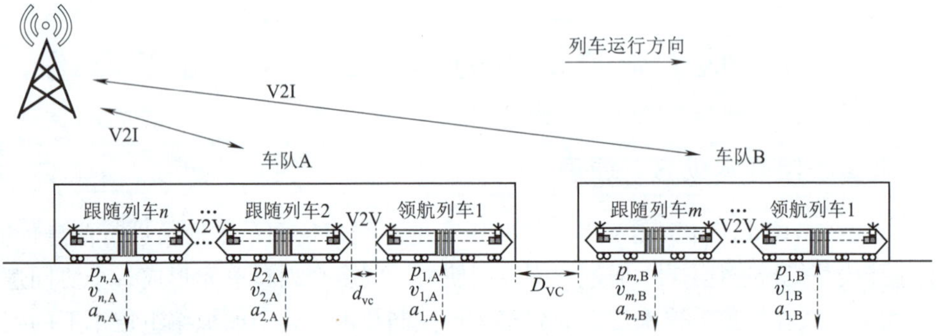

V2I—车地无线通信；V2V—车车无线通信；D_{VC}—两个虚拟编组车队间的安全距离；
d_{vc}—基于相对制动距离的两列虚拟编组列车间的安全距离。

图 7-2　虚拟编组列车编队控制原理示意

对比虚拟编组技术与传统方式的区别，包含列车运行控制和列车编组计划两个层面。

(一)列车运行控制方面

不同闭塞制式下的列车追踪间隔，如图 7-3 所示。固定闭塞制式下，后车移动授权 MA (movement authority)终点为前车所占闭塞分区的起点，这使得列车间追踪间隔较大，影响线路的运输效率；移动闭塞制式下，通过车地间的不间断通信，地面控制中心根据列车实际的速度和位置、线路状态等信息进行安全制动计算，并发送 MA 至车载设备。车载设备进行实时监督，当列车运行速度超过紧急制动触发速度时立即采取紧急制动，从而保证列车在 MA 范围内安全停车。此时 MA 终点在最不利的情况下不能越过前车尾部，这是一种绝对制动，列车 B 的目标速度 $v_{\mathrm{B}}=0$；与只考虑前行列车的位置，不考虑其速度信息的绝对制动模式不同。虚拟编组场景下，相邻列车间基于车车通信可以不断交换各自的速度、位置、线路状况等信息。这使后车能够以相对制动的控车策略和前车保持在一定距离范围内协同运行，列车间隔不再是基于前车静止，而是基于两车相对速度和位置，此时列车 B 目标速度 $v_{\mathrm{B}}=v_{\mathrm{A}}$。显然虚拟编组下列车间的追踪间隔可以得到明显减小。

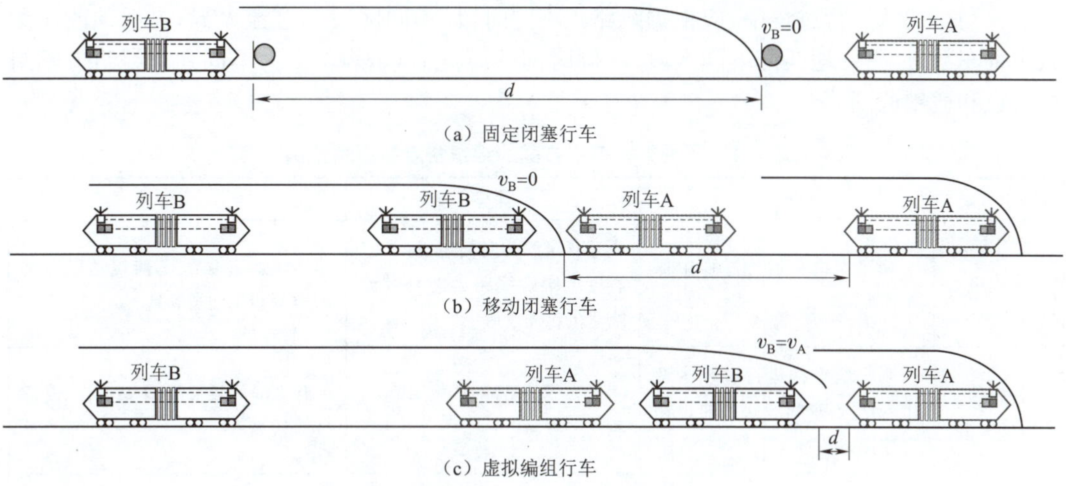

图 7-3　三种列车控制方式追踪间隔对比

(二)列车编组计划方面

基于虚拟编组的列车运行控制系统在列车的传统运行计划基础上，新增了虚拟编组计划。系统具备虚拟编组计划和列车运行计划实时调整功能，当列车虚拟编组当前运行状态与虚拟编组计划不符时，系统根据列车虚拟编组当前运行状态调整列车虚拟编组计划。当由于虚拟编组列车解编或者其他原因，列车不再属于一个虚拟编组时，系统将此列车的运行计划按照非虚拟编组列车进行调整，使其符合非虚拟编组列车的运行间隔，原有的运行计划也会根据虚拟编组计划进行一体化合理调整，两者间彼此协调匹配。

传统的列车编组方案包括多编组和可变编组，如图 7-4 所示。多编组是指针对线路在不同时段具有的不同客流特征，按照大编组、小编组或大小编组混跑方式组织运营的一种列车开行方案。可变编组能够实现列车运营途中调整编组，使列车运输能力可以随客流量需求动态变化。虽然可变编组技术灵活，但列车仍需通过物理连接来实现，这种技术的缺点是作业时间较长，并且对车站条件、设备要求较高。虚拟编组编队中各单元列车间通过虚拟车钩的方式连接，又称逻辑连接，可以实现灵活高效的列车编组和解编，列车运行过程中，可以根据虚拟编组计划灵活调整虚拟编组内列车数量。

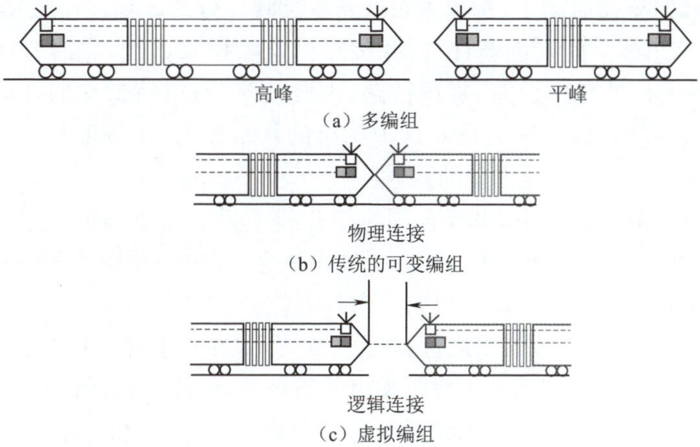

图 7-4　不同列车编组方案概况

在列车编队运行过程中，应根据线路在不同时段、不同区段的客流差异，灵活地改变编队中列车数量，更好地匹配不同区段、不同时间的客流需求，表 7-1 为不同列车编组方案组织特点和适用范围。

表 7-1　不同列车编组方案的组织特点和适用范围

编组方案	特点	优势	劣势
多编组	列车编组在运行过程中保持不变	运营组织相对简单，可一定程度上缓解线路运能与客流需求的供需矛盾	客流适应性有限，难以适应客流时空分布不均衡场景
传统的可变编组	列车编组在运行过程中发生变化，列车间的联系通过物理连接(车钩)	对客流的适应性较强；运力利用率较高	作业时间较长，对车站条件、设备要求较高
虚拟编组	列车编组在运行过程中发生变化，列车间联系通过逻辑连接(车车通信)，编队内列车自主跟随运行	线路运能更高，客流适应性更好，车底运用更灵活，作业时间短、运行调整空间大，对不同制式的适应性更强	更加依赖于车车通信技术，运输组织更加复杂，为提高效率同等技术条件下"牺牲"了一定的安全性

二、基于虚拟编组的列车运行控制系统发展历程

列车虚拟编组的概念最早是为推动欧洲货运铁路技术的进步而提出的。为了提高欧洲货运铁路的运能，增加其运输灵活性，从而提升货运铁路的市场竞争力，1999 年，德国学者 Bock U 等借鉴了道路交通中汽车编队追踪的方式首次提出列车虚拟编组的概念，概述了虚拟编组列车系统设计与研发的相关方法，并探讨了在货物运输中的技术研究。他们的基本思想为：(1)由一辆或多辆车辆构成一个列车单元(train module)，各列车单元可独立运行；(2)列车单元之间基于车车无线通信实现虚拟编组；(3)列车单元之间基于车车无线通信进行协同控制，前后车的最小追踪距离可达到车钩连挂时同等程度的距离；(4)在运行过程中列车单元可根据需要实时动态编组或解编。日本学者 Tilo Schumann 采用 DFSimu 工具模拟虚拟编组方式，东京到大阪新干线每小时每个方向运量能够从 15 000 增加到 23 000 人次。2015 年，欧盟全面启动了"构建未来铁路系统联合行动计划(Shift2Rail 计划)"，其中明确将列车虚拟编组技术列入创新计划，并按照设定的技术路线，先后资助了 MovingRail 等研究项目，开展了包括高速铁路、货运铁路、市域铁路、城市轨道交通在内的虚拟编组技术的研究。依托这些项目，研究人员对虚拟编组的基本概念、市场前景、主要挑战、风险评估、实现的关键技术等进行了全方位的探讨。

在 Shift2Rail 计划的助推下，世界各国纷纷开展了列车虚拟编组技术的研究。德国航空航天中心研究的高速列车"下一代列车"(NGT)概念，其中一项操作和技术创新是动态虚拟编组。2020 年，作为 Shift2Rail 计划主要参与者之一的西班牙 CAF 公司实现了两列有轨电车以速度 20 km/h 的虚拟编组运行，如图 7-5 所示，并在柏林举行的国际轨道交通技术展览会上，CAF 首次展示了有轨电车虚拟编组的新技术，该技术包括运行、制动、车门、灯光或乘客信息互联等功能，通过传感器数据融合和两列有轨电车之间的传输信息，以及有轨电车动态模型，实现对两列电车间距离的控制，迈出了从理论走向工程实践的重要一步。

图 7-5　CAF 公司的有轨电车虚拟编组运行试验

西门子公司通过实施新的列车地面通信标准，开发地面通信网关架构、实现与列车的交互及易于处理的客户服务的案例等为有轨电车虚拟编组提供支撑。法国泰雷兹公司在 2021 年相应研发了一种新的安全型无线通信产品应用于车地、车车通信，也为虚拟编组的低时延安全通信提供支撑。

韩国铁道研究所 KRRI 自 2016 年起开展了一项为期 9 年两阶段的列车自动控制系统研究计划，目前处于第二阶段，计划通过算法的开发和验证来支持虚拟编组技术的实施，通过在 4 m 的微型车上验证了系统的核心功能、列车自动保护系统 ATP 性能及速度传感器、列车定位装置、牵引/制动控制器和自主列车运控系统车载子系统之间的接口，并在奥松综合铁路测试轨道通过两列规模测试列车进行了在多种铁路环境下的列车间通信测试，实现距离至少 4 km的列车之间的铁路运营相关数据无缝数据传输和接收，系统的追踪间隔预计缩短了 30% 以上。

俄罗斯运输机械控股集团（TMH）长期开展列车自动化控制方面的研究，近年来为俄罗斯铁路提供了自动驾驶、虚拟编组等技术，部分已实现。例如，通过开发 ISVAP-RT-M 系统实现了货运列车的虚拟编组运行验证，该系统基于机车之间的实时通信数据交换，将列车的追踪时间间隔由原来的 10 min 缩短到 7～8 min。同时，TMH 公司为俄罗斯铁路 630 台3ES5K 机车配备虚拟编组技术，有助于实现现有行车间距从 4～5 km 缩短到 2～3 km，大幅提高线路运力。采用该方案不需要额外的轨旁基础设施，只需要升级列车自动驾驶系统、列车自动保护系统（ATP）和列车控制管理系统的软件及无线电通信模块。

最新的 Shift2Rail 相关项目——CONNECTA-2 旨在为 Shift2Rail 的下一代列车控制系统架构和组件做出贡献，将列车控制的新驱动数据概念与无线信息传输相结合。该项目设想在列控系统中从技术上支持“虚拟编组”概念的开发，从而显著增加线路的容量。MovingRail 项目旨在评估虚拟编组技术对铁路市场不同领域的影响，并确定虚拟编组信号的操作程序，确保列车安全分离，特别是车站和交叉口等关键区域。X2RAIL-3 项目在广泛的理论框架中开发和分析了详细的虚拟编组概念，分析了虚拟编组这种可能提高线路容量和系统可靠性的新信号概念，包括可能的虚拟编组列车组控制和操作场景、应用条件、系统性能、操作效益的比较和数值分析与模拟，以及安全相关问题与可行性分析，为更高效的铁路运输提供了一种可行的、无中断的解决方案。

我国也已经将虚拟编组技术作为列车运行控制技术的下一步重要发展方向。例如，

《中国城市轨道交通智慧城轨发展纲要》将"虚拟连挂的多列车协同编组技术"列为建设重点;《中国城市轨道交通绿色城轨发展行动方案》将采取灵活编组等方式,提高列车的满载率和乘客便捷舒适体验等作为节能降碳增效行动的重点内容;科技部国家重点研发计划综合交通运输与智能交通专项设立了"超大城市轨道交通系统高效运输与安全服务关键技术"项目,对城市轨道交通虚拟编组等关键技术进行深入研究;中国城市轨道交通协会设立了新一代网络化智能调度与智能列车运控系统示范工程项目,对虚拟编组等相关技术开展在北京地铁进行试验验证和示范应用。中国国家铁路集团有限公司、国家铁路局和中国国能集团有限公司等也分别设立了项目对虚拟编组在高速铁路和重载铁路应用中的关键技术进行攻关研究。近年来,我国在虚拟编组技术的理论研究方面也十分活跃,主要涉及虚拟编组概念和原理可行性分析、调度指挥与列车运行控制方法等方面。同时,产业界在国家发展改革委及中国城市轨道交通协会的大力支持下,在虚拟编组技术的工程应用方面也取得了一系列阶段性成果。

面向重载铁路、普速铁路、市域铁路、高速铁路等各领域运输效能提升问题,结合轨道交通发展关键需求,北京全路通信信号研究设计院集团有限公司研究提出了一种有效解决方案——列车群组运行控制系统,打破传统固定间隔控制方法,依托大带宽、低时延、高可靠无线通信,精准定位、精确测速、精细控制的故障—安全控制及基于车地全息感知的自动驾驶等先进技术,实现小间隔、高密度、大运能群组列车高效运行,基于数字化、网络化、智能化原则,采用普适应、增量式理念,最大化利用既有信号设备能力,达到低成本、快速改造、易于工程实现的效果,正在中国神华包神铁路北线开展 9 站 8 区间 7 列车的示范应用,经理论研究与仿真验证,预计针对重载线路万吨列车可将发车间隔压缩至 5 min 以内,针对京沪高铁线路客车可将发车间隔缩短至 120 s。

北京在国内率先实现地铁列车虚拟编组核心技术突破,在未来的地铁新线上,列车有望通过数字智能技术,实现虚拟连挂、灵活编组,适应不同时段和不同客流状态下的运输组织需求,减少车辆资源、线路资源、电力资源的浪费,将有效解决"高峰时段拉不走、平峰时段装不满"的行业痛点。目前,北京轨道交通线路普遍采用列车 6 辆编组或 8 辆编组的固定模式运营。由于不同时段客流量差异明显,采用数字智能技术进行虚拟编组,取代车辆之间的硬连接,可有效提高线路的整体运行效率。

第二节　系统架构

将虚拟编组运用到现有的列车运行控制系统中,可以在不改变既有闭塞制式和不改造既有基础设施的前提下,降低建设投入并提高线路运输能力。本节将介绍两种典型的列车运行控制系统架构:基于虚拟编组的列车群组运行控制系统;基于虚拟编组的城轨列车运行控制系统。

一、基于虚拟编组的列车群组运行控制系统构架

基于虚拟编组的列车群组运行控制系统,采用现代先进的计算机、通信、控制等技术,突破固定闭塞、准移动闭塞和移动闭塞的基于位置的列车追踪理念,使铁路列车以列车群的方式运行,实现列车群快速编组、解编,车站高效接发车,群组内的列车动态紧密协同运

行，最大限度提高运输效率。列车群组运行控制系统能够通过在既有信号系统上增加少量的设备来实现，不需新建基础信号设备，成本低、应用灵活、在运营线路上实施难度小。

列车群组运行控制系统采用先进的基于速度、位置二维信息的列车追踪理念提高铁路运输能力。群组首车通过车地无线通信获取相应的移动授权信息，群组跟随车在追踪运行时，不再假定前车静止，而是通过车车通信获取前车的位置、速度等状态信息进行群组内自主跟随与追踪，极大缩短列车追踪间隔，提高铁路运输效率。

列车群组运行控制系统由地面设备和车载设备构成，系统架构如图 7-6 所示。

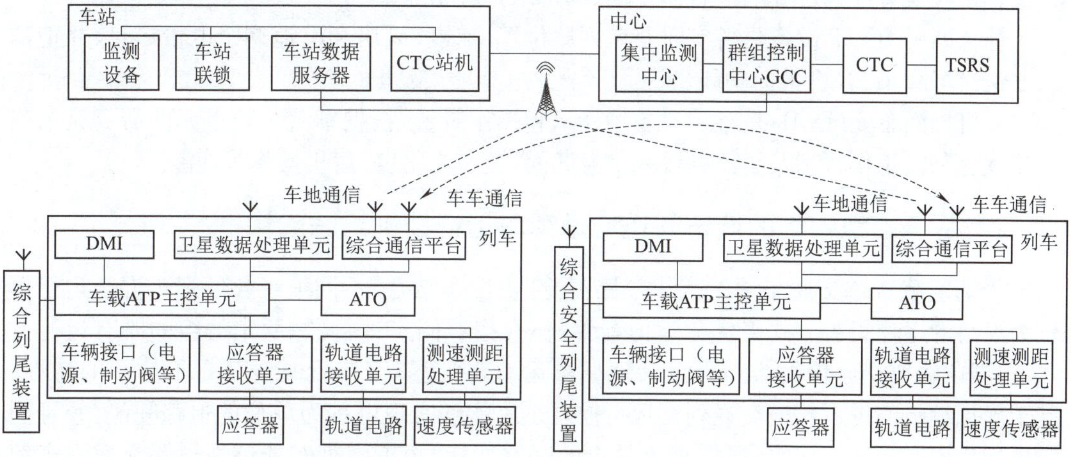

图 7-6 列车群组运行控制系统架构

地面设备包含调度集中系统 CTC、群组控制中心 GCC(group control center)、临时限速服务器 TSRS、联锁 CBI、车地通信设备、轨道电路及应答器等；车载设备包含车载 ATP 设备、自动驾驶 ATO 设备、车载综合通信平台及综合列尾 IEOT 设备等。

CTC 具备列车群组计划管理功能，对列车运行计划和列车群组计划进行铺画，系统可提供人工添加、删除单列车和群组列车的功能，同时 CTC 具备人工下达列车运行计划和列车群组计划，并实时调整群组计划或运行计划的功能。

GCC 具备列车管理、群组控制、控制列车按计划群组编解组及群组控制、控制群组列车运行方向和编组顺序运行、检查列车位置及运行计划等条件满足后允许 CBI 执行解锁进路、为群组首车根据进路状态和列车位置信息等计算行车许可、为群组跟随车提供线路数据及临时限速、向车载 ATO 设备转发运行计划、获取临时限速并将执行结果反馈给 TSRS 等功能。

TSRS 具备临时限速命令存储、校验、删除、拆分、设置和取消的管理功能。

CBI 具备按照 CTC 下发的短进路命令办理进路的功能。

轨道电路设备符合轨道电路相关技术条件，应答器可向车载 ATP 设备提供列车定位、注册、注销、呼叫和等级转换等信息。

车载 ATP 设备能通过输出常用制动命令或紧急制动命令来监控列车安全运行，输出的常用制动在满足条件下需人工缓解，输出的紧急制动应直至列车停稳后才可人工缓解。车载 ATP 设备具备停车防护、溜逸防护（管压防溜、手柄防溜、相位防溜）、退行防护、自动过分相、在列控车载人机界面 DMI 显示当前控制模式、通过 DMI 输入综合列尾 ID 与综合列尾匹配、接收综合列尾的位置信息及风压信息进行列车完整性检查、接收综合列尾的电源管理信息及报警信息并在 DMI 上显示的功能。

车载 ATO 设备具备车站自动发车、区间自动运行、车站自动停车、按运行计划进行时分控制、无计划时按车载 ATP 限速控车、根据地面的线路数据、本车和紧邻列车的控制数据实现自动驾驶控制的功能。

车载综合通信平台设备支持与车载 ATP 设备进行数据交互、支持不同制式的车载电台设备接入及管理、数据配置、日志存储、本地维护等功能。

综合列尾 IEOT 设备具备实时获取列尾位置、速度、风压和电池剩余电量信息，并把信息发送给车载 ATP 设备的功能。

人机界面单元(DMI)是车载设备的显示和操作装置，根据车载主控单元的命令显示列车速度、距离、工作状态及线路条件等信息，并具备声光报警、司机操作等功能。

二、基于虚拟编组的城市轨道交通列车运行控制系统架构

传统城市轨道交通采用了大小交路混跑、快慢车结合、不同编组长度列车混合运行等较为灵活的运输组织方式来优化运力配置，但在按照固定运行图、固定编组的既有运行方式下，城市轨道交通仍很难精准灵活地调整运力，来适应客流量时空分布不均衡的特性。基于虚拟编组的城市轨道交通列车运行控制系统能够实现以秒为单位的追踪间隔，并且同时采用比原有更短的编组，根据客流需求的时空变化，短编组列车能够像道路交通汽车编队一样在线灵活、快速地编组/解编，大大地提升了城市轨道交通适应客流变化的运力匹配能力。

传统的城市轨道交通列车控制系统(CBTC)主要包括列车自动监控(ATS)、区域控制器(ZC)、联锁(CBI)、车载控制器 VOBC(vehicle on-board controller)和数据通信系统(DCS)等子系统。其中，列车自动监控制订运营计划和监督列车运营，ZC 结合 CI 的线路信息，管理线路上的所有列车，计算列车行车许可。VOBC[含自动列车防护系统(ATP)和自动列车驾驶系统(ATO)]收到 ZC 的列车行车许可命令，进行列车速度安全防护和自动驾驶控制。DCS 将各个子系统相连，并确保任意两个子系统之间都可以互相通信。

传统 CBTC 系统中列车间隔控制、速度防护等功能均是基于“车—地—车”的结构，任一环节的故障都会造成运营效率的降低，甚至引起安全事故。如图 7-7 所示，基于虚拟编组的城市轨道交通列车运行控制系统除了支持车地无线通信，还增加了支持列车之间的车车通信。车车通信是指列车之间直接通信，通过实时交互位置等信息，列车自主实现安全防护。虚拟编组中，车车之间采用无线通信取代了传统物理连挂列车间的有线通信。虚拟编组中的列车都可以获取相邻列车的位置信息，并计算列车超速防护曲线。同一编组的多车之间进行车车通信，由领航列车对车队进行管理，发送控车指令给车队内其他跟随列车。其他跟随列车收到领航列车的控车命令，依据控车命令进行控车，跟随前车运行。此外，相比于传统 CBTC 系统，基于虚拟编组的城市轨道交通列车运行控制系统构架中应该额外增设如下功能。

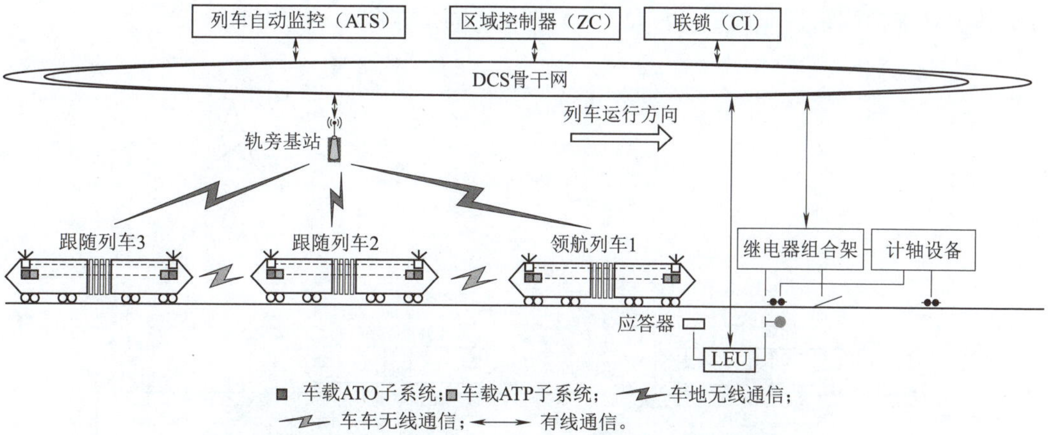

图 7-7 基于虚拟编组的城市轨道交通列车运行控制系统架构

(1)VOBC 采用先进的车车通信技术：缩小传输延时，后车接收前车控车命令进行控车。

(2)ZC 采用基于速度追踪的间隔控制技术：缩小行车间隔，提高运行效率。

(3)CI 采用先进的道岔控制技术：对道岔进行单独操作，提高线路资源使用效率。

第三节 虚拟编组关键技术

基于虚拟编组的列车运行控制系统，其关键技术主要包括基于时空间隔的协同安全防护技术、协同自动驾驶和运行控制技术、动态接近和重联控制技术、适应虚拟编组的调度指挥技术、车车/车地无线通信技术、列车高精度定位技术、列车安全完整性检查技术等。其中车车/车地无线通信技术、列车高精度定位技术、列车安全完整性检查技术，已在本书第三章进行了描述，本节不再赘述。

一、基于时空间隔的协同安全防护

实现列车单元在小间距(远小于列车绝对制动距离)条件下安全稳定追踪运行是虚拟编组列车的基本要求。因此，既能保证列车单元追踪安全(不发生追尾事故)，又能缩短列车单元的追踪间距的基于时空间隔的协同安全防护方法已成为重要的关键技术。

(一)基于时空间隔的安全防护

基于时空间隔的列车安全防护方法考虑前车的动态行为，要求同一线路同一方向上追踪运行的相邻列车间的时空轨迹需始终保持动态的安全间隔，即要求两车的运行轨迹在任意时刻均保持安全间隔(简称时空间隔)。显然，基于时空间隔的列车安全防护方法不仅要求制动停车后的两车位置关系符合安全条件，还要求在制动全过程中不会相撞。即要求满足下式：

$$\underline{s_1}(t)-\overline{s_2}(t)\geqslant S(t),\ \forall t$$

式中，$\underline{s_1}(t)$为 t 时刻的前车车尾位置；$\overline{s_2}(t)$为 t 时刻的后车车头位置；$S(t)$为 t 时刻的安全保护距离裕量。

基于时空间隔的列车安全防护方法的核心在于，考虑制动过程中两车运行轨迹组合的最不利情况，并保证列车制动全过程中任意时刻的安全性，其基本原理如图 7-8 所示。将该方法移植到虚拟编组列车内部，可保证列车单元之间位置关系的安全性。

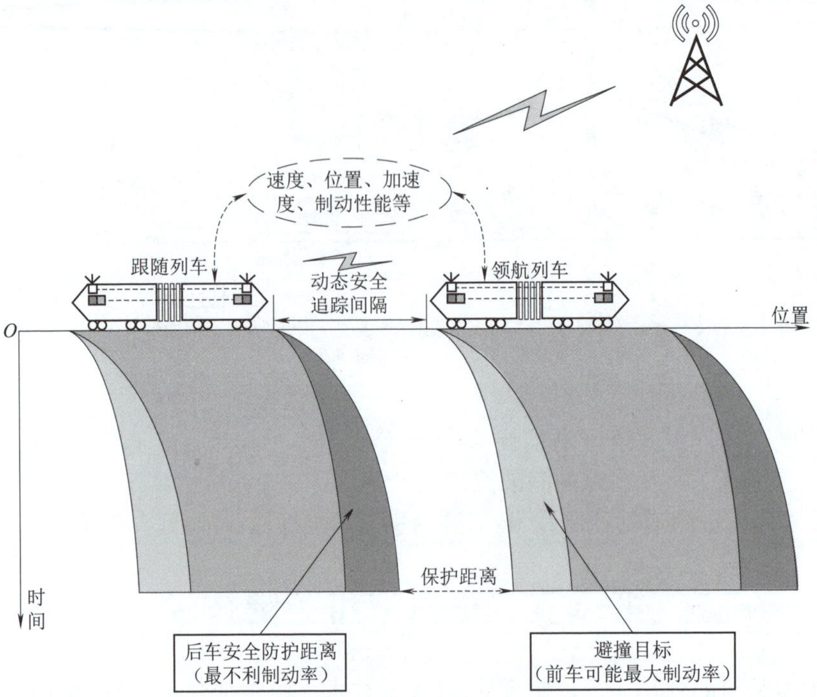

图 7-8　基于时空间隔的列车安全防护方法原理

(二)虚拟编组列车单元协同安全防护

与传统列车之间相对独立运行的关系不同，虚拟编组列车的相邻列车单元之间天然存在着密切的信息交互和协同控制关系。因此，在基于时空间隔的安全防护方法保证运行安全的基础上，还可以通过协同防护方法，以进一步缩短列车单元之间的最小安全间距。

虚拟编组列车单元协同安全防护方法包括两部分：

一是基于状态协同实时感知的列车单元安全防护，其原理是：可基于动态感知和信息交互获取各列车单元的实时运行状态，从而可不拘泥于过于保守的静态安全假设条件，进而能够更加精确地计算和预测各列车单元未来运行轨迹，以缩短列车单元安全追踪间距。

二是基于制动率协同配置的列车单元安全防护，其原理是：利用列车单元之间实时信息交互和车辆可控的条件，可结合各列车单元在虚拟编组列车中的位置和角色，对各列车单元的制动率进行协同配置，从而缩短列车单元追踪间距。从而，综合这两部分，能够实现虚拟编组列车安全、稳定和高效运行。

1. 基于状态协同实时感知的列车单元安全防护

传统列车安全防护方法中，为了避免列车发生追尾事故，计算两列车运行轨迹时均按照对两车组合条件的最不利情况考虑。以图 7-9 为例，计算后车轨迹时通常按照“最不利”紧急制动条件考虑，而计算前车轨迹时则通常按照“最有利”紧急制动条件考虑，分别如图 7-9中的两条曲线②和①所示。实际中，列车的实际制动轨迹通常如图 7-9 中的某一条灰色曲线所示，与上述计算时使用的安全保守轨迹相差甚远，因此传统列车轨迹计算方式显得过于保守,从而导致了不必要的列车间距增大和轨道交通线路运行效率浪费。针对该问题,可通过提高列车单元轨迹预测的精度来缩短列车单元追踪间距,如图 7-9 中的两条曲线③和④所示。

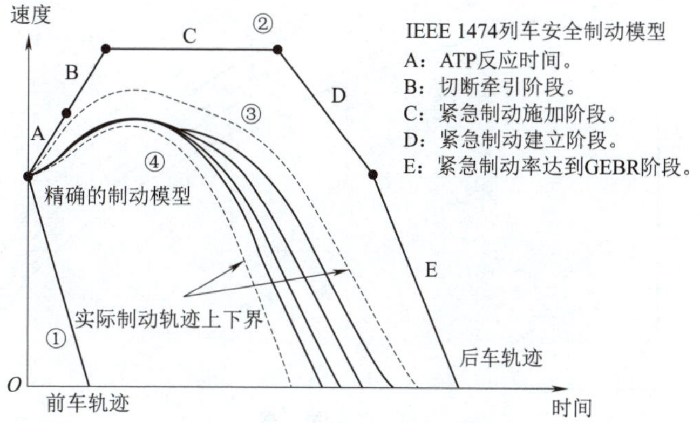

图 7-9 列车单元预测运行轨迹示意

2. 基于制动率协同调整的列车单元安全防护

群体智能中的一些公理可为虚拟编组列车单元的安全防护提供很好的参考。例如,可以在采用非集中式控制的所有列车单元间预先定义一些规则,这样在发生失效或特殊事件时,一个列车单元能够知晓其他列车单元可能采取的反应,从而能够做出合理的控制行为。

在具体操作中,可以根据列车单元在虚拟编组列车中的相对关系及其牵引/制动系统的性能和可控范围,对所有列车单元的紧急制动率进行协同调整,从而在本质上实现保证安全(避免追尾事故的发生)。基于制动率协同调整的列车单元安全防护方法原理如图 7-10 所示。

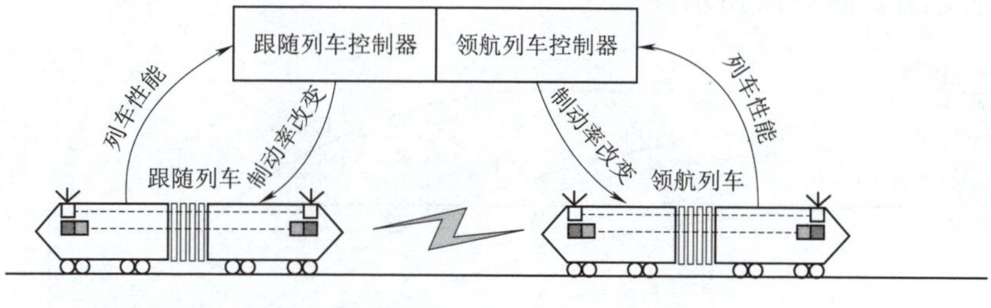

图 7-10 基于制动率协同调整的列车单元安全防护方法原理示意

(三)列车运行控制策略

基于虚拟编组的列车运行控制系统突破了传统控制系统的控制方式,采用基于前车实时速度、实时位置进行目标距离、目标速度的二维控制,即 MB-VG 控制方式。列车以虚拟编组方式运行,依靠通信设备,实现车车实时通信,虚拟编组内列车间采用安全控制模型以动态协同技术追踪运行。

非虚拟编组运行状态运行的列车,车载 ATP 按照基本功能运行(MB—v_0),ATP 车载设备根据收到的线路数据及危险点 EoA,生成一维控制的目标距离监控模式曲线,监控示意如图 7-11 所示。

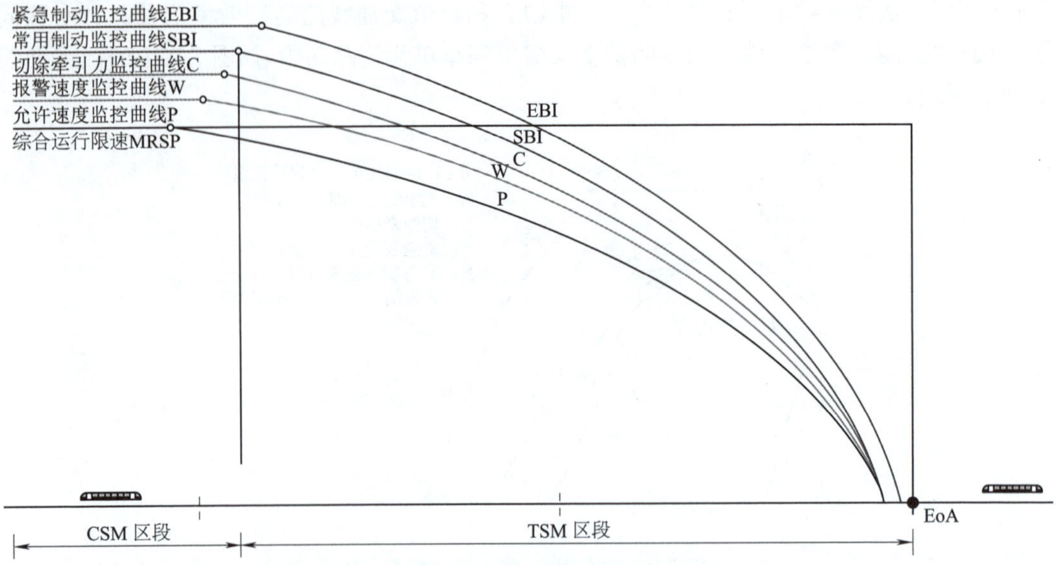

图 7-11　监控曲线示意图—非虚拟编组运行状态/虚拟编组领航列车

虚拟编组运行状态的领航列车和跟随列车的运行控制策略不同。虚拟编组运行状态的领航列车按照虚拟编组领航列车控制策略运行(MB—v_0)，车载 ATP 按照行车许可终点 MA 生成一维控制的目标距离模式曲线，虚拟编组领航列车和非虚拟编组运行状态列车的监控示意图一样，如图 7-11 所示。虚拟编组运行状态的跟随列车按照跟随车控制策略运行(MB—v_G)，紧前列车车载 ATP 设备在监控本列车安全运行的同时，需实时将本车速度、加速度、位置、工况、紧急制动参数等通过车车通信传递给紧后跟随列车。紧后跟随列车车载 ATP 根据收到紧前列车的速度、加速度、位置、工况、紧急制动参数，以及本车的列车参数和线路数据等，计算最终控车的动态目标点 EoA，从而生成二维控制的目标速度距离监控模式曲线，监控示意如图 7-12 所示。

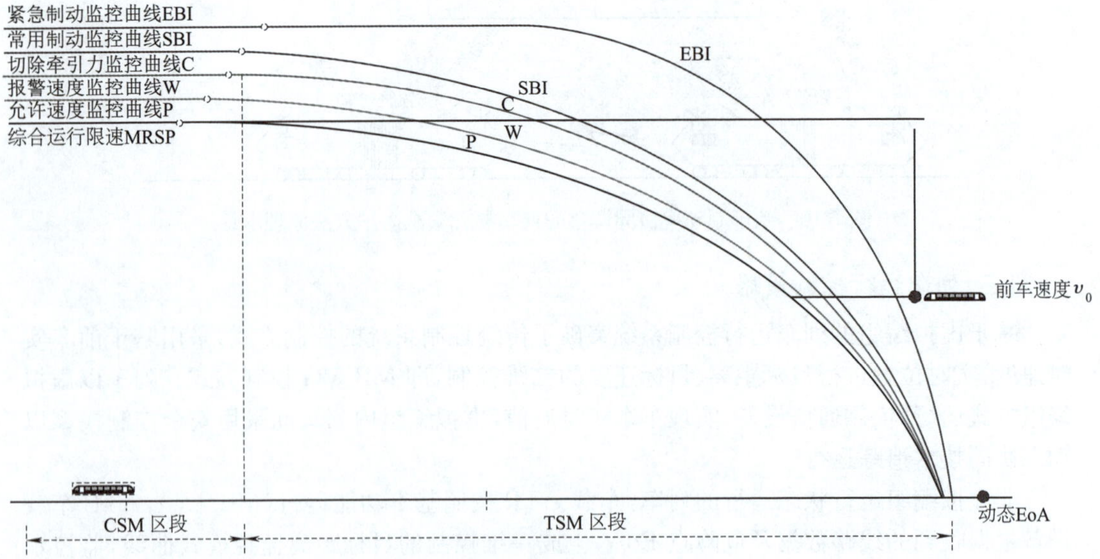

图 7-12　监控曲线示意图—虚拟编组跟随列车

如果列车运行速度超过报警监控速度，则触发制动报警系统；如果超过切除牵引力监控速度，则触发切除牵引力系统；如果超过常用制动监控速度，则触发常用制动系统；如果超过紧急制动监控速度，则触发紧急制动系统。

二、协同自动驾驶和运行控制

虚拟编组列车中的列车单元间需保持小间隔平稳追踪运行。自动驾驶不受人为操作的不确定性等因素干扰，是实现上述目标的前提。但是，与常规列车自动驾驶控制不同，虚拟编组列车的运行需要各列车单元采用协同控制方法，才能达到整体运行控制目标。

（一）站间运行过程的协同自动驾驶

为了实现上述目标，首先需保证虚拟编组各列车单元具有合理分配的移动授权。如图 7-13所示，在虚拟编组列车整体移动授权的基础上，各列车单元具有存在部分重叠区域的移动授权范围，为小间距安全追踪运行提供基础，并可根据运营需求或移动授权限制设置各自列车单元的目标停车位置，从而为列车单元自动驾驶控制提供基础。

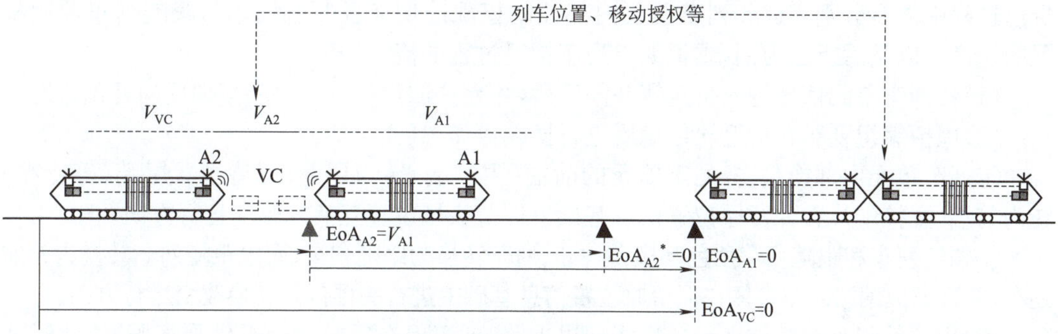

图 7-13　虚拟编组列车追踪运行原理示意

在上述前提下，为保证各列车单元运行的同步性，需充分考虑各列车单元所有可控的资源，按照统一的运行目标协同规划各列车单元的驾驶控制行为，并据此各列车单元的驾驶控制行为，从而可保证各列车单元关键运行状态的同步性。即各列车单元在运行过程中应考虑所有列车单元（含本身及其他列车单元）的状态及虚拟编组列车整体的运行目标，据此生成整体最优的驾驶策略，并根据该策略调整各自的控制行为，从而实现最优化驾驶。虚拟编组列车单元协同自动驾驶的基本原理如图 7-14 所示。

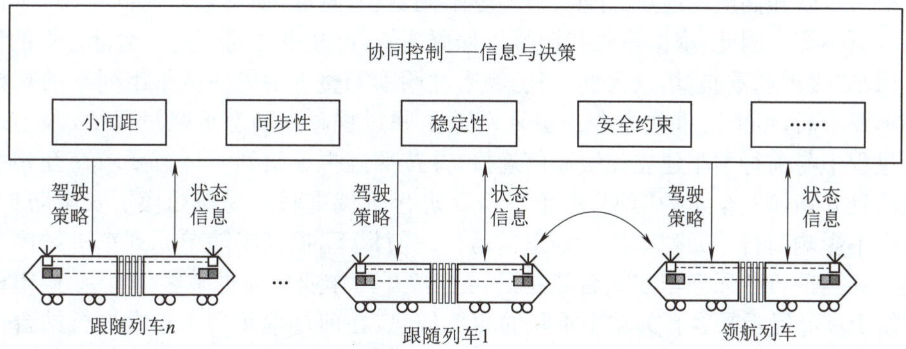

图 7-14　虚拟编组列车单元协同自动驾驶原理示意

(二)站台及折返作业过程的协同控制

站台作业是体现轨道交通服务质量的核心,除了实现站间运行过程中列车单元的协同驾驶控制外,站台作业过程的协同控制(包括列车单元同步开/关门、同步出站发车等)也是虚拟编组列车的关键技术要求。

由于各列车单元没有统一的时钟系统,因此,需要基于分布式控制系统任务同步的方式实现站台作业同步控制。为避免各列车单元间多源信息和多任务冲突,由领航列车作为虚拟编组列车的列车层实现整体控制,根据虚拟编组列车总体状态确定各关键站台作业任务的触发时机;各列车单元均作为单元控制层,根据列车层的命令执行实际控制行为,并反馈执行结果(注意:领航列车同时具备列车层和单元层两种角色);列车层根据与各单元层的不同通信延迟控制向各列车单元发送命令的时机,从而通过各列车单元接收和执行命令的延迟实现不同途径通信传输延迟的补偿,实现开/关门、同步出站发车等相关站台作业的同步控制。

作为一列完整的列车,虚拟编组列车应实现各列车单元的同步折返,即虚拟编组列车作为一个整体进行折返。但与传统列车折返过程不同的是,虚拟编组列车折返过程中除了需要完成整体列车头尾换端外,还需要完成各列车单元的头尾换端。因此,虚拟编组列车折返过程中需要分别完成各列车单元内部控制权限的切换及领航列车与跟随列车控制权限的切换。以站后折返为例,虚拟编组列车折返过程的流程如下:

(1)各列车单元依次进入折返轨并停稳后,才允许取消折返进路和排列反向迁出进路。

(2)虚拟编组列车在折返轨停稳后进行换端操作,具体包括:

①列车单元内部换端:各列车单元的前端(主控端)转为尾端(等待端)、尾端(等待端)转为前端(主控端),在保留原位置信息基础上进行头尾位置互换并改变运行方向。

②领航列车和跟随列车角色互换:原领航列车转换为跟随列车,而原跟随列车转换为领航列车,并且虚拟编组列车整体在保留原位置信息基础上进行头尾位置互换改变运行方向。

(3)虚拟编组列车整体运行并出清迁出进路,列车停在反向站台提供乘客服务,此时才认为折返作业完成。

虚拟编组列车运行过程中,相关道岔的预定和控制按照虚拟编组列车整体作为使用对象进行控制,仅当列车完全出清后才释放相关道岔资源。

三、动态接近和重联控制

虚拟编组能够通过重联和摘解改变列车的编组方式,如图 7-15 所示,从而为根据客流时空变化调整投放运力提供了更充分有效的手段。而且,与机械灵活编组方式相比,其优势还包括对重联和摘解的地点、速度、车型等限制更少,重联/摘解过程时间更短,对正常运营的影响更小等。因此,虚拟重联和摘解过程更高效,可减少对列车正常运行计划的影响。

以列车"接近和重联"场景为例,当已经通过调度调整等手段使待编组列车的初始距离满足基本要求后,可下达重联命令并进入动态重联过程。在动态重联过程中,跟随列车可在运行过程中与前行列车建立无线通信连接,并按照虚拟编组列车运行要求交互相关状态和参数信息并切换安全防护模型,由于不需要进行机械重联且提前切换了安全防护模型,从而可在不影响前行单元列车按计划正常运行的前提下,提高跟随单元列车进站停车过程中的速度。当前行单元列车在站台停稳后可正常开门作业并通过乘客信息系统 PIS、公共广播系统 PA 等提示乘客有关动态重联的相关信息,在前行单元列车正常进行站台作业的过程中,可完成跟随单元列车进站停车并打开车门和对应的站台门,提供乘客服务。在正常停站作业过程中，可通过无线信息交互实现两车状态交互，在完成角色转换后进入编组运行场景，之后两车可按照虚拟编组列车运行方式从站台同步发车。通过以上过程，可实现列车动态虚拟重联过程对乘客几乎无感，并提高重联效率。

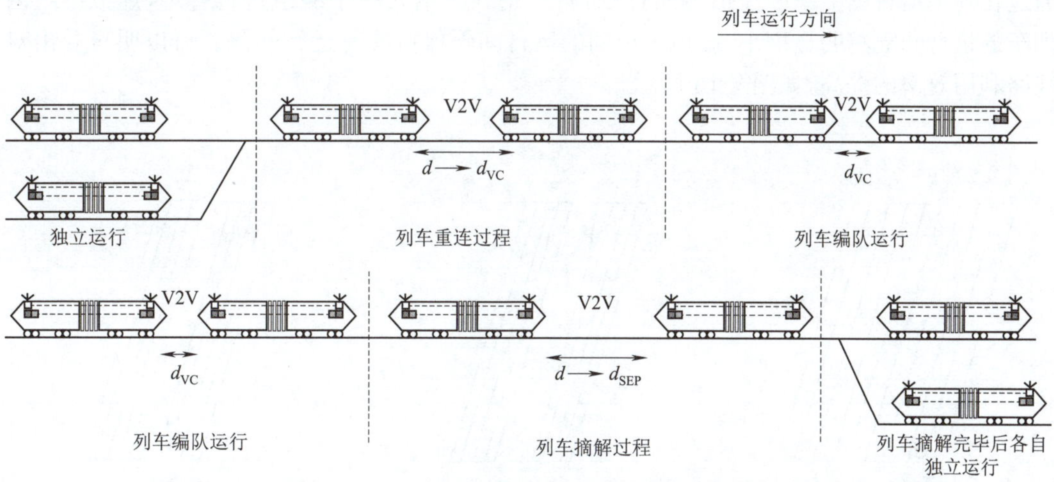

d —前后两列车之间的实际间隔；d_{VC} —基于相对制动距离追踪的两列虚拟编组列车间的安全距离；d_{SEP}—基于绝对制动距离追踪的列车间隔。

图 7-15 重联和摘解过程示意

四、基于虚拟编组的调度指挥技术

在调度指挥系统中，实现对列车的调度指挥的基础是列车运行计划。调度指挥系统通过对列车运行计划的编制和调整，通过对运行计划的解析和执行，最终将列车运行计划的执行结果以报点的方式反馈到列车运行计划上，形成实际运行图，从而实现对了列车调度指挥的闭环监控和管理。

在调度指挥系统实现对列车虚拟编组运行的调度指挥，主要是在现有列车运行计划的基础上，增加列车虚拟编组计划，通过列车虚拟编组计划的编制、解析和执行，并通过执行结果的反馈来实现对列车虚拟编组计划的调整，从而实现列车虚拟编组运行的调度指挥。

(一)列车虚拟编组运行计划编制

调度指挥系统在既有列车运行计划基础上，增加了虚拟编组计划。虚拟编组计划将多列车编为一个编队，作为实现列车虚拟编组进路控制、虚拟编组车次跟踪等的依据。虚拟编组计划可进一步细化为分组计划，用于精细化控制列车虚拟编组在接发车过程中的中间态分组状态，从而可以实现多列车在多股道接发车的全过程控制。

列车虚拟编组计划中包含数列按照虚拟编组方式运行的列车，按照列车在虚拟编组运行时所处的位置，分为领航列车和跟随列车。领航列车作为虚拟编组运行的标识，其始发/接入站作为虚拟编组运行的首站，其终到/交出站作为虚拟编组运行的末站。领航列车的接发车时间作为虚拟编组的接发车时间，用于判断虚拟编组列车与其他列车/虚拟编组列车的时间冲突。领航列车的跟随列车，在虚拟编组运行期间，可以在任意车站加入/退出虚拟编组的运行。

对于虚拟编组计划，调度指挥系统提供在虚拟编组中添加和删除列车的功能，虚拟编组计划被删除后，其中的分组计划也将被删除。对于编入虚拟编组的列车，调度指挥系统检查列车计划的合理性，检查项可选择性配置，检查不通过产生报警。对于虚拟编组计划，调度指挥系统检查虚拟编组计划的合理性，检查项可选择性配置，检查不通过产生报警。通过在列车运行图上编制虚拟编组计划，将多趟列车纳入一个编组进行管理，虚拟编组内列车的运行间隔将明显缩小，虚拟编组间的运行间隔保持既有运行间隔。可以明显看出对线路利用效率的提高，如图 7-16 所示。

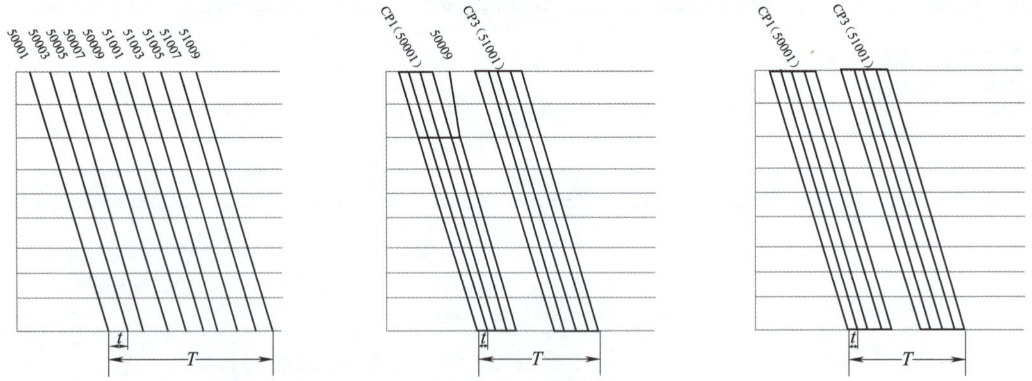

（a）无虚拟编组运行　（b）列车编入　（c）有虚拟编组运行

图 7-16　有虚拟编组与无虚拟编组运行图对比示意

（二）列车虚拟编组运行计划执行

调度指挥系统以虚拟编组计划和列车运行计划为依据，进行虚拟编组列车进路自动触发。虚拟编组列车一律采用短进路控制方式，将既有进出站长进路拆分为一组短进路序列。对于虚拟编组列车的短进路序列，在满足轨道区段解锁逻辑的前提下，通过去重运算，使后续列车可以直接利用前序列车的已选排进路，减少重复进路的选排次数，缩短列车追踪间隔，提高接发车效率。对于虚拟编组列车的短进路序列，在满足列车进出站顺序的前提下，通过对各列车进路序列所使用站场设备的时间和空间关系运算和规划，做到能排先排，提高站场设备使用效率。

调度指挥系统将列车虚拟编组计划与列车调整计划同时下达，作为自律机自动排列进路的依据。列车虚拟编组计划应与列车调整计划同时发送给地面控制中心，并从地面控制中心接收虚拟编组计划执行状态。调度指挥系统将列车虚拟编组计划和列车运行计划解析为一组短进路序列。系统应将虚拟编组内列车的进路指令作为虚拟编组计划的一部分，发送给地面控制中心。

虚拟编组进路的触发时机，按照列车在虚拟编组中的位置，有所不同。领航列车的触发时机按照调度指挥系统对于普通列车进路的触发时机进行触发。当领航列车具备触发时机条件时，本虚拟编组其他列车也具备了进路触发时机，但其他列车触发前应检查本列车进路与本虚拟编组所有前序列车的未选排进路序列没有设备使用冲突。

虚拟编组列车的进路触发，在遵循信号安全运行原则的前提下，采用一体化进路选排的策略：虚拟编组首车进路触发的时间条件和地点条件按照非虚拟编组列车调度指挥系统触发的信号条件执行，而虚拟编组内除领航列车的其他列车，触发条件向领航列车看齐，领航列车具备触发条件时，其他列车即具备进路触发条件。一体化策略使虚拟编组列车的进路触发时间尽量提前，以满足虚拟编组列车高效接发列车的要求。

（三）列车虚拟编组运行计划动态调整

在列车虚拟编组运行计划执行过程中，调度指挥系统根据虚拟编组计划执行情况，动态调整虚拟编组计划，以效率优先为原则，对虚拟编组内列车，满足虚拟编组列车运行条件的，按虚拟编组计划执行；不满足虚拟编组列车运行条件的，调整出虚拟编组。调整出虚拟编组的列车，通过动态调整运行计划，避免其影响后续列车的运行。

虚拟编组内的列车未发生变化，但虚拟编组列车编组或分组状态与虚拟编组计划不一致时，应对虚拟编组计划进行自动调整，调整列车顺序、分组等，保证虚拟编组列车继续运行，并向调度员报警提示，如图 7-17(a)所示。

当虚拟编组内的列车脱离虚拟编组运行模式时，调度指挥系统将此虚拟编组列车转换为普通列车模式，并将此列车运行线平移到所有虚拟编组其他列车运行线的后方，并向调度员报警提示，如图 7-17(b)所示。

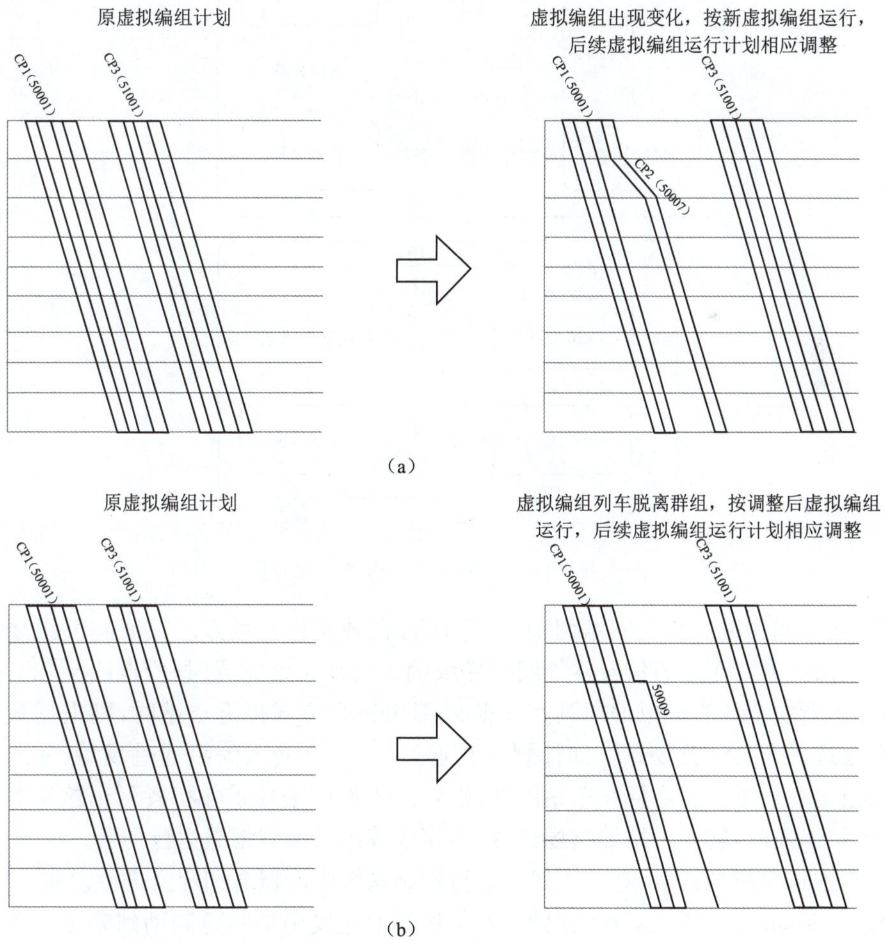

图 7-17 虚拟编组运行图调整示意

第四节　典型运营场景

一、概述

运营场景可以描述系统在运行过程中的动态行为。本节以铁路虚拟编组场景为例进行介绍。根据列车虚拟编组、解编的位置不同，虚拟编组场景分为区间运营场景和站内运营场景。其中，区间运营场景划分为独立运行、区间编组、编组运行、区间解编四个运营场景。车站运营场景划分为编组通过、进站解编、出站编组三个运营场景。各场景间可以根据运行计划、调度命令、线路工况、车辆性能、通信条件等实现相互转换。虚拟编组基本运营场景及转换如图 7-18 所示。

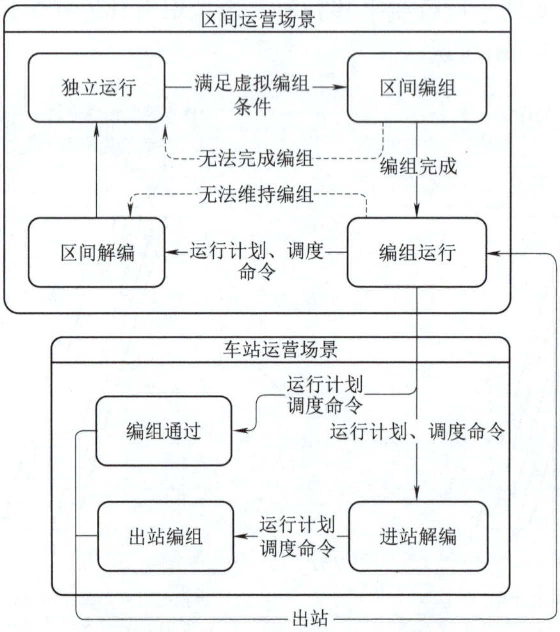

图 7-18　虚拟编组基本运行场景及转换

其中，在区间解编后和区间编组前，列车运行在独立运行场景。在区间编组场景遇到后车速度无法提升或车车通信异常等问题导致编组无法正常完成时，应退回到独立运行场景，以保证运营安全。当虚拟编组列车车队以编组运行方式接近车站时，则根据运行计划或调度命令进入车站运营场景。如计划正线通过车站，则转入编组通过场景，完成通过后又回到编组运行场景。若需要在车站停站，则转入进站解编场景并将各列车接车到不同的股道，从车站出发时，转入出站编组场景，最终完成编组又回到编组运行场景。

在分析虚拟编组场景前，对以下列车运行控制系统中的概念和定义进行说明：

(1)绝对制动距离：指最不利情况下，列车从当前速度施加紧急制动到完全停车所需要在线路上行驶的距离。

(2)协调距离：在虚拟编组列车车队执行编组或解编组的场景中，协调两车速度和间距时前后车的间距。

(3)相对制动距离：指最不利情况下，后行列车制动距离和前行列车制动距离之差。虚拟编组列车间隔控制要求列车运行间距大于相对制动距离。

二、区间运营场景

(一)独立运行

独立运行场景是列车按照既有列车运行控制方式在区间内运行的场景。在调度不要求各列车进行虚拟编组的运行条件下，列车按照既有列车运行控制方式，列车之间不交换虚拟编组信息，不被视为一列列车，车载设备监督列车保持绝对制动距离作为安全间隔。在满足虚拟编组的条件后，可由独立运行场景转到编组场景。在完成区间解编场景或在区间编组场景内无法完成编组时，转入独立运行场景，如图 7-19 所示。

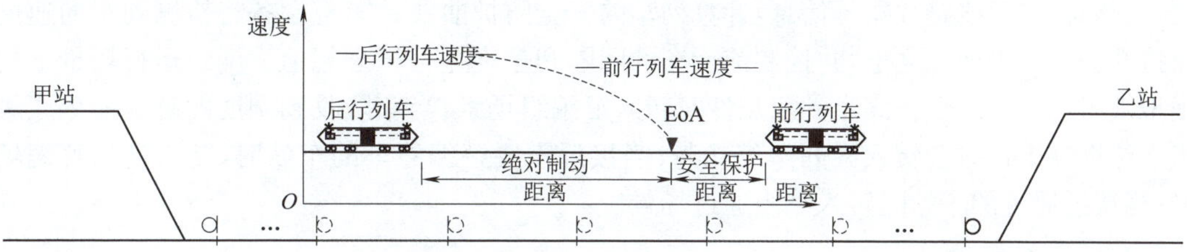

图 7-19　独立运行场景示意

(二)区间编组

区间编组场景是从独立运行场景下调整前后列车的相对速度和间隔，逐渐转到编组运行的场景，如图 7-20 所示。根据调度指挥系统下达的运行计划或调度命令，运行在独立运行场景下的列车建立车车通信链路，调整两车的相对速度，逐渐缩短前后车之间的间隔，在不发生故障的前提下，前后车运行间隔缩短到一定程度且列车速度基本达成一致后，向调度指挥系统和地面控制中心传输编组完成信息可以转入编组运行场景。若在区间编组场景内无法完成前后列车的接近工作，比如后行列车速度无法提升或前车速度过快导致前后车间隔不能进一步缩短，则退出区间编组场景回到独立运行场景。

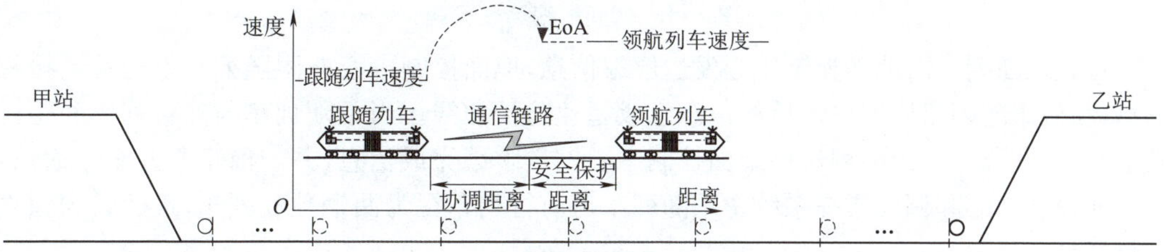

图 7-20　区间编组场景示意

(三)编组运行

编组运行是多列虚拟编组列车以编组车队方式在区间内运行的场景，是虚拟编组运行的主要运行场景，如图 7-21 所示。在编组运行场景中，数列列车形成了稳定的虚拟编组车队，前后车以通信链路虚拟连挂起来，在调度上被视为一列列车。编组运行场景下，虚拟编组车队最佳的运行状态是：前后列车间隔等于相对制动距离加上安全保护距离，所有列车速度一致。

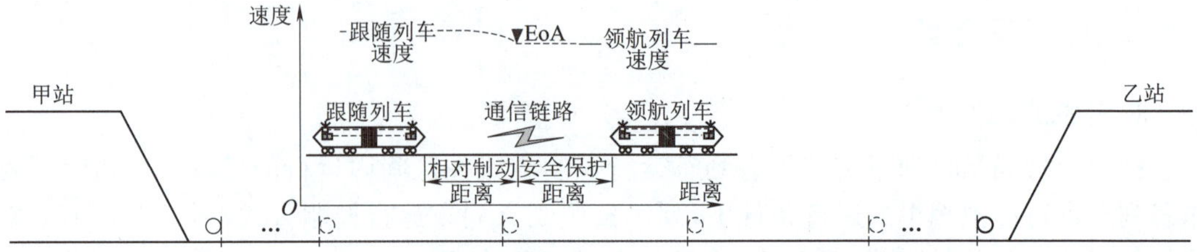

图 7-21　编组运行场景示意

在编组运行场景下，车载设备会监测列车的安全包络，通过车车通信交换车队中列车的速度、位置和制动性能等信息，动态地计算相对制动距离，结合地面控制中心发送的移动授权、临时限速、线路数据等信息，计算列车的安全防护曲线。车载设备将检测列车的速度保持在安全防护曲线之下，并控制前后车的间隔和速度差处于理想值。编组运行场景下的虚拟编组列车车队会在满足一定条件时转入解编组场景，当车队收到调度的解编命令或编组无法继续维持时会转入区间解编场景；当接近需要解编停车的车站时，转入进站解编场景；当接近通过的车站时转入编组通过场景。

(四)区间解编

区间解编组场景是在区间运行时从编组运行场景向独立运行转化的场景，如图 7-22 所示。运行在编组运行场景下的列车车队因不满足虚拟编组条件(列车牵引/制动性能不足、线路运行条件变化、车车通信故障等原因导致编组无法稳定维持)或调度指令指挥其解编组时进入区间解编场景。以两辆列车的虚拟编组为例：

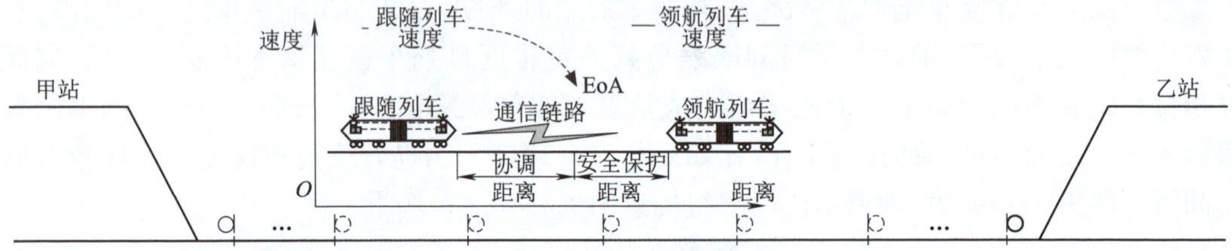

图 7-22　区间解编场景示意

首先跟随列车向地面控制中心发送解编信息，地面控制中心向跟随列车发送移动授权信息，随后跟随列车依据移动授权信息生成超速防护曲线。当跟随列车与前行列车间距达到绝对制动距离后，跟随列车向地面控制中心发送解编完成信息，并与前车断开车车通信，在地面控制中心和调度指挥系统中跟随列车与前行列车视为两辆独立列车，最后转为独立运行场景。

在列车数量超过两辆的虚拟编组中，解编场景由最后一辆跟随列车依次向前进行。

三、车站运营场景

(一)编组通过

虚拟编组列车以车队的形式连续通过车站的场景称为编组通过场景，如图 7-23 所示。

当编组运行场景下的列车接近计划正线通过的车站，并且收到地面控制中心发送的移动授权后转入此场景，否则应在进站信号机前停车。虚拟编组列车车队在调度层面视作一列列车。在为虚拟编组车队办理列车正线通过进路时，对虚拟编组列车办理进路并在领航列车通过后保持进路锁闭状态，使整个虚拟编组列车车队通过后解锁。该场景也包含了虚拟编组车队在保持编组的条件下在车站停站的场景，如图 7-23 所示。

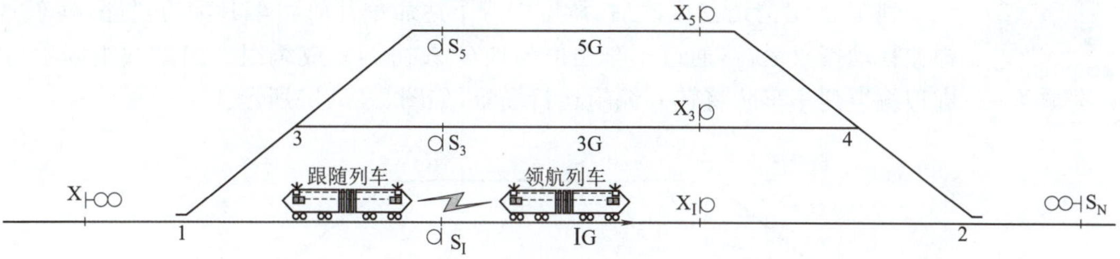

图 7-23　编组通过车站场景示意

(二)进站解编

当虚拟编组列车车队需要进站停车时，按照调度命令将各列车解编并接车到不同的股道上的场景为进站解编场景。由于该场景要求列车进入不同的股道，会涉及道岔的转换操作，需要保障列车在通过时道岔处于安全位置(锁闭)。

以两列列车组成的虚拟编组车队为例，收到地面控制中心下达的解编命令后，前行列车按联锁逻辑正常办理接车进路，而后行列车则要提前减速以满足岔前停车及解编的要求。后行列车在最不利情况下的停车点应与进站信号之间保持一定的安全余量以保护列车不冒进进站信号机，如图 7-24(a)所示。

待前行列车通过并出清道岔区段后，调度系统下达办理 3G 进路的命令，进路开放后，后行列车根据移动授权行车。完成进站解编场景后，各列车将以解编的状态停在车站的不同股道上，如图 7-24(b)所示。

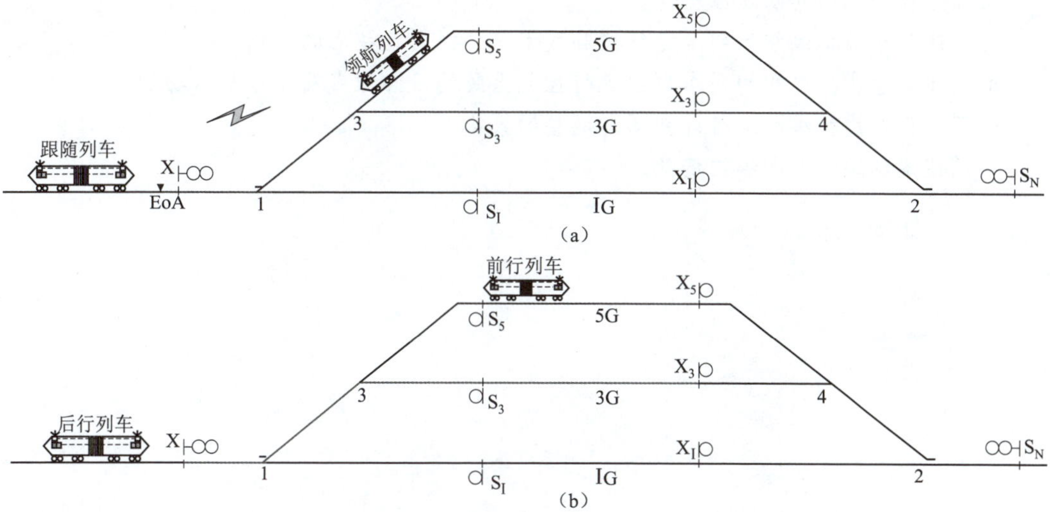

图 7-24　进站解编场景示意

(三)出站编组

多列停在不同股道内的列车以一个虚拟编组车队的形式发车的场景称为出站编组场景。出站编组场景使列车在站内停车时就完成通信链路建立等操作,并控制车站以较短的间隔向同一区间内发车。调度系统下达办理列车 A 出站进路,信号开放后,列车 A 依据移动授权运行,如图 7-25(a)所示。

视频

群组列车运行控制系统

列车 A 出清道岔区段后,调度中心下达命令开放列车 B 前方进路,列车 B 根据移动授权运行,通过车车通信与列车 A 协调完成编组。出站编组场景后虚拟编组列车车队将转入编组运行场景,如图 7-25(b)所示。

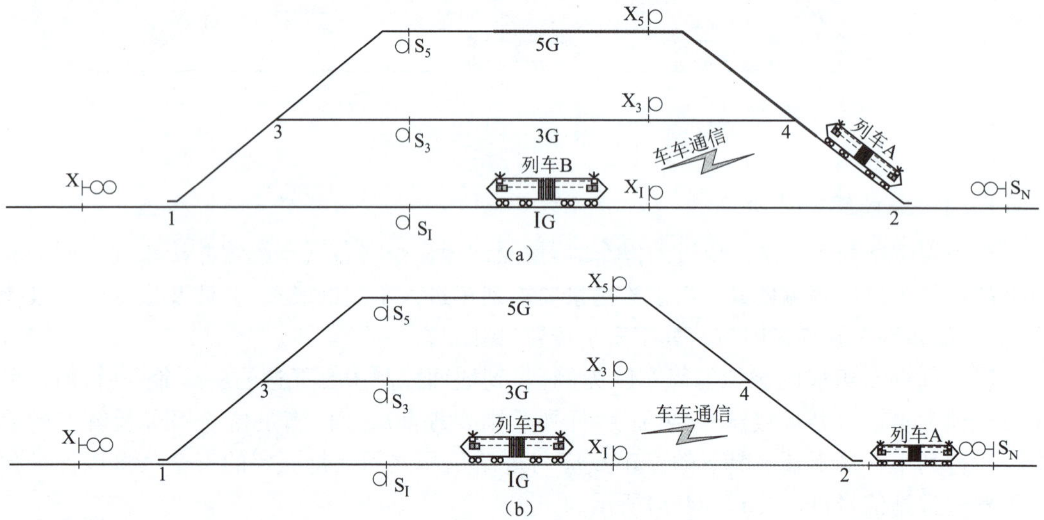

图 7-25 出站编组场景示意

复习思考题

1. 简述虚拟编组的基本原理。
2. 简述基于虚拟编组的列车运行控制技术与传统列控技术的区别。
3. 简述基于虚拟编组的列车群组运行控制系统的设备组成及设备基本功能。
4. 简述列车虚拟编组运行计划动态调整的策略。
5. 简述虚拟编组区间编组场景。

第八章　智能列车调度指挥系统

智能列车调度指挥系统通过运筹优化、人工智能等技术实现列车运行计划优化编制与自动调整、进路自动控制、调度与控制一体化，达到降低调度人员劳动强度和提高列车运行效率的目的。本章首先介绍了铁路列车调度指挥系统作用、国内外列车调度指挥系统概况、智能列车调度指挥系统概述等内容；然后，对智能列车调度指挥系统的技术特点、功能需求、架构、数据平台、关键技术，以及列车调度综合仿真进行论述；接着，分析了列车运行图智能编制方法、联锁进路自动控制方法、列车运行自动调整方法、列车应急调度指挥技术等理论问题；最后，从列车调度与列车运行一体化和车站调度与车站过程控制一体化两个方面对铁路调度与控制一体化进行论述。

第一节　智能列车调度指挥系统概述

一、铁路列车调度指挥系统作用

铁路列车调度指挥系统是铁路信号控制系统的重要组成部分，是对管辖区段内的列车运行和调车作业进行指挥和管理，通过联锁、列控、区间闭塞等信号设备，实现集中控制的铁路信号技术装备。我国现行的列车调度指挥系统主要包括铁路 TDCS 和 CTC 系统。

（一）TDCS

列车调度指挥系统（train dispatching command system，TDCS）是实现铁路各级行车调度，对列车运行实行透明指挥、实时监督调整、覆盖全路的现代化铁路系统。

TDCS 是铁路运输调度指挥的基础设施，是铁路运输生产的重要技术装备，由国铁集团、铁路局集团公司、站段三级构成。TDCS 可以实时自动采集列车运行及线路信号设备状态信息，并传送到国铁集团调度指挥中心和铁路局集团公司调度所，完成列车运行实时追踪、自动报点、列车实际运行图自动绘制、阶段计划调整及下达、调度命令下达、站间透明、行车日志自动生成、车站作业流程兼续及错办报警等功能，实现各级列车运行与调车作业集中管理、统一指挥和实时监督。

（二）CTC

调度集中（CTC）系统是对管辖区段内的列车和调车作业进行指挥和管理，通过联锁、列控、区间闭塞等信号设备，实现集中控制的铁路信号技术装备。

调度集中系统是提高运输效率、改善劳动条件、实现行车指挥自动化、遥控化的重要信号设备之一，要实现行车指挥自动化离不开调度集中系统。调度集中系统依据分散自律设计原则，采用分布式计算和控制技术，在列车运行调整计划的基础上，识别列车作业和调车作业在时间与空间上的冲突，实现列车和调车作业的统一控制。该系统可以基于 TDCS 实现列车运行指挥功能，并可与 TDCS 互联互通。CTC 具备分散自律控制和非常站控两种模式。分散自律控制模式是通过调度集中设备，实现进路自动办理和人工办理的模式；非常站控模式是遇到行车设备故障、施工、维护、维修需要时，脱离调度集中系统控制转为车站联锁控制台人工办理的模式。进路的自动办理和人工办理均满足分散自律约束条件。

二、国内外列车调度指挥系统概况

(一)国外现状与趋势

德国铁路设置了多个调度指挥分中心和一个中央调度指挥中心，实行调度指挥中心、调度指挥分中心、车站值班员的三级管理，每个调度指挥中心下设指挥中心和运行中心，并且德国铁路调度指挥系统实现了信息共享，各级调度人员和管理人员均可通过调度指挥系统了解所有客货列车出发、运行和到达情况，以及晚点等事故原因，掌握列车的动态实时信息。

美国铁路的调度指挥系统存在两种不同的模式：以 BNSF 公司为代表的高度集中指挥模式：公司内部设立调度指挥中心，统一调度指挥公司线路内所有列车的运行，同时负责线路设备维修、供电和信息系统管理，以及与其他公司的列车交接和相关计划的协调编制。以 NS 公司为代表的统一指挥和分散控制相结合的模式，公司总部调度中心只负责市场营销计划、机车运用计划、车辆运用维修计划。区域调度中心根据公司总部下达的调度计划来控制和监视列车运行，形成集中指挥、分散控制。

从东海道新干线开始，日本就开始使用调度集中系统，但是日益增多的车辆和车站、不断加大的行车密度，都使原有的调度指挥系统不堪重负。1972 年开始，日本正式将计算机辅助的行车控制系统(computer aided traffic control system，COMTRAC)投入到实际使用之中，至 1995 年，日本 JR 北海道公司在原有 COMTRAC 的基础上又开发出了新一代计算机化的安全、维护与运营系统(computerized safety maintenance and operation system，COSMOS)，新型的调度集中系统与过去相比拥有更加完善的功能，包括：设备监控、车辆管理、维修管理、电力设备监控、基地管理、运输计划和行车控制七个部分组成，系统集成度更高、系统化更加完善、控制能力更强。大量的系统冗余和先进的通道传输保证技术使得系统确保在出现事故的情况下依旧能够正常运行。

(二)国内现状与趋势

我国铁路调度指挥系统经过近 30 年的持续发展，经历了从单一到复杂、从低效到高效的发展历程，主要具有以下特点：(1)调度信息管理逐步畅通，形成了国铁集团、铁路局集团公司、站段三级调度机构在数据和调度命令传输方面的贯通。(2)行车、计划、机车、车辆、货运、客运、动车、施工维修等调度工种作业全部覆盖，各工种子系统虽独立运行、自成体系，但工种间初步实现了终端信息的共享。(3)行车调度可以从各工种子系统获取相关决策信息，实现了路网车流的动态监控。

随着计算机技术、网络通信、数据共享技术的发展，我国铁路调度指挥系统建设取得了显著的成绩。2015 年，全路推广实施了运输调度管理系统(transportation dispatch management system，TDMS)5.0，其采用了铁路总公司、铁路局两级架构，支撑铁路总公司、铁路局和站段三级运输调度应用。但是，既有系统还存在以下不足：(1)建设初期以工种调度为单位垂直架构、以铁路局级为核心单元进行计划编制，跨岗位使用困难。(2)列车开行方案调整和调度命令在全流程贯通和格式化管理方面比较欠缺，调度计划和客运调度命令之间联动性不强。(3)铁路总公司与铁路局之间及各铁路局之间的数据共享程度不高，缺少统一运力资源调整的辅助决策支撑。(4)各专业信息子系统间数据共享不够充分，耦合度不高，存在大量的文电交换和数据人工比对等问题，客运调度信息资源综合利用程度有待提高。(5)对各工种数据的分析以人工为主，计算机智能的数据处理算法和技术有待发展，调度智能化水平亟待提升。

2020 年起，在国铁集团的统一部署下，各铁路局集团公司积极开展铁路智能调度的初步探索。中国铁路广州局集团有限公司开展了列车运行计划自动调整、列车运行计划自动编制的研究和实践，大大减轻了调度员的劳动强度，提升了运输效率。中国铁路沈阳局集团有限公司研发了高速铁路设备故障综合处理系统，为行车指挥提供决策支持，初步实现了调度命令的自动拟写和下达。中国铁路北京局集团有限公司、中国铁路武汉局集团有限公司、中国铁路兰州局集团有限公司等研发了调度工作质量评估方法及原型系统，对调度员工作质量进行智能分析。中国铁道科学研究院集团有限公司等单位研发了京张高铁智能综合调度系统，在智能调度系统探索的道路上迈出坚实的一步。

三、智能列车调度指挥系统概述

我国铁路调度指挥系统在横向多业务部门数据共享和纵向多级调度闭环交互等方面取得了长足发展，但是有必要进一步提升系统的自动化、智能化、自主化水平，以满足大规模线网下列车运行与运输资源、运输需求、外部环境的最优匹配和动态自适应。因此，需要以现代通信技术、远动技术、人工智能、大数据、专家系统等为主要技术和方法，通过全面感知和融合列车运行相关的铁路智能装备和智能运营数据，建立列车运行态势的智能评估和推演，最终实现对铁路整个系统智能、精准、实时控制。智能列车调度系统的设计旨在实现对运输资源的高效利用、对列车运行过程的精准控制、对应急情况的快速响应，使调度员从繁忙的日常业务中解脱出来，集中精力盯控重点任务、把控重点环节，全面提升运输组织与列车调度指挥水平。

第二节 智能列车调度指挥系统功能与结构

智能列车调度指挥系统是在现有 TDCS 和 CTC 系统的基础上，广泛应用云计算、大数据、物联网、移动互联、人工智能、北斗导航等新技术，综合高效利用现有资源，实现列车移动装备、固定基础设施及内外部环境间信息的全面感知、泛在互联、融合处理、主动学习和科学决策，实现列车运营计划的智能调整，对列车调度人员提供更高级的安全检查、更高效的辅助办理的技术手段，是实现全生命周期一体化管理的智能化铁路系统。本章节主要对智能列车调度指挥系统的技术特点、功能、架构、数据平台、关键技术，以及智能调度集中系统的功能、数据平台、架构等内容进行论述。

一、智能列车调度指挥系统技术特点

智能列车调度系统主要具有以下技术特点：

(1)多系统数据融合。智能列车调度指挥系统需要与许多既有信息系统进行数据交互及融合，拓宽系统的数据来源，增强调度集中控制的安全检查。其中，京张高铁智能调度指挥系统与列控系统(CTCS3＋ATO 系统)之间新增了一个重要接口，双方之间的信息安全交互、数据融合处理需高度关注。此外，与其他系统之间的数据融合及处理，比如灾害监测

系统、供电管理(PDMS)等,对列车安全运行又引入了新的信息来源和安全检查手段。

(2)列车安全卡控的多样化。当前调度指挥系统能实现防止错误的进路排列,以及列车在各种运行条件下的运行安全卡控。智能列车调度指挥系统将实现更多层次、更多方面的列车安全卡控,包括与供电系统联动实现线路上接触网停供电的流程控制及供电臂状态共享;与防灾系统联动实现对线路上风、雨、雪、地震、异物侵限等自然环境或异常情况的自动报警与防范;与客运客票系统实现对旅客乘降、客票组织等方面的联动等。

(3)列车调度调整的智能化。当线路上某辆列车因为列车作业超时、线路条件异常等因素而造成晚点后,智能列车调度指挥系统可以实现列车调度智能调整、协调决策等目标,降低列车晚点率,减轻调度人员的劳动强度。

(4)列车调度与运行控制的一体化。为了提高行车效率、降低人为错误,需要实现基于列车运行计划的列车运行速度、区间闭塞、车站进路等资源的自动控制,以及基于控制状态、外部环境与客货需求的列车运行计划的自动编制与调整,实现列车调度与运行控制的一体化。

二、智能列车调度指挥系统功能需求

铁路调度指挥的本质是通过保障稳定、良好的铁路运输态势,有效运用铁路运输资源,高质量完成运输任务的运输组织指挥过程。为实现智能调度,铁路智能列车调度指挥系统需要具备以下功能:

(1)具备全方位技术资料存储及自主学习、总结及调用能力,能够掌握并监测管辖范围内所有移动、固定设备的技术性能及指标参数。

(2)采用智能运行图系统,实现列车运行控制与运行图的深度结合,总体保障列车开行计划兑现的同时,直观科学地应对非正常情况行车组织。

(3)实现管辖范围内所有列车的实时精准控制,同时对列车运行环境进行全域实时掌控,在保障列车运行正点及紧急避险方面发挥重要作用。

(4)高效协助应急处置,加强行车、设备、客运等各部门的应急协同,全面整合应急资源,辅助生成应急处置方案,推动应急处置能力全面提升。

(5)实时研判运输态势并为旅客出行和客户发货提供信息引导,保证旅客或者客户及时收到行程变化提示,最大限度提高信息透明度,提升旅客和货运服务效率与服务水平。

(6)统筹制订铁路线路施工计划及动车组检修计划,全面提高固定、移动设备的维修、检修效率,保障整体运维体系高质量运转。

(7)深度开展数据挖掘,对所有设备故障进行大数据分析,以故障分析结果指导运输服务保障技术研发及运输风险研判。

(8)智能识别设备故障、自然灾害、非正常停车等影响列车正常运行秩序的情况,以整体晚点时间最少或影响车次最少等为目标,选择列车待避车站、股道调整等措施,实现后续列车计划智能调整。

(9)实时监测列车运行与调车作业状态与外部环境,实现基于列车运行计划与车站调车作业计划的列车进路与调车进路的自动控制。

(10)结合智能铁路的发展需求和未来智能调度指挥系统,在进路和命令安全卡控、行车信息数据平台、行车调度综合仿真和 ATO 功能应用等方面进一步优化完善。

三、智能列车调度指挥系统架构

根据铁路智能列车调度指挥系统的功能需求，设计智能列车调度指挥系统代替调度员完成整体运营管控，调度员从繁忙工作中解脱出来把控重点环节，铁路智能调度指挥系统总体架构如图 8-1 所示。铁路智能调度系统充分利用铁路 12306 和 95306 等对外系统实时掌握客、货运市场整体情况，经智能分析后，依据基本运行图调整生成今后一段时间内运营方案，与机务、车务、工务、电务、车辆等专业管理系统及时交互、高效调度，充分协调运力资源，最后通过智能运行图系统保证运营方案精准落实，通过自律机、列控、车站综合自动化系统实现对列车运行线路资源和速度的自动控制。该系统可以随时调用基础资料信息库、规章规定信息库和历史安全信息数据库汲取决策依据，同时通过自然灾害报警、异物侵限报警等系统实时监控列车运营状态，以完整的信息支撑保证铁路系统整体运营的安全、稳定和高效。

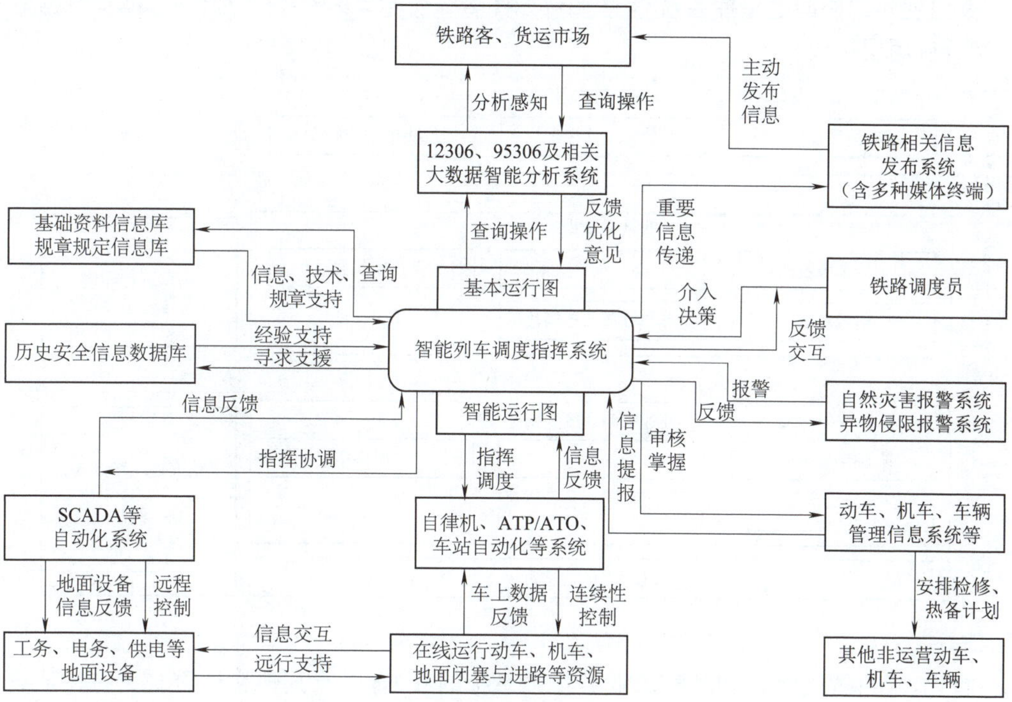

图 8-1　智能列车调度指挥系统总体架构

四、智能列车调度指挥系统数据平台

铁路智能列车调度指挥系统的数据几乎涵盖智能运营、智能装备的所有数据，包括智能客运数据、智能货运数据、智能票务数据、智能综合调度数据、智能行车调度数据、工电供一体化运维数据、动车组智能运维数据、机车车辆智能运维数据等。设备设施基础台账数据、外部环境数据贯穿铁路全生命周期的多个业务环节，主要体现为固定设备数据、移动设备数据、客流数据、货流数据、运行环境数据等方面。

对于固定设备数据，将全国铁路线路拓扑化，区间通过能力、站场股道、站台上水设备、运输服务设备、车辆检修库检修能力、存车线条数、固定信号设备等运输组织相关信息数据化融入其中，形成基础数据地图，便于研究以图论、运筹学等为基础的新一代算法，随时应用。

对于移动设备数据，将全国动车组列车、机车车辆及其他综合检测、施工维修车辆的编组信息、性能指标、车载设备、适用线路等信息数据化，并与智能系统随时掌握全路列车，可提供运力情况。

对于客流数据，充分应用铁路12306系统的海量查询、购票数据，分阶段抓取数据进行特定分析，整理每个年龄层、每个时间段或某个区域的旅客出行特点，进行出行旅客画像；结合每年同期旅客出行历史记录，根据旅客出行画像及铁路12306系统现阶段旅客查询、购票意愿，对未来客运市场进行智能分析，以便有针对性地制订最优开行方案。

对于货流数据，充分应用铁路95306、货物营销与生产管理系统FOMS等订单与货票数据，根据调研资料、历年统计资料，对货流发生、分布、品类进行预测，根据货流预测结果编制货运列车编组计划，根据这些方案编制货运运行图。还可以从时间、地点、品名等多种维度对客户画像、偏好和吸引力进行分析。

铁路列车智能调度指挥系统信息平台如图8-2所示，该平台由数据汇集层、数据分析层、综合应用层构成。

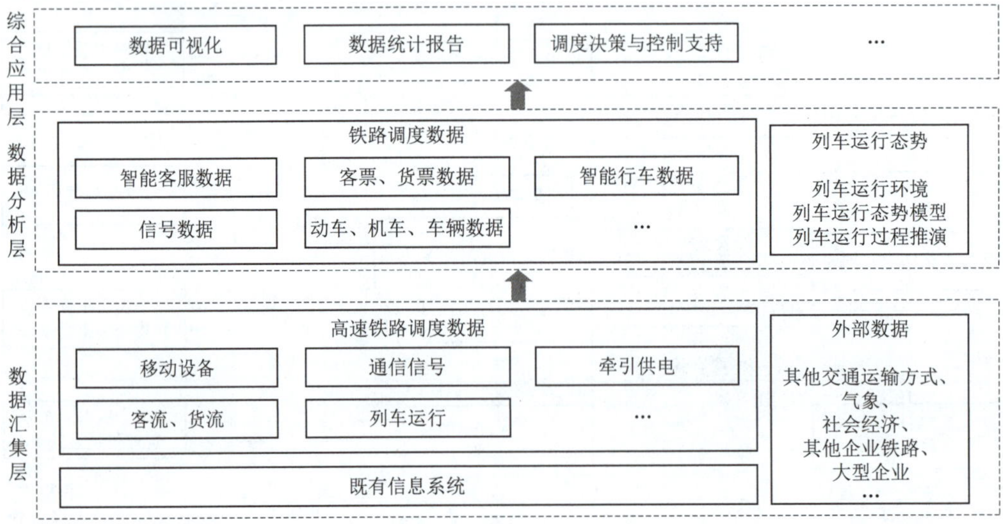

图8-2 智能列车调度指挥系统信息平台

首先，来自智能运营和既有的业务信息系统的数据，以及其他交通方式、气象、地震等外部相关数据自底向上汇集、融合、分析和应用于调度指挥相关数据，实现全业务、全类型的铁路智能调度数据集。其次，数据平台对调度指挥相关数据分析、加工、建模，形成专业融合、跨业务、跨部门共享的规范数据资源，具备数据集成、数据共享、数据分析、数据建模功能。最后，综合应用层对存储数据综合应用，提供数据展示、决策和控制支持。该系统三个层面相互协调、相互支持，共同促进了数据平台的有效应用。

五、智能列车调度指挥系统关键技术

铁路列车智能调度指挥系统应主要针对以下关键技术进行设计：

(1)铁路调度信息全面自动采集。以满足旅客和货物运输需求和运力资源的合理运用为目标，建立统一的运输调度生产信息平台，实现对列车基本运行图、客票售票、货运订单、移动装备运用状态、编组交路、站段生产作业、乘务等调度相关信息的自动采集、统一化资源描述和关联化处理。

(2)实现铁路列车运行调整全流程闭环管理。以满足运输需求和运力资源的合理运用为目标,结合铁路局级客货运部门的调整需求和申请,国铁集团相关部门在线流转和决策,实现全流程贯通。取代手工作业和电话沟通,确保相关专业系统以需求为导向和以计划为业务纽带实现有效协作,提升铁路调度质量和运输服务水平。

(3)实现调度命令格式化编制、一体化贯通。基于运输数据动态采集,实现多样化录入。根据调度业务需求和周边各专业对调度数据的要求,完成数字化调度命令模板按需配置功能,实现格式化细粒度编制管理。同时,完成调度命令横向各专业系统协同会签。根据业务规则,实现调度命令自动传递和各专业系统之间数据一体化贯通。

(4)实现调度命令与 TDMS5.0 运输计划联动编制。建立一体化管理平台,纵向实现国铁集团、铁路局集团公司、站段三级贯通,横向实现各铁路局集团公司之间的联动传输和调度命令执行结果联动推送。

(5)实现智能化冲突检测和安全卡控。通过相关运输生产系统的数据共享,实现计划和命令的自动拟写、自动安全检查、智能化评估影响、内容自动比对,实现时间、空间、资源等多个维度的冲突卡控,并指定冲突消解方案,提升智能操控能力。

(6)提升铁路综合运输能力。结合运输资源推导铁路的运输能力,结合运输需求灵活安排旅客和货物运输产品,同时结合运输能力提供高速铁路快运运输产品,便于开展高速铁路货运业务,提升运输综合效益。

六、列车调度综合仿真

(1)仿真系统具备完整调度集中系统功能:仿真系统采用实际调度集中系统应用软件,支持调度集中系统所有操作,主要包括列车运行调整计划、调度命令、调监显示、站场控制、临时限速、车次跟踪、列车采点和报点。仿真系统采用虚拟仿真技术,模拟运行调度区段所有自律机,采用实际自律机软件。站场数据、站细数据、功能配置应与生产系统完全一致。

(2)仿真系统配备联锁系统模拟软件,按照标准接口协议和自律机通信,并可响应自律机发来的控制指令,按照联锁规则产生信号设备状态变化,反馈至自律机。联锁系统模拟软件按照既有进路表和信号逻辑实现进路选路、进路锁闭、信号开放、引导接车、进路取消、人工延时解锁、道岔单操、区段故障解锁、按钮封锁、坡道延续进路解锁、站间/场间联系操作、设备故障报警等功能。

(3)仿真系统配备列控中心(TCC)模拟软件,按照标准接口协议和自律机通信,模拟软件应模拟产生区间状态信息,并反馈至自律机。

(4)仿真系统配备临时限速服务器(TSRS)、ATO 模拟软件,按照标准接口协议和临时限速接口机通信,支持 ATO 计划上车和限速命令拟定、发送、校验、设置、取消等全过程操作模拟,支持实时限速状态查询和黄色光带显示。

(5)仿真系统配备无线闭塞中心(RBC)模拟软件,按照标准接口协议和 RBC 接口机通信,发送模拟列车运行状态、位置、速度和移动授权信息。

(6)仿真系统配备铁路专用全球数字移动通信系统(GSM-R)等传输模拟软件,按照标准接口协议和 GSM-R 接口机通信,可接收显示调度集中系统的无线调度命令、无线进路预告等信息。

(7)仿真系统具备列车运行模拟功能:仿真系统按照场景仿真列车运行,自动产生符合信号规则的红光带移动信息,并触发联锁、TCC、RBC、GSM-R 等相关系统产生关联输出。仿真系统严格按照信号开放条件移动列车,模拟列车能按设定的速度前进,并可根据限速自动降速运行,列车速度模式曲线应保持与实际的曲线基本一致。

(8)仿真系统应具备区间站内红光带、灯丝断丝、道岔失表示、ATP 故障、断轨、接触网停电、线路封锁施工等设备故障模拟功能。

(9)仿真系统具备调度指挥场景模拟控制功能:仿真系统设置教练机和学员机,具备场景选择和预置功能,支持历史数据导入,可集中设置模拟条件和场景、监控模拟调度台状态、收集和分析实验数据。仿真系统学员机具备显示教练机的指令和提示功能,可模拟调度员与相关人员的会话过程,包括司机、电务人员、工务人员、值班主任等。仿真系统还支持调度员和车站值班员协同演练。

第三节　智能列车调度指挥理论问题

智能列车调度指挥主要理论问题包括:列车运行图智能编制、联锁进路自动控制、列车运行自动调整与列车应急调度指挥等,这些问题的本质是要解决列车运行与运输资源、运输需求和外部环境的最优匹配和相互协调,可以归结为数学优化问题。一般方法是首先建立与问题相适应的数学优化模型,之后设计算法进行求解。

由于列车数量、股道数量、闭塞等参数均为整数,因此整数规划模型大量应用于在铁路智能调度优化问题中。整数规划模型的建立思路是以一系列的方程描述列车运行或调车作业占用资源的过程,通过求其最优解或可行解,得出列车运行、调车作业等占用区间线路、车站股道等资源的起止时间等参数,进而绘制出列车运行计划或车站作业计划。

由于铁路的实际运行情况复杂,建模时多考虑非线性整数规划模型。模型的约束一般有列车安全间隔时间约束、列车速度限制约束、列车停站作业约束,以及列车会车和越行约束,模型的目标多为时间,包括旅客旅行时间、列车旅行时间、偏离原时刻表时间等。近年来,0-1 整数规划模型由于其允许部分决策变量为 0 或 1 的整数规划,很适合描述指派问题,例如列车车辆的占用空闲、股道的占用空闲、是否存在维修封路的情况等,越来越多地被应用在铁路智能列车调度优化问题建模中。

一、理论方法基础

整数规划模型的一般性表达式为

$$\mathrm{Min}\{f(\boldsymbol{X})\mid \boldsymbol{X}\in \boldsymbol{D}\}$$

式中,$\boldsymbol{X}=(x_1,x_2,\cdots,x_n)^{\mathrm{T}}$,表示一组决策变量,$x_i(i=1,\cdots,n)$在整数域 $\mathbf{Z}$ 内取值;决策变量的函数 $f(\boldsymbol{X})$为该整数规划模型的目标函数;D 为 n 维整数集 $\boldsymbol{Z}^n$ 的某个子集,通常由一组关于决策变量的等式或不等式刻画。一般模式为

$$\begin{aligned}\mathrm{Min}\quad & f(\boldsymbol{X})\\ & k_i(\boldsymbol{X})\geqslant 0\quad (i=1,\cdots,m_i)\\ & g_i(\boldsymbol{X})=0\quad (i=m_1+1,\cdots,m)\\ & \boldsymbol{X}\in \boldsymbol{Z}^n\end{aligned}$$

此时，称模型中关于决策变量的等式或不等式 $k_i(\boldsymbol{X})\geqslant 0(i=1,\cdots,m_i)$、$g_i(\boldsymbol{X})=0(i=m_1+1,\cdots,m)$为约束条件；称满足全部约束条件的整数空间 $\boldsymbol{Z}^n$ 中的点 X 为该模型的可行解，定义为

$$D=\{\boldsymbol{X}\in\boldsymbol{Z}^n\mid k_i(\boldsymbol{X})\geqslant 0(i=1,\cdots,m_i),g_i(\boldsymbol{X})=0(i=m_1+1,\cdots,m)\}$$

即由所有可行解构成的集合为该模型的可行域，其示意如图 8-3 所示。

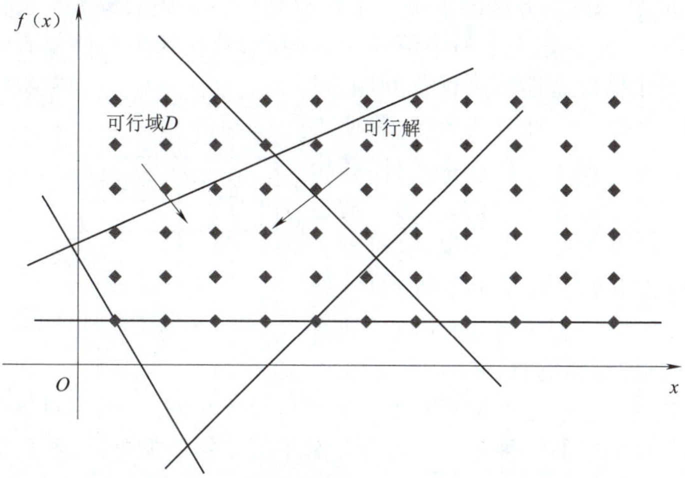

图 8-3 整数规划模型可行域示意

根据决策变量的取值类型，若所有变量均取整数值，则为纯整数规划。根据整数规划中目标及约束条件函数，有部分变量取整数值，则为混合整数规的形式或性质，若均为整数变量的线性位数，则为线性整数规划，否则为非线性整数规划。若整数规划中变量取值仅为 0 或 1，则为 0-1 整数规划。0-1 规划在诸如指派问题、选地问题、送货问题等整数规划中占有重要的地位，任何有界变量的整数规划实际问题都可以归结为 0-1 规划问题与 0-1 规划等价；同时，用 0-1 规划方法还可以把多种非线性规划问题表示成整数规划问题。

整数规划模型的求解多采用分支定界法。分支定界法的主要思路是把全部可行解空间反复地分割为越来越小的子集(称为分支)，对每个子集内的解集计算一个目标下界(称为定界)。在每次分支后，凡是界限超出已知可行解集目标值的那些子集不再进一步分支，这样，许多子集可不予考虑，这称为剪枝。多次分支、定界、剪枝后得到最优解，如图 8-4 所示。

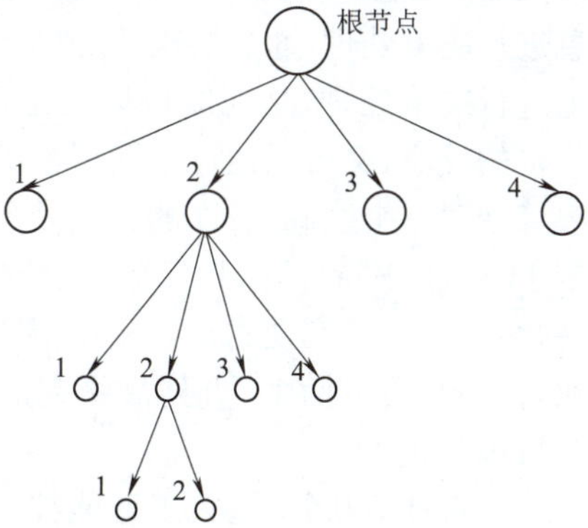

图 8-4 分支定界法示意

离散时间空间-状态网络方法着眼于所有列车共享时间、空间、列车资源，合理安排各条列车运行线以避免列车冲突并快速完成旅途，是列车运行计划编制的主要目标，其可以用时间、空间、列车三种不同的角度建立模型。

时间维度将列车运行的时间段按照列车运行图的时间粒度离散化，在每个决策阶段，以每列车在线网的位置、下一个区间是否被占用、当前时刻三个状态属性表示当前的状态。根据列车是否应该在下一个阶段停车作为决策变量。空间维度是以区间为单位构建决策

过程。在每个决策阶段，环境的状态由每列车在区间后方站的出发时刻、是否停站、运行方向和当前所在区间四个状态属性表示。以每列车在区间前方站的停站时间为决策变量。列车维度是在每个决策阶段安排一条列车运行线，环境的状态由上一列车在所有车站的到达出发时刻表示。以当前列车和上一列车的始发时间间隔和在所有车站的停站时间作为决策变量。

离散时间空间-状态网络方法的求解多采用拉格朗日松弛启发式算法。松弛的意思即为放松约束，对于一个标准化为求最小值的优化问题，放松约束会使得有可能得到目标函数值更小的解。对于铁路智能调度优化问题，可以放松一些条件，得到一个临时的新模型，使得求解变得容易。由于忽略了一些约束条件，新模型的最优值大于或等于原模型，称为上界。通过新模型的最优解，可以通过启发式规则，得到原模型的可行解，称为下界。有了上下界，只需要不停地迭代，下拉上界，上提下界，直到收敛或者上下界重合，即得到原模型的解，如图 8-5 所示。

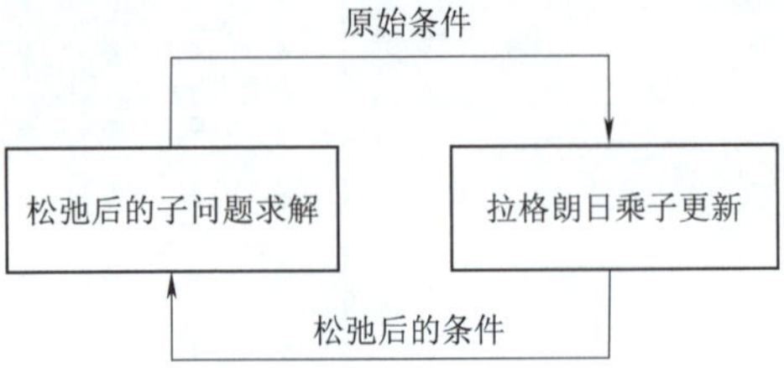

图 8-5　拉格朗日松弛启发式算法示意

启发式搜索技术的思想是列车调度优化是多目标优化问题，而多目标优化问题可以看作是多个单目标优化问题的一种非简单组合。对于列车智能调度问题，可以通过分层决策技术将决策过程划分为若干层次，每个层次在不同抽象粒度上处理决策问题。也就是说，可以把列车智能调度问题看成是由多个子问题构成的集合。

首先，为铁路智能调度优化构建一个层次决策模型，对系统目标进行任务分解，直到只剩下原始任务不可细分为止。每个层次从上一级层次获取可能的任务，产生决策后送往下一层次。同时，每个层次根据所获取的信息进行决策处理，通过层次化的结构，在不同的抽象层次上进行决策处理，从而既可以对最底层的原始任务做出直接的反应，又可以通过不同层次的有机结合，使所有的决策朝着一个明确、有序的方向发展。其中，上级层次规定了下级层次的目标和任务，系统任务自上而下层层分解，系统目标的实现则正好相反，从不可细分的原始任务执行开始，由下而上，直到最终完成最顶层的任务，即系统目标为止。

随着计算机技术、人工智能技术的发展，目前遗传算法、深度强化学习等算法也在模型的求解中得到了应用。

遗传算法的本质是智能的启发式搜索，算法通过模拟自然界生物遗传进化，以及自然选择而获得最优个体。遗传算法可以用来搜索问题的最优解。列车的运行图编制是一个非线性多约束最优问题，遗传算法对于该类问题的求解具有较高效率，遗传算法的一般性步骤如图 8-6 所示。

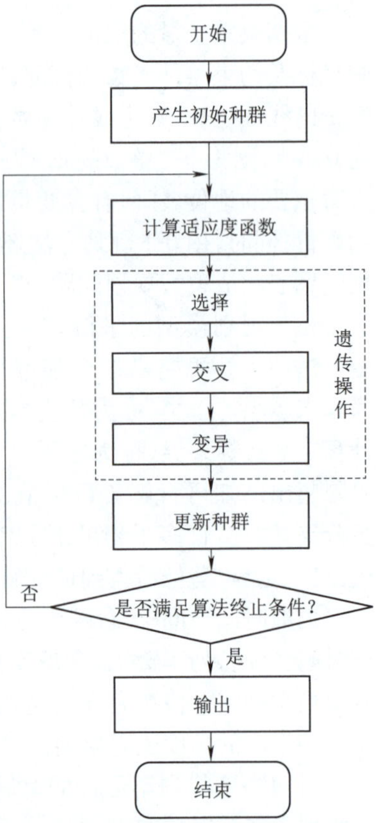

图 8-6　遗传算法步骤流程

强化学习是一种试错型的学习算法，它利用奖励信号对决策进行评估，再通过学习环境状态与行为动作之间的映射关系，来优化奖励信号，从而获得最优解。深度Q学习是强化学习的一种，它适用于处理连续状态空间变量，可以应用于列车运行图编制。

深度Q学习的基本结构如图8-7所示，图中，S_t 为 t 时刻智能体观察到的环境状态，如智能体在环境中的位置和速度等；a_t 为 t 时刻智能体选择的行为，环境执行 a_t 后，环境状态由 S_t 变为 S_{t+1}；R_t 为环境 S_t 在执行 a_t 后返回的单步奖赏信号，是关于 S_t 和 a_t 的函数；R_t 为累计折扣奖赏，表示从当前状态直到将来某个状态期间所获得的奖赏值的加权和。

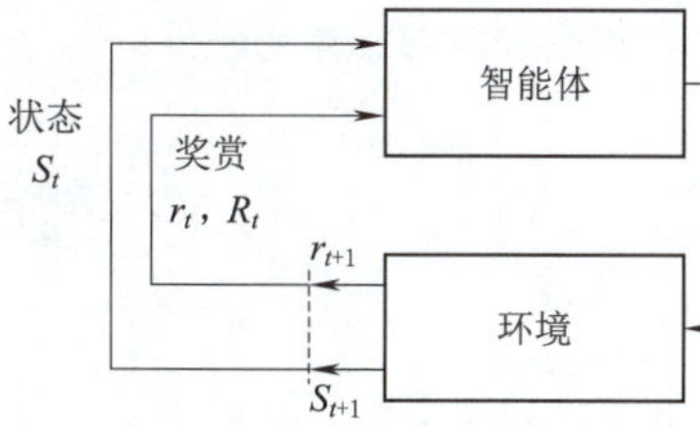

图8-7　深度Q学习的基本结构

深度Q学习是基于价值的强化学习算法，它通过Q值函数来评估智能体选择动作的策略所能获得的整体收益。Q值函数即状态动作的值函数，可表示为从状态 S_t 开始采取动作 a_t 转移至状态 S_{t+1}，并持续执行当前策略 π 时累积折扣奖励 R_t 的期望值。

另外，深度Q学习算法采用贪婪随机策略 ε-greedy 来平衡强化学习中的“探索”与“利用”。“探索”强调发掘环境中更多的信息，“利用”强调从已知的信息中获取最大化奖励。ε-greedy策略兼具了“探索”与“利用”，它在Q网络输出每个动作的Q值后，以 $1-\varepsilon$ 的概率选取当前状态下Q值最大的动作 $a_t=\max_a Q_{w(s_t,a)}$，w 为当前Q网络的网络参数，以 ε 的概率从所有动作中随机选择一个，由此可以对以往经验中没有出现过的状态和动作进行探索和评估，以获得潜在的更优策略。

在深度Q学习算法中，智能体使用 ε-greedy 策略反复与环境进行交互，根据每一次执行动作 a_t 后环境反馈的立即回报 r_t、下一个状态 s_{t+1} 和是否触发终止条件的 done，将(s_t，a_t，r_t，s_{t+1}，done)存入经验池。深度Q学习算法中还引入了目标网络，在一段时间里目标网络的Q值是保持不变的，一定程度上降低了当前Q值和目标Q值的相关性，提高了算法的稳定性。具体地，$Q_{w(s_t,a)}$ 表示当前网络的输出，$Q_{w^-(s_{t+1},a)}$ 表示目标网络的输出，从经验池中随机获取一定容量的经验，对每个样本计算目标Q值为

$$Q_{w^-(s_{t+1},a)}=\begin{cases} r_t & \text{if done=True} \\ r_t+\gamma\max_a Q_{w(s_{t+1},a)} & \text{if done=False} \end{cases}$$

式中，γ 为折扣因子。

根据 $Q_{w(s_t,a)}$、$Q_{w^-(s_{t+1},a)}$ 求解损失 L 为

$$L=E[(Q_{w^-(s_{t+1},a)}-Q_{w(s_t,a)})^2]$$

式中，E 为期望函数。

使用梯度下降法来更新Q网络的参数，每隔一个固定的训练步数来更新目标网络，使其参数与当前网络相同，直到Q网络对策略的估计越来越接近该策略的真实收益，最终Q值最大的策略即为最优策略。

深度Q学习算法求解列车智能调度的流程如图8-8所示。

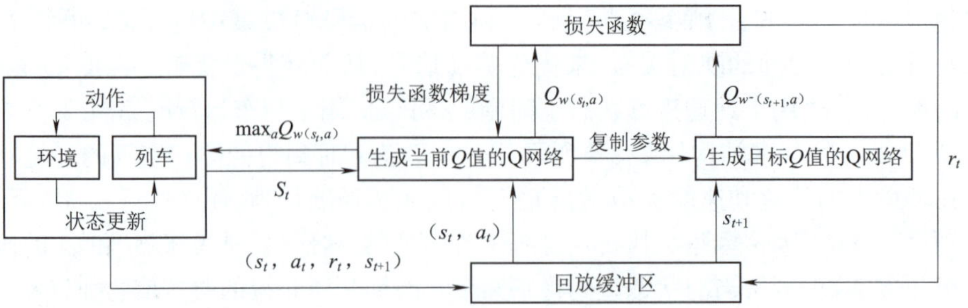

图 8-8　深度 Q 学习计算流程图

二、列车运行图智能编制方法

(一)列车运行图基本知识

铁路列车运行图(以下简称列车运行图)是用以表示列车在铁路区间运行及在车站到发或通过时刻的计划,是全路组织列车运行的基础。列车运行图的组成由以下要素组成:

(1)列车在区间的运行时分:各种列车运行于两个站间所需要的时间,是按每一区间并分别由上、下行方向确定的。

(2)列车停站时分:列车在车站上进行各种作业及列车会车、越行等所需要的最小停车时分。

(3)列车在车站的间隔时间:车站为保证列车运行安全,办理列车到发和通过作业所需要的最小间隔时间。

(4)自动闭塞区间追踪列车间隔时间:在装有自动闭塞的区间同方向追踪运行的两列车彼此以闭塞分区相间隔所需要的最小间隔时间。

(5)机车在本段、外段和车站的停留时间:客、货运机车在本段或外段及其所在站,从到达车站时起至由车站出发时止的全部停留时间,包括三部分:机车在车站到发线的停留时间;机车出入段走行时间;机车在段内整备作业时间。

(6)列车在编组站、区段站及客、货运站的技术作业时间:主要包括到达解体列车和编组出发列车在到发线上的停留时间;无改编作业列车在到发线上的停留时间;客车底在客车本段/外段及其所在站的停留时间。

(二)需求分析

我国铁路运输具有需求大、客货混跑、高速铁路与普速铁路成网运营等特点,列车运行图的编制需要解决很多冲突,包括提高客货服务质量、运力资源最大化等许多方面。我国铁路列车运行图编制的复杂性和困难性较其他国家更为突出。在实际应用中,主要存在以下问题:

(1)列车运行图编制质量直接影响整个铁路系统的运输效率和资源利用效率,直接关系到铁路运输组织生产的投入和产出。我国铁路系统路网规模大、列车数量大,单纯依靠人的智慧已无法满足市场需求和运力资源统筹优化需求。

(2)列车运行图是协调铁路各部门有序进行生产活动的核心计划,与列车运行计划、车底/动车组交路计划、车站作业计划紧密联系在一起。由于股道、车底、乘务组等资源有限,计划之间互为制约前提，经常需要对列车运行图做出局部调整，制订阶段计划。目前，列车运行图的局部调整主要依靠调度员进行人工判断，往往存在较高延时，而且在突发情况时难以考虑全局优化，无法得到最优的运行图调整计划。

(3)当遇到非正常情况，如大风、暴雨、降雪等恶劣天气时，列车限速运行，甚至封锁线路临时检修，列车的实际运行会严重偏离列车运行图。此时，列车调度员需要进行大量的额外调整工作，按照列车速度等级、运行等级、先跨局后管内等原则，逐一安排列车运行顺序，列车调度员工作压力大、效率低下且容易出错。

如将人工智能、机器学习技术与列车运行图编制深度融合，深入研究高速铁路与既有线贯通成网条件下列车运行图编制相关优化理论与方法，提高系统的智能化水平，发展列车运行图智能编制技术，能够有效提升列车运行图编制质量，提高列车运行图编制效率。

我国已普遍应用计算机编制列车运行图。系统能够完成管理基础数据、确定列车开行方案、调整列车运行图、编制相关作业计划等。应用智能编制技术编制列车运行图，是希望能够解决当下列车运行图编制的痛点与难点，主要有以下几方面的功能需求：

(1)提升列车运行图编制质量

列车运行图涉及列车开行方案、列车运行线、到发线、动车组交路、列车停站等诸多要素，在编制过程中还需考虑线路、车站能力的充分发挥，列车开行频率和停站方案的均衡、各铁路局集团公司诉求的保障等因素，为保证列车运行图高质量的铺画，需要统筹各方面的制约因素和影响因素，以满足旅客需求、运力资源充分发挥为目标，对列车运行图的时空分布、停站设计、冲突调整等进行智能化的设计和编制，形成一个对编制要素整体优化的一体化设计方案。

列车运行图编制参数是列车运行图编制的主要约束，包括区间运行标尺、起停车附加时分、列车追踪间隔时间等。随着运营经验的不断积累，现有的运行图均使用同一参数进行标定的体系已无法满足精细化编图的需求。应用智能编图技术可以精确指定不同规模车站的起停车附加时分、枢纽车站不同股道间的追踪间隔时间，从而实现通过能力的充分运用。

人工编制列车运行图，难免会出现进路交叉、间隔不够的情况，在运行图编制完成后，需要花费大量时间人工核对，甚至在运行过程中仍出现列车冲突。应用智能编图技术仿真列车冲突条件，充分保障列车运行图的可靠性及可操作性。

(2)提升列车运行图编制效率

人工编制列车运行图虽然可以灵活地运用编制规则，更有效地疏解运行图中的冲突。但面对路网大规模的列车运行图铺画需求，编制的强度和难度大大增加，人工编制的效率难以与计算机自动化编制相比。应用智能编制技术铺画整体的列车运行图，辅以人工必要调整，能够大大提升列车运行图编制效率。

当前，列车运行图编制系统还不能与客运系统、调度系统、动车组管理系统、值乘管理系统、天窗管理系统进行数据交互，导致大量的数据需要进行人工处理。应用智能编制技术打通数据间的壁垒，可以有效提升数据传输效率。

(3)提升列车运行图编制质量评判能力

列车运行图是运输组织计划的核心，直接决定了铁路运输组织生产收益。列车运行图中含有列车运行线、走行径路、动车组运用等基本信息，在客流预期数据的支持下，应用智能编制技术可以针对列车运行成本、客票收入进行测算，实现列车运行图经济效益的预判。

旅客对列车的选择评价是列车运行图、列车开行方案编制质量好坏的最直接体现。通过列车运行线和列车源—目的(original destination，OD)流密度表融合，形成每一个车次、每一个运行区段的客流密度，应用智能编制技术分析列车运行线和客流需求的适应性，可以有效评价列车运行图与市场需求的耦合程度。

应用智能编制技术，可结合列车运行实时状态和设备实时工况，快速推演列车运行图的执行过程，生成多个可选的列车运行计划调整方案，并提供优劣分析、行车安全分析，大幅提高列车调度员调整列车运行计划的精度及效率。

(4)提升非正常情况下的应急能力

列车运行过程中，难免会遇到恶劣天气、设备故障等非正常情况。列车的实际运行会偏离列车运行图，对运营秩序产生极大干扰。应用智能编制技术进行全图动态仿真，推演应急情况下的列车运行秩序恢复情况，可以对列车运行图的弹性进行分析和评价，及时做出改进，提升应对非正常情况的能力。

当非正常情况发生时，列车运行图需要进行大量的调整。应用智能编制技术，按照调度员设定的调整目标和相应约束条件，快速、高质量地完成列车运行阶段计划的自动调整，不但可减轻调度员的劳动强度，提高列车调度员的应急处置效率，还能够降低因人工调整延时带来的不利影响，更好地保障列车运行安全，提高运营效率。

列车运行图编制的需求框架如图 8-9 所示。

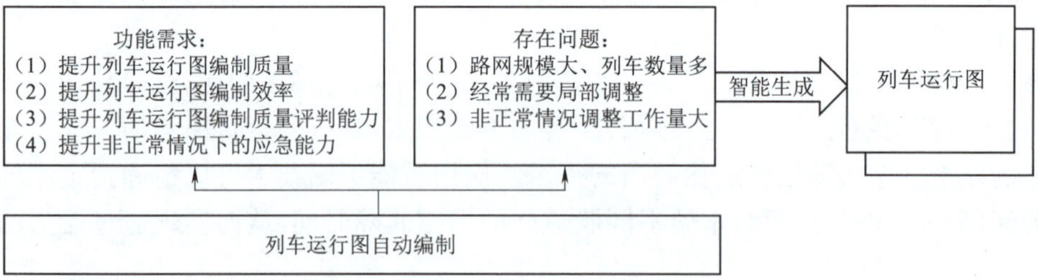

图 8-9　列车运行图编制需求框架

伴随着更多先进技术的快速发展，中国铁路行车调度系统将向全系统、全过程智能化和高度自动化方向发展，这是挑战，更是机遇。随着列车运行图智能编制技术的逐步发展、应用，系统将为铁路运输调度指挥工作带来基于网络化、智能化的调度决策和运行控制手段，更好地满足我国铁路运输组织需求，为铁路各工种尤其是调度员提供更为便捷、高效、安全的工具，促进我国铁路向着更安全、更优质、更快速的方向发展，为兴路强国提供更为坚实的技术保障。

(三)问题分析

列车运行图是运用坐标原理对列车的运行时间、空间关系的图解表示，直观表达列车运行时空过程，是用来表示列车在铁路区间运行及在车站到发或通过时刻的技术文件，规定各车次列车占用区间的程序。列车在每个车站到达、出发或通过的时刻，列车在车站内的运行时间，列车在车站内的停车时间及机车交路、列车重量和长度等要素，是全路组织列车运行的基础。通过列车运行图可以把整个铁路网的运输生产活动联系成一个整体，严格按照一定程序有条不紊地开展运输生产工作，列车运行图是铁路运输生产的综合计划。

假设在一个区段内，有 m 个车站，上下行共有 n 列列车，并且该区段内的区间数为 $m-1$，则该区段的列车运行图是由 $(m-1)n$ 段列车运行线组成的，每段运行线各代表某一列车在某一区间内的发车时刻、到达时刻和区间内的运行时间。如果将开行的列车看作是任务，将列车占用区间或车站看作是加工工序，每个区间看作是一台机器，那么列车运行图的优化编制问题就转化为了工件加工排序问题，是一类典型的作业调度问题。显然，所有工件的加工序列有 $(n!)^{m-1}$ 种可能的方案，其算法复杂度为 $O((n!)^{m-1})$，列车运行图编制问题的难度随着列车、车站数目的增加呈指数级增长，寻找具有多项式复杂性的最优算法是不可能的。已有文献证明，列车运行图编制问题本身属于非确定性多项式（non-deterministic polynomial，NP）难解问题，存在“组合爆炸”，在有限时间内求得数学最优解难度较大。

列车运行图的智能编制，仅停留在以人机交互为主的计算机编制是不够的。智能编制要求系统必须具备列车运行图自动编排能力，其技术核心是求解列车运行图编制问题，实现智能化、自动化的编图决策。列车运行图的自动化编制问题，一直是相关研究的焦点。研究、开发的主要难点如下：

1. 数学模型建立困难

我国铁路开行列车多，路网复杂，使用数学模型描述列车运行就已经有较高的难度。同时我国列车往往周期性运行，在建立数学模型时必须考虑问题的周期性特征。

铁路运输的最终目的是设计列车产品，满足旅客和货主的旅行、运输需求。在建立模型时，必须考虑客流、货流情况。复杂的客、货流数据进一步提升了建模的难度。

2. 涉及多目标、多约束

列车运行图的编制问题是一个多目标、多约束的问题，其多目标特征体现在两个方面：一是存在多方面的数量指标，如列车旅行速度、机车运用数量、车辆运用数量等；二是存在多方面的质量指标，如列车运行图的均衡性、吸引旅客的方便性、通过能力利用率等。列车运行图的多约束特性一方面体现在资源的有限性上，如车站的作业资源、线路的通过能力、乘务班组的数量限制等，另一方面体现在多个列车进路的冲突约束、维修计划的冲突约束上。多目标、多约束都给列车运行图的编制造成了很大的制约。

3. 目标之间往往存在冲突

列车运行图的编制目标之间往往存在冲突。例如，铁路运营管理部门希望以最少数量的列车来满足客流需求，同时也希望尽量提高列车运行效率。然而，旅客希望提高出行可达性，希望在到达铁路车站后消耗最小的车站等待时间和车内旅行时间到达目的地车站，要求尽量增加列车服务频率。又比如，施工维修部门希望根据施工维修车辆、维修工作人员等维修资源情况及线路维修作业计划编制章程来编制理想的线路维修作业计划，可能会对列车的正常运行造成较大干扰。多个目标之间需要进行权衡，制订多目标间的权重分配表，以解决冲突问题。

4. 编图求解复杂，需要高效算法

目前，在面临大规模的异序车间作业调度问题（job-shop scheduling problem，JSP）时，没有求解精确最优解的通用算法。由于运行图编制模型的难度随着列车、车站数量的增加而迅速增大，传统的分支定界等方法难以在有限时间内求解。

同时，由于我国铁路干线的距离较长且列车有多样性的停站方式，编制列车运行图需要适合我国长距离铁路干线的基本情况。若考虑客流需求，在多种列车开行方案之间，对应着完全不同的周期性列车运行图，因此优化问题的规模会随着备选列车开行方案数量的增加而急剧增加。若考虑列车运行图与线路维修作业计划的一体化，在模型中引入列车限速和降速约束，以列车进路为最小冲突单元编制无冲突的列车运行图也会极大地增大问题规模，进一步提高模型求解难度。

因此，必须设计高效的分解算法以在可接受的时间范围内求解得到实际大规模案例的满意解。

5. 难以评价列车运行图编制质量

列车运行图初步编制完成后，编制质量的评估必不可少，但列车运行图的编制质量评估涉及多方面的指标，其中一些指标无法定量描述。因此，列车运行图编制还属于半结构化问题，难以建立列车运行图质量评价的数量指标体系，使得列车运行图难以进行编制质量评估，模型、算法的进一步优化存在困难。

(四)实现方法

目前，针对列车运行图编制问题，主流的解决思路是将其逐步分解，将列车运行图优化问题看作是多个子问题构成的集合，通过解决一系列相对简单的子问题来达到求解列车运行图编制这样一个复杂问题的目标。也有一些研究从整体出发，在多个复杂典型场景中对多种新的列车运行图编制模式的适用性进行了系统的探讨，包括在长距离的铁路线路中铺画规格化列车运行图、“一日一图”条件下考虑客流需求的铁路列车开行方案和周期性列车运行图一体化优化模式，以及在有复杂拓扑网络结构的普速铁路网络中铺画微观非周期性列车运行图，设计一体化的优化方法。

在列车运行图编制优化问题进行建模描述时，主流的建模方法包括整数规划模型、离散时间空间—状态网络方法及启发式算法，其他方法包括约束规划、离散事件仿真及离散时空网络方法等。

三、联锁进路自动控制方法

(一)联锁进路基本知识

进路是指列车或调车车列在车站内运行时所经由的路径。列车或调车车列在站内的运行路径由道岔确定，根据道岔的不同位置可以组成不同的进路；列车或调车车列在站内的运行方向由信号机来防护，根据信号机的不同显示指示列车是否允许驶入该进路。

车站联锁系统的功能是实现对站内信号机、道岔、轨道电路等基本信号设备的实时控制。为了保证行车安全，车站内信号、道岔、轨道电路必须遵循一定的制约关系——联锁，实现联锁的技术称为联锁技术。

进路处于安全状态是保证列车或调车车列在站内运行的必要条件。进路处于安全状态(锁闭状态)时，进路内区段无车占用，进路内处于解锁状态的道岔已锁闭，防护进路的始端信号机已开放，与始端信号敌对的信号未开放，允许列车或调车车列进入进路；当列车或调车车列通过进路后，必须将进路始端信号机关闭，进路内锁闭的道岔必须解锁，便于排列其他进路，此时进路处于非安全状态(解锁状态)。进路由解锁状态转为锁闭状态，又由锁闭状态转为解锁状态的控制过程即为进路控制过程。

进路控制过程分为进路建立和进路解锁两个过程。进路建立过程是从按压进路始终端按钮开始到开放进路始端信号机为止的阶段；进路解锁过程是从列车或调车车列驶入进路始端信号机内方开始到驶入进路末端股道并将进路内所有区段解锁为止的阶段。

(二)需求分析

车站值班员配合列车调度执行行车作业计划和调车作业计划，调度中心下达作业计划到车站自律机，车站自律机将作业计划分解成指令集，并从指令集顺序调取指令执行。指令从站场静态数据库中搜索进路表，选择最优进路执行，向联锁系统下发命令驱动进路上的道岔转换并锁闭，控制防护进路的信号机开放，锁闭敌对信号，司机根据信号显示控制列车运行，列车通过后进路自动解锁。

实现联锁进路的自动控制，前提是要为每个作业指令安排进路，确定每条进路开始排列时间或者指令开始执行时间。在满足约束条件下，对作业指令的走行路径、执行时机进行适当调整，寻找整体较优方案，实现平行作业，压缩整体作业耗费时间，提高铁路运输效率。在满足进路执行条件及时机要求时，车站自律机下达作业指令给联锁机。联锁机经过处理后产生驱动命令控制信号机、道岔等继电器电路，使车站信号设备动作(如转辙机转换、信号开放/关闭等)，实现作业计划的自动执行。

(三)问题分析

联锁进路自动控制的目的是为车站列车接发和调车作业自动选排联锁进路，使得最大化兑现列车计划和车站作业计划，达到车站作业效率最高和机车车辆走行距离最短的目的。

由于作业流程关系导致车站内各作业之间存在前后顺序关系：如同一列车接车作业与解体作业，作业计划之间的刚性顺序确定了解体作业的指令不能早于接车作业的指令执行；同一作业的不同指令之间也存在刚性顺序；存在刚性顺序的作业指令之间，只有当前项指令执行完毕且满足后项指令执行条件时，才能开始执行后项指令。

车站作业繁忙，列车到达、出发、本务机出/入段和多台调机同时工作符合车站实际作业过程，基于作业指令排列进路时会发生敌对冲突。指令的执行通常会选择基本进路(一般为最短进路)执行，当进路发生冲突时，会选择变更进路以避免冲突。当执行该指令的进路都被占用，一般选择等待，如果不能等待，则需返回调度管理层调整作业计划，然后根据调整后的作业计划执行。

如何确定待执行的作业指令对进路资源的占用顺序，即不同作业指令对进路资源的占用在时间、空间上冲突时，通过调整指令执行的进路方案和指令执行的开始时间，合理安排进路资源以避免作业指令使用进路时发生冲突。保证车站能够安全、高效、有序地控制作业进路执行过程，最大化兑现作业计划。

(四)实现方法

实现作业计划的车站进路优化选排能够优化作业过程，保证作业进路控制的安全。进路搜索问题可以视为在静态路网中求解最优路径的组合优化问题，目前进路搜索方式可以分为如下两类：

(1)基于进路表的进路搜索方式。进路表是将站场中的全部进路汇总在一个总数据表存于内存中，相当于静态数据库；在办理进路的过程中，根据进路操作命令找到对应的进路号，直接从数据库中查找对应的进路。这种搜索方式比较简单，适用于线路简单的小型站场。

(2)基于站场型数据结构的进路搜索方式。将每个信号设备按照位置关系相互连接起来,这种搜索方式不需要确定的联锁表,但需要一定的搜索算法才可以实现进路搜索,适用于站场较大且线路复杂的站场,例如编组站和企业铁路等。

搜索算法是根据初始条件和搜索策略搜索出所需要的节点的过程,其中搜索策略包括如下两种类型:

(1)无指引信息的盲目搜索。这种搜索方式属于无反馈式搜索策略,在搜索时不利用实际问题的特征信息,完全依照预定的逻辑规则进行搜索,该方式盲目性大、搜索效率较低,比如深度优先搜索与宽度优先搜索算法。

(2)启发式搜索。这种搜索方式属于反馈式搜索策略,在搜索时结合问题的相关性特征,选出最佳的位置,然后从该位置一直搜索到目标,搜索时需要对位置进行估价,不同的估价方法都对结果有不同的影响,比如:模拟退火算法、免疫进化算法、遗传算法、蚁群算法、微粒群算法,以及专家系统等。

优化模型以满足列车或调车计划时间内各项作业总的延误时间最小、完成各项作业的进路总走行时间最短为总目标,需要满足的约束条件包括:

(1)满足列车运行计划和车站作业计划的开始时间和结束时间的要求。

(2)满足联锁表进路方案约束的要求。

(3)满足敌对进路冲突约束的要求。

(4)满足前后项作业的先后顺序与时间间隔约束的要求。

四、列车运行自动调整方法

(一)需求分析

在铁路的日常运营中,列车通常按照原有的运营计划运行。然而,通信中断、轨道电路故障、恶劣天气和异物侵入等不可预见的事件可能导致列车的实际运行偏离计划的时间表。在这种情况下,列车在运营线上可能会遇到新的冲突,包括列车之间的时空冲突、列车与设备之间的资源冲突等。为了避免可能导致列车大面积延误甚至列车碰撞等严重后果的冲突蔓延,并确保列车运行安全,同时最大限度地提高整个铁路网络的运营效率,调整列车运行计划至关重要。

列车运行调整是对列车运行图阶段计划的优化,即根据本调度台管辖范围内列车运行图、列车实时运行情况及相邻调度台预报的列车到达情况,规划 3~4 小时时间段的运行调整计划,达到提高列车正点率、提高列车运行速度等的综合目标。列车运行自动调整功能应根据不同的场景提供不同的调整策略,调整后计划符合相关约束条件,具有可用性和便捷性。

列车在紧急情况下运行的影响可以概括为三个方面:影响程度、范围和时间,列车运行计划将根据这些方面进行调整。通过确定受影响列车的数量和类型、受影响区域的范围和延误的持续时间,获得调整后的列车运行计划。调整列车运行计划可采用不同的调度措施,如调整列车区间运行时间、重新排序和取消等。可以考虑多个优化目标,如尽量减少受影响列车的总数、尽量减少受影响列车的总延误时间等。调整后的列车运行计划在最终执行之前由调度员手动验证。最终,列车运行将以最小的偏差恢复到原始计划。建立列车运行方案调整专家知识库，对不同因素造成的延误和调整方案进行分类，积累调整案例和经验。

为了实现动态环境下的冲突检测和解决，构建了自动调整的模型和框架。在智能列车调度指挥系统中引入人机交互，通过人为干预主动调整参数，给出满意的问题解决方案。在计划调整过程中，计划调整终端向计划调整服务器请求最新的列车运行计划，并显示出来。终端在检测到计划变化时，自动检查所有的冲突，并根据调整模型进行调整。此外，在遇到紧急情况，如区间堵塞、限速或列车故障时，调度员可以在计划调整终端设置故障条件，并输入调整意图，系统会自动调整所有后续的计划。自动调整后的计划返回给计划调整服务器，服务器将最新的调整后的计划发送给运行终端，实现列车运行计划的自动调整目标。

（二）问题分析

列车运行自动调整系统实时获得列车运行阶段计划、施工维修、异常限速、列车报点，并以运行图的方式进行显示，调整终端每次收到变化消息时，对所有冲突计划进行检查，并对冲突计划按照事先建立的模型进行自动调整。另外，在遇到线路突发情况需要对区间封锁、限速或某趟列车故障时，调度员可在自动调整终端设置故障条件并输入调整意图，系统自动对所有后续列车运行阶段计划进行调整；自动调整后的阶段计划返回至并显示在运行图终端界面上，从而达到列车运行自动调整的目的。

因此，列车运行自动调整是在既有运行计划的基础上，考虑实际运行早晚点、突发异常等扰动情况，对列车运行与线路资源进行重分配，使得新的运行计划与调整前的计划偏差最小，并且列车运行需求兑现和线路资源利用率最高的优化问题。可通过数学优化方法来求解，常见的模型包括线性规划、混合整数线性/非线性规划、替代图模型等。列车运行计划的调整问题涉及大变量、多目标和复杂的约束条件，属于 NP 难题。对于这个问题，常见的求解方法主要是运筹学、智能优化和人工智能算法（如强化学习）。

（三）实现方法

1. 前提假设

在构建优化模型时结合相关技术标准及行车调度工作中的实际情况，提出如下假设：

（1）默认列车的走行径路及车站技术作业（上水、吸污、送餐等）均已在开行方案中确定，列车运行调整过程中不可改变。

（2）默认各动车组/机车交路已在开行方案中确定。动车组/机车担当某一车次终到后，有时需继续担当另一特定车次始发继续运行，动车组/机车接续关系在列车运行调整过程中不可改变。

（3）介于目前阶段智能 CTC 系统仅在部分线路，调度区段计划逐步部署实施，模型仅考虑单个调度区段（调度台）的列车运行调整，暂不考虑跨多个调度区段及多个铁路局集团公司的列车运行调整。

（4）默认列车运行调整不涉及车站调车作业，调车作业由车站人工办理，智能 CTC 系统中的列车运行自动调整只针对车站列车作业。

（5）默认铁路线路均为双线，只考虑列车间的越行，不考虑列车间的会让。

2. 约束条件

针对目前理论研究中的局限，基于现场行车调度工作所遇到的具体问题并结合相关技术标准，提出模型约束条件。约束条件中的各参数为静态数值且均已事先确定，应用该模型时可作为模型参数存入相应智能 CTC 系统数据库中。模型各约束条件如下：

(1)区间运行时间约束

对于区间运行时间约束，目前的现有理论研究中存在两个问题：

①有的研究中将区间运行时间做刚性处理，认为模型生成的列车运行阶段计划中列车区间运行时间为定值，应与图定运行时间一致。

②另有一些研究中认为列车区间运行时间可在图定区间运行时间的基础上延长，大于或等于图定运行时间即可。然而在实际的铁路行车调度工作中，为鲁棒性考虑，一些图定区间运行时间中包含缓冲时间，列车通过区间所需的最小区间运行时间即为图定区间运行时间减去其包含的缓冲时间后所得数值。实际的调度工作中，也不可能无休止地增加列车在某个区间的区间运行时间。

(2)停站时间约束

对于停站时间约束，目前研究中的共识为列车停站时间应不小于最小停站时间，但对于"最小停站时间"，一些理论研究中认为其为车站的一个参数，与车站的等级有关，其模型中该变量下标为车站。然而，如模型假设所述，列车的车站技术作业(上水、吸污、送餐等)均已确定不可改变，而经停同一车站的不同列车所需车站作业可能不同，因此最小停站时间应为某次车在某站的最小停站时间，而不仅仅和车站相关，应对每一列列车在每站的停站设置为最小停站时间。

(3)车站间隔时间约束

车站办理同方向相邻列车接发车作业的时间间隔不可少于对应的车站安全间隔时间。车站安全间隔时间是指车站办理相邻列车的到达、出发或通过作业时所需的最小安全间隔时间。该时间的取值与车型、线路条件等因素相关，而对于我国铁路列车运行图，车站安全间隔时间共分为 8 类，取值均有详细规定，可依照相关技术标准取值。

(4)发车时刻约束

在实际的铁路行车调度中，列车绝对不应早于其图定发车时刻发车，否则可能造成旅客错过列车等严重问题。列车发车时间约束，表示在经列车运行调整后的列车运行阶段计划中，列车不可早于其图定时刻发车。

(5)越行约束

在列车运行图中，列车之间的越行只能发生在车站，不能发生在区间，否则将会造成列车运行图中的交叉冲突。列车间的越行约束，表示对于经过某相同区间的两列车，前站发车的顺序和后站接车的顺序应一致。

(6)同交路动车组接续约束

如模型假设所述，动车组接续关系在列车运行调整过程中不可改变。

(7)股道冲突约束

目前，部分现有理论研究在模型假设中将车站简化为一个点，忽略车站站型、股道等因素。然而，列车运行调整若不考虑股道，则会导致股道冲突等问题，无法得出实际可用的列车运行阶段计划。一方面，同一时刻，车站的某股道只允许被一列列车占用，有车停靠时另一列车不得接入；另一方面，列车进站接车的股道应与出站发车的股道相同。

(8)发车股道变更约束

列车运行调整有可能造成列车运行阶段计划中部分列车变更发车股道，调整列车至有接发车条件的股道进行接发车作业。目前，旅客购买车票时，检票口都已事先确定。若更改发车股道，则可能使车站临时变更检票口。若旅客已经从检票口进入站台准备上车，此时变更检票口则会使旅客错过列车无法上车。因此，在列车运行调整中对于变更发车股道应慎重，生成列车运行调整计划时，当前时刻开始的某段时间内，应禁止变更发车股道。

3. 目标函数

对于列车运行阶段计划质量的高低有着多种评价指标。这些评价指标是针对铁路运输服务质量而言的，主要用于表征铁路运输企业为旅客提供位移服务的服务质量。基于之前提出的设计原则及相关技术标准，系统可预先设定调整策略，为不同的客户需求设定不同的列车运行调整目标。因此，本模型综合考虑各项指标，基于多目标优化的思想，对各类评价指标对应的目标函数进行加权求和，得到总目标函数，模型考虑的评价指标及对应目标函数如下：

(1)终到晚点列车总数。终到晚点列车总数和本调度区域的列车正点率息息相关，体现了本调度区域列车运行图定计划的兑现率。

(2)交出晚点列车总数。交出晚点列车总数可反映本调度台所辖区段的列车运行调整对其他调度台或相邻铁路局集团公司的影响。

(3)到站晚点总时间。到站晚点总时间是评价列车运行阶段计划的重要指标。列车晚点总时间越少，意味着宏观上列车旅行速度越快、运输的效率越高、旅客的在途时间越少。各项权重可由用户根据自身需要灵活配置，以实现根据不同的客户需求进行列车运行调整。

4. 求解算法

列车运行调整模型实际上是一种有约束非线性优化模型，对于该类模型对应相关求解算法的研究已较为成熟。可以设计基于粒子群、遗传等智能优化算法进行求解，该类算法具有一定的并行性且具有较快的收敛速度，适合通过计算机编程实现实时应用。

五、列车应急调度指挥技术

突发事件具有突发性、危害性和紧迫性等特点，频繁发生对铁路应急调度智能化提出了迫切需求。随着我国铁路网络密度进一步提高，设备数量不断增加，设备使用损耗、老化等情况也将更为突显，突发事件的发生频率也可能进一步增加，如何应对突发事件，保证应急调度和处置能力十分关键，也十分困难。调度指挥系统对实时性要求极高，列车在收到突发性干扰时需要迅速做出相应的调整，从而避免或减少故障对系统运营造成的影响。

应急调度需要铁路运输系统内部多个子系统、部门、工种的协调与配合，必要时还需协调铁路运输系统外部的政府部门、企业、公安部门、消防部门、卫生部门等社会资源与力量应对突发状况，共同形成应急调度决策结论。理想的流程是在突发事件发生后，现场人员(司机、车站值班员、设备单位有关人员等)能够在最短的时间将现场的信息准确汇报至调度指挥中心，调度指挥中心根据现场汇报信息对影响情况进行科学研判，并启动相应等级的响应，应急值班人员及时到达调度台、现场，由专业部门对现场进行督促、指导，各部门加强横向、纵向联系，协同动作，尽快组织恢复运行秩序，列车调度员根据现场汇报的情况及时正确制订应急处置方案、救援方案，并及时调整列车运行计划，以最快的速度恢复运行，将突发事件的影响降到最低。列车应急调度处置流程总体框架如图 8-10 所示。

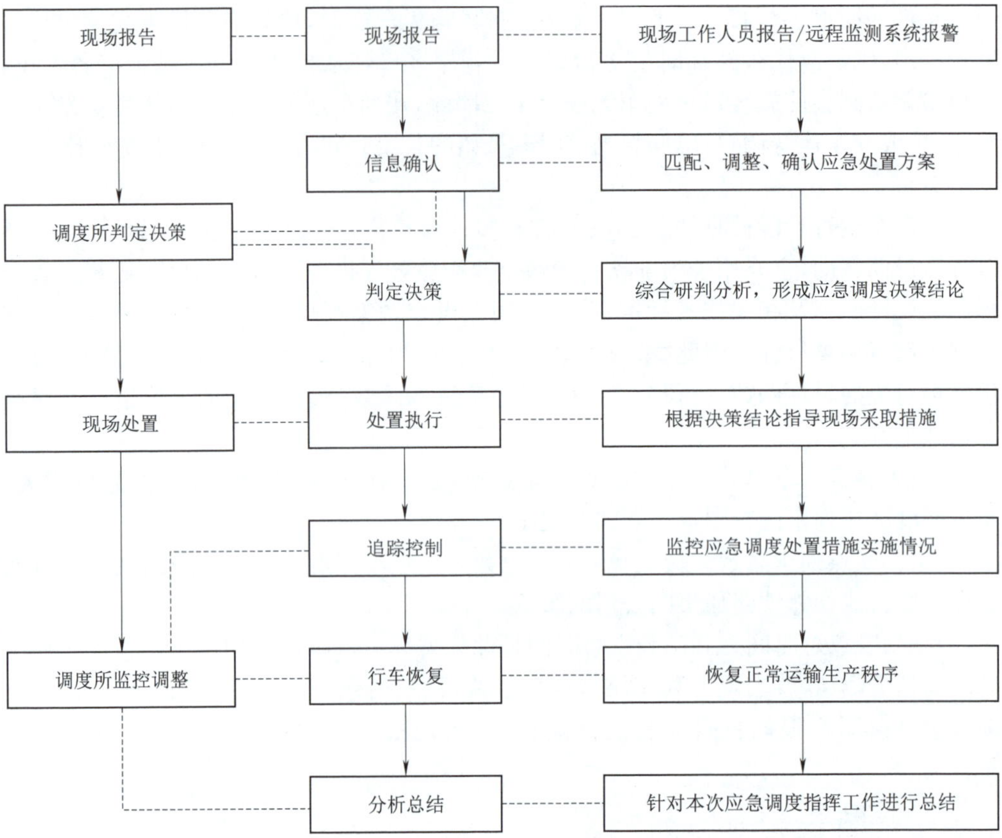

图 8-10　列车应急调度处置流程总体框架

目前，突发事件调度控制以人工决策为主，以"见招拆招"的经验性调整方法为主，自动化、智能化和一体化水平较低，并且无法对列车运行图调整与列车运行控制等进行有效协调，也就无法以最佳的调度方式恢复列车运行。随着高速铁路的快速发展，人工经验式应急调度已无法满足高效率、高质量的运营需求，基于先进技术的智能应急调度已成为发展趋势。

从智能列车调度指挥系统技术而言，列车应急调度指挥技术包括铁路调度突发事件危险源辨识、列车运行计划的自动调整技术、应急预案智能化生成技术、调度应急智能辅助决策技术。

(一)铁路调度突发事件辨识

突发事件是指突然发生的设备故障、自然灾害、事故灾害、社会治安公共安全事件等，造成或者可能造成严重危害社会的事件。突发事件发生时需要立即采取应急措施。

导致突发事件的风险源很多，包括车辆系统、供电系统、机电系统、通信信号系统、线路设施、沿线设施等软硬件设备设施发生故障或异常，车站大客流、社会安全事件、公共卫生事件、人员错误操作等人员因素，以及水灾、火灾、地震等自然灾害引发的突发事件。这些突发事件具有明显的不确定性，突发事件的是否发生、发生的时间、地点、方式都不可预知。

按照事件性质与发生机理可将突发事件分为自然灾害事件、生产活动事件、公共卫生事件、社会治安事件等种类；依据事件的严重程度、影响范围、控制难度等可将突发事件划分为特别重大(Ⅰ级)、重大(Ⅱ级)、较大(Ⅲ级)和一般(Ⅳ级)4 个等级。不同类型、不同级别的突发事件采取的应急处置措施不尽相同。

(二)列车运行计划的自动调整技术

见“列车运行自动调整方法”。

(三)应急预案智能化生成技术

目前我国轨道交通系统面对突发事件大多采用“预案—应对”的静态处理机制,依靠各铁路局间应急联络、实时反馈及决策领导人员的组织经验。对于应急调度而言,即根据描述当前应急处置场景的信息检索应急预案(方案)和历史案例,再对检索结果进行修正得到适用于当前场景的处置方案,用于指导应急调度指挥工作,最后将本次应急调度过程作为历史案例记入案例库。

应急调度处置流程是指从应急响应触发到应急响应结束的具体操作过程,突发应急事件的分类分级体系是执行应急调度处置流程的基础。应急调度处置流程都可归纳为现场报告、信息确认、判定决策、处置执行、追踪控制、行车恢复和分析总结等几个部分,在实际操作过程中形成“现场报告—调度所判定决策—现场处置—调度所监控调整”的过程链。

针对应急预案智能化生成问题,研究主线为案例推理(case-based reasoning,CBR)技术,CBR 模仿人类认知、学习、解决问题的过程,基于历史经验知识解决当前问题,可归纳为案例表示、案例检索、案例修正和案例学习四个部分。根据铁路突发事件特点,归纳出铁路突发事件的若干应急属性,综合运用模糊数学、评估理论、多属性群决策理论等将 CBR 方法应用到铁路应急决策上,并结合预案库给出基于 CBR 的铁路突发事件应急决策流程。

首先,使用案例推理的方法来检索相类似的案例,直接使用符合要求的案例,而对于不符合要求的案例则需要引入规则推理的方法,以此来修正已经检索到但解决方案又不合适的部分,同时结合网络地理信息系统平台的使用来标识和绘出空间数据并与应急预案相结合,由突发事件处理的现场专家通过“人机交互”来完成对突发事件案例的适配。

应急预案智能化生成技术包括预案知识的表示、预案案例的存储结构、预案案例的检索与匹配、案例适配、案例库的学习与维护四个主要内容。

(1)预案知识的表示

预案知识的表示过程即是通过将突发事件应急预案这个领域专家的知识转化为可以被计算机系统识别和存储的信息。预案案例的表示结构如下:

预案案例:case(D,S,R),其中,D 为应急条件基础信息的数据集;S 为决策处置信息的数据集;R 为条件结果的数据集。

(2)预案案例的存储结构

为了适应使用大规模案例库时高速、高效率检索的要求,一般可以将案例的存储结构设计为双塔多层网络结构,这样的设计不仅能适应辅助决策系统对于大规模案例库高效率检索的要求,又能将应急预案的案例和实际案例通过抽象形成的双塔结构密切联系起来而又能将两者合理的相互分离,实现两塔同层次间用“预案使用”的关系,从而实现双向关联。

(3)预案案例的检索与匹配

案例推理方法的核心是从案例库中检索跟当前所发生的突发事件最为相似的过去发生的案例,这个过程也被称为案例检索。基于案例推理法的辅助决策系统对预案案例的检索与利用检索词来搜索存在很大差异,案例推理法搜索所需要的案例是要在给定的领域中抽取案例中的特征属性,是需要按照一定的标准进行的,而每一个特征属性均会根据其在事故中的重要程度来赋以取值不同的权重值,以此来对所需要的案例进行搜索。因此利用案例推理法来对应急预案案例的检索可以依靠案例特征属性的建立及案例的匹配这两个步骤来完成。

(4)案例适配

通过案例的匹配系统会从案例库中检索到与目标案例最相似的案例，但是检索出来的最相似的案例与目标案例还是会存在些许差异。只有对所检索到的最相似案例进行修改后才能使用，而要对最相似案例进行修改时应以修正的工作量最小作为修正原则。在修正的过程中可以先将案例库中最相似的案例方案中可以直接使用的部分保留下来，然后再利用规则推理的方法，将推理出来的结果同应急预案应用到解决方案的修改内容当中去，下一步对预案库进行关键特征搜索，将上一步得到的解决方案与预案库进行比对及修正，得出最终针对突发事件的预案及解决方案。

(5)案例库的学习与维护

案例推理方法的学习功能主要表现在它可以在使用的过程中把遇到的新问题及其解决方法或方案当作新的案例添加到既有预案库当中。辅助决策系统中案例库维护工作主要包含的是案例库中案例的更新和删除等工作。

(四)列车应急调度智能辅助决策

列车应急调度智能辅助决策包括突发事件感知与预警、事件影响评估、行车方案调整、下达指令、结束指令、总结评估等业务环节。列车应急调度智能辅助决策功能设计如图 8-11所示。

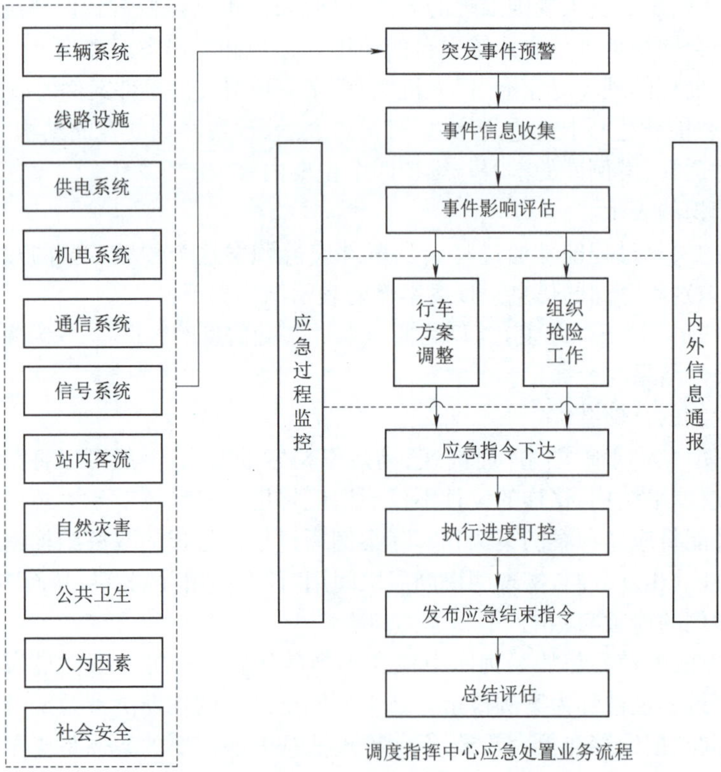

图 8-11　列车应急调度智能辅助决策功能设计

在突发事件感知与预警环节，列车应急调度指挥系统通过与动车组系统、检测监测系统、电力监控系统、客站系统、综合监控系统、行车监控系统、票务系统、动车组运维系统、气象系统等各专业系统实现信息交互，动态获取调度员需要第一时间掌握的、对行车造成影响的环境、设备设施、客流的状态与异常告警信息，并设计集中展示界面进行监视，避免调度员在行车指挥过程中需要盯控多个系统终端的现象。针对社会安全、公共卫生、误操作等人员因素，实现信息快速上报通道，支持移动终端、固定终端同步上报，提供视频、图像、文本、语音等多种信息形式的上报，为调度员快速了解现场情况和收集事件信息提供技术支撑。

在事件影响评估、行车方案调整等业务环节，通过研究突发事件影响传播演化机理，对应急预案、运营突发事件的应急处置过程实施电子化管理，运用大数据与人工智能技术，对应急预案和历史突发事件信息进行机器学习，实现突发事件影响评估智能生成、行车调整方案智能推荐等智能化应急辅助决策功能，可大幅提升调度应急指挥效率，降低调度员的工作压力。

第四节　铁路调度与控制一体化

铁路调度与控制一体化是智能列车调度指挥系统的关键技术之一，可以实现调度计划自动驱动控制系统执行、控制系统执行结果的自动反馈、调度系统依据反馈的结果自动调整计划，实现调度与控制的闭环交互，提高调度系统智能决策与控制系统自动执行的效率，实现整体最优。铁路调度与控制一体化主要包括两个内涵：列车调度与列车运行控制一体化；车站调度与车站过程控制一体化。

一、列车调度与列车运行控制一体化

（一）列车调度与列车运行控制一体化内涵

列车运行控制系统控制列车运行速度、追踪间隔和进路方向，全天候不间断运行，具有分布广泛、环境随机和自身参数离散等特点，是确保列车安全运行和高效运营的重要保障和核心装备。目前，我国高速铁路列车在正常运行过程中，调度员根据运行图，通过分散自律调度集中系统下达运行计划和发布调度命令，控制和监督列车，保证列车按计划准点运行；列控系统根据调度命令、前方列车状态及轨道线路状况，生成列车运行轨迹，司机按照该轨迹控制列车速度，人工驾驶列车并反馈确认信号，实现列车在站间的安全平稳运行。突发事件发生时，高速铁路应急处置过程需要多个部门相互协调，调度员和司机互相沟通，制订应急决策，但在苛刻的通信环境、恶劣天气、设备故障等情况下，通信欠通畅、感知欠精准的现象十分常见。调度员只对网络中的部分区域运行状况有宏观了解，难以实时掌控系统全局运行状态，及时形成精准的应急调度策略。在执行调度命令过程中，司机往往根据驾驶经验对当前的运行状况进行判断，由于经验和能力水平存在差异，造成对列车的控制效果不均衡。因此，将列车运行控制与调度协同优化，使两者在突发事件的应急处置中紧密耦合，生成列车调度与列车运行控制一体化策略，是实现高速铁路应急能力本质提升面临的重要挑战。

原有的铁路结构分为调度和列控两部分，调度中心属于调度部分，而车站控制系统、车

载控制系统、通信系统等属于运行控制部分。随着大数据、人工智能和5G通信等新一代信息技术兴起，在安全运行的前提下利用人、车、路、网资源，对高速铁路路网跨时空全局运行状态进行综合感知，实现动态拓扑结构下多列车在线智能优化调度和实时精准控制，打破既有高速铁路运营中运行控制和调度的分层架构，实现列车调度与列车运行控制一体化与协同优化。

(二)列车调度与列车运行控制一体化技术问题

列车调度与列车运行控制一体化是指运用先进的感知、传输、控制方法和技术，提升列车运行控制和调度智能化水平，深度融合列车运行控制和调度，实现路网整体运行效率全局最优，全面提升及时应对突发事件的能力。列车运行控制与调度一体化通过打破既有高速铁路运营中运行控制和调度的“分层”模式，增强对高速铁路运行环境的全面深度感知，在安全运营的前提下利用全局人、车、路、网等资源，全面提升高速铁路系统的运行效率。

列车调度与列车运行控制一体化基本原理是将列车调度和运行控制两个环节进行整合，实现对列车运行的全程监控和控制，包括以下技术问题：

(1)数据共享与信息传递。列车调度和运行控制系统之间实现数据共享和信息传递，包括列车的运行状态、位置、速度等信息，以及列车调度的指令和运行控制的反馈等。通过数据共享和信息传递，实现对列车运行的实时监控和控制。

(2)自动化运行控制。列车调度与运行控制系统通过自动化技术实现对列车的自动运行控制。通过预设的列车运行计划和调度指令，系统可以自动控制列车的起停、速度调整、信号控制等操作，确保列车按照预定计划安全运行。

(3)实时决策与优化。列车调度与运行控制系统可以根据实时的列车运行情况和调度要求，进行实时决策和优化。比如根据列车的实际位置和速度，动态调整列车的运行计划，避免列车之间的冲突和延误；根据列车的负载情况和运行效率，优化列车的运行速度和节能策略等。

(4)故障检测与处理。列车调度与运行控制系统可以实时监测列车的运行状态和设备的工作情况，及时发现故障并进行处理。比如当列车发生故障时，系统可以自动调度其他列车绕行或停车，避免影响整个线路的运行。

(5)系统应充分考虑安全性和可靠性，联锁、列控模块及其相关接口采取2乘2取2或2乘3取2的安全冗余结构。

(6)一体化并不意味着所有逻辑运算处理均由同一个处理器完成，也可由多个处理单位构成，分工协作，但需在系统功能和软件设计方面统一考虑。

通过以上基本原理，列车调度与列车运行控制一体化系统可以实现对列车运行的全程监控和控制，提高列车运行的安全性与效率。

(三)列车调度与列车运行控制一体化系统架构

列车调度与列车运行控制一体化系统总体架构如图8-12所示，系统由调度指挥子系统、列控联锁子系统、维护监测子系统构成。系统内部通过各类数据网络连接，包括信号系统安全数据网、调度集中数据网、信号集中监测数据网。按物理位置划分为中心设备层、车站设备层、轨旁与车载设备层。其中，轨旁与车载设备层与现行高速铁路ATO系统一致。在现行列控系统的基础上，先进行列控与联锁系统的结合，实现列车控制与地面设备控制的统一，再将结合后的系统（即列控联锁子系统）与调度指挥子系统有机融合，实现列控与调度指挥的一体化设计，并在维护监测子系统的支持下，实现安全有序运行。

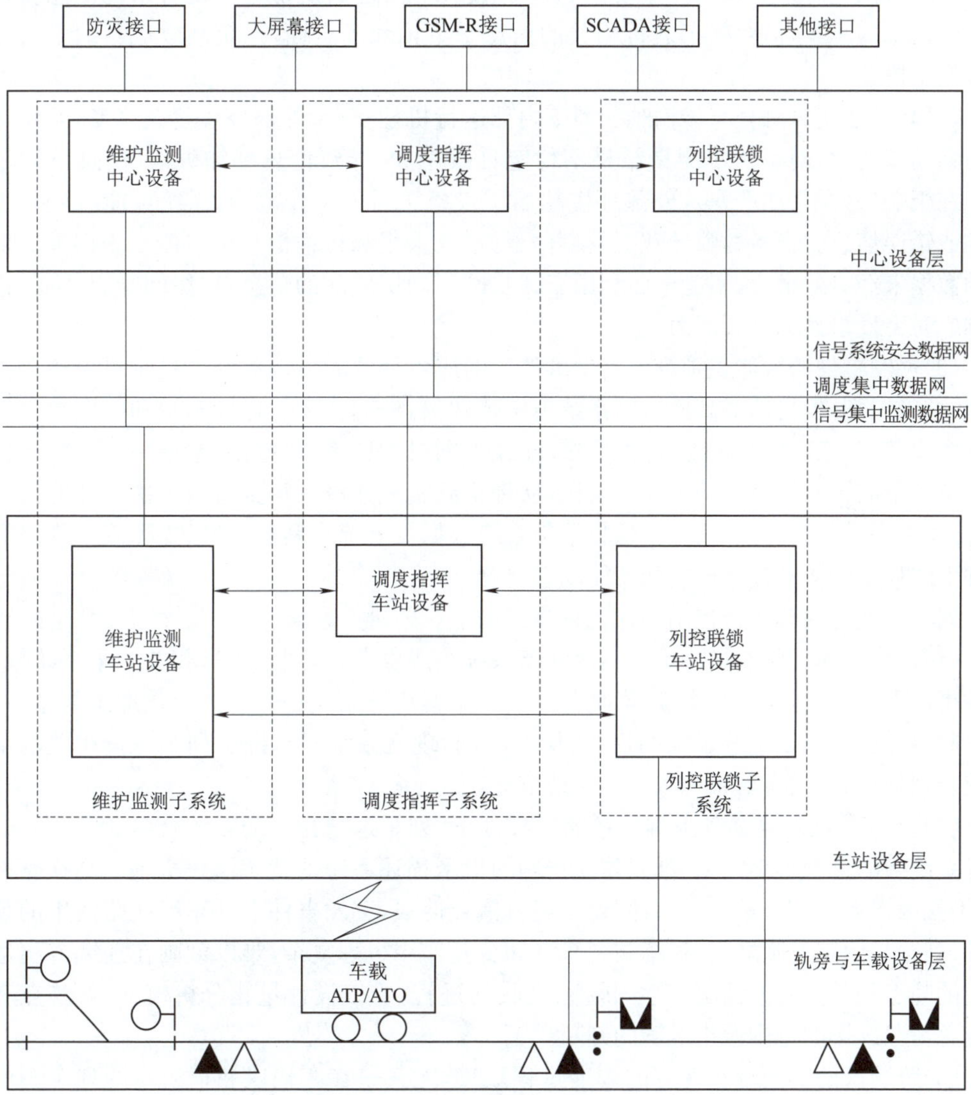

图 8-12　列车调度与列车运行控制一体化架构

正常情况下，由列车调度与列车运行控制一体化系统根据时刻表自动完成列控与调度指挥，列控联锁子系统实时向调度指挥子系统提供列车运行状态信息，维护监测子系统实时采集信号设备的状态信息。当发生故障或遇到特殊情况时，调度员可介入进行调度指挥，下达行车调度命令给列控联锁子系统。

列车调度与列车运行控制一体化系统充分考虑内部资源共享，通过中心设备层统一实现与外部系统接口的集中设置与管理。

（四）列车调度与列车运行控制一体化技术难点

列车运行状态实现全局多层域、快速、精准智能感知，存在以下技术难点：

(1)跨层域感知协同难。铁路系统庞大、因素众多,列车运行控制与调度涉及系统内列车状态信息(如速度、位置、列车车型、牵引制动特性等)、基础设施状态和约束条件(线路、桥梁、隧道、供电等系统)、列控系统的状态(车载设备、地面设备等),现有系统信息实现了对部分信息的采集,但对列车运行相关的信息采集依然不全面,系统高效运营缺乏有效感知数据支撑。

(2)高精度实时融合与传输难。列车内部运行机理复杂,外部环境复杂多变,系统运行状态强动态变化,使得传统测量结果不稳定且噪声大,导致信息感知失准,信息感知不精确。在极端条件下(如严寒),外部环境超出了设备正常的工作范围,系统可能收到设备的失准或错误信息。设备故障导致突发事件下,系统采集和传输信息也可能出现误差。对采集的数据未经有效融合,不能全面利用车、线、网不同层域间的信息,层级间难以协同,极大影响应对突发事件的处置能力。

(3)突发事件的智能识别难。突发事件下的应急处置能力一部分取决于对应急条件的快速、准确识别,但目前对高速铁路系统由于感知信息不全、运行环境感知和突发事件场景识别主要依靠人工确认,识别方法受限,导致识别时虚警率、误警率、漏警率高。基于数据的应急场景的识别研究尚处于初级阶段,从理论到实践还没有得到有效解决。部分信息采集、传输都不具备实时性,系统中信息采集系统数据没有综合利用,难以支撑高速铁路突发事件下的列车的协同运行控制和智能动态调度。

列车调度与列车运行控制一体化建模有以下 3 个研究难点:

(1)系统多模态状态描述难。高速铁路系统组成复杂,与列车运行相关的子系统繁多,突发事件下,列车运行将受影响,影响范围内列车偏离计划轨迹运行的量化形态复杂,动车组、列控系统、基础设施等系统的模式、层次不同,现有系统只掌握了列车运行相关的部分系统宏观信息,并没有对系统状态实时地描述。

(2)全时空机理复杂刻画难。在突发事件下,列车运行相关的系统众多,特点各异,并且各系统间的耦合机理复杂,难以建立精确的模型描述系统的状态演化机理。高铁路网复杂,干扰因素多,车车、车线、线线间列车运行耦合性强,突发事件下列车流在路网中的传播特性、列车与固定设施之间、列车与列车之间交互作用机理复杂,难以刻画在连续或离散时空上的晚点和某些应急情况产生、传播、吸收的过程,难以设计量化分析模型,对晚点和某些应急情况的影响范围给出准确的判断。

(3)跨层次的协同难。现有的调度过程烦琐,尤其是在车辆段和枢纽站的列车调度过程,系统运行环境复杂、干扰因素多,对系统内多列车的动态调度模型本身就是个 NP 问题。突发事件下,列车运行控制参数辨识难、约束复杂,加之列车间运行耦合性强,对一定范围列车运行的精确建模困难。传统的运行控制与动态调度分层,层间弱耦合,对列车运行的影响刻画相对独立。对复杂的高速铁路运行控制与调度的跨层次协同机理的研究和建模更加困难。

突发事件下,突破复杂环境下列车协同运行控制、智能动态调度及其一体化的挑战面临的 3 个难点为:

(1)列车运行优化控制难。高速铁路运行环境复杂,在突发条件下,列车的运行控制参数时变、非线性强,难以精确刻画列车运行状态,建立精准的运行特性数学模型难。目前,突发事件下高速铁路的列车控制依然采用人工方式,司机对环境信息、列车性能的掌控差异性大,对突发事件的处置和反应能力不同，导致列车运行的稳定性、均一性差，高速铁路系统列车运行密度大、间隔小、列车间运行耦合性强，列车的控制效果不好对其高效准点运行有很大影响。

(2)动态调度智能化难。高速铁路运行过程中的随机时变干扰强，当前的人工调度方式难以实时、准确地捕捉干扰信息，调度系统与其他系统的信息交互不充分，导致动态调度的实时性差，给调度决策的生成带来了很大困难。在突发事件下，调度员的任务繁重，人工的调度只能采用简单的调度指令(如扣车)保证列车实现安全运行，调度员对系统的精确状态和运行演化机理不清，无法实现系统的高效运行。

(3)列车运行控制与动态调度实现一体化难。突发事件下系统的应急处置能力与列车运行控制和调度同时相关，两者共同决定了列车的到发时刻、路径的占用、运行控制等，即决定了系统内列车的运行态势和系统状态的演化过程，现有系统中，运行控制和调度均采用人工方式，通信手段单一、信息传递不及时，无法实现两者的协同机制，导致应急处置能力受限。

(五)列车调度与列车运行控制一体化趋势与展望

列车调度与列车运行控制一体化在未来的研究重点包含以下 3 个方面：

(1)要求感知具备全面、实时、精准等特征。

(2)要求建模具备实时、精确、全局优化等特征。

(3)要求控制与调度具备智(智能)、协(协同)、稳(稳定)等特征，即要求列车运行控制平稳、动态调度智能、运行控制与动态调度协同。

列车调度与列车运行控制一体化通过打破既有铁路运营中运行控制和动态调度的“分层”模式，增强对列车运行环境的全面深度感知，在安全运营的前提下利用全局人、车、路、网等资源，全面提升铁路系统的运行效率，其示意如图 8-13 所示，以北京站和上海站为例，实现列车运行控制与动态调度一体化。

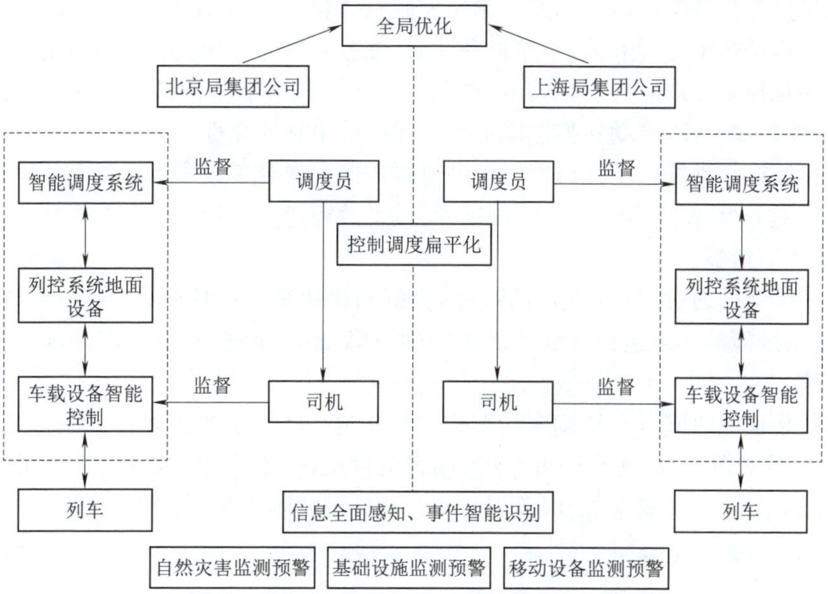

图 8-13 列车调度与列车运行控制一体化示意

二、车站调度与车站过程控制一体化

(一)车站调度与车站过程控制一体化内涵

车站调度与车站过程控制一体化是指将车站的调度和车站进路、机车驾驶等控制功能整合在一起,实现对车站运营的全面管理和控制。车站调度和车站过程控制是车站运营中的两个重要方面,二者密切相关且相互依赖。

具体来说,车站调度基于列车运行计划,通过编制车站的作业计划对车站的列车接发、调车、货运等作业计划进行安排和调度,以确保列车接发和车站作业的顺畅。调度员根据列车运行情况、旅客需求、货物装卸、车辆解编和车站设备状态等因素进行调度决策。

车站过程控制是指对车站内的各种设备和系统进行控制和监控,以保证车站的正常运行和作业的安全。控制包括信号控制、道岔控制、站台设备控制、旅客信息系统控制、调车机车控制、作业安全防护设备控制等。控制系统通过监测设备状态、收集数据并进行自动化控制,确保车站设备的正常运行和作业的顺畅。

车站调度与车站过程控制一体化的内涵在于将车站调度和车站过程控制功能整合在一个系统中,实现数据的共享和协同工作。通过整合调度和控制功能,调度员可以实时监控车站运行情况、设备状态和旅客信息,并根据需要进行调度决策和控制操作。同时,控制系统也能提供实时的运行数据和设备状态信息给调度员,以支持调度决策。调度和控制的整合使得车站运营更加高效、安全和可靠。

总之,车站调度与车站过程控制一体化是通过整合调度和控制功能,实现对车站运营的全面管理和控制。二者相互依赖、协同工作,共同促进车站运营的优化和提升。

(二)车站调度与车站过程控制一体化技术问题

车站调度与车站控制一体化的主要技术问题如下:

(1)数据整合与共享。车站调度与车站控制一体化系统将车站各个子系统的数据进行整合和共享,包括列车运行数据、车站设备状态、旅客信息等,以便实时监控和分析。

(2)自动化控制。通过自动化技术,实现对车站的联锁进路、调机运行、防溜、脱轨器等系统的远程控制和监控,自动化控制能够提高运行效率和安全性。

(3)实时监控与预警。车站调度与车站过程控制一体化系统能够实时监控车站运行情况,包括列车运行状态、旅客流量、作业过程、设备故障等,一旦发现异常情况,系统会发出预警并采取相应措施。

(4)调度优化。通过对车站运行数据的分析和优化算法的应用,车站调度与车站过程控制一体化系统能够实现运行计划的优化,包括列车运行间隔、站台分配等,以提高运行效率、减少拥堵。

(5)系统集成与协同。车站调度与车站过程控制一体化系统需要将不同子系统进行集成,并实现协同工作,包括列车调度系统、旅客信息系统、安全监控系统、计算机联锁系统、调机运行控制系统、货运安全等,以确保整个车站运行的协调和一致性。

(三)车站调度与车站过程控制一体化系统架构

车站调度与车站过程控制一体化系统以信息集成为核心,综合管理技术、运输生产技术、信息技术、自动化技术、系统工程技术,将溜放速度控制、进路控制、车辆管理、信息管理、决策管理等集成为一体，建立统一的综合信息管理与控制平台，实现指挥数字化、执行自动化、管理现代化、作业管理和控制一体化、路局调度与车站调度一体化、运输管理与决策支持智能化，其架构如图 8-14 所示。

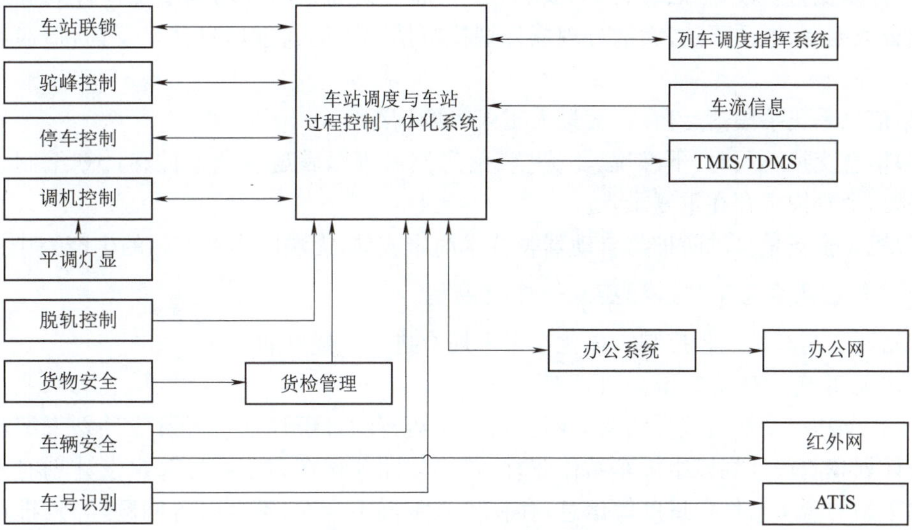

图 8-14　车站调度与车站过程控制一体化架构

以信息集成为核心，将各专业信息系统整合为统一的集成系统，达到决策智能化、指挥数字化、执行自动化和管理现代化的目的，具体内容如下：

(1)决策智能化：接发股道、调车线、调机、装卸线、牵出线、驼峰、作业顺序、作业人员、进路。

(2)车站处理信息(按时段分)：调度计划管理、执行过程管理、历史数据管理。

(3)车站处理信息(按工作分)：站内接发车计划、现车及调车工作计划、本务机折返工作计划、调车机计划、站内施工计划、货运工作计划。

(4)指挥数字化：各工种在系统内数据相互透明、信息对称、相同界面、数据动态更新、数据一致、互控互锁。

(5)执行自动化(地面)：接车、发车、通过进路自动控制；推峰、溜放进路与调速自动控制；编组牵出与取送车进路自动控制；调车机单机折返进路(头部、尾部)自动控制；本务机出、入库进路自动控制；驼峰股道封锁、解锁自动控制；停车器/脱轨器制动、缓解自动控制；调车机车运行的移动授权。

(6)执行自动化(车载)：推峰速度自动控制、距离防护(阻挡信号或停车点)自动控制、速度防护自动控制、进路故障防护自动控制(检查区段内道岔表示正确与锁闭)、调车机车自动驾驶。

(四)车站调度与车站过程控制一体化难点

车站调度与车站过程控制一体化难点如下：

(1)系统多、小、散。数据部分缺失，采集方式落后，存在人工录入和重复录入等情况。

(2)结合部问题。运转与货运作业缺乏联系互控，取送和装卸作业存在一定脱节；车站和机务段车机衔接不畅，存在相互观望影响发车的情况；车务和车辆段信息共享能力薄弱。

(3)计划编制阶段，各专业计划未联通。专业依托各自系统编制计划，缺少协同机制，部分作业环节采用手工作业；各专业信息交互方式落后，通过系统接口、电话、纸质通知形式。

(4)计划执行阶段，各层级计划未贯通。大部分路局集团公司调度工作计划和站段作业计划分散编制、电话下达；大部分现场计划执行情况不能通过信息共享反馈，造成后续计划质量不高。

(5)信息采集手段落后，存在大量人工录入的情况。

(6)信息交换不及时、不准确、不完整，信息质量难以满足安全卡控和计划编制功能实现的需要，个别岗位存在重复录入。

(7)机车全场景自动防护与自动驾驶技术尚未成熟，无法应用到实际的生产当中去。

(五)车站调度与车站过程控制一体化展望

车站调度与车站过程控制一体化在未来还有进一步提升的空间。

1. 车站调度与路局集团公司调度协同

目前，车站调度通过接受路局集团公司列车运行的日班计划或者阶段计划来编制车站的日班计划和阶段计划以组织车站作业，而路局集团公司在为车站推算出发计划时需要提前掌握车站的现车与作业进度等信息，存在信息掌握不全面、不及时等问题，导致推算得到的车站出发计划需要车站调度员多次协同确认。如此往复交互，效率低下，需要继续研究车站调度与路局集团公司调度协同方法与平台，实现车站调度与路局集团公司调度一体化。

2. 多专业信息集成与共享

车站作业包括接发、解编、装卸、检修、出/入段等，涉及机、车、工、电、辆等多专业，为了实现作业环节间自动驱动，有必要利用集群技术构建高度可伸缩的分布式集群架构，构建面向车站全业务的大数据平台，使大数据平台能够支持海量数据、高并发和复杂分析的需求，实现铁路车站业务全量数据的统一存储、集中分析、高效访问、统一决策。

3. 调车机车全场景防护与自动驾驶

目前，车站通过平调系统或者无线调车机车信号和监控系统(STP)对调车作业进行管理和运行防护，存在特殊作业场景防护不彻底或者防护过度的问题，调机运行效率不高和安全性不强，有必要研究车地控制一体化的调车自动运行体系、调车运行全场景防护与调机自动驾驶技术。

复习思考题

1. 铁路列车调度系统智能化主要体现在哪几个方面?

2. 智能列车调度指挥系统数据平台的主要作用是什么? 与列车调度指挥相关的原始数据有哪些?

3. 建立列车运行图智能编制模型时，需要考虑哪些目标函数和约束条件?

4. 在哪些情况下需要对列车运行进行自动调整? 对列车运行的自动调整是为了解决什么问题?

5. 铁路调度与控制一体化的主要目的是什么? 主要包括哪两方面的一体化?

第九章　列控系统智能运维技术

随着大数据和人工智能理论的快速发展，基于列控设备的海量监测数据，开展列控设备的故障诊断、故障预测、智能运维与健康管理，代表着列控运维技术的未来发展方向。本章首先介绍了列控系统智能运维技术的发展背景和国内外发展现状，然后介绍了智能运维的关键技术，最后介绍了典型的智能运维系统及其应用。

第一节　列控系统智能运维技术概述

一、列控系统智能运维技术发展背景

我国铁路运营具有路网规模大、地域分布广、外部环境复杂等特点，因此，数字化和智能化一直是铁路行业发展的热点之一。世界各国积极把握全球科技趋势，制定铁路数字化和智能化战略，运用先进的物联网、通信、大数据处理、人工智能和建筑信息建模（building information modeling，BIM）技术等，全面推进高铁运营管理、列车运行、乘客服务等方面的数字化和智能化改造。在德国、法国、日本等高铁发达国家，针对列车自动驾驶、新一代列控系统、绿色效能优化等领域，积极开展高铁数字化和智能化的探索，通过不断引入最新技术，为高铁系统赋能，打造智能化网络，实现列车运行的自动化和智能调度，从而提高运输效率和安全性。

我国高度重视高速铁路的数字化和智能化建设，《交通强国建设纲要》明确了加快我国交通事业发展的方向和目标。随后《国家综合立体交通网规划纲要》又明确提出了高质量国家综合立体交通网建设规划，旨在通过广泛应用物联网、人工智能、大数据等新技术，实现交通网络数字化、网络化、智能化、绿色化的要求。2022 年发布的《“十四五”铁路网络安全和信息化规划》进一步明确提出了智能高铁 2.0 的目标任务，规划了未来几年的发展目标和路径。规划提出到 2025 年，将建成高速泛在、天地一体、云网融合、智能敏捷、绿色低碳、安全可控的智能化综合性铁路信息基础设施，各业务领域的数字化水平将得到显著提升。2023 年《数字铁路规划》明确提出力求实现铁路业务全面数字化、数据充分共享共用、智能化水平不断提升，为实现铁路现代化、勇当服务和支撑中国式现代化建设的“火车头”提供数字化新动力。这些文件和规划的发布，为我国高速铁路数字化和智能化建设指明了方向，为全面提升我国高铁运营管理、列车运行、旅客服务等方面的水平提供了具体措施和支持。通过不断推进技术创新和应用，我国高铁将更加安全、高效、便捷，为经济社会的发展提供更强有力的支撑。

随着电务专业信息化建设的深化，以及新技术新设备的大量投入，各设备子系统同步建设相关的检测、监测系统，产生和存储了海量的非结构化和结构化数据，急需运用大数据、人工智能等技术对积累的海量数据进行深入挖掘分析，掌握事故故障发生的规律，优化安全生产流程，提升管理效率，分析潜在风险隐患，降低发生事故故障的概率，从而更好地服务于铁路安全生产。毋庸置疑，未来世界范围内高速铁路领域的竞争将在很大程度上取

决于数字化和智能化水平。因此,智能运维技术是当前铁路安全工作开辟新局面的重要手段和技术支撑。

二、国内外智能运维技术发展概况

国外铁路在电务检测监测技术和体系等方面进行了大量的研究和探索,通过新系统和新技术的广泛应用,为电务设备的检修维护提供技术支撑。

(一)国外技术发展情况

1. 检测监测

(1)芬兰

诺基亚公司联合本国通信运营商研究了一种基于基站内部准实时数据实现的 LTE 无线基站智能检测方法,简称 iCES 无线。iCES 是通过新增服务器(或云资源)直连网管,进而与诺基亚 LTE 基站 IP 直连,利用基站私有接口,可以做到更快速(5 min 粒度)、更高效(自动处理、批量轮询等)、更智能(可预置经验为规则)等增强能力,并支持软件定制,帮助一线运维人员提高工作效率和生产能力,在异常小区自动检测处理、退服小区监控、基站备份应急恢复、场景化维护等多方面尤为有效。欧洲国家为实现对 GSM-R 移动通信系统状态的监控研制了综合集中监控系统,并率先在比利时铁路 GSM-R 系统中进行应用,但国外铁路应用 LTE 技术都处于研发研究阶段,基于 LTE 通信系统智能检测监测和运维技术体系尚未形成。

(2)日本

日本新干线的列车运营管理系统(COSMOS 系统)的集中信息监视子系统(CMS)与电务监测维护密切相关,CMS 中心装置通过 LAN 网对沿线区间及车站的防灾和通信信号设备状况(如信号 ATC 设备、转辙机、联锁机等工作状态)进行集中监控。

新干线的固定设施维修是以预防性计划修为主的,综合检测车可以检测模拟 ATC 的信号电流及频率、钢轨电流、应答器和无线设备等。综合检测列车的检测周期是 10 天 1 次。道岔设备每月检查 1 次;轨枕、扣件材料检查每年 1 次。此外,在维护/维修方式上还利用动态检测技术和综合检测车检测通信信号室外设备。综合检测车信号动态检测主要分为新干线区间和既有线区间。新干线区间又分为数字 ATC、模拟 ATC、轨道电路、地面位置感应器和地面应答器等检测项目;在既有线区间对地面道口控制应答器和列控设备进行检测。检测数据通过实时处理和地面系统后台综合处理分析,为维修部门提供决策依据。

为保障信号设备安全,日本铁路综合研究所、铁路主要设备厂家、各大铁路公司坚持对信号安全检测理论和技术进行研究,以此为支撑研发了相应的检测车,并得到广泛应用,成为及时发现信号设备问题和隐患、全面掌握信号设备工作状态不可或缺的手段。随着高速铁路的发展,检测车逐渐由单一功能、单一专业检测向综合检测发展,一列检测列车在高速运行情况下,同时完成信号、通信、弓网、轨道、周边环境等多个专业的动态检测。近年来又不断拓展综合检测列车的用途,由单纯的检测功能、单一的安全检测模式发展到将综合检测列车与地面数据综合处理中心相结合,深入发掘和应用综合检测数据信息,指导维修部门对基础设施进行基于状态的维修,避免过度维修和过期维修的问题,最终实现对基础设施的良性资产管理,达到高安全、低成本的运营管理。

(3)法国

法国阿尔斯通公司的 MSS1.0 系统由集中站的 MSS 站机采集监测数据,传输到监测维护中心的 MSS 服务器进行分析处理,集中站 MSS 监测联锁、ATC、ATS、DCS 系统的状态信息。法国国家铁路公司与美国 IBM 公司签订协议，利用该公司的 IBM Watson 物联网平台、大数据云计算技术及自主开发的专用工业传感器，对列车及铁路基础设施进行远程监控并为预测性维护创造条件。当前，巴黎通勤列车装备 2 000 个传感器，每月可传输70 000 个数据点的信息，使得法国铁路公司的技术人员可在同一时间对 200 列列车的状态进行远程监测，以便及时发现包括空调设备和车门等潜在故障问题，省去了列车段的人工检查的同时，也能防止服务中断及产生更昂贵的维修工作。

法国铁路综合检测列车 IRIS320 是一辆由法国铁路公司自行改造设计的高速检测车，其目的是监控和测量既有线和高速线的设备状况。该车可在对线路运营无任何干扰的情况下，以许可运营速度运行并对被测线路完成各种测试，可满足目前法国东部线运营速度 320 km/h 的条件。测试分析完成后，可及时将设备缺陷信息传递到相关设备管理单位，由设备管理单位组织克服。IRIS320 的任务就是确保线路、信号、接触网和通信等相关设备的工作状态良好。车上装载了约 150 个各类传感器，20 多个摄像头，约 20 km 光缆，配备由 7 名工程技术人员和 2 名驾驶员组成的车上团队，每两周，IRIS 要对所有高速线全部检测一遍。每年，IRIS320 要检查 20 万 km 的线路，其中包括邻国比利时的部分路网。IRIS 可使维修部门了解实际运行条件下设备的状态。

在法铁高速线上，HELENE 车用于信号和通信监测，以 200 km/h 的速度进行巡回检测，属于预防性和定期安排的维护。这种检测车能测试 UM71 轨道电路的特性：检测补偿装置、电气绝缘节的质量(纵向和横向干扰)、牵引回流失衡、信息定时发送器、地对车无线通信设备。

MELUSINE 车是编入高速列车的试验车，在 300 km 时速下进行零星或定期的检测，主要任务包括：在最高时速下核实高速线路的几何形状、转向架垂直方向和水平方向的加速度；检测受电弓与接触网的动态状况并辅以录像、标明图像的拍摄时间、速度及公里标；地对车无线通信数据的采集；钢轨踏面在时速 300 km 时列车通过时的表面状况记录。

2. 设备运维

(1)日本

JR 东日本铁路公司的总部设在东京，其通信信号设备维修管理机构从上到下分为三级：总部设备部、支社设备部(电气部)专业科、各地专业技术中心(沿线维修中心按专业设置)，实行垂直管理。其中通信信号技术中心 8 个、通信信号维护中心及派出机构 21 个。通信信号技术中心负责通信信号方面的维修管理，下设综合维修中心(或基地)，是其现场派出机构。通信信号技术中心按双线长度 100～200 km 设置，1 个通信信号技术中心一般下设 3 个通信信号综合维修中心。

通信信号技术中心的业务包括通信和信号两部分。信号业务是指安全计划和维修计划的制订，定期检查监测数据及工程设计、合同。通信相关业务是指保障骨干网、广播设备、列车无线设备等的安全。综合维修中心的业务包括信号设备的检查，安全作业的工程调整业务，信号相关工程的发包、监督业务。各技术中心、综合维修中心配备了预防灾害和故障的各种预备品。另外，在某些车站预先配备了预防灾害备用的转辙机、搬运用机材等。

日本新干线涉及维修管理的信息管理系统主要包括 SMIS 系统、COSMOS 系统和 TRAMS21 系统。

1982 年，东北上越新干线开始应用 SMIS 系统，SMIS 具有设备管理功能，支持轨道状态管理、轨道材料管理和轨道工程计算等功能。

1995年，COSMOS系统开发完成8个子系统，其中包括维修作业和设备管理。维修作业包括作业计划、作业实施、业务支持和手持终端等业务管理功能。设备管理包括工务、信号和电力设备状态和检测管理。

现在东日本信息系统公司又开发了TRAMS21系统，其功能包括：设备台账管理、检测数据管理、维修结果管理、轨道工程计算、计划支持等。

(2)德国

德国高速铁路形成了通信信号一体化的电务控制和监测维护体系，覆盖了车站信号、区间信号和车载信号设备，还包括有线通信、无线通信及空间无线场强、干扰监测等各技术领域，实现了车—地信号综合分析。此外，德国ICE高速列车自检系统，不仅能够报警，还可以通过ICE的无线通信系统将维修所需要的重要诊断数据传送给有关的检修段，使其做好快速修复的准备。德国铁路大数据中心采用DB平台实现了对运营状况、设备故障精准分析的工作，主要用于设备故障对运输影响分析、关键设备故障分析及优先级别判断、设备状态可视化展示、检修成本优化分析。

德国铁路信号设备维护公司(简称LST公司)负责全德国近4 000 km铁路地面信号设备代维护，在全德国拥有120余名员工，其中慕尼黑城市内的300 km铁路地面信号设备由24人负责维护。DB公司负责慕尼黑铁路地面信号设备的管理工程师为3～4名。LST公司与德国DB公司签订代维护合同，按照合同约束为DB公司提供铁路信号地面设备代维护服务。

路网公司设有电务部门，统一管理德铁通信信号设备设施，下设7个地区性分支机构。

DB路网公司分设电务、信息部门分管电务和信息设备运行维护工作。电务和信息的现场维护分工原则是凡涉及行车安全的由电务部门负责，其他诸如车站视频摄像机等由信息部门负责。

DB路网公司通信设备的寿命期通常掌握在15年左右，主要依靠设备运用状态和技术演进路线来确定。随着技术进步及DB对通信能力提升(如带宽增长等)的需要，在寿命期内也会适时安排更新改造。通信设备目前主要采用状态修或周期修的方式。

(3)法国

法国铁路的养护维修工作一直实行总局、地区局和基层三级管理体制。在总局，运营基础部负责高速铁路及既有铁路的养护维修管理工作；在地区局，对应的基础部负责相关的管理工作。法国高速铁路养护维修的工务基层部门是综合维修段，归各地区铁路局管理，下设若干工区，工区下设班组。

法国高速铁路是按照预防性维修为主、故障性维修为辅的原则开展养护维修工作的，主要分为预防性维修、修复性维修和更新改造三种方式。

为满足运营管理的需求和不断提高基础设施维修服务水平，法国国铁维修监控体系随着运营管理经验的积累和新技术手段的采用正在不断发展和变化。

为减少故障排除和影响正常运营的时间，让信号操作人员减轻电话联系的负担，法国国铁考虑将高速铁路运行故障信息直接由基础设施维修部门负责，因此创建了维修监控中心。具体工作方式是维修监控中心通过远程设备监督装置发出的报警，确定故障发生地点和其他故障信息，同时直接联络具体维修工区和维修人员，尽快赶到现场进行抢修。

在没有远程监测系统时，每当发生影响列车运行的事故，从报警、通知派员到现场处理再到修复调试的整个过程中，每个环节均有延时，故障延时长。自建立远程故障诊断系统后,报警时间缩短、故障定位准确、人员到位迅速,通过诊断信息大幅缩短修复时间,缩短整个故障延时。目前法国铁路设有3个监测中心。

里昂基础设施维修监控中心直属里昂铁路局管理,负责巴黎—里昂—马赛全部高速线基础设施监控。远程设备探测到故障报警信息后传到信号楼的同时也传到监督中心,但传给信号操作人员的信息与传给监控中心的内容有所不同。传给信号楼的以行车安全信息为主,传给监控中心的信息量更大、更全面,便于故障分析。为便于抢修,维修工区及维修人员获得的信息与监控中心的一样。监控中心要求信息尽可能完善,现场设备的运转状态也要及时收集,以便利用此信息进行统计分析,指导预防性维修。

在设立维修监控中心以前,从故障发现到通知维修人员需要15 min,设立监控中心以后只需5 min。由于获得信息量大、准确性高,维修人员能准确知道现场故障情况,处理故障时间也得到压缩,工区可以离现场就近设置,减少维修人员途中时间。

为了更好地发挥检测数据诊断病害、指导基础设施的养护维修作用,法国铁路公司研制开发出基于"莫赞"检测车检测数据应用的工务计算机辅助维修系统软件TIMON。近年来,在列车运行速度不断提高、检测设备不断更新、检测项目不断增加的基础上,法国铁路公司技术人员对TIMON软件进行了系统升级和功能扩展(TIMON-2),增加了从车上数据传输到地面数据分析处理、维修工作辅助决策功能。同时,配合IRIS 320综合检测列车的开发,在该车上开发研制了车载信息系统。该系统已普遍应用在线路维修部门。

此外,法国国铁还借助TVM信号系统实现对所有的联锁设备和区间设备的实时集中监控,为站机的设备故障提供帮助;集中地存储各类事件或案例;在一定的周期内观察分析发生的事件或案例。该系统依靠其维修辅助系统SAM(本地SAM和中心SAM)来满足本地维修和维修中心两级维修管理的需要。

维修采取的信息化工具包括PDA(手持终端)和RFID(射频识别)技术,可收集存储维修数据,传送至中央数据库,可通过内部网查询,便于有关负责人管理库存件,为维修人员提供辅助。

远程监控由信息采集、数据汇总及系统接口、内部网和监控中心组成,具体功能为:信息采集、信息分类及分析处理、自动报警;给维护人员提供辅助诊断信息;维护作业完成后,收集信息,形成经验信息反馈文档,建立故障问题库,提供给维护管理人员,并且对整个维护过程进行记录,便于追溯和分析。

(4)瑞典

瑞典铁路运用大量数据进行基础设施管理,这些数据来源于数百个不同的数据源,包括轨道可用性、轨道使用时间、轨道状态、历史工作记录、工作详细记录等,通过获取和分析大量的信息以评估整体状况、维护、资金支出和铁路轨道检测。

综合来看,国外的电务智能运维的研究方向主要着眼点一是整个运输环境和成本分析,采用混搭型的结构体系,与运输等其他专业的结合度更为密切,并不局限于专业内部;二是更多体现资产管理和运营成本的考虑及预测性的分析,科学地提出维修的必需性和必要性,更多地体现在对重要设备设施弹性的养护制度。

(二)国内技术发展情况

1. 检测监测

近年来我国铁路进入快速发展期,大量建设GSM-R网络,集成了GSM-R调度通信、调度命令无线传送、车次号校核信息无线传送、列尾信息传送和其他应用业务。为检测监测GSM-R无线侧网络状态，国铁集团装备了多辆动车组检测列车通信检测系统，通过定期巡检的方式全国范围内完成了主干线和支线的GSM-R网络日常巡检，实现了GSM-R网络场强覆盖、服务质量和应用功能全方位全地域的检测，为国铁GSM-R网络维护提供了有力保障。同时为加大检测密度和便于日常维护，各个路局集团公司和地方铁路公司都装备了一台或多台电务试验车通信检测系统及便携式路测系统，用于管内干支线和联络线日常巡检，对动检车不便于到达的地区（例如海南）相关路局集团公司也配备了安装在运营车的自动化检测系统，实现了无人值守自动检测。此外，为检测监测GSM-R核心侧网络状态，各个路局集团公司都配置了GSM-R接口监测系统和智能化分析系统，对车地数据传输的Abis、A、PRI等关键接口在列控呼叫的信令流程、数据传输过程及线路状态等进行完整的监测和记录，并采用综合分析和联合诊断、多层协议分析与解码、多用户实时跟踪与查询等关键技术，为列控数据传输分析、故障定位和分析、通信网络优化与维护及干扰分析等方面提供技术依据。在网络终端侧检测监测方面，路局集团公司各个电务段都配置了库检设备，用于车载终端出/入库日常功能性检测，同时在各通信设备维修和检测工区都装备了无线通信设备综合测试台，完成CIR、LBJ、车载电台等车载设备的性能检测，并在国铁集团、路局集团公司和站段各层次完成了机车综合无线通信设备在线监测和库检信息联网系统(RMS)部署，实现了CIR设备在线状态监测和故障预警。为检测监测通信系统基础设施，部分线路还配置了铁塔监测系统和漏缆监测系统。国铁GSM-R网络采用2G制式，监控精度和监测侧重点与4G制式LTE网络有较大差距。国内公网运营商建立网络综合集中监测和维护系统的时间较早，但运营商面对的是普通大众的公共通信，用户数量庞大且网络使用环境极其复杂，因此对检测监测系统移动容错率和精度要求不高，由于投资额巨大并未形成完整的检测监测基础设施体系。国内铁路应用LTE技术范例少，市场需求不够导致基于LTE通信系统检测监测和运维相关设备和体系尚不完整。

目前，信号领域围绕信号系统检测监测技术开展了很多工作，研制出一批专门为电务安全生产及调度指挥等方面提供服务的检测监测系统，已经大面积投入到维修使用中。例如，信号集中监测系统（CSM）能够实时采集转辙机、信号机、轨道电路、信号电缆、电源屏等信号设备的工作参数（工作状态、电压、电流、频率等），并通过与ZPW-2000轨道电路、联锁、列控等设备的接口，获取其部分监测信息。CSM具有监视信号设备的工作状态的功能，发现异常能够及时报警，并能提供实时报表、历史报表、实时曲线、历史曲线和统计报表等分析手段，便于分析人员对现场设备工作状态进行监测、诊断，指导现场的维修工作。最新标准的2020版信号集中监测系统已经具备了信号设备智能诊断、信号子系统安全监督等功能；各列控子系统均拥有不同程度的检测监测数据采集和处理功能，主要包括设置在RBC监控室的RBC维护终端用于查阅RBC系统的工作状态、与CTC系统的通信状态及CTCS-3列车的运行状态等；安装在列车上的车载司法记录器（JRU）用于记录与列车运行安全有关的数据，包括输入信息、等级转换信息、司机动作信息、速度信息、输出常用制动命令/紧急制动命令信息等；临时限速服务器TSRS维护终端用于TSRS故障自诊、维护及管理；联锁维修终端用于计算机联锁系统故障诊断。为了实时监测列控车载设备的运行情况，在动车组上还装备了动态监测设备（DMS），由列控车载信息采集装置、地面数据中心和查询终端组成列控车载信息采集装置，实时采集列控车载设备（ATP）、地面应答器、轨道电路和RBC

信息，并经 GPRS/GSM-R/WLAN 网络实现车载信息落地和远程传输，实现运营动车组安全状态的远程监测。此外，广泛应用的还有道岔缺口监测系统、动力环境监测系统、电务信息管理系统等专项设备，为信号专业提供了丰富的检测手段。

2. 设备运维

铁路通信维护管理实行国铁集团、铁路局集团公司、段三级管理，以及段、车间、工区三级组织。通信维护管理应树立全程全网观念，实行统一指挥、分级管理。铁路通信三级管理体系中，国铁集团工电部是铁路通信专业管理部门；北京铁路通信技术中心在工电部领导下，开展铁路通信网维护管理相关工作。铁路局集团公司电务部是铁路局集团公司通信主管部门，全面牵头负责铁路局集团公司通信管理各项工作。通信（电务）段是通信设备的维护单位，负责贯彻落实各项制度、标准及管理，制定实施细则，组织各项维护生产任务的实施。通信维护工作应树立科学维修理念，推进全面质量管理，加强安全风险控制，优化维修作业方式，推广先进维修经验，提高通信设备维护质量。

为提高 GSM-R 网络的运用质量和维护管理水平，在目前 GSM-R 运维支撑体系基础上，建设了 GSM-R 全网运维支撑系统，对专业网管、接口监测、数据管理、综合网管、通信质量和综合检测等系统产生的数据进行综合分析，以科学、高效的手段为全路 GSM-R 系统提供整体的运行维护支持。

铁路信号维修实行计划修与状态修相结合的方式，推行设备分级维修。铁路地面信号设备传统的维护工作模式由维修、中修、大修三部分组成，测试工作是信号设备维护工作的重要内容之一，包含在维修、中修、大修之中。铁路信号设备维护工作实行铁路局集团公司、电务段分级管理。电务段实行段、车间、工区三级管理。随着我国铁路的发展，更新改造也成为一种主要维护模式。通过对铁路信号设备进行日常养护和集中检修，保持设备性能，预防设备故障，使设备处于良好的运用状态。

大量的计算机、网络传输技术在信号系统的应用也为信号系统各设备的故障自诊断功能的完善提供了有利的条件，如计算机联锁（CBI）、列控中心（TCC）、无线闭塞中心（RBC）、临时限速服务器（TSRS）及 ZPW-2000 轨道电路等设备都有自己的操作和故障状态记录数据。这些信号设备的维修装置都可以通过通信接口向外部提供数据。

2016 年，铁路总公司利用大西高速综合试验段安排了 CTCS 智能运维系统的试验，对运维系统与其他信号系统的接口进行了测试，对运维系统的综合监督、关键数据比对和逻辑分析、车地一体化分析、多维度可视化维修、应急指挥、接口隔离措施等功能进行了验证，为后续电务智能运维的发展打下了坚实的基础。

2019 年，在浩吉铁路基础设施智能运维项目中，电务智能运维系统采用了“平台＋模块”的模式，即基于智能浩吉大脑平台（数据服务、智能分析），实现了智能运维可视化、设备全寿命履历、移动检测数据、固定监测数据、现场检查数据、智能数据分析、联合生产调度、设备 PHM 等功能。通过对现场数据的收集并由系统进行相应算法分析，测试了系统对报警信息的整合分析和同比环比分析，验证了根据电务设备电气特性、状态量及器材不良情况生成质量评价指标和趋势曲线的合理性。积累了相关报警处理经验案例，为日后报警处理建议和分析指导奠定了数据基础，并为设备的维护决策提供了有效的参考依据。通过对信号设备的故障数据进行有针对性的算法诊断分析，测试了道岔、轨道电路等信号设备的故障诊断与分析功能，验证了信号设备故障诊断算法模型的实用性和可行性，能够为信号设备的智能运维提供技术支撑。

为推进电务大数据应用建设，2019 年国铁集团还在怀邵衡铁路开展了电务大数据智能运维平台的试点建设工作。在广州铁路局集团公司电务大数据智能运维平台的研究和应用中，通过整合信息资源，创新平台设计，开发出设备综合监测、设备全寿命周期管理、故障智能诊断、运维综合分析、PHM 设备健康管理、作业卡控、应急调度指挥、通信信号一体化分析八大应用模块，将怀邵衡铁路电务维护水平提升到智能化的高度，实现了采集数据自动共享、设备隐患自动报警、设备故障自动诊断、应急处置自动启动、维护作业自动派工、作业过程自动监控、设备生命自动管理等功能。初步构建出怀邵衡铁路基于大数据的电务智能运维平台，基本实现电务设备的智能运用维护管理功能。

第二节　智能运维关键技术

一、大数据

(一)大数据特点

(1)数据量巨大。大数据通常指规模往往要达到 1 PB 以上的数据量，产生如此大的数据量主要是：①各种传感器的广泛使用，能够采集到的数据种类众多；②人们联系密切，需要全时段、低间隔时间的通信方式，交流的数据量呈几何级数增长。

(2)数据种类多。这主要是由于传感器数量和种类增加、社交网络及智能设备等广泛的应用，数据的类型和组成更加复杂，除了常规的关系型数据外，还有了以网页、音频、视频、文档等各种形式的、半结构化的和非结构化的未加工的数据。

(3)流动速度快。现在是信息时代，数据更新变化特别快，有些信息必须在限定时间内得出答案，否则就是过时的或无效的。大数据特征是强调数据的快速动态变化并形成流式变化，高要求的实时处理能力也是区别大数据引用和传统数据仓库技术的关键差别之一。

(4)价值密度低。大数据的一个典型特征就是价值密度低。隐藏在海量数据里的有用信息，并没有随着数据量呈指数增长的同时而增长，相反获取有用信息的难度更大，这就需要运用大数据挖掘技术来处理价值密度低的大量数据集，从而获取有用的数据。

(5)结果准确性。大数据处理的结果要保证一定的准确性，不能因为要保证大规模数据处理的时效性，而牺牲处理结果的准确性.

(二)主要技术

1. 数据采集和处理技术

轨道交通领域的大数据采集和处理技术是实现智能运维管理的关键。数据采集主要指通过传感器、监控设备等手段获取轨道交通运营及设备维护管理过程中产生的相关信息，而数据处理则是对这些收集来的数据进行分类、筛选、加工，形成可以被系统分析、运用的有用数据。要想有效实现数据采集和处理，首先需要建立完整、高效、便捷的数据采集和处理系统。

为了满足大数据采集需求，轨道交通运营管理不断引入新型传感器和信息装置，如轴承温度传感器、车轮轴重传感器、行车速度传感器等，用于跟踪列车运行数据，避免或及时识别运行中产生的异常事件。在数据处理方面，可以采用更加先进的数字信号处理、数据统计分析以及机器学习等技术，实现对海量数据的快速处理和挖掘，以获取更全面、真实有效的信息。例如，运用时间序列分析技术，可以基于时间维度对数据进行分析，识别出设备运行周期、工作时间分布状况等，从而优化设备维护周期和计划。此外，还可以借助聚类分析和关联规则挖掘等技术，对大量数据进行关联性分析，识别设备的故障规律和故障原因。

数据采集和处理技术在智能运维管理实现中的重要性不言而喻。通过有效采集和处理数据，可以运用系统分析手段，精准预测设备故障，优化设备维护计划，提高设备运行效率。此外，还可以结合更先进的人工智能技术，对海量数据进行更深入地分析和识别，提高决策的准确率和效率。需要注意的是，数据采集和处理中的质量和有效性对后续运营管理决策具有至关重要的作用。因此，将高品质、高效率的数据采集和处理技术运用于轨道交通领域，可以有效提升轨道交通运营效率和维护质量，实现智能化运营管理。

2. 数据挖掘和分析技术

数据挖掘和分析技术是轨道交通大数据智能运维管理的关键技术之一。数据挖掘技术可以帮助运营方从轨道交通系统中收集大量的数据，并通过建立合适的模型，从中发掘出隐含的规律和模式，进而为轨道交通的运营决策提供科学依据。同时，数据分析技术可以帮助运营方对大量的数据进行可视化处理，使人们更加直观地了解数据变化趋势和规律，从而更好地掌握轨道交通的运营状态和趋势。

在数据挖掘和分析技术的应用中，先要选择合适的数据挖掘模型，再利用现代大数据分析工具对模型进行相关参数的优化，从而提高模型的准确性和预测能力。此外，对于不同类型的数据挖掘，也要基于不同的需求，选择适用于轨道交通大数据的数据挖掘和分析方法。例如，在轨道交通列车运行数据的分析中，可以采用基于时间序列的分析方法，通过建立时间序列模型，预测未来的列车运行情况；在轨道交通客运量的预测中，可以采用基于回归分析的方法，从而通过客运量的变化趋势，对未来客运量进行预测。

进行数据挖掘和分析时，还应考虑到数据的可视化呈现。数据可视化除了能够使数据变得更加直观外，还能直接传递数据的信息内容，可以细粒度地呈现数据的特征，挖掘关于数据集的新发现，从而对决策起到更好地指导作用。这对于轨道交通运营方来说具有非常重要的指导和支撑作用。

总之，数据挖掘和分析技术在大数据智能运维管理中的地位不可忽视。它不仅能够发掘大数据中的有价值信息，还能够帮助轨道交通运营方更好地进行决策，提高运营效率。

3. 智能诊断和预测技术

智能诊断和预测技术是轨道交通大数据智能运维管理的重要环节之一，其主要作用是通过对数据的深度分析和处理，实现对轨道交通设备的故障诊断、预测及运行状态监测等一系列智能化操作，从而为轨道交通的安全和运营提供支持和保障。

智能诊断技术是指基于数据挖掘和分析技术，利用多种算法模型对数据进行全方位的分析和统计，通过建立故障模型，实现对轨道交通车辆、设备等方面的故障诊断，并提供精确、快速、可靠的故障诊断判定结果。与传统的人工诊断相比，智能诊断具有更高的准确性和实时性，能够迅速发现设备故障，并采取相应的措施予以处理，从而保证轨道交通的安全运行。

智能预测技术是指利用历史数据和实时数据对未来的故障及其影响进行预测和分析的技术。通过建立预测模型，根据时序数据、趋势分析、周期性分析、相关性分析等方法，对轨道交通设备出现故障的概率和影响进行预测，为运维人员提供精准的预警信息，及时采取相应的维护措施，避免故障点扩大进而影响轨道交通的正常运营。

综合智能诊断和预测两种技术，能够有效解决轨道交通设备的故障问题，保证轨道交通的安全、稳定运行。此外，智能诊断和预测技术还能提高工作效率，降低维护成本，减少人力和物力的浪费，能够为轨道交通行业带来巨大的经济效益和社会效益。

总之，智能诊断和预测技术在轨道交通大数据智能运维管理中起着不可替代的作用，有良好的发展前景。未来，轨道交通行业可以利用更加先进的智能化技术和数据挖掘算法，不断提升轨道交通设备的运维水平，更好地服务于广大旅客的需求。

二、云计算

(一)云计算架构

云计算可以将各种资源连接起来，形成资源池提供给用户，实现对资源的共享，并可以很方便实现扩展。云计算由基础设施层、平台层、应用层三层构成，此外还有贯穿三层的管理层和安全层。

在云计算架构的架构中：基础设施层位于最底层，主要是将服务器、计算机、存储等设备进行整合，形成资源池供用户使用，这些资源池能够实现统一的管理，为上层平台提供基础支持；平台层位于基础设施层之上，为用户业务应用部署提供集成环境，提供业务、算法模型及运行环境等公用条件，降低在业务系统上部署的压力；应用层位于最上层，为用户提供服务，满足用户业务使用的需求；管理层和安全层对基础设施层、平台层、应用层进行统一协调、管理和监控。

(二)云计算特点

(1)规模巨大：通常由上万台、几十万台服务器构成。

(2)虚拟化：用户不用关心具体的位置，通过任意位置、各种终端均可以获取服务，资源由系统统一分配。对用户来讲所有的请求的资源来源于云，而不是特定的服务器。

(3)可靠性高：云计算有多个副本、计算节点，可以很容易互换，通过这些技术可以保证数据冗余可靠。

(4)通用性好：同一个云可以同时支撑不同的应用，而不是针对特定的应用。

(5)可扩展性高：云是由实体服务器、计算机、存储等设备整合而来的，并实现统一管理，这种模式扩容很方便，可以很容易满足用户的增长需求。

(6)成本低廉：云单个节点成本很低廉，整合到资源池时运算能力、存储能力又很强，对于用户来讲只需关心自己要得到的服务即可，而不需要对实体设备进行维护，从而节约了很多维护成本。资源池由专业人员集中自动化管理，本身又可以节约很多成本，从而能够支撑为用户提供物美价廉的服务。

(三)云计算分类

云计算按照部署的范围可分为公共云、私有云和混合云三类。

(1)私有云。也称专属云，一般部署在企业或组织的内部，只为企业或组织内部提供服务，不对公众开放。私有云具有配置灵活、易于维护和管理的特点，同时具有很好的私密性。

(2)公共云。公共云可以为有需求的组织、企业或个人提供服务，一般是由专门的云服务商提供服务，云服务器提供商自己部署基础设施，用户只需通过自己的终端设备请求服务即可，用户一般要为服务支付一定的费用。

(3)混合云。混合云是把公共云和私有云结合到一起的一种模式。使用混合云可以发挥公共云和私有云各自的优势。对于要求保密程度高、安全性要求高的服务部署在私有云上。对于通用业务、保密性不强而自己资源又不够用的服务,可以部署在公共云上。混合云部署方式可以有效缩短建设周期和节约建设成本,既满足安全性的要求,又能满足便利性要求。

(四)云服务模式

云服务模式有软件即服务(software as a service,SaaS)、平台即服务(platform as a service,PaaS)和基础设施即服务(infrastructure as a service,IaaS)三层。

(1)SaaS,该层为用户提供软件支持服务,用户可以根据自己的需要购买云空间部署的软件,用户不能对硬件进行管理,但可以选择提供服务的操作系统,在有限范围内控制防火墙、负载均衡等网络设备。

(2)PaaS,该层为用户提供平台服务,用户可以将自己开发的代码和数据上传在云服务端,在其上调试自己的代码,而不用关心具体的硬件。

(3)IaaS,该层为用户提供虚拟的硬件资源,用户快速搭建自己的系统,只需为自己使用部分付费即可。

三、人工智能

(一)概念

人工智能(artificial intelligence,AI)是一门研究、开发用于模拟、延伸和扩展人的智能的理论、方法、技术及应用系统的新技术科学。作为计算机科学的一个分支,人工智能旨在理解智能的实质,并生产出一种新的能以人类智能相似的方式做出反应的智能机器。这些智能机器可以模拟人类的意识、思维信息过程,并具备感知、理解、判断、推理、学习、识别、生成、交互等类人智能的能力。

人工智能的发展可以追溯到20世纪中叶。1956年,计算机专家约翰·麦卡锡提出“人工智能”一词,并与明斯基共同创建了世界上第一座人工智能实验室——MIT AI LAB实验室。自此,人工智能领域的研究和应用逐渐展开,涵盖了机器人、语言识别、图像识别、自然语言处理和专家系统等多个方面。

人工智能技术的核心是机器学习和深度学习等算法。这些算法通过大量数据和训练,使计算机能够自动发现数据中的规律,并进行模式识别、分类、预测等操作。机器学习的进步极大地推动了人工智能在各个领域的应用,使得人工智能系统能够更准确地理解和响应人类的需求。

人工智能的应用范围非常广泛,几乎涵盖了所有行业和领域。在医学领域,人工智能可以帮助医生进行疾病诊断和治疗方案的制订;在金融领域,人工智能可以用于风险评估、投资决策和客户服务等方面;在交通领域,人工智能可以实现自动驾驶和智能交通管理等;在教育领域,人工智能可以为学生提供个性化的学习方案和教学辅助等。

《新一代人工智能发展规划》的出台,为传统行业的智能化应用改造,描绘了宏伟蓝图。因此,以创新为驱动,我国铁路也提出对固定基础设施及相关内外部环境信息的全面感知、泛在互联、融合处理和科学决策的智能化目标。随着全路基础设施检修大数据管理分析平台的构建,结合铁路基础设施检测、监测、运维等海量多源异构数据,研发工务智能运维系统,提升智能运维水平,全面提升我国高速铁路工务设备养护维修的经济性和高效性,不仅具有较强的理论意义,也将产生巨大的经济和社会效益。

(二)人工智能技术在智能运维中的应用

人工智能可以通过模式识别、机器学习、深度学习等技术对系统进行实时监测、分析和预测,为运维人员提供有力的决策支持。以下是人工智能在智能运维中的常见应用:

(1)异常检测。通过对系统的行为进行监测和学习,识别系统内部的异常行为,帮助运维人员及时发现和处理故障。

(2)故障预测。通过对系统的历史数据和实时数据进行分析和学习,预测系统可能出现的故障,提前采取相应的处理措施。

(3)自动优化。通过对系统的内部结构、工作流程等进行分析和学习,自动优化系统的性能和效率,提高系统的性能和稳定性。

(4)自动化配置:通过对系统的配置信息进行分析和学习,自动化完成系统的配置工作,降低运维工作量,减少人为失误。

(5)自动化管理:通过对系统的运行状态进行分析和学习,自动化完成系统的管理工作,如容量管理、资源调度等,提高系统的可用性和可靠性。

人工智能在智能运维中具有以下优势:

(1)高效性。人工智能可以实现实时监测、分析和预测,快速响应故障和异常情况,提高故障处理的效率。

(2)准确性。人工智能可以通过学习和训练,不断提升对系统的理解和预测能力,减少误判和错误处理,提高系统的准确性。

(3)自动化。人工智能可以自动化完成系统的管理和配置工作,降低人工干预的工作量,减少人为失误,提高系统的可靠性。

(4)统计分析。人工智能可以通过对海量数据进行分析和处理,提供更精确和全面的数据统计和分析服务,为运维人员提供更准确的决策支持。

四、智能巡检

智能巡检系统,常以机器人巡检代替人工巡检。随着自动控制技术、传感器技术、图像识别技术的不断发展,智能巡检技术首先出现在电力行业,例如变配电所、高压输电线路等需要大量人工巡检的行业。在国外,变电站巡检机器人的研究始于20世纪80年代,日本三菱公司与东京电力公司合作研发了500 kV变电站巡检机器人,该机器人可在路面预设的轨道平稳运行,并装配有红外热像仪、图像采集等设备,辅助安装有灯光和云台,可实时自动采集变电站内设备信息。1989年,美国TCR公司研制了一台悬臂自治巡线机器人原型。1990年日本HideoNakamura研发了电气列车馈电电缆巡检机器人,该机器人采用多关节的仿生控制结构,能沿电缆平稳爬行,遇分绝缘子、分支线等障碍物,可平稳跨越。2001年泰国S. Peungsungwal等人设计了一台自给电巡线机器人原型,能从电力线路上,通过感应电获取机器人的工作电源,也初步实现了拍照判断位置功能,但不具备避障功能。加拿大魁北克水电站研制的变电站巡检机器人,除搭载了可见光图像采集系统、红外热像仪以外,还实现了对机器人的实时远程控制,能够远程监控设备运行状态。

虽然国内传感器技术、自动化技术、智能技术与发达国家相比相对落后,基于自动化技术的智能机器人的研究也起步较晚,但我国巡检机器人市场大、运用前景广,发展较为迅速。尤其近几年，在电力、石油、煤矿、运输等行业涌现了一大批新兴企业投入研究巡检机器人，也研制出了比较成熟的巡检机器人。1999 年，山东有公司首先开始研究变电站巡检机器人的应用，并于 2004 年成功研制出了第一台巡检机器人的功能样机，之后又陆续研制出了多种自动巡检机器人。

该系列巡检机器人综合运用了融合多种传感器的定位导航技术、非接触检测技术、机械可靠性设计等，实现了机器人在室外不同环境下全天候运行，同时具有仪表自动读数和设备热缺陷识别、刀闸开合状态自动检测、设备外观、声音异常分析报警等功能，提高了机器人的智能化水平，首次在多个变电站实现了应用机器人进行巡检。2011 年，浙江有公司研发了一种挂轨式机器人。该机器人依靠悬挂轨道运行，具有转弯半径小、爬坡能力强、能通过狭小空间等特点。2012 年 2 月，由中国科学院沈阳自动化研究所研发的基于轨道式的自动巡检机器人运用于变电站，实现了在冬季恶劣环境下的全天不间断巡检。

2012 年 11 月，在郑州 110 kV 牛砦变电站投入使用的变电站智能巡检机器人，具备自动分析设备的运行状态，识别断路器、开关分合及视频分析的功能。同年 12 月，重庆大学与重庆市电力公司联合研制的自动巡检机器人，实现了自动运行和远程操控功能。除上述机器人之外，多家机器人研制企业也相继研发出代表机器人，并在我国的多个电站、变配电所获得了十分广泛的应用。上述无论是室外，还是室内巡检机器人均起源于电力行业，并在电力行业得到全面发展，但对于运用于铁路机房、信号机械室的智能巡检机器人却鲜有涉及。与电力行业相比，铁路运输业对智能巡检机器人功能需求也有所不同，尤其电务机械室设备属于行车设备，对设备防护有较高要求，因此对智能巡检机器的安全等级也要求较高。随着高铁通信信号技术的发展，电务专业落后的作业方式与铁路高新技术的发展形成强烈的反差。因此，在铁路减员增效的大环境下，一些企业与路内电务单位合作研发了适用于无人值守站的机器人巡检。2018 年中铁第一勘察设计院集团有限公司研发了一款铁路机房智能机器人巡检系统，该巡检机器人分别包含导轨机器人和轮轨机器人两种类型，机器人采集的现场信息通过联网与各操作终端相连，能对设备运行状态、设备图像、指针读数等信息进行采集，将能采集信息与本地数据库服务器中的异常信息进行对比分析判断，给出分析结果及解决方案在智能终端显示，有效降低故障率，提高维修效率。此外，该机器人还具有机械室动环监控和防静电地板电缆监测功能。2019 年由郑州局集团公司电务部、西安安路信铁路技术有限公司等公司共同研制了无人值守机房设备智能机器人巡检系统（RIPS/TARB 型），该系统具有远程操控和管理、自动巡检、监测机房温湿度、环境监控、线路规划、图像分析、存储、智能防触碰等功能。深圳也有公司研发了机械室智能巡检系统，该系统同样具有红外测温、智能巡视、动环监测、作业流程、远程遥控等功能，并能将机械室环境和设备工作状态实时传回监控中心，实现机械室实时化、自动化、智能化和可视化的高效管理。

五、故障预测与健康管理

(一)概念

故障预测与健康管理（prognostics and health management，PHM）技术旨在监测、诊断和维护装备的状态，以确保其安全性、可靠性的性能，其最早可追溯至 20 世纪 50 年代的飞行器领域，该时期主要基于传感器数据和经验法则。20 世纪 70 至 20 世纪 80 年代，计算机系统的引入使得数据分析和监测变得更加精确和实时。20 世纪 90 年代,PHM 技术开始扩展到能源、工程机械和轨道交通等领域,目前已形成了 ISO 13373/13374 等相关国际标准,定义了机械状态监测、故障诊断和健康评估等的系统架构。

PHM 技术包括故障预测和健康管理两个方面技术活动。故障预测通过预先诊断部件或系统执行其功能的状态,确定部件正常工作的时间长度;健康管理根据诊断、预测信息及可用资源和设备使用需求,做出适当维修决策。

PHM 技术利用传感器采集设备的主要性能参数及工作状态监测数据,借助各种智能推理算法来评估系统自身的健康状态,在系统故障发生前做出预测,包括确认零部件正常工作时长,推断设备预期可用寿命,对设备大修等维修活动做出最适宜的决策,在故障出现前适时安排维修,降低次生故障,充分延长设备的稳定状态阶段,延长设备生命周期,并结合各种可用资源和采取一系列维修保障措施来实现视情维修。著名的电子设备 PHM 理论与技术研究机构将设备 PHM 实现方式分为 4 种:BIT、设置保险和预警装置、监控状态参数、利用失效机理。

(1)BIT。BTM 是指设备(系统)自我测试、自动检测故障、故障导向安全的能力。BIT 通过监测电路、自查电路、修正电路及故障确认电路,提高装备的维护性、测试性、自我诊断力、自动故障检测及故障隔离性能。随着大数据、人工智能、专家系统和分级测试等理论和技术应用于 BIT,产生了智能 BIT 技术。智能 BIT 技术不仅采用设备电路检测,还利用设备状态和历史信息,结合温度、湿度、振动、气压等环境信息,丰富故障预测的数据来源,以提高预测结果的准确性和可信度。

(2)设置保险和预警装置。设置保险和预警装置是指在电路中加装故障报警电路。报警电路与宿主电路安装在同一个机柜内,环境条件相同,工作原理一致;在设计时特别提高了报警电路的工作应力(电流、电压、功耗等),以较大的工作负载加快其失效进程,使其先于宿主电路出现故障,可根据预警装置预测宿主电路出现故障的大致时间。

(3)监控状态参数。与机械类产品不同,电子产品耗损和性能退化过程难以监测,并且故障往往在数毫秒级的瞬间内发生,故障预测难度较大。电子器件退化往往表现为性能参数衰减,因此可在监测其性能参数(例如监测模拟电路的功率、功耗、驻波、绝缘、阻抗、通断及数字电路的时钟、地址锁存信号、数模转换精度、总线操作及通信接口误码率等)的基础上,建立故障预测模型,通过设置损耗、退化的物理量参数门限值作为故障判断依据。通过采集电子产品功能性参数来预测故障,是可信度最高的故障预测方法,因而得到最广泛的应用。

(4)利用失效机理。故障诊断的基础是掌握设备故障机理。失效机理主要与设备寿命周期内受到的各种负荷及应力有关。设备在使用中受到振动、温度等外部环境温度的影响,异常振动和噪声信号可为故障诊断提供了重要信息,设备负荷及环境的变化对设备运行状态也有重要影响,往往是导致设备异常和运行失稳的重要因素。设备在使用中的上电次数(电压冲击)、上电时长(设备老化)等因素,都会导致电子电气设备性能损耗或物理性损伤,造成设备性能退化、寿命缩短。

(二)PHM 系统体系结构

PHM 系统的主要功能包括装备状态信息感知、获取与处理,故障告警和诊断,健康状态评估与预测,维修决策支持。PHM 系统的主要用户为使用操作人员、设备管理人员和企业管理人员。PHM 系统整体架构如图 9-1 所示。

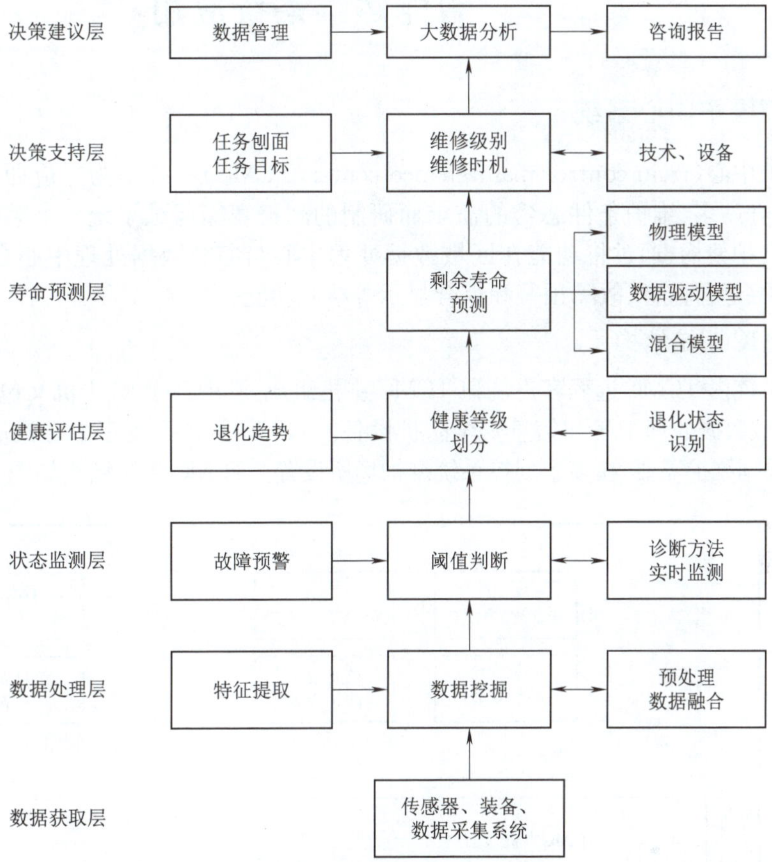

图 9-1 PHM 系统整体架构

(1)数据获取层:该层主要是利用各种传感器(如光敏传感器,声敏传感器,气敏传感器,化学传感器,压敏、温敏、流体传感器)来采集并获取数据,通过数据传输系统向上一层进行传输。

(2)数据处理层:通过接收数据获取层的数据信息,运用相关预处理方法,经过特征提取,得到所需要的特征参数。

(3)状态监测层:把获取的装备数据与预先设定好的失效模式下的故障数据进行比较分析,从而进行状态监测。通过设定的故障阈值及时进行预警、识别故障位置等。

(4)健康评估层:把特征参数作为模型输入,分析状态退化趋势,对装备运行状态进行健康状态评估。健康状态等级包括正常状态、健康状态退化、健康状态预警(亚健康)、不健康。

(5)寿命预测层:主要是对设备的剩余寿命预测,有基于大数据的预测方法和统计模型的方法,根据设备当前的健康状态,做出下一时刻的寿命预测。

(6)决策支持层:根据任务需求使用和维修历史、维修资源等因素,以寿命预测层和健康评估层数据作为输入,为相关人员提供维修时机、维修类型、维修级别和维修技术等。

(7)决策建议层:设备管理人员根据实时监控整个设备状态来进行设备故障诊断分析、设备剩余寿命预测、维修计划制订,便于企业管理人员实时掌握企业所有设备状态情况、设备停机时间、产品合格率生产成本、运营成本、维修成本、采购成本、财务费用等合理化建议。

第三节　智能运维系统应用

一、列控维护中心系统

列控维护中心(train control maintenance center,TCMC)系统是为适应西部铁路站间距大、无人值守站多、维护条件恶劣的需求而研制的列控智能运维系统。该系统软件上采用区域分层维护架构,通过将功能在区域数据处理中心与综合数据处理中心合理分配,实现了远程维护、运营监督、故障预警和综合显示等核心功能。

(一)TCMC 系统结构

TCMC 系统由 TCMC 远程客户端和 TCMC 主机组成,其中 TCMC 主机又包含综合数据处理中心、区域数据处理中心和信息安全防护设备。TCMC 主机设置于中心机房;TCMC 远程客户端可根据维护需要,在多个列控系统维护场所设置。TCMC 系统结构如图 9-2 所示。

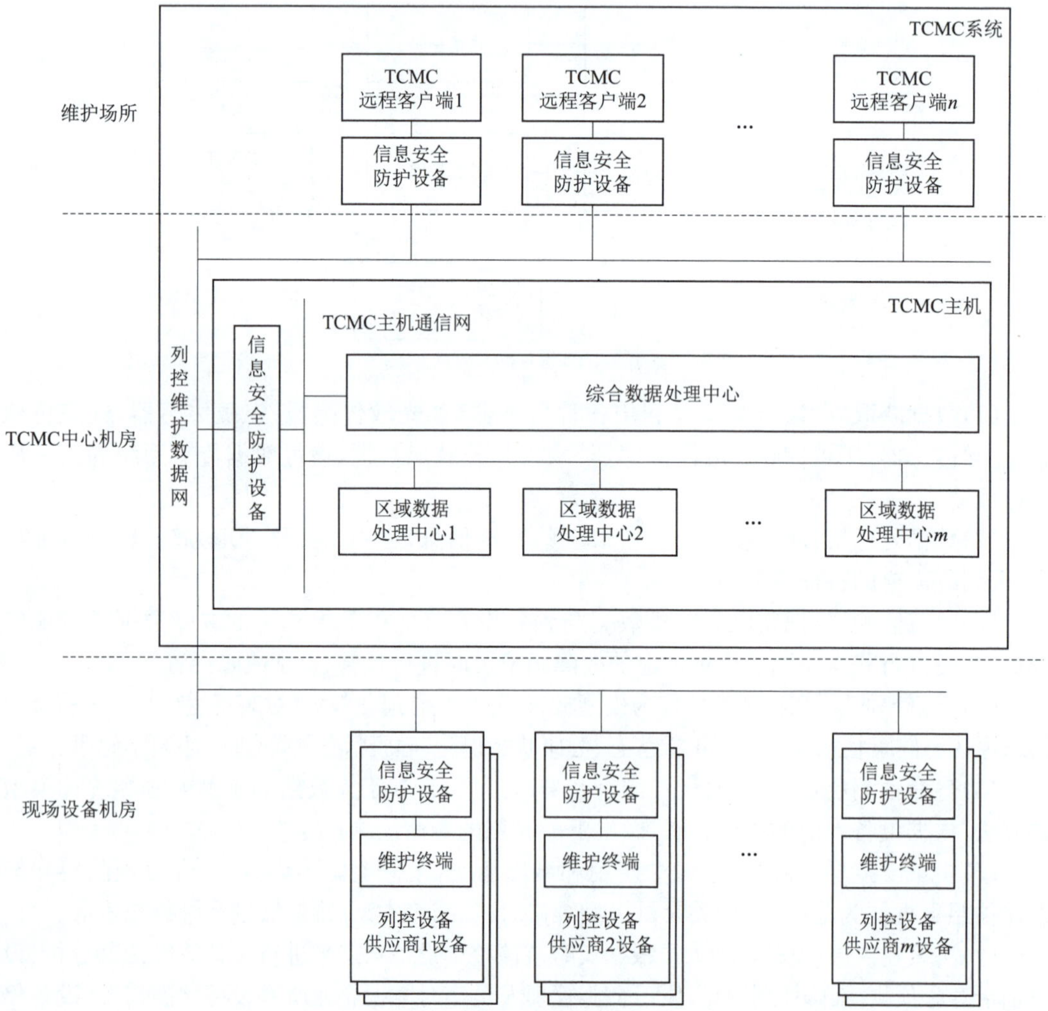

图 9-2　TCMC 系统结构

每套 TCMC 系统包含一个综合数据处理中心，负责全线设备数据的综合处理与分析。

区域数据处理中心软件由各列控设备供应商提供，每个列控设备供应商提供一套区域数据处理中心软件，负责本厂商设备的数据处理与分析。

列控系统地面设备维护终端与 TCMC 主机通信时，双方均应设置信息安全防护设备。

TCMC 远程客户端与 TCMC 主机通信时，双方均应设置信息安全防护设备。

每个新型列控系统设备厂家对应一个区域数据处理中心，实现对本厂家设备的维护功能。

（二）TCMC 系统功能

TCMC 系统具备的主要功能包括远程维护、运营监督、故障预警和综合显示。

1. 远程维护

TCMC 远程客户端应能与 TCMC 主机通信，访问综合数据处理中心与各区域数据处理中心。

TCMC 区域数据处理中心应能与所辖设备的维护终端通信，实现维护终端远程查看、操作与日志下载功能。

2. 运营监督

TCMC 综合数据处理中心通过对 RBC、TIS、TSRS 的关键数据进行比对和逻辑分析，实现安全风险提示，起到运营监督的作用。

TCMC 自动比对 RBC 发送给车载设备的 CTCS-132（道岔/信号状态）信息包，应与 TIS 中的道岔/信号状态保持一致。当 TCMC 根据车地消息和 TIS 站场表示信息判断两者不一致时，应给出提示信息。

TCMC 自动比对 RBC 发送给车载设备的 CTCS-132（道岔/信号状态）信息包与 P5（链接信息）信息包的一致性。在进路信号开放的状态下，RBC 发送给车载的 CTCS-132 信息包中的道岔定反位状态应与 P5 链接信息保持一致，当 TCMC 根据车地消息检测到两者不一致时，应给出提示信息。

TCMC 自动比对 RBC 发送的 P65（临时限速）信息包和 TSRS 中执行临时限速的一致性。若 RBC 发送的行车许可范围与 TSRS 执行的临时限速范围有重叠，则在行车许可的范围内，P65 包描述的临时限速长度不应比 TSRS 执行的临时限速长度更短，并且两者限速值应相等。当 TCMC 根据车地消息和 TSRS 执行的临时限速状态检测到两者不一致时，应给出提示信息。

TCMC 自动比对 RBC 行车许可与列车位置的逻辑一致性。在 RBC 发送的行车许可范围内，本列车前方不应含有其他通信列车。当 TCMC 根据车地消息检测到某列车前方行车许可范围内存在其他通信列车时，应给出提示信息。

3. 故障预警

TCMC 区域数据处理中心根据所辖设备特点，对所辖不同设备间或同一设备内部的关键数据进行比对计算，对潜在的故障进行预警和可视化展示。

4. 综合显示

TCMC 远程客户端应在综合数据处理中心的数据支撑下，对维护线路范围内的站场信息、列车信息、报警信息、运营监督提示、TCMC 设备状态等信息，进行综合一体化显示。

(1)站场信息

TCMC 支持显示站场信息。站场信息界面应包含站场名称、示意文字、缩略图、信号机、区段状态信息、进路状态信息、绝缘节、应答器、限速信息、行车许可信息、异物侵限/地震信息、计轴、RBC 管辖边界、区间方向、道岔状态等信息。

(2)列车信息

TCMC 支持根据列车位置在站场上显示列车图标,车次号应常态显示在图标上方,单击列车图标应显示列车 CTCS ID、速度、等级、模式、行车许可、头尾筛状态、完整性等文字信息。

(3)报警信息

TCMC 支持对所辖列控设备的报警数量进行集中分级展示。

(4)运营监督提示

TCMC 支持对运营监督功能输出的提示内容进行显示。

(5)TCMC 设备状态

TCMC 支持显示综合数据处理中心与区域数据处理中心通信状态、区域数据处理中心与所辖设备维护终端通信状态。

TCMC 系统综合数据处理中心主界面如图 9-3 所示。

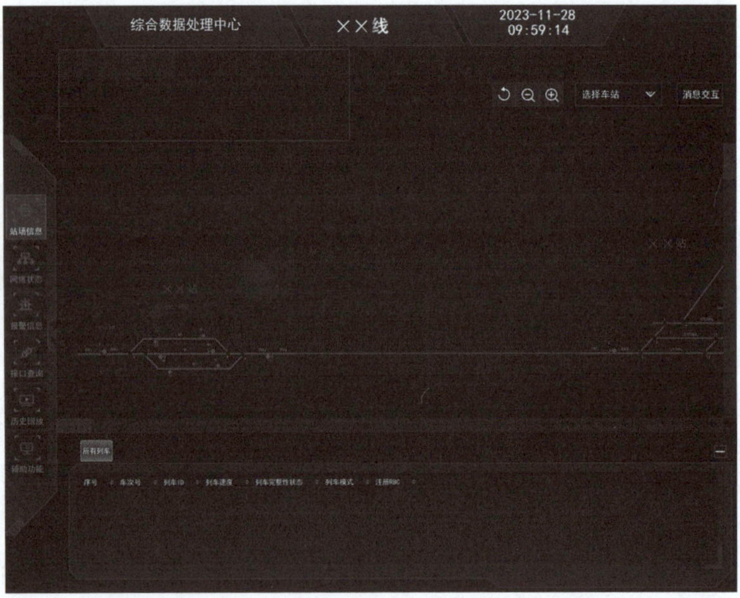

图 9-3 TCMC 系统综合数据处理中心主界面

(三)TCMC 系统接口

TCMC 系统与 TIS 系统、RBC 系统、TSRS 系统之间设有接口,与上述各系统的维护终端子系统通过列控维护数据网联通,采用以太网协议进行通信。TCMC 从各系统维护终端获取设备状态信息,实现远程查看、操作与日志下载等功能。

1. 与 TIS 系统接口

TCMC 系统与 TIS 系统的维护终端子系统连接,获取站场表示信息、站内列车进路信息、站内调车进路信息、报警信息等内容，同时实现维护终端远程查看、操作与日志下载等功能。

2. 与 RBC 系统接口

TCMC 系统与 RBC 系统的维护终端子系统连接，获取车地交互信息、列车位置信息、虚拟区段状态信息、报警信息等内容，同时实现维护终端远程查看、操作与日志下载等功能。

3. 与 TSRS 系统接口

TCMC 系统与 TSRS 系统的维护终端子系统连接，获取执行的临时限速信息、报警信息等内容，同时实现维护终端远程查看、操作与日志下载等功能。

二、ATP 车载设备管理信息系统

ATP 车载设备管理信息系统（AMIS）是基于全路统一的数据源，适用 ATP 车载设备全路调配需要，并结合动车组相关关键信息，进行 ATP 设备日常维护和管理、设备质量考核评价、运维数据智能分析、修程修制优化等多位一体的大数据运维平台。

该系统融合动车组部分关键信息，围绕 ATP 设备运用和维护，形成了全路一张网、上下联动的统一格局，已建设完成 10 个铁路局集团公司的本地数据中心，服务于国铁集团和 18 个路局集团公司的业务应用。

（一）ATP 车载设备管理信息系统结构

ATP 车载设备管理信息系统由国铁集团 ATP 车载设备管理信息系统、铁路局集团公司 ATP 车载设备管理信息系统、电务段 ATP 车载设备管理终端、车间工区 ATP 车载设备管理终端组成，划分为国铁集团、铁路局集团公司两级系统，电务段和车间工区通过作业终端访问铁路局集团公司系统，各个路局集团公司的信息通过铁路办公网汇集到国铁集团系统中。系统总体架构如图 9-4 所示。

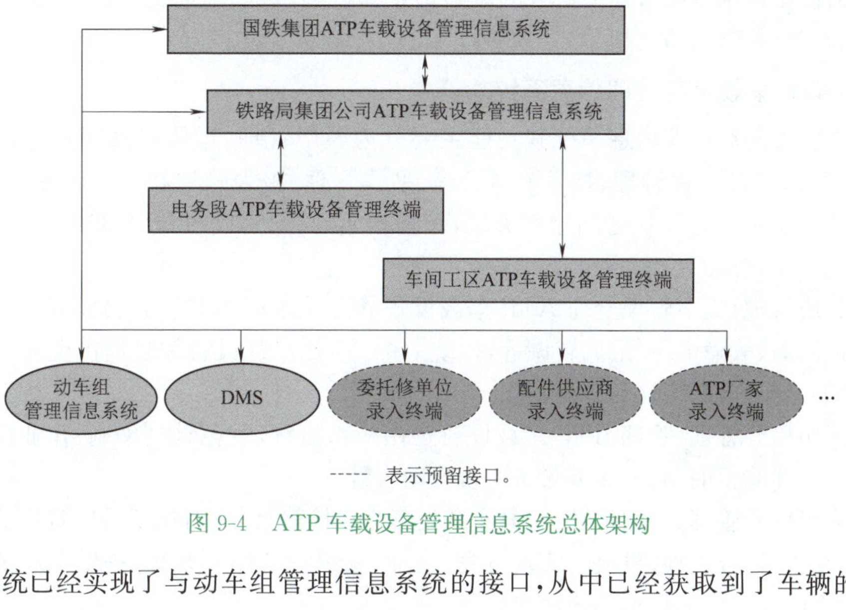

图 9-4　ATP 车载设备管理信息系统总体架构

该系统已经实现了与动车组管理信息系统的接口，从中已经获取到了车辆的走行公里、配属、检修计划等关键信息可以实现ATP随着全路动车组在不同路局集团公司之间的来回调配、全路ATP检修计划的编制、全路ATP百万公里故障率统计等。

1. 国铁集团ATP车载设备管理信息系统

该系统的功能有：全路既有和新造ATP车载设备履历跟踪管理及配属管理；ATP车载设备检修、配件更换历史记录、软件升级历史记录和固件升级历史记录管理；对全路的ATP车载设备故障信息实时更新和统计；实现备品备件和型式试验查询功能；完成ATP车载设备技术资料修订和版本管理；协助分析全路ATP车载设备运用、维修管理情况及故障管理情况；提供全路ATP车载设备信息化管理功能；提供全路共享信息支持；辅助决策支持。

2. 铁路局集团公司ATP车载设备管理信息系统

该系统的功能有：本局内ATP车载设备配属管理；分析和指导所辖电务段、车间工区的维修、技术、配件和设备管理；所辖电务段、车间工区的运用、检修业务管理；实现检修流程的监控；新出厂动车组ATP车载设备路试信息的记录和管理；实现故障数据采集、分析、处理和确认的闭环控制管理；实现备品备件库存管理及查询、型式试验的实施及查询和技术资料的管理等功能。

3. 电务段ATP车载设备管理终端

该系统的功能有：接收所属铁路局集团公司的技术指导；集中管理本段内ATP车载设备履历、备品备件、故障信息和分析报告；生成ATP车载设备专业管理数据报表；高效管理ATP车载设备的检修作业流程，实现计划、作业、实绩确认闭环管理；对车间工区采集的数据进行及时审核确认；浏览访问相关技术资料。

4. 车间工区ATP车载设备管理终端

该系统的功能有：依据检修作业计划，完成作业任务分配、监控检修作业流程、管理检修记录台账、规范检修实绩上报、支持故障报告和处理闭环跟踪；接收所属电务段的技术分析和指导；根据运用检修过程中记录的故障信息、软件升级和配件更换，实时更新ATP车载设备动态履历；浏览访问相关技术资料。

(二)ATP车载设备管理信息系统功能

ATP车载设备管理信息系统其功能主要分为履历管理、运用检修管理、高级检修管理、故障管理、备品备件管理、技术资料管理、型式管理、报表管理和专项任务管理九大模块，如图9-5所示。各模块之间相互关联，相辅相成，共同完成ATP车载设备的日常维护和管理。

(1)履历管理：集中管理全局ATP车载设备静态技术履历和动态检修履历，包括新置建账、更换回填、故障记录、配属转调等，以统一的ATP车载设备编号提供全局ATP车载设备履历的分类查询、统计和分析功能。

(2)运用检修管理：管理ATP车载设备运用检修流程，规范计划编制、作业操作、实绩确认等，对失修漏检的ATP车载设备实现自动告警。

(3)高级检修管理：预测全局ATP车载设备高级检修计划，对接近检修日程的ATP车载设备自动告警；依据检修规程，实现计划、作业、实绩确认闭环管理；提供全局ATP车载设备多维度的高级修信息汇总统计和查询。

(4)故障管理:通过制定故障等级和故障类型划分规则,建立故障采集、分析、报告和跟踪一整套闭环管理流程,规范不同等级故障对应的故障处理流程;提供全局 ATP 车载设备不同维度的故障信息统计、分析和共享。

(5)备品备件管理:管理 ATP 车载设备备品备件,建立与 ATP 车载设备履历管理对应的备品备件资料库,分析配件履历和寿命周期信息,自动提供配件到限告警;提供配件信息的创建、维护、查询和分类汇总统计,对库存不满足储备要求的备品备件进行自动告警,实现配件全生命周期范围内的全局流通追踪管理。

(6)技术资料管理:实现 ATP 车载设备技术资料的规范化管理,包括标准规范、规章规程、安装及原理图纸、应急预案等资料信息,保持技术资料及时更新;提供全局 ATP 车载设备相关技术资料的分类查询和共享。

(7)型式管理:实现对所有类型 ATP 型式试验、新车路试和互联互通等试验过程和结果的管理,实现问题跟踪和工作进度查询,督促不同厂家对接口问题进行有效更改,确认试验结果作为 ATP 车载设备的技术依据。

(8)报表管理:包括报表生成、报表接收与审核、报表数据分析和报表查询,按国铁集团、铁路局集团公司、电务段和车间工区各自的业务流程实现报表的自动化管理,通过定制相应的数据和功能,定期自动生成 ATP 车载设备业务统计报表。

(9)专项任务管理:即管理软件升级、技术改造、配件更换、文件学习等由国铁集团或铁路局集团公司发起的专项任务,包括任务的下发、转发、分派、执行、回馈和实时监控,实现对专项任务的分级闭环管理。

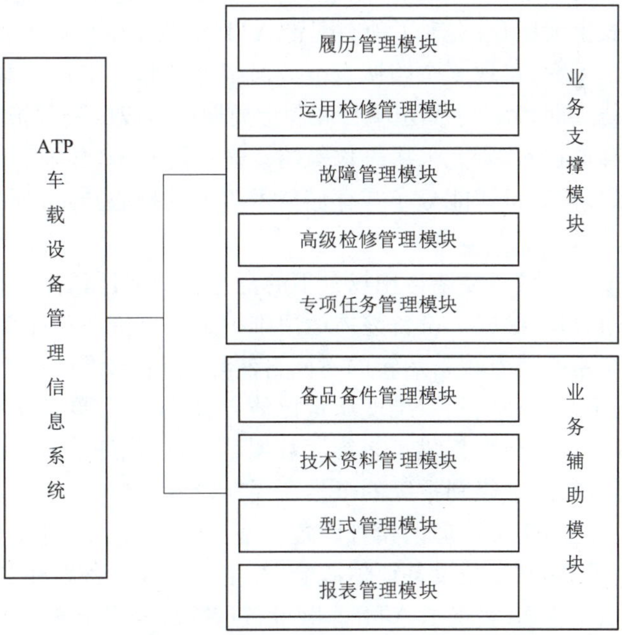

图 9-5 ATP 车载设备管理信息系统各功能模块

(三)ATP 车载设备管理信息系统特点

(1)构建了 ATP 车载设备智能运维管理体系,形成了全路 ATP 车载设备统一的大数据运维服务共享平台。全路首创了动车组 ATP 车载设备的运用和维护管理体系和规范，融合了电务、车辆、工务及供电等多专业数据，从履历管理、运用检修、高级检修、故障管理、备品备件管理等多个层面构建了业务渗透关联、数据共享交融的运维体系架构。搭建了基于国铁集团和各铁路局集团公司的分层技术体系，部署形成了 1 个主体中心和 18 个路局集团公司子中心的星状格局，形成了数据在路局集团公司和国铁集团之间的纵向流通、在路局间的横向流通，这样纵横交错又井然有序的动态视图，创造提出了基于日志分析的数据自动同步策略，全路所有的车载设备运维作业在统一标准、统一尺度、统一规范的数据服务共享平台上进行，开创了运维作业规范化和信息化的局面。该系统具有完全自主知识产权，填补了国内空白，形成了全路一张网，上下联动的统一格局。服务于全路 ATP 车载设备，9 000 多万条业务项点的日常运用维护和管理，实现了全路所有 ATP 车载设备运维数据的互通和共享，解决了车载设备作业信息不准确、历史运维数据断链、各电务段信息无法互通的信息孤岛等问题，同时实现了管理层与作业层在具体业务上的信息双向实时互通，打通了车间工区——电务段——路局集团公司——国铁集团四级运维数据交融通道，建立了管理层和作业层之间的精准管理和有效反馈机制，有理有据动态调整管理方针和思路，针对性指导一线作业任务。

(2)构建了 ATP 车载设备智能运维体系，创新形成了修程修制改革技术支撑方案，建立完善了 ATP 车载设备失修漏检实时预警机制；实现了 ATP 车载设备维修全程自动化，自主研制了 ATP 车载设备运维移动装备；实现了作业计划编制、实绩执行、结果反馈、效用分析等运用维护各环节的有序衔接和全链条作业自动化，实现了 ATP 车载设备与动车组检修计划等关键信息的无缝对接和双向信息互通；改进了传统的维修手段和模式，作业效率相比于传统的方式大大提升；实现了动态配置 ATP 车载设备检修项目和检修周期，支撑了修程修制改革技术方案；实现了全路所有电务段根据实际需求自主制定维修策略，灵活设置检修项目与检修周期，解决了固定项目和固定周期而造成的资源浪费问题。结合最新的物联网及分布式存储技术，研究采用维修策略动态适配技术、作业实绩评估及评价分析技术、现场作业视频影像资料智能分布式存储技术等关键核心技术，通过技术手段完善全路电务修程修制改革。

(3)建立了 ATP 车载设备复杂运用场景下的全生命周期评估体系，实现了 ATP 车载设备全生命周期健康管理，形成了设备整体运用维护定量评价考核体系。针对 ATP 车载设备随着动车组在全路范围内频繁运转的不同自然环境、不同维修策略、不同管控模式的复杂特殊场景，提出了时间和空间双维度质量评估方法，设计了设备车上车下分层流通的业务模式，为科学评估设备质量提供了多维度数据，夯实量化评估基础。时间维度上实现了设备从出厂、上道、故障、维修到报废的全生命周期轨迹追溯；空间维度上实现了设备在路局集团公司与厂家之间交叉流通的精细留痕。基于以上两层维度实现了设备全生命周期的健康管理，提高了 ATP 车载设备评估质量，补足了车载设备多环节过程信息，健全了车载设备跨局流通信息管理；实现了 ATP 车载设备运维数据多维度分类，完成了设备维修评估从定性分析到定量分析的转变。基于层次分析法实现了车间工区日常作业绩效评估；基于模糊综合评定法实现了设备健康状态评估。在定量评价基础上针对性地给出了设备维护的合理化建议、技术改造和优化方案，解决了电务车载设备维修效果笼统、设备超期服役、设备质量评估准则模糊等问题。

(4)实现了 ATP 车载设备故障数据多维度智能挖掘和专项应用,掌握了车载设备从计划修向状态修过渡的关键核心技术。基于近十年高铁 ATP 车载设备的故障大数据,运用支持向量机、粒子群算法等人工智能算法深度挖掘 ATP 车载设备的故障规律,发现了动车组车载设备百万公里故障率一维时间序列具有混沌特性,从大量离散数据中分析得出隐含着有序的规律性与倾向性。通过自学习预测出了 ATP 车载设备故障率的短期变化趋势,并建立了 ATP 车载设备的故障统计模型。在掌握设备故障规律和机理的基础上,研究探索了车载设备从计划修到状态修过渡的技术可行性。基于可靠性理论的状态修技术实现方法和技术条件,提出了设备专项整治的目标和时机,为全路车载设备维修改革做好了技术储备。运用统计模型实现故障数据多维度分类;运用拖拽重计算特性技术实现了 ATP 车载设备故障数据不同维度的可视化,允许用户对故障统计数据进行有效提取整合;运用数据视图、值域漫游技术实现了通过色彩变化表现不同单位(路局集团公司/电务段)设备故障率的大小,直观多维展示设备及故障数据分布,赋予了用户对数据进行挖掘、整合的能力。

(5)设计实现了智能维修作业终端,提出了基于人因工程的 ATP 车载设备管理信息系统人机交互设计,实现了信息系统跨平台多操作系统兼容的应用。进一步提高 ATP 车载设备运维管理水平和检修作业计划的编制准确性,强化作业过程的管控,设计实现了工区智能维修作业终端。可完整地实现 ATP 车载设备作业任务自动获取,检修任务自动卡控,现场作业结果自动完整回传,客户端及管理者实时同步查阅分析检修结果,增强了检修作业的过程控制。

三、电务智能运维系统

电务智能运维系统以实时监测数据和其他静态数据为基础,以可视化为手段,以智能化功能为依托,利用智能化数据分析技术,实时监控电务设备运行状态,在最少的人员干预下,保障电务设备的安全运行,提高整体运维效率,降低运维成本,实现故障智能诊断、健康状态评估、运维决策分析等功能。

(一)电务智能运维系统框架

铁路系统是一个典型的多专业的复杂系统,电务智能运维系统是智能运营领域的重要组成部分,采用“平台+应用”的模式架构实现,电务专业信号设备类数据源、通信监测类数据源、通信网管类数据源及电务管理类数据源等分别通过电务归一化平台归并后接入大数据平台中。电务各项基于大数据应用的数据源均从电务数据服务中获取,同时,跨专业分析应用的数据源亦从电务数据服务中获取,总体应用架构如图 9-6 所示。

(二)电务智能运维数据架构

电务智能运维应用系统的总体技术架构可分为七部分:数据采集、数据接入、数据集成、数据存储、数据共享、数据服务及数据应用,如图 9-7 所示。其中,数据采集功能由电务专业既有系统上送与采集,主要包括检测监测类、信号信息管理类和公共类信息等数据;数据接入与数据集成模块共同实现数据编码、协议转换、数据清洗等工作,实现数据归一化的功能;数据存储、数据共享和数据服务功能由电务数据中心服务实现;数据应用包含设备全生命周期管理、健康评估与运维决策、检测监测一体化、生产管理、环境监测等功能。

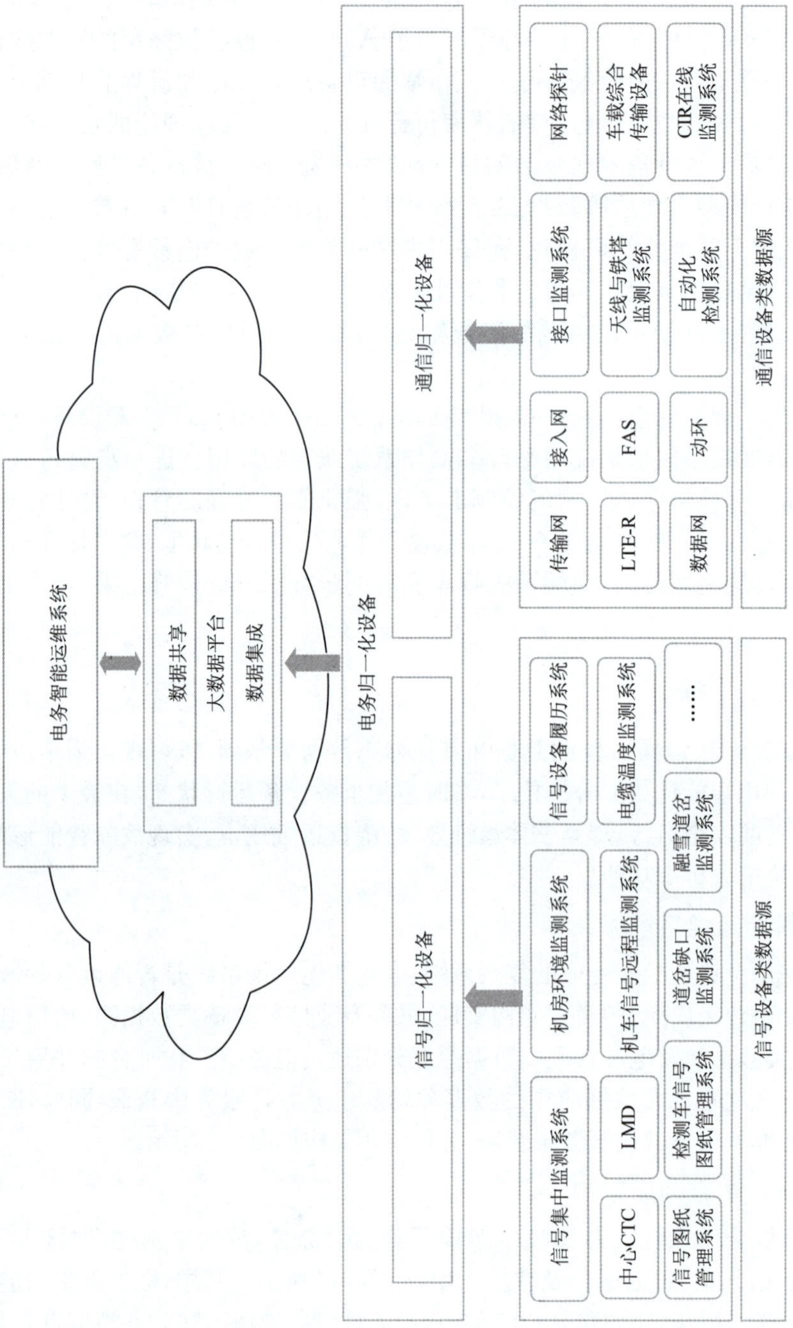

图 9-6　电务智能运维系统总体架构

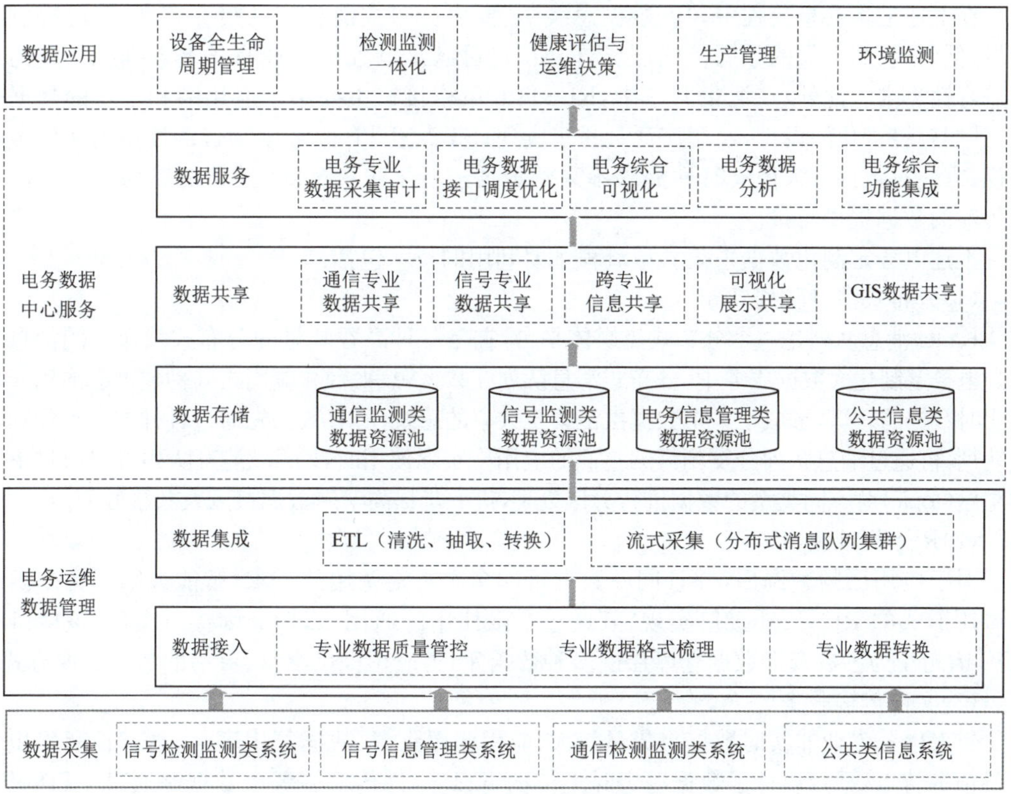

图 9-7 电务智能运维系统数据架构

在数据采集中，与传统铁路业务系统数据采集直接将多源数据按不同接口方式接入存储不同，接入服务采用一种“大数据汇集总线”的方式实现数据源端的统一汇集管理。具体方式为：无论数据采集方式、实时性要求如何，所有数据都先由数据源经相应接口方式接入并存储至采集端的分布式消息队列中，消息队列中暂存所有固定格式的序列化数据内容。随后，数据处理程序作为消息队列中数据的消费者，从“大数据汇集总线”中按需取出数据，再进行校验、存储或共享处理。主要模块的功能如下：

(1)电务大数据汇集总线。将通信数据采集模块与信号数据采集模块的数据统一放置到一个消息队列里，形成一个数据管道，为后面的数据处理做好准备。该总线使用分布式消息队列，将采集模块输出的数据接入到相应主题块，传给数据清洗组件进行数据清洗。

(2)电务专业数据清洗组件。根据电务专业数据质量要求，根据配置的规则对数据进行过滤、清洗、关联等提高数据质量的操作。在数据完成汇集后，使用流处理服务实现大量高速的数据流处理，并完成对数据的基础校验，包括检查数据字段的完整性、一致性、唯一性等。

(3)数据仓库层：该层使用 Java 语言开发完成，封装了架构中几种数据库的连接信息，使用时只需要配置地址参数、账户、密码等信息，开箱即用。

(4)电务数据一体化总线：应用端获取数据时存在数据量过大的情况，导致应用端不能及时处理，应用端数据库写入可能存在性能瓶颈，电务数据一体化总线可以在数据量过大时起到缓冲作用，并且通过该总线屏蔽数据仓库层的差异性，以一个统一的共享接口提供服务。此外，总线还支持大数据分析结果的共享使用。应用可以授权对 HDFS/HIVE 中的数据进行分析预测处理，处理结果将采用多种接口方式返回给应用。

在上述汇集共享流程中，“大数据总线”主要由分布式消息队列缓存实现，其可提供高通量、低延迟、高可靠的数据传输服务，同时，也可满足电务专业现有各类数据源系统的接口兼容性需求。此外，在汇集共享中，RESTful 风格接口主要用于应用端和平台的数据交互，其拥有轻量化的设计，使用广泛且易于实现；FTP/SFTP 服务则为普遍使用的文件传输协议，方便对数据量大但实时性需求不高的数据进行采集；Socket 接口可以为底层硬件设备传输的数据提供转接。

上述电务定制化数据采集共享流程主要利用的技术包括：

(1)分布式消息队列(Kafka)

Kafka 消息队列是一个分布式流媒体平台，它是一种高吞吐量的分布式发布订阅消息系统。电务定制化大数据服务中，分布式消息队列在数据源、平台和应用之间构建可靠的用于传输实时数据的管道，形成了一个数据由汇集至共享的总线，所有数据先通过各种方式汇集到消息队列，再通过消息队列分发到订阅它们的应用。实际使用时，Kafka 消息队列可以通过不同的主题(topic)对不同类型的数据进行分区处理，进一步提高实时数据接入及共享效率。

(2)RESTful 接口

对于应用层频繁调用，并且同一数据可能多次重复调用的需求，智能大脑平台提供统一调用形式的 RESTful 接口实现，其通过受限使用的通用 SQL 查询接口实现，该接口将 SQL 语句作为参数查询数据仓库层的多种数据库，为应用提供丰富、灵活的数据获取方式。

(3)文件传输服务

针对电务专业非实时数据采集量较大、应用调用频繁、数据复用率高、具有长期累积分析价值等特点，平台设计了数据源定时上传的 FTP 文件传输服务。数据源通过 FTP 服务定时上传 CSV 格式的数据文件，平台解析后将字符串形式的数据流送入消息队列中。数据通过 FTP 方式传输主要需要约定文件格式、命名方式、编码方式、数据内容、精度等信息。

采用此种技术架构对于平台来说的技术优势主要有：

①形成了平台外部数据源与内部数据处理的统一边界，可直接在消息队列中判断数据是否符合采集要求，无须再由数据库层面控制。

②数据通过“总线”方式存入，可实现并行处理，同一数据可以让共享程序、存储程序、分析程序同时消费，提高了数据的可共享性、可复用性和处理时效性。

③“总线”型架构结构灵活，易于扩展，未来如需在采集端增减接口方式，只需对 Kafka 队列进行适配，不会影响其他模块，改动量较小，同时也节省了多源数据对接的工作量。

④Kafka 消息队列采用分布式架构，可以实现多节点的负载均衡，相对于单一接口方式单独处理，分布式架构对某一接口方式瞬时大数据量有较好的承载能力，提高了采集的稳定性和可靠性。

(三)电务智能运维系统功能

1. 智能感知及数据汇集

智能感知技术是一种能够自动获取、处理和分析环境信息的技术。在铁路信号领域，通过对列车、轨道、信号机等设备的实时监测，实现对列车运行状态、轨道占用情况、信号设备状态等信息的精确感知，为铁路运行提供准确、及时的数据支持。

(1)信号系统状态感知

信号系统通过特定的技术手段，实时监测、分析并识别系统当前工作状态、性能参数及可能存在的异常情况。如通过安装各种传感器、采集板卡、车载网络等技术，实时监测并传输列车的速度、位置、加速度等运行状态信息，结合地面信息，为列车控制系统提供精确的数据支持，确保列车在规定的速度、时间内安全、准确地到达目的地。

(2)信号设备状态感知

通过传感器、数字信号处理等技术手段，实时监测信号机、转辙机等信号设备的运行状态，判断设备是否正常运行、是否存在故障隐患，为信号维修人员提供及时、准确的故障信息，确保信号系统的稳定运行。例如：信号集中监测系统作为保证行车安全、加强信号设备结合部管理、监测信号设备状态、发现信号设备隐患、分析信号设备故障原因、辅助故障处理、指导现场维修、反映设备运用质量的电务系统"黑匣子"，通过实时采集和处理信号系统数据，实现对信号设备状态的全面感知和监控。它能够实时监测信号设备的开关量、状态量和电气参数等信息，并具备故障预警和诊断功能。

(3)外部环境状态感知

通过信号机房、铁路沿线、关键咽喉等位置布设的高清智能摄像头、图像分析技术和目标检测等技术，实现对沿线外部环境、危险源、风雨雪等外部环境目标检测及识别，通过地理信息系统(GIS)、地震预警等系统获取外部系统，实现对外部多源环境信息的状态感知。

对电务各种监测检测系统归类，将通信设备类数据源、信号设备类数据源、电务管理信息系统类数据源的数据信息分类接入数据接入平台中，由数据接入平台对不同系统、不同厂家、不同型号的数据按接口规范要求进行格式归并与关联收敛，确保数据格式符合要求，保证采集数据质量可知、可控。

以信号为例，信号数据接入平台汇集信号各子系统数据，并统一发送给数据中心。其中，车站级子系统包括但不限于：信号集中监测、计算机联锁、CTC、ZPW-2000、ZPW-2000室外监测、道岔缺口监测、电缆监测系统等；中心级子系统包括但不限于：CTC、LKJ 设备运行状态监测系统、机车信号远程监测系统、信号履历簿系统、信号图纸管理系统等。信号数据接入总体架构如图 9-8 所示。

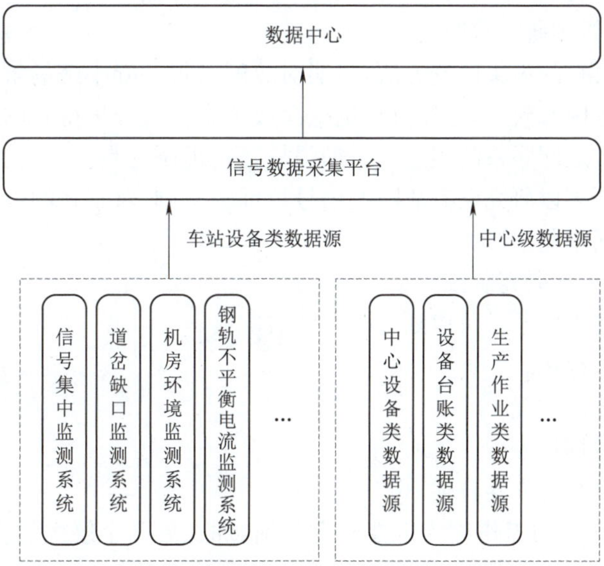

图 9-8 信号数据接入总体架构

数据汇集需要完成：

①设备编码化。以信号专业为例，对各类信号设备单元的进行编码，编码规则遵循有关规范的要求，保证设备全生命周期内同一设备（设备单元）、同一采集点（设备名称）的设备编码保持不变。针对数据层面的设备名称进行的编码，设备编码全生命周期内保持不变。对模拟量、开关量码位表中的每一路静态数据进行编码（序列码），序列码在同一车站全体内保持唯一，设备全生命周期内保持不变，同时新增的序列码也不应该与历史的序列码发生重复。

②数据归一化、标准化。针对不同厂家、不同类型、不同数据源的接口数据进行标准化处理。

③为上层服务提供数据服务，完成数据通信、协议转换转发。

④节点负载均衡、网络连接状态展示、节点管理、系统运行监控、日志管理、用户管理等。

2. 故障智能诊断与故障预测

故障智能诊断通过分析各数据源的设备监测信息、报警内容、报警处理情况及原因等内容，结合设备的履历、天窗等数据，建立报警与报警的关联关系、报警与天窗关联关系、报警与报警原因管理关系等，运用整合分析、专家系统分析、统计分析等方法进行诊断，为用户全面掌握设备状态并处理后续故障进行数据支撑。

整合分析：根据时间因素、报警类型因素、报警设备因素等建立整合规则，对所选车站的报警信息进行溯源、归并等分析操作，建立报警与报警间的数据关系，帮助用户快速排除无效的报警数据，直观掌握报警的根源信息。

专家系统：首先从业务专家获取故障处理、故障判别经验，将获取到的经验进行结构化处理，进行规则化梳理采用推理机的方式，按照规则库中的规则对数据进行前向或后向推导，得到预定好的答案。对典型故障案例、故障征兆单一且明显的问题效果较好。

现阶段，智能诊断技术的研究，主要有以下 6 个阶段：

(1)表象研究到机理研究阶段

基于“所见即所得”的表象研究方法，只能对故障获得一知半解的解释和诊断。故障机理反映的是故障的原因和效应，是通过理论推演或大量实验分析得到的反映设备故障状态信号与设备系统参数之间联系的表达式。加强故障机理研究是认识客观事物的科学实践。传统的设备故障诊断多以研究已有故障的信号特征为基础，对于新的设备故障预警便因没有故障案例可参考而难免漏诊。

(2)定性研究到定量研究阶段

故障诊断的研究工作通常可以划分为四个层次：

①确定故障是否存在。

②能够确定故障的位置。

③能确定故障的损伤程度。

④剩余生命预测与可靠性评估。

如果将前两个层次的工作称为定性研究的话，那么后两个层次的工作就是定量研究。定性研究是定量研究的重要基础，定量研究中第三层次和第四层次紧密相连，这是因为在没有准确评估损伤程度的情况下，设备剩余生命预测和可靠性评估将成为无源之水。故障的定量诊断需要识别损伤等故障的部位、种类以及程度，从而揭示装备故障状态的发生、发展及演化规律，为机械装备的安全性分析、可靠性评估和生命预测提供基础性依据。可见，今后故障诊断的研究重点将会从定性研究转向定量研究。

(3)单故障研究到群故障研究阶段

单故障诊断目前主要是依靠信号处理相关方法，适用于故障振动信号特征与其他干扰成分的频谱容易区分的场合。因此，单故障诊断通常较容易实现，但是在实际推广使用中，该方法存在精度不高、泛化能力不强及通用性较差等缺陷，因而制约了其在工程中的实际应用。同时，由于故障的原因往往不是单一的，而是多种故障因素耦合的结果，因此，盲目地以单一故障对机械装备做诊断会造成漏判，甚至误判。

(4)超强故障研究到微弱故障研究阶段

超强故障是指设备故障已发展到中晚期，故障特征明显，设备零部件性能已严重退化，若不及时采取处理手段，可能造成重大事故的情况。针对设备超强故障的诊断，其故障特征容易提取，故障状态也容易识别。虽然较容易避免重大事故的发生，但是设备故障诊断更重要的意义在于提供“补救措施”，而不是简单开具“报废证明”，超强故障诊断(晚期故障)无疑就是对设备开具“报废证明”，这大大限制了故障诊断技术在工程中的应用。及时掌握设备的性能退化过程及故障的动态演化过程，对其故障的发生发展做到防微杜渐，并针对不同的故障状态，采取适当的补救措施，进而从超强故障诊断研究转向微弱故障诊断研究，将是故障诊断领域的重大突破。

不同于超强故障，微弱故障通常处于早期阶段或者潜伏状态，其具有症状不明显、特征信息微弱等特点，也可能虽已发展到中晚期，但故障特征被强噪声淹没，致使故障特征微弱，不易识别。因此，微弱故障诊断需要研究有效的微弱故障特征增强方法和强噪背景下故障特征提取方法，同时为了准确提取微弱故障特征，还需要了解故障演化过程与其征兆间的映射关系，从而保证微弱故障特征提取的准确性和有效性。

(5)零部件故障研究到机械系统故障研究阶段

机电设备的零部件故障诊断主要是针对机电系统中关键零部件的故障进行监测和诊断的。然而，机械部件的相互作用才是故障产生的本质原因，零部件的故障诊断往往只能诊断出诱发性故障，却不能根治机电系统的故障隐患。因此，今后的研究应该注重将机电设备看作多层次、非线性的复杂整体，首先建立多维和多参数的复杂系统模型，然后从系统的整体性和联系性出发，深入研究系统内部各组成部分的动力特性、相互作用和依赖关系，得出零部件故障的初步结论，接着探索系统故障的根源，找出原发性故障，从而根除机电设备的故障隐患。

(6)特征频率故障识别到多源信息智能诊断阶段

系统发生故障时，设备运行状态会发生变化，相应地伴随有故障特征频率的产生。当前最为广泛的一类应用就是针对某故障零部件，采用各类型分析方法，识别其特征频率，通过对特征频率进行判断确定所发生故障的类型、状态。现代系统及装备的趋势是大型化、复杂化、高速化、自动化和智能化，故障的产生原因日趋复杂，这就导致设备激励源较多，监测信号中包含了不同零部件的特征信息，特征频率的提取越来越困难，信号分析方法越来越复杂；不同故障的特征体现在不同类型的特征信号上，单一特征信号诊断方法不确定度较高。

多源信息融合是指充分利用多个传感器资源、多个数据来源，通过对各种监测信息的合理使用，在空间和时间上把互补的与冗余的信息依据某种优化准则结合起来，产生对监测对象的一致性解释或描述，同时产生新的融合结果，以提高诊断的有效性。

3. 健康评估及运维决策

依托于信号设备检测监测系统上传的标准化数据，实现对信号设备的健康管理和动态养护等功能，当设备即将达到维修周期或者出现劣化趋势时，及时预警提醒决策人员，并在必要时向决策者索取必要信息，确保设备在全生命周期内具有一定的经济性、可靠性、安全性。

信号设备健康评估与运维决策应包括但不限于以下功能：

(1)设备运行统计

对设备运行和设备故障状态情况统计，按设备类型统计各站设备运行状态，以可视化的形式将设备运行统计信息进行展示。

(2)设备运行报警信息展示

对来自车站的报警数据按报警等级类型、报警数量、报警设备类型、报警总数、未恢复报警数量、未处理报警数量、故障排行、报警类型分类等内容通过图表的形式进行展示。报警信息展示应采用文字提示、语音、闪烁等方式。根据作业管理需求，可将特定报警事件推送至相关人员移动终端内，实现报警信息的闭环管理。

(3)设备健康评估

根据设备车站基本静态信息、当前整体车站评分、年月车站评分趋势、作业完成情况年月趋势、设备类型评分、设备类型健康趋势、设备评分排行、设备评分详情等各方面数据，进行设备健康评估，并以图形化的方式进行展示。

(4)设备指标评估

根据设备评估算法，从设备动态信息、设备静态信息、设备维修信息等方面进行评分，以图形化的方式展示设备各项评估指标得分详情。

(5)设备维修建议

根据对重点关注车站建议、重点监测项关注建议、报警分布统计、报警统计等，宜以分公司和工队管辖两个维度，通过图形化和文本化的方式对预报警总数、未处理总数、未恢复总数、车站质量评分进行展示。

(6)整合分析

根据溯源分析和整合规则，对各站报警总数、整合条数、整合详情等信息进行整合，将同源报警进行整合处理，以图形化的方式显示各站整合前后的报警情况和内容。

(7)同环比分析

以时间维度和空间维度进行横向和纵向对比，宜选取报警等级、设备类型、报警类型、报警原因四个维度，以图形化的方式对车站报警数量和报警类型等指标同环比情况分析。

(8)处理情况与原因综合分析

联合天窗作业情况，统计各车站报警处理情况及报警原因分布情况，宜选取但不限于各站报警统计、天窗与报警关系图和报警原因统计排行，以图形化的方式反映天窗与报警数量间的关系。

4. 全生命周期管理

设备全生命周期管理涵盖了资产管理和设备管理双重概念，资产管理主要通过设备的前期、后期与 ERP 系统集成融合来实现，设备管理以设备健康管理为基础，结合智能化感知、大数据、云计算、移动互联网技术，根据设备全生命周期管理和业务管理流程特点，实现设备的规划、设计、购置、安装、调试、使用、状态监测预警、故障诊断、维护保养、设备大修、更新改造，直至报废的全生命周期管理。以提升设备全生命周期价值为出发点，有机统一设备全生命周期各业务环节，有效提升设备的运行维护水平，优化设备检修策略，提升设备管理水平，优化资源配置，强化成本管控，进一步促进企业设备管理的过程规范化、管理精细化。

集成检测监测系统数据、设备静态台账数据、设备维护数据等各子系统数据，通过统一编码自动关联，实现电务设备全寿命周期管理。对设备、器材从设计—出厂—上道运营—维护—故障维修—停用报废的静态资料，结合设备关联性分析、故障信息等动态资料，提供设备在整个寿命周期的所有完整信息，保证设备健康、高效、低成本的运用，创造显著的能源、备件、人力、时间的节约效益，实现精细化管理。

全寿命周期管理包括但不限以下功能：

(1)设备前期管理

应与 ERP 系统接口获取租用设备的设备台账，通过资产管理相关系统接口，实现新增设备从项目管理、物资管理到形成设备台账的闭环管理。

(2)设备中期管理

具备对设备封存和启封进行管理，包括封存地点、时间等信息；对设备点巡检标准、设备、项目、任务、统计进行管理。查看点巡检执行情况；系统支持移动终端 APP 执行点巡检任务。范围包括设备巡检、通信检、信号检等；管理设备保养标准，对保养对象、项目、内容、类型、级别、工种的系统配置，系统支持移动终端 App 执行保养任务；实现设备/系统性能测定，仪器仪表、绝缘工器具、计量器具等检测检验管理，包括检测检验项目的维护、检测检验申请、审核、执行、结果管理、定期提醒等；对点巡检、保养、检验、监测报警和日常检查过程中发现的设备或功能位置的缺陷/故障进行提报、审核、确认、处理、分析、关闭全过程管理；将保养、点巡检、定期检验过程中发现的异常信息发送至 ERP 系统；对于日常设备管理中发生的维护需求，可直接创建工单进行维修处理，保证设备正常运行。

工单创建并经过审批、执行、技术完成后，进行验收并关闭工单，对计量设备的封存、转让、报废状态进行管理；支持周、月度、季度、年度计量检定计划等多种计划的制定和输出；提供一般设备、计量设备、专测设备、维护类设备的信息维护和使用履历记录，支持设备多种状态监控。

针对计量管理现状，提供精细化的计量检定流程控制和可视化的计量检定步骤，支持提前送检、延迟送检、内检、外检等计量检定管理业务；系统可根据不同的统计条件进行一键式输出多种格式的统计报表；支持用户自主建立计量检定标准管理体系；实现公司设备管理部门对各二级单位、各二级单位设备管理部门对区队/车间下达整改通知单，接收单位或部门进行问题整改、结果反馈，下达部门对整改结果进行核查的闭环管理。

针对设备存在的问题，生成日常检修记录，根据需要生成工单、维修后回写整改通知单、整改结果、整改完成时间，完成闭环管理。支持按单位实际业务流程进行配置执行；系统可根据业务需求生成设备运行日报、月报、季度报、半年报和年报；根据管理制度形成电务工作所需工作票的管理，可进行线上申请、审批、打印等；根据管理制度形成电务工作所需操作票的管理，可进行线上申请、审批、打印等；对通信、信号设备进行维修任务的执行，任务完成后进行验收并关闭任务，主要应包括维修工艺维护、维修工序、安全规程、维修任务分解、维修任务执行(工时)、外委维修管理、验收管理、装配管理、存放管理、标签管理；自动收集电务检测监测类系统数据，根据报警内容自动关联对应设备，实现按设备的全寿命周期报警查询，为智能作业、设备分析提供数据依据。

(3)设备后期管理

实现设备、器材、备品的停用(报废)管理，以及停用(下道)记录查询和管理功能。可对需要报废处置的设备资产，执行报废处置申请审批的业务流程。

(4)业务管理

实现对电务设备全生命周期信息的业务管理，主要功能应包括：

①设备全生命周期履历管理，实现设备台账、检修维护记录、隐患问题、监测报警记录、设备实物图、设备图纸、下属器材部件等信息与统一编码的自动关联和集中展示，实现设备从出厂、上道、检修维护到停用下道的全生命周期信息可追溯，包括车站台账管理、区间台账管理、设备台账管理、器材台账管理、图纸管理、备品管理、车站履历、设备履历等功能。

②到期管理，对设备及器材的到期情况进行查询和预警，应包括生命到期、轮修到期等功能。

③设备资源分布与统计，对设备在二维地图上的分布进行查询和展示，以及对设备器材的分类统计，包括设备资源分布和设备资源统计等功能。

④配置管理，包括电务设备器材分类管理、字典管理等基础数据配置管理功能；通信设备分类库、权属单位信息库、生产企业信息库等。

复习思考题

1. 简述什么是故障预测与健康管理 PHM 技术。
2. 简述 PHM 系统的体系架构。
3. 简述大数据的特点。
4. 简述云服务模式。
5. 简述电务智能运维应用系统的数据架构。

参考文献

[1] 唐涛. 列车运行控制系统[M]. 2 版. 北京:中国铁道出版社有限公司,2023.

[2] 莫志松. 高铁智能驾驶技术及应用[J]. 中国铁路,2024(7):95-103.

[3] 莫志松. 智能铁路列控系统技术发展方向展望[J]. 铁道通信信号,2022,58(8):1-7.

[4] 国家铁路局. 列车牵引计算　第 1 部分:机车牵引式列车:TB/T 1407.1—2018[S]. 北京:中国铁道出版社,2018.

[5] 张中央. 列车牵引计算[M]. 3 版. 北京:中国铁道出版社有限公司,2024.

[6] 郜春海. 基于通信的列车运行控制[M]. 北京:中国铁道出版社,2018.

[7] 宁滨,莫志松,李开成. 高速铁路信号系统智能技术应用及发展[J]. 铁道学报,2019,41(3):1-9.

[8] ZHOU K C, SONG S J, XUE A K, et al. Smart train operation algorithms based on expert knowledge and reinforcement learning[J]. IEEE Transactions on Systems, Man, and Cybernetics: Systems, 2020,52 (2): 716-727.

[9] DAI X W, ZHAO H, YU S P, et al. Dynamic scheduling, operation control and their integration in high-speed railways: A review of recent research[J]. IEEE Transactions on Intelligent Transportation Systems,2021,23(9): 13994-14010.

[10] 郭玉华. Smartrail4.0 定位和控制[J]. 铁道通信信号,2020,56(9):98-102.

[11] 梁志国,卢佩玲,付伟. 铁路列控联锁一体化系统研究[J]. 铁道通信信号,2019,55(增刊 1):98-102.

[12] 汪小勇. 城市轨道交通基于车车通信的列车自主运行系统探讨[J]. 中国铁路,2020(9):77-81.

[13] 冯浩楠,白广争,于健洁,等. 以列车为中心的自主控制系统功能及运营场景研究[J]. 城市轨道交通研究,2022,25(10):115-119.

[14] 轨道交通运行控制系统国家工程研究中心. 城市轨道交通虚拟灵活编组技术[R/OL]. (2023-07)[2024-11-7]. https://www.bj-tct.com/paper/pdf/25.pdf.

[15] 张友兵, 刘岭. 基于虚拟编组的列车控制系统研究[J]. 铁道工程学报, 2022, 39(3): 94-100.

[16] 唐涛, 罗啸林, 刘宏杰,等. 城轨列车虚拟编组安全防护与运行控制技术研究进展[J]. 科技导报, 2023, 41(10): 31-42.

[17] 中国国家铁路集团有限公司. 调度集中(CTC)系统车站调车进路控制技术条件: TJ/DW 247—2022[S]. 北京: 中国国家铁路集团有限公司, 2022.

[18] 宁滨, 董海荣, 郑伟, 等. 高速铁路运行控制与动态调度一体化的现状与展望[J]. 自动化学报, 2019, 45(12): 2208-2217.

[19] 戚小玉. 基于铁路数据服务平台的电务大数据智能运维技术研究与应用[J]. 铁道运输与经济, 2023,45 (9):66-73.

[20] 程剑锋,肖兴,赵显琼,等. ATP 车载设备管理信息系统及其应用技术[J]. 铁道通信信号. 2015 ,51 (2) :1-4.